Rudolf Ulrich

Österreicher in Hollywood

Rudolf Ulrich

Österreicher in Hollywood

Ihr Beitrag zur Entwicklung des amerikanischen Films

Edition S

FÜR H. ZUM 65. GEBURTSTAG

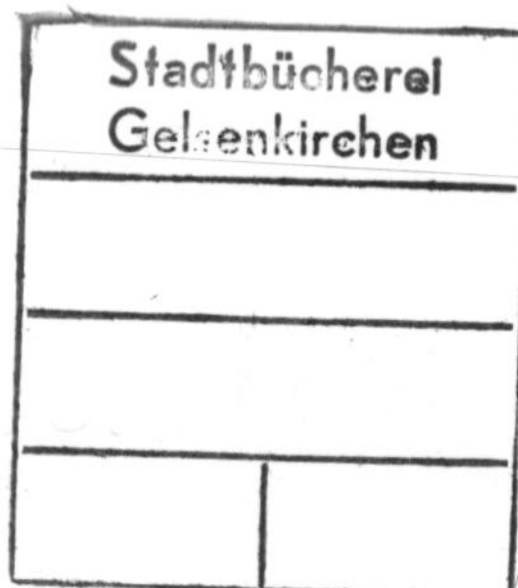

Edition S
Verlag der Österreichischen Staatsdruckerei

1. Auflage 1993

Umschlaggestaltung: Atelier Schiefer, Wien, unter Verwendung eines Szenenfotos aus Josef von Sternbergs Film „Dishonored“ mit Gustav von Seyffertitz und Marlene Dietrich, © Deutsche Kinemathek
Redaktionelle Mitarbeit: Silvia Bini
Druck und Bindearbeit: Österreichische Staatsdruckerei

ISBN 3–7046–0419–4

Vorwort

Der Autor mit Robert Dornhelm (links) und Bernt Capra (rechts) in Malibu

Als ich vor drei Jahren in einem kleinen Kreis mein Vorhaben kundtat, das Wirken der „Österreicher in Hollywood" in einem Buch zusammenzufassen, gab es verschiedene Reaktionen. Komplimente ob der Idee und des Muts, Skepsis (immerhin bin ich kein gelernter Schreiber) und bereits die ersten Hinweise. Man kannte die in Hollywood tätigen Österreicher, Klaus Maria Brandauer zum Beispiel und selbstverständlich Arnold Schwarzenegger. Ein junger Engländer provozierte mit der Frage, ob denn Österreich eine „Hollywood-Connection" hätte? Es löste Verblüffung aus (und verriet Unwissen), daß Fred Zinnemann, Otto Preminger, George Froeschel oder Ernest Gold aus Österreich kamen, daß Fritz Lang, G.W. Pabst, Richard Oswald, Wilhelm Thiele und Max Reinhardt in Hollywood inszenierten, daß international bekannte Kultfilme wie „High Noon" (12 Uhr Mittags), „From Here to Eternity" (Verdammt in alle Ewigkeit), „The Man With the Golden Arm" (Der Mann mit dem goldenen Arm), „Exodus" oder „Some Like It Hot" (Manche mögens heiß) von Österreichern stammten. Und letztlich Filmschaffende aus dem kleinen Land mit 25 „Oscars" ausgezeichnet wurden, Billy Wilder allein sechs Mal und dies europaweit den ersten Platz bedeuten würde. Doch erst nach zwei Jahren direkter Recherchen in Archiven und Kinematheken in München, Berlin, Frankfurt und Wien, den Bibliotheken der University of Southern California und der Academy of Motion Picture Arts and Sciences in Los Angeles, nach vielen Anfragen bei sonstigen Institutionen und Researchcentern in den USA und Europa, einem umfangreichen Schriftwechsel sowie Direktgesprächen und Telefonaten mit noch tätigen Akteuren, tätig gewesenen oder Hinterbliebenen, beantwortete sich die Frage des tatsächlichen Umfangs der österreichischen Hollywood-Connection. Nachstehend finden Sie das Ergebnis, die erste Gesamtdokumentation über den erstaunlich hohen Anteil Österreichs am Filmgeschehen in der amerikanischen „Traumfabrik" am Pazifik. Mögen vielleicht noch Lücken bestehen, so sollten sie Anlaß sein, die Forschungen weiterzuführen. Zwei Jubiläen der nächsten Zeit, „100 Jahre Film" und „1000 Jahre Österreich", stellen beste Gründe für das Erscheinen der Dokumentation dar. Sie ist beiden Jubiläen gewidmet, dazu allen Cineasten und Österreich-Fans bzw. solchen, die es werden wollen.

Rudolf Ulrich
August 1993

Zeichenerklärung

Eingang zu den Paramount-Studios in Hollywood in den dreißiger Jahren

A	=	Autor
arranger	=	Arrangeur
art dir	=	Ausstatter/Designer
ass p	=	associate producer
bit	=	Kleinrollen
ch	=	Choreographie
CH	=	Schweiz
D	=	Deutschland
Da	=	Darsteller
Db	=	Drehbuch
DR	=	Dialogregie
ed	=	Editor/Cutter
GR	=	Griechenland
host	=	Gastgeber
HUAC	=	House of Un-American Activities Committee
I	=	Italien
Jap	=	Japan
Ka	=	Kamera
Kf	=	Kurzfilm
KO	=	Künstlerische Oberleitung
M	=	Musik
MA	=	Musikausstattung
md	=	Musikdirektor
Mex	=	Mexiko
MGM	=	Metro-Goldwyn-Mayer
o.c.	=	ohne Credit/ungenannt
orch	=	Orchestrierung
ORF	=	Österreichischer Rundfunk Fernsehen
OSS	=	Office of Strategic Services
Ö	=	Österreich
P	=	Produzent
PA	=	Produktionsassistent
R	=	Regie
RA	=	Regieassistent
SA	=	Südafrika
Sch	=	Schnitt
set d	=	Set Direktor/Ausstatter
Spa	=	Spanien
TA	=	Technischer Adviser/Berater
TVM	=	TV-Movie/Fernsehfilm
U	=	Ungarn
USC	=	University of Southern California
UCLA	=	University of California Los Angeles
US	=	USA
ZDF	=	Zweites Deutsches Fernsehen

Einleitung

Am 1. Februar 1887 ließ der Makler Harvey Wilcox sein billig zusammengekauftes Land im Cahuenga-Tal, 15 Kilometer außerhalb der Stadt, beim Katasteramt Los Angeles auf den Namen Hollywood eintragen.

1891 erfand Thomas Edison den Kinemathographen, seine Minutenfilme, in den sogenannten „Nickelodeons" vorgeführt, entzückten ein vergnügungssüchtiges Großstadtpublikum. An der Ostküste entstanden Film-Produktionsstätten, Menschen die teils aus ärmlichsten Verhältnissen Europas kamen, begannen damit die Suche nach dem amerikanischen Erfolg. Der Württemberger Carl Laemmle, der aus einer deutschsprachigen Familie Ungarns stammende William Fox (Wilhelm Fried), der Sohn eingewanderter Österreicher Marcus Loew (Begründer der MGM), die polnischstämmigen Brüder Harry und Jack Warner oder der in Minsk geborene Louis B. Mayer. Sie zogen da hin, wo Amerikas Glücksritter von jeher das Eldorado vermuteten, in den Westen. Nach dem Gold- und Ölrausch lösten sie einen weiteren aus, den „Hollywood"-Rausch. Der Makler Wilcox verkaufte sein Gelände von 120 Morgen Stück für Stück an die zuwandernden Filmpioniere. Diese fanden paradiesische Zustände vor, ständig gutes Licht, schneebedeckte Berge, staubtrockene Wüsten in Reichweite und vor der Haustüre den Pazifik.

Starlegenden entstanden, über Nacht wurden unbekannte Darsteller von einer Woge der Bewunderung, des Ruhms und bald auch des Reichtums emporgetragen. Statt der Nickelodeons gab es Lichtspielhäuser, mit David Wark Griffith hatte Hollywood-Babylon sein erstes Genie. Einer seiner Adoptivsöhne war der Wiener Erich Oswald Stroheim, der sich bald „von Stroheim" nannte, und mit ihm und dem aus England gekommenen „Tramp" Charlie Chaplin erhob es den Film in den Bereich der Kunst.

Alt-Hollywood vor der Eingemeindung nach Los Angeles

Die Österreicher-Kolonie etablierte sich früh. 1916 spielte Hans Unterkircher bei Carl Laemmle, 1917 debütierte Gustav von Seyffertitz, vom deutschsprachigen Irving Place Theatre New York kommend, in einem Douglas Fairbanks-Streifen. Josef Schildkrauts Karriere begann 1922 ebenfalls bei Griffith, 1923 stieß Josef Sternberg hinzu, auch er wurde bald „geadelt". Ricardo Cortez (Jacob Krantz), zuvor an der Ostküste Kleindarsteller in Billigproduktionen, startete im gleichen Jahr in Kalifornien, 1926 stand er als Partner Greta Garbos in deren Debütfilm „The Torrent" vor der Kamera. Der frühere k.u.k. Kavallerie-

Einleitung

offizier Albert Conti fand über abenteuerliche Stationen den Weg in die Flimmerstadt, Paul Kohner war schon da, 1925 zog Rudolf Schildkraut an die „coast". Um diese Zeit brachten 4000 Glühbirnen den Namen HOLLYWOOD über den Studios zum Leuchten. Die Hoffnung aller Ruhmsüchtigen konzentrierte sich auf dieses vermeintliche Paradies.

Das Eingangsgebäude der MGM-Studios 1939

Zu Beginn des Tonfilms war es Paul Kohners von fast allen großen Studios aufgenommene Idee, Filme in mehreren Sprachen nachzudrehen. Metro-Goldwyn-Mayer, Universal, Warner Brothers und First National holten oder beschäftigten dafür namhafte europäische Akteure, aus Österreich u.a. Nora Gregor, Paul Morgan und Gustav Diessl. Dazu Berthold Viertel mit seiner Gattin Salka Steuermann, die schon seit 1927 in Hollywood lebten. Die Filmstadt wurde kosmopolitisch.

In den dreißiger Jahren setzte der Zustrom der Künstler ein, die im Zuge der „Neuordnung" der Filmindustrie aus Nazi-Deutschland vertrieben wurden. Viele wandten sich nach Hollywood, weil sie in anderen europäischen Ländern mit scharfen, meist politisch bedingten Arbeitsrestriktionen zu kämpfen hatten. Und Hollywood besaß als Kern der zentralistisch organisierten amerikanischen Filmwirtschaft die größte funktionierende Filmindustrie der Welt. Nach dem „Anschluß" Österreichs und dem Einmarsch der Wehrmacht in Frankreich entstand eine riesige Fluchtwelle, die massenweise Deutsche und Österreicher in das Land brachte. Viele konnten erst im letzten Moment mit einem „emergency visa" gerettet werden. Die Hilfsorganisation „European Film Fund" und engagierte bereits in Hollywood Ansässige, Salka Viertel oder Gottfried Reinhardt besorgten „affidavits" und Anstellungen.

Hollywood-Boulevard in den Mitdreißigern

Als „refugees" kämpften die Immigranten gegen das auch heute bekannte Phänomen der Ausländerfeindlichkeit. Teilweise gab es regelrechte Kampagnen gegen sie, so durch die Klatschkolumnistin Hedda Hopper. Die wirtschaftliche Integration gelang unterschiedlich: Schauspieler fanden Arbeitsmöglichkeiten in „accent parts" in Anti-Nazi-Filmen, nur wenige brachten es zu Starruhm. Von den älteren Regisseuren wie Richard Oswald, Friedrich Feher, Hanns Schwarz und Paul Czinner, die im deutschsprachigen Bereich zum Teil eigene Produktionsfirmen geleitet hatten, schaffte keiner den Anschluß. Willkommener waren Komponisten mit Filmerfahrung, Hanns Eisler, Artur Guttmann und Hans J. Salter erhielten gute Verträge. Autoren schufen einige der bedeutendsten Werke der deutschsprachigen Literatur. Die Geschichte der Emigration europäischer Künstler nach Hollywood wurde anderweitig in vielen Werken abgehandelt, im Literaturhinweis finden sich einschlägige Titel. Die mehrfach verwendete Zahl von 1500 deutschen und österreichischen Emigranten, die in den Studios gearbeitet haben sollen, ist jedoch durch nichts belegbar. In der kalifornischen Filmmetropole existierte die größte kulturelle Diaspora der Weltgeschichte, die erzwungene Emigration war ein Faktum hoher kulturgeschichtlicher Bedeutung. Österreicher haben in diesem Rahmen im hohen Ausmaß zur Vielfalt der „movie town" beigetragen.

Der Hollywood-Boulevard um 1930, links vorne Sid Grauman's Chinese Theatre, eines der berühmten Uraufführungskinos, heute wegen der Steine mit den Star-Signaturen Treffpunkt der Touristen aus aller Welt

Obwohl weder ein Rückruf noch eine Einladung zur Heimkehr seitens offizieller österreichischer Stellen erfolgte, zogen es viele Persönlichkeiten aus allen filmkünstlerischen Bereichen vor, nach dem Kriege wieder in den heimatlichen Sprachbereich zurückzukehren. Helene Thimig, Hanns Eisler, Robert Stolz, Fritz Kortner, Ernst Deutsch, Hans Winge. Ein Teil versuchte ein zeitweiliges Comeback, hauptsächlich in der Bundesrepublik Deutschland, oder arbeitete nur vorübergehend in Europa. Andere blieben, weil Amerika und der Großraum Los Angeles (in der Regel als „Hollywood" bezeichnet) mit den erfolgreichen Arbeitsmöglichkeiten und sicher auch aus anderen Gründen zur Heimat geworden war.

Revolutioniert durch den Einzug der Television, änderte sich die Filmlandschaft am Pazifik. Hollywood geriet in eine Depressionsphase, einige der „major studios" wie Universal, lernten mit dem neuen Medium zu leben. Für Künstler ergaben sich neue Möglichkeiten, deren filmographische Angaben enthalten heute oft mehr Fernseh- als Filmtitel. Talente-Scouts sahen sich auch wieder im alten Europa um. Die „Fräulein"-Welle brachte aus Österreich Senta Berger und Maria Perschy in amerikanische Studios, Oskar Werner drehte in den USA, Sybil Danning und Klaus Maria Brandauer folgten. Schließlich kam ein junger Bodybuilder mit dem Ziel in die Vereinigten Staaten, ein großer Filmstar zu werden. Arnold Schwarzenegger wurde ein weltweit bekannter Megastar, der heute in einer Rangliste der mächtigsten Männer Hollywoods an zehnter Stelle rangiert, dessen Gagen ungeahnte Höhen erreichen. Robert Dornhelm inszeniert in Hollywood-Ateliers, Klaus Lintschinger (Produzent), Karl Kases (Kameramann) und Bernt Capra (Architekt) gelang es, erfolgreich Fuß zu fassen. Werner Pochath war auf dem Wege, in den Fußstapfen Paul Kohners zum Topagenten Hollywoods zu werden, bevor er im April 1993 unerwartet verschied.

Das heutige Los Angeles

Einleitung

An die 240 Österreicher (*) haben in Hollywood gewirkt, sind dort noch oder schon wieder tätig. Die Historie der Filmmetropole wäre ohne deren Leistungen und Anteil nicht denkbar. Durch den Zusammenbruch des einstigen Vielvölkerstaates gelten manche von ihnen heute als Tschechen, Polen, Ungarn oder Italiener. Sie alle kamen aus einer gemeinsamen Kulturlandschaft im Herzen Europas und hatten verschiedene Gründe, dieser geistigen Heimat den Rücken zu kehren. Die große Zeit der „Traumfabrik“ ist sicher zu Ende, das glanzvolle alte Hollywood hat sich selbst überlebt. Trotz Fernsehen und veränderter Lebensgewohnheiten wird das Kino nicht untergehen, Produzenten suchen neue Wege im Geschäft des Entertainments zu bleiben. Ebenso werden auch in Zukunft talentierte und wagemutige junge Österreicher versuchen, den Weg zum Erfolg in der Weltfilmhauptstadt zu finden.

(*) Hinweis zum Auswahlkriterium „Österreicher“: Dieser Begriff wird nicht eng gefaßt, sondern bezieht auch *deutschsprechende* „Altösterreicher“ aus Ländern der ehemaligen Donaumonarchie mit ein. Der in Teplitz-Schönau geborene Agent Paul Kohner gehört daher in die Auswahl, der ungarisch sprechende Regisseur Michael Kertesz (Michael Curtiz) hingegen nicht.

Party im Haus von Ernst Lubitsch in Bel Air. Zweiter von links Otto Preminger, zweiter von rechts Peter Lorre

Schauspieler

Louis Victor Arco (Lutz Altschul)

Geb. 24. Juli 1899 Baden b. Wien
Gest. 03. April 1975 Zürich

Lutz Altschul, Sohn des Exporteurs Arthur Ernst Arco, besuchte das Gymnasium, die Kadettenschule und war als Offizier Weltkriegsteilnehmer. Er nahm Privatunterricht bei Albert Heine und begann seine Schauspielerkarriere 1919 an Bühnen in Olmütz und Leipzig. Von 1923 bis 1933 arbeitete er am Staatstheater Berlin, bis 1938 in Zürich, 1939 übersiedelte er von dort in die Vereinigten Staaten.

Durch die Mitwirkung in dem heimischen Stummfilm „Im Schatten des elektrischen Stuhles" (1927) sowie einigen UFA-Verfilmungen, „Rosenmontag" (1930), „Die Försterchristl", „Yorck" (1931) und „Der schwarze Husar" (1932), hatte er genügend Filmerfahrung. In Hollywood spielte er unter seinem eigentlichen Namen Louis V. Arco in mehr als 50 Filmen. Meist in Kleinrollen im Genre des Antinazifilms, vielfach ungenannt, den typischen Deutschen oder Nazis verkörpernd. Die spärlichen Gagen besserte er als Taxichauffeur auf, was ihm den Beinamen „To do something between jobs actor Lutz Altschul" einbrachte. Nach dem Krieg kehrte er an Bühnen in Graz, Salzburg, und Zürich zurück. Daneben stand er in bundesdeutschen Ateliers in Streifen wie „Duell mit dem Tode" (D/Ö, 1950), „Die schöne Tänzerin", „Straße zur Heimat" (1952) und „Question 7" vor der Kamera.

F: Nick Carter, Masterdetective, Dr. Ehrlich's Magic Bullet, 1940; Underground, All Through the Night, 1941; Desperate Journey, Berlin Correspondent, Edge of Darkness, Pacific Rendezvous, 1942; The Chetniks, Appointment in Berlin, Hostages, The Cross of Lorraine, Bomber's Moon, Song of Bernadette, The Strange Death of Adolf Hitler, Gangway for Tomorrow, The Moon is Down, Mission to Moscow, 1943; Secrets of Scotland Yard, Adress Unknown, The Big Noise, 1944. Als Lutz Altschul: Question 7 (Frage 7, USA/D, in der BRD gedreht), 1961.

Louis v. Arco in „Secrets of Scotland Yard" (Republic)

Leon Askin (Leon Aschkenasy) **Schauspieler**

Geb. 18. Sept. 1907 Wien

F: Assignment-Paris, The Road to Bali, 1952; China Venture, Dessert Legion, The Robe, South Sea Woman, The Veils of Bagdad, Three Lives, 1953; Knock on Wood, Secret of the Incas, Valley of the Kings, 1954; Carolina Cannonball, Son of Sinbad, 1955; Spy Chasers, 1956; My Gun is Quick, 1957; Last Blitzkrieg (NL/US), 1958; One, Two, Three, 1961; John Goldfarb – Please Come Home, 1964; Do Not Disturb, 1965; What Did You Do in the War, Daddy?, 1966; Caper of the Golden Bull, Double Trouble, The Perils of Pauline, 1967; Guns for San Sebastian (US/F/Mex/I), The Wicked Dreams of Paula Shultz, 1968; The Maltese Bibby, 1969; Hammersmith Is Out, Mrs. Widow, 1972; Doctor Death: Seeker of Souls, The World's Greatest Athlete, 1973; Young Frankenstein, 1974; Going Ape!, 1981; Airplane II: The Sequel, 1982; Fright Mare (The Horror Star), Hotel New Hampshire (nur Dialog Consultant), 1983; First Strike, Stroke of Genius, Summer Jobs, 1984; Savage Islands, Tied Jeans, Stiffs, 1985.

TVM: Genesis II, 1973.

Leon Aschkenasy (in USA Askin) studierte bei Hugo Thimig an der „Neuen Schule für dramatischen Unterricht", dem späteren Max Reinhardt-Seminar in Wien. Ab 1928 spielte er in Düsseldorf, bis 1932 am Louise Dumont-Schauspielhaus, danach ein Jahr an den Städtischen Bühnen bei Leopold Lindtberg. Die braune Diktatur beendete seine deutsche Theaterzeit, er ging ins Exil nach Paris, wo er mit Schauspielern wie Lilli Palmer, Felix Bressart, Kurt Gerron und Robert Thoeren in einem selbstgegründeten Kabarett auftrat. 1936 zog es ihn in das heimatliche Österreich, nach Linz und Wien, das bereits von emigrierten Schauspielern des sogenannten ernsten Faches überfüllt war. Das Kabarett „ABC" wollte ihn als Regisseur, er arbeitete am „Lieben Augustin", inszenierte Kleinkunst an Kellerbühnen und stellte den 1939 in Buchenwald umgekommenen Jura Soyfer heraus. 1938 erneut in Paris, schrieb er Drehbücher und Exposés, „Rappel Immediat" (von Léon Mathot mit Erich von Stroheim und Mireille Ballin verfilmt) und „Valse D'Amour", einige gemeinsam mit Anne Day. Anfangs 1940 gelang ihm die Auswanderung in die Vereinigten Staaten.

In den USA begann er als Bühnenarbeiter, sein Freund Erwin Piscator verhalf ihm zur künstlerischen Leitung des Washington Civic Theatre, an dem er trotz Sprachschwierigkeiten Shaws „Kaiser von Amerika" und Shakespeares „Troilus und Cressida" in Englisch inszenierte. Sein Regiestil war noch stark von Louise Dumont beeinflußt, später fand er „einen eigenen Askin-Stil, der auch Elemente von Piscator enthielt" (*). Nach Pearl Harbor diente er bis 1946 bei der Air Force als Public Relations Officer, er war Chefredakteur des AAF Orientation Digest und hielt Vorlesungen für das Air Technical Service Command. Der Neubeginn in New York gestaltete sich erfolgreich, er betrieb mit Liesl Mittler (Tochter von Fritzi Massary) eine literarische Agentur und spielte oder inszenierte in mehreren Sommertheatern, Tournee-Ensembles und Off-Broadway-Produktionen. Für das Goethe-Festival leitete er 1949 eine sensationell aufgenommene „Faust"-Aufführung mit Albert Bassermann und Uta Hagen, er initiierte das Equity Community Theatre und lehrte Stückeschreiben und Analyse von modernen Theaterstücken am American Theatre Wing und am Piscator's Dramatic Workshop. Am Broadway reüssierte er neben Gloria Swanson und José Ferrer in Ben Hechts und Charles McArthurs „Twentieth Century".

In Hollywood spielte er in fast 40 Filmen, in eher kleinen, dafür aber darstellerisch und von der Handlung her ziemlich bedeutenden Rollen. Die Komödien „Knock on Wood" mit Dany Kaye, Billy Wilders „One, Two, Three", „Do Not Disturb" mit Doris Day und Peter Ustinovs „Hammersmith Is Out" betrachtet er für sich persönlich als bedeutend. Eine seiner Szenen mit Richard Burton in dem Streifen „The Robe" verwendete Darryl F. Zanuck zur Präsentation dieses ersten durch 20th Century Fox weltweit vertriebenen Cinemascopefilms. Obwohl auf der Bühne Charakterdarsteller, wurde er im Film aufgrund seiner äußeren Erscheinung und gewisser Anfangserfolge auf einen willkürlich zugeschriebenen und einseitigen Rollentypus festgelegt. Verräter, finstere Russen, sowie komische und weniger komische Bösewichte. Beim Fernsehen porträtierte er einerseits den deutschen General Burkhalter in der eher einfältigen, jedoch sehr beliebten CBS-Serie „Hogan's Heroes", andererseits in Steve Allens fiktiven Round Table-Streitgesprächen „Meeting of Minds" Karl Marx und Martin Luther.

Sein Hollywood-Image hatte einen starken Einfluß auf die Rollen, die man ihm nach 1958 in zahlreichen deutschen und österreichischen Filmen und Fernsehproduktionen bot. Vielleicht wegen Hollywood gehörte und gehört seine große Liebe ohnedies dem Theater. So inszenierte er in Los Angeles Felicien Marceau, Marvin Aron und Pavel Kohut und stand selbst in Hamburg, Berlin und Wien in Stücken von Fritz Hochwälder, Dürrenmatt, Beckett und Peter Weiss auf der Bühne. Hollywood erfreute er mit einer Askin-Produktion von „Two by Two", einer kapriziösen Nacherzählung der Bibelgeschichte von Noah und seiner Arche, die am Broadway auch als Musical mit Danny Kaye lief.

Askin, Co-Star von Hollywoodgrößen wie Anthony Quinn, Elizabeth Taylor, Burt Lancaster oder Doris Day, Star vieler Fernsehserien, Produzent, Regisseur, Drehbuchautor und Dozent, ist Mitbegründer des Austrian-American Council of the West. Er gehört zum Board der American National Theatre and Academy (ANTA), die jährlich einen begehrten nationalen Kunstpreis vergibt und ist seit drei Jahrzehnten Mitglied des Oscar-Auswahlkomitees der Academy of Motion Pictures Arts and Sciences. Der Urwiener lebt mit seiner Gattin in Beverly Hills, 1988 erhielt er das österreichische Ehrenkreuz für Wissenschaft und Kunst, 1989 brachte er unter dem Titel „Quietude and Quest" (zusammen mit C. Melvin Davidson) seine Betrachtungen über „Protagonisten und Antagonisten auf und außerhalb der Bühne" heraus.

TV: Superman: Superman in Exile, 1953; King for a Day, 1954; 20th Century Fox: Operation Cicero, 1956; The Restless Gun: The Shooting of Jett King, 1957; Telephone Time: Passport to Life, 1957; Matinee Theatre: The Heart's Desire, 1958; Walt Disney Presents: The Peter Tschaikowsky Story, 1959; Saints and Sinners: The Year Joan Crawford Won the Oscar, 1963; The Outerlimits: The Inheritors, 1964; The Rogues: Plavonia Hail and Farewell, 1964; My Favorite Martian: Martin of the Movies, 1965; Honey West: The Abominable Snowman, 1965; Russian Roulette (NBC-Special), 1965; The Man from UNCLE: The Project Deephole Affair; The Off-Broadway Affair, 1966; My Favorite Martian: Pay the Man the $ 24, 1966; The Monkees: The Card-Carrying Red Shoes, 1967; Happy Days: Fearless Malph; 1967; Alfred of the Amazon: Two Shrunken Heads Are Better Than One, 1967; It's About Time: The Stone Age Diplomats, 1967; It Takes a Thief: A Matter of Grey Matter, 1969; Mission: Impossible: Death Squade, 1970; McMillan and Wife: No Hearts, No Flowers, 1973; Meeting of Minds (Karl Marx), 1976; Switch: The Lady from Liechtenstein, 1976; Hardy Boys/ Nancy Drew Mysteries: The Hardy Boys and Nancy Drew Meet Dracula, 1977; Three's Company: The Bake-Off, 1978; Meeting of Minds (Martin Luther), 1978; Insight: The Game Room, 1984.

1979 übernahm Leon Askin bei zwei Episoden von „Meeting of Minds" die Regie.

Series: Charlie Farell Show (Pierre), 8 Episoden, 02. 07.–24. 09. 1956; Hogan's Heros (General Alfred Burkhalter), 1965–1971.

(*) Cornelius Schnauber in NZZ 24.11.1983 (Leon Askin – gewichtig auch in Nebenrollen).

Leon Askin in der Rolle Martin Luthers und David Hocks als der griechische Philosoph Plato in der zweiten Folge der TV-Serie „Meeting of Minds“

Schauspielerin (Eleanore Maria Leistner) Leonore Aubert

Leonore Aubert (ganz rechts) in der Rolle der Gräfin Huydie neben John Loder, Charles Dingle und Eva Gabor im Film „The Wife of Monte Christo“ nach Alexander Dumas, Regie führte der aus Wien gebürtige Edgar G. Ulmer

(zur vorhergehenden Seite) Leon Askin als General Alfred Burkhalter in der TV-Serie „Hogan's Heroes“

Leonore Aubert

Schauspielerin

Geb. 18. Apr. 1918 Cilli (Celje)

Eleanore Maria Leisner, in der früheren Südsteiermark als Tochter eines k.u.k. Generals geboren, wuchs in Wien auf, nahm gegen den Willen der Eltern Schauspielunterricht und arbeitete gelegentlich bei der Statisterie. Als ein Hollywood-Team Hintergrundaufnahmen für den Lubitsch-Streifen „Bluebeard's Eighth Wife" drehte und ein Mädchen benötigte, das auf einige Entfernung wie Claudette Colbert aussah, wurde sie ausgewählt. Nach dem Einmarsch Hitlers in Österreich flüchtete sie mit ihrem jüdischen Gatten Julius Altman über Paris, Spanien und Lissabon in die Vereinigten Staaten.

In New York begann sie als Model, das Traumziel blieb aber Hollywood. Ein Rollenangebot Lorraine Sheldons in „The Man Who Came To Dinner" im berühmten LaJolle Playhouse in San Diego, war Anlaß genug für sie, die USA mit dem Bus zu durchqueren. Sie wurde von einem Talentesucher entdeckt und „als neue Hedy Lamarr" von Samuel Goldwyn Pictures unter Vertrag genommen. 1943 debütierte sie in „They Got Me Covered" neben Bob Hope und Otto Preminger, begleitet von besten Kritiken. Ihre bevorzugteste Arbeit war Georg Jessels FOX-Film „I Wonder Who's Kissing Her Now", in dem sie singend und tanzend den aus Wien stammenden Musicalstar der ersten Dezennien dieses Jahrhunderts, Fritzi Scheff, porträtierte. Mehrmals war sie für weitere Hauptrollen im Gespräch, „For Whom the Bell Tolls" (Wem die Stunde schlägt) und „Saratoga Trunk" (Spiel mit dem Schicksal) erhielt Ingrid Bergmann, „A Song to Remember" (Polonaise) ging an Merle Oberon, „Golden Earrings" (Goldene Ohrringe) an Marlene Dietrich. In sieben Jahren spielte sie in dreizehn Filmen für verschiedene Studios stets große und glamouröse Parts, die Rolle die sie zum Star hätte machen können, war indes nicht dabei.

Als sie 1951 Hollywood den Rücken kehrte, gab sie praktisch ihre Karriere auf. In Deutschland entstanden noch „Der Fall 7A9", in Frankreich „Une Fille sur la Route" (1952). Leonore Aubert ging nach New York und für einige Zeit nach Europa zurück. Nach zwei geschiedenen langjährigen Ehen und einem Schlaganfall 1983, lebt sie heute in einem Nursing Home in Westbury, Long Island.

F: They Got Me Covered, 1943; Action in Arabia, Passport to Destiny, 1944; Having Wonderful Crime, 1945; The Catman of Paris, The Wife of Monte Christo, 1946; I Wonder Who's Kissing Her Now, The Other Love, 1947; Abbot and Costello Meet Frankenstein, The Prairie, The Return of the Whistler, 1948; Abbott and Costello Meet the Killer, Boris Karloff, Barbary Pirate, 1949.

TV: Silver Theatre: The Farewell Supper, 1949.

John H. Auer

Über John H. Auer, Regisseur und Filmproduzent, ist nur wenig bekannt. Er wuchs in Wien auf und besuchte hier die Handelsakademie. Ab 1918 spielte er als Kinderdarsteller in einigen deutschen Filmen, Ende der 20er Jahre kam er in die USA. In Hollywood erhielt er eine kurze Ausbildung als Regieassistent.

Ohne Möglichkeit in der Filmmetropole Arbeit zu finden, ging er nach Südmexiko, um dort für die Cine-Export mit Filmen wie „Una Vida per Otra“ (1933), „Su Ultima Cancion“, „The Pervert“ und „Rest in Peace“ (1934) eine Regiekarriere aufzubauen. Die mexikanische Regierung zeichnete ihn mit einem Special Award aus. 1935 begann er in Hollywood bei der eben erst durch Herbert J. Yates gegründeten Republic, dem Studio dem er den größten Teil seiner Lebensarbeit widmete. Debütfilm war „The Crime of Dr. Crespi“ mit Erich von Stroheim, zu dem er nach Edgar Allan Poes „The Prenature Burial“ auch die Story lieferte.

Zwischen 1935 und 1957 drehte er knapp 40 routinemäßige Filme. Auer arbeitete in fast allen Genres, schätzte aber am meisten den Gangsterfilm. Bekannt sind seine spannungsdichten, stark atmosphärisch geprägten halbdokumentarischen Streifen „The Flame“, „I, Jane Doe“, „The City That Never Sleeps“ und „Hell's Half Acre“. Er drehte ausnahmslos in Schwarz-Weiß und verschmähte auch das von Republic kreierte Farbsystem Trucolor.

Mitte der 50er Jahre wandte er sich vom Spielfilm ab, der Rest seines Schaffens galt dem Fernsehen. 1954 bis 1957 produzierte er die Serie „Whirley Birds“ (111 Episoden), die Abenteuer zweier Helikopterpiloten und 1958 bis 1960 zusammen mit Mort Briskin die Westernserie „U.S. Marshal“.

Geb. 03. Aug. 1906 Budapest
Gest. 15. März 1975 Los Angeles

Filme – in Klammer Funktionen außerhalb der Regie: Crime of Dr. Crespi (P/Story), Frankie und Johnnie, 1935; A Man Betrayed, Under Strange Flags (Story), Rhythm in the Clouds, Circus Girl, 1937; Invisible Enemy, Outside of Paradise, A Desperate Adventure, Orphans of the Street, I Stand Accused (Co-P), 1938; Forged Passport (Co-P), S.O.S. Tidal Wave, Calling All Marines, Smuggled Cargo (Co-P), 1939; Thou Shalt Not Kill, Woman in War, 1940; The Hit Parade of 1941, The Devil Pays Off, A Man Betrayed (Wheel of Fortune), 1941; Pardon My Stripes, Moonlight Masquerade (Co-P), Johnny Doughboy (Co-P), 1942; Tahiti Honey (ass. P), Gangway for Tomorrow (P), Music in Manhattan (P), Seven Days Ashore (P), Girl Rush (P), 1944; Pan-Americana (P), 1945; Beat the Band, The Flame (ass. P), 1947; I, Jane Doe, (ass. P), Angel on the Amazon (P), 1948; The Avengers (ass. P), Hit Parade of 1951 (ass. P), 1950; Thunderbirds (ass. P), 1952; The City That Never Sleeps (ass. P), 1953; Hell's Half Acre (ass. P), 1954; The Eternal Sea (ass. P), 1955; Johnny Trouble (P), 1957.

John Banner (Johann Banner) Schauspieler

Geb. 28. Jän. 1910 Wien
Gest. 28. Jän. 1973 Wien

Johann (in USA John) Banner gab zwei Semester Jurastudium auf, um zur Bühne zu gehen. Seine Laufbahn begann an der Dramatikschule des Wiener Volkstheaters, an der er unter 400 Bewerbern angenommen wurde. Im Frühjahr 1938 spielte er im Rahmen eines Zweijahresvertrages am Schauspielhaus Zürich, der „Anschluß" bewog ihn, nicht mehr nach Österreich zurückzukehren und nach USA zu übersiedeln.

In New York kam er in der Emigranten-Revue „From Vienna" unter, in der auch Größen des US-Showbusiness wie Moss Hart, Irving Berlin und Eddie Cantor mitwirkten, die bereit waren, den „refugees" unter die Arme zu greifen. Ohne Englischkenntnisse konnte er seinen Part nur phonetisch wiedergeben. Er konzentrierte sich darauf, die Landessprache zu lernen, nach einem Engagement in der Broadway-Produktion „Pastoral" neben Ruth Weston und Cornel Wilde ging er 1942 nach Hollywood. Ab 1943 diente er bis Kriegsende im Army Air Corps.

Während seiner Hollywood-Karriere verkörperte er auf Grund des Akzents immer wieder Nazitypen und Osteuropäer. Mit ungefähr 300 Fernsehauftritten war Banners Präsenz auf amerikanischen Bildschirmen jedoch ungleich größer als auf der Filmleinwand. Darstellerruhm erntete er erst ab 1965 in der Rolle des liebenswürdigen, leichtgläubigen und rundlichen „Sgt. Schultz" in der in Slapstickmanier gedrehten, in einem deutschen P.O.W. Camp angesiedelten Militärklamotte „Hogan's Heroes". Jaroslaw Haseks braver Soldat „Schwejk" stand bei der Gestaltung Pate, Banner fand es wichtig, die Menschen über Militarismen zum Lachen zu bringen. Mit der CBS-Komödie, die sechs Jahre lang lief (168 Episoden), fand er den Erfolg zu einem Zeitpunkt, an dem er die Schauspielerei gerade aufgeben wollte.

JOHN BANNER

January 28, 1910 - January 28, 1973

he was our friend . . .

Leon Askin	Ivan Dixon	Laurence Marks
Bruce Bilson	Edward H. Feldman	Charles Pomerantz
Howard Caine	Larry Hovis	John Pommers
William Calihan	Floyd Joyer	Richard M. Powell
Robert Clary	Arthur Julian	Charles A. Pratt
Bob Crane	William Jurgensen	Gene Reynolds
Marc Daniels	Richard Kinon	Bob Sweeney
	Werner Klemperer	
	Jerry London	

F: Once Upon a Honeymoon, Seven Miles from Alcatraz, 1942; The Fallen Sparrow, The Immortal Sergeant, The Moon is Down, They Came to Blow Up America, This Land is Mine, Tonight We Raid Calais, 1943; Nocturne, Rendezvous, Tangier, Black Angel, 1946; The Argyle Secrets, My Girl Tisa, To the Victory, 1948; Guilty of Treason, King Salomon's Mines, 1950; Callaway Went Thataway, 1951; The Juggler (in Israel gedreht), 1953; Executive Suite, 1954; The Rains of Ranchipur, 1955, Never Say Goodbye, 1956; The Beast of Budapest, The Young Lions, 1958; The Blue Angel, The Wonderful Country, 1959; The Story of Ruth, 1960; Operation Eichmann, 20.000 Eyes, 1961; Hitler, The Interns, 1962; The Prize, The Yellow Canary, 1963; 36 Hours, 1965; Wicked Dreams of Paula Schultz, 1968; Togetherness (in Griechenland gedreht), 1970.

TV: Lone Ranger: Damsels in Distress, 1950; Fireside Theatre: Bread Upon the Waters, Member of the Jury, 1954; Captain Midnight: Secret of the Jungle, 1954; The Jungle Pit, 1955; Fireside Theatre: Marked for Death, Bitter Grapes, 1955; Four Star Playhouse: Red Wine, 1955; Damon Runyon Theatre: The Lacework Kid, 1955; Superman: The Man Who Made Dreams Come True, 1956; Sheena: The Small Parade, 1956; Father Knows Best: Brief Holiday, 1957; Cimarron City: I, the Jury, 1958; Behind Closed Doors: A Cover of Art, 1958; 77 Sunset Strip: Antwerp Caper, 1960; Roaring Twenties: The Velvet Frame, 1960; June Allyson Show: The

1971 zog er sich mit seiner Pariser Gattin Christine nach Südfrankreich zurük. Außer einer guten Küche liebten beide, zu malen und französische Antiquitäten zu sammeln. John Banner starb an seinem 63. Geburtstag im Sophienspital während eines Besuchs bei Freunden in Wien.

Silent Panic, 1960; Michael Shayne: The Poison Pen Club, 1960; My Sister Eileen: Ruth Becomes a Waitress, 1960; Dante's Inferno: The Bavarian Barbarians, 1960; Perry Mason: The Case of Nine Dolls, 1960; Thriller: Portrait Without a Face, 1961; Dobbie Gillis: Mystic Powers of Maynard G. Krebs, 1961; The Untouchable: Takeover, 1962; The Virginian: The Small Parade, 1963; Donna Reed Show: Moon Shoot, 1963; Dobbie Gillis: I Was a Spy for the F.O.B., 1963; G.E. True: Black Market, 1963; Man from UNCLE: The Neptun Affair, 1964; Kraft Suspense Theatre: Safe House, 1965; Hazel: The Investor, 1965; The Lucy Show: Lucy and Bob Crane (als Sgt. Schultz), 1966; Doris Day Show: The Crapshooter Who Would Be King, 1971; Partridge Family: Who Is Max Ladbetter and Why Is He Saying All Those Terrible Things?, 1972;

TV-Serien: Hogan's Heroes, 17. 09. 1965–04. 07. 1971; Chicago Teddy Bears (als Uncle Latzi), 17. 09.–17 .12. 1971.

John Banner und Curd Jürgens in „Der blaue Engel"

John Banner

Schauspieler

„Hogan's Heroes" – Richard Dawson, Bob Crane, Robert Clary, John Banner, Werner Klemperer

Felix Basch

Schauspieler

James Seay, William Gasgon und Felix Basch „Enemy Agents Meet Ellery Queen" (Columbia)

Schauspieler

Felix Basch

Felix Basch stammte aus einer Kaufmannsfamilie, der Tenor Richard Tauber war sein Cousin. Er gehörte von 1904 bis 1912 dem Burgtheater an, von 1916 bis 1921 spielte er am Metropol-Theater in Berlin und leitete anschließend die Wiener Renaissancebühne und die Neue Wiener Bühne.

Geb. 16. Sept. 1885 Wien
Gest. 17. Mai 1944 Los Angeles

Ab 1913 hatte er Kontakte zum Film. Zunächst als Darsteller im Fach eleganter Lebemänner,danach auch bei der Regie. Häufig mit seiner Gattin Grete Freund als Star, drehte er für eigene und fremde Gesellschaften über 70 Filme, ambitionierten Kommerz wie „Der Strom" (1921), nach Max Halbe oder das Melodram „Schicksal", (1924) mit Conrad Veidt. Asta Nielsen engagierte ihn 1921 für die Verfilmung des Strindberg-Stoffes „Fräulein Julie", 1930 inszenierte er in den Paramount-Studios von Joinville bei Paris die deutsche Version „Seine Freundin Annette" des amerikanischen Streifens „The Lady Lies" von Robart Henley. Mit dem Stroheim-Drama „The Great Gabbo" übernahm er im gleichen Jahr die erste Synchronisation einer fremdsprachigen Produktion in Deutschland.

1933 gingen die Baschs nach USA, später nach London und Paris, wo sie an Drehbüchern mitarbeiteten. Der Ausbruch des Zweiten Weltkriegs zwang sie zur erneuten Flucht über den Atlantik. Das Ehepaar betrieb in New York das Restaurant „Greta's Viennese" und übersiedelte 1941 nach Hollywood. F. Basch wandte sich wieder dem Film zu, Regieaufträge blieben jedoch aus. Als Schauspieler in mittleren und kleinen Rollen, oft unerwähnt, mußte er sich der makaberen Hollywood-Typisierung beugen und überwiegend in B-Pictures mit dem Rollenfach von Nazi-Offizieren oder Persönlichkeiten des Dritten Reichs (etwa Hjalmar Schacht in „Mission to Moscow") Vorlieb nehmen.

Grete Freund-Basch, Sängerin und Schauspielerin, hat am Johann-Strauß-Theater in Wien angefangen, dann in Berlin, Präsidentin von „Help Viennese Children" die in den „Goldenen Zwanzigern" und davor zur künstlerischen Prominenz der damaligen Zeit zählte, starb 1982 in Wien.

F: Reunion in France, Enemy Agents Meet Ellery Queen, Desperate Journey, Destination Unknown, Pacific Rendezvous, Once Upon a Honeymoon, 1942; Chetniks, Hitler - Dead or Alive, The Boy from Stalingrad, Mission to Moscow, Above Suspicion, Appointment in Berlin, The Falcon in Danger, Bomber's Moon, Hostages, The Desert Song, The Cross of Lorraine, Woman in Bondage, Uncertain Glory, Hangmen also Die, 1943; None Shall Escape, The Hitler Gang, The Mask of Dimitrios, Wilson, 1944.

Vicki Baum

Autorin

Geb. 24. Jän. 1888 Wien
Gest. 29. Aug. 1960 Hollywood

F: Grand Hotel (Buchvorlage „Menschen im Hotel", Mitarbeit), 1932; The Woman Accused (Story mit 9 anderen Autoren), 1933; I Give My Love (Story), The Night is Young (Story), 1934; The Great Waltz (Drehbuch von Walter Reisch, Story von Gottfried Reinhardt, Mitarbeit ungenannt), 1938; Dance, Girl, Dance (Story), 1940; Unfinished Business (Mitarbeit), Powder Town (Originalidee), 1941; Girl Trouble (Story mit Ladislas Fodor und Guy Trosper), 1942; The Great Flammarion (Buchvorlage „Big Shot", 1936), Hotel Berlin (Buchvorlage, 1943), Weekend at the Waldorf (Remake „Menschen im Hotel"), 1945; Honeymoon (Story) 1947; A Woman's Secret (Buchvorlage „Mortgage on Life", 1946), 1949.

Hedwig (Vicki) Baum, in Wiener Wohlstandskreisen geboren, besuchte das Pädagogium und die Akademie für Musik und darstellende Kunst in Wien. Sie war ab 1912 als Harfenistin am Großherzoglichen Hoftheater in Darmstadt, 1916 bis 1923 in Tanzensembles in Kiel und Hannover und von 1926 bis 1931 als Zeitschriftenredakteurin beim Ullstein-Verlag in Berlin tätig. Ihre Dramatisierung des 1929 herausgekommenen Kolportageromans „Menschen im Hotel" erlebte 1930 in Berlin eine glanzvolle Uraufführung. Das von Herman Shumlin inszenierte Stück schlug 1931 auch beim New Yorker Theaterpublikum ein.

Zur Broadway-Premiere reiste Vicki Baum nach Amerika. Der Agent Edmund Pauker hatte ihr einen Kurz-Vertrag bei der Paramount verschafft, der noch um einige Wochen verlängert wurde. Neben den Bemühungen, ihren Roman und das Bühnenstück in der Öffentlichkeit zu fördern, entwarf sie auf Anregung Ernst Lubitschs in New York und im Auftrag der Paramount in Hollywood zwei Filmgeschichten für Maurice Chevalier und Marlene Dietrich. Das Studio verwarf beide und Vicki Baum übersiedelte zur MGM, um an der Filmversion von „Menschen im Hotel" mitzuarbeiten, die 1932 unter der Regie Edmund Gouldings mit Greta Garbo entstand. Hollywood fand sie lange nicht so glanzvoll, wie in ihren Vorstellungen. Nach sieben Monaten kehrte sie nach Berlin zurück.

Ihre Emigration 1933 war eine Reaktion auf die politische Situation in Deutschland. In Hollywood akzeptierte sie einen MGM-Vertrag, der ihr erlaubte, sechs Monate im Jahr weiter an ihren Büchern zu arbeiten. Wenngleich bei Metro-Goldwyn-Meyer und später als freie Autorin bis 1947 für verschiedene Studios tätig, machte ihr die Filmarbeit wenig Freude. Sie lieferte Ideen und Storys und wirkte an mehreren Büchern mit, fertigte aber niemals ein komplettes Drehbuch.

In Amerika gab sie mehrere Romane und 1962 die Autobiografie „It Was All Quiet Different" heraus, dazu erschienen Übersetzungen einiger ihrer früheren Werke. Ab 1941 schrieb sie in Englisch. Vicki Baum, deren Bücher 1933 von den Nazis verbrannt und verboten wurden, zählte zu den erfolgreichsten deutschsprachigen Exil-Autoren. Als Gattin des Dirigenten und-Leiters des Pasadena Symphony Orchesters Richard Lert war sie mit Musikern wie Arnold Schönberg, Oscar Straus und Ernst Toch, aber auch mit vielen aus Österreich stammenden Filmschaffenden, Salka Viertel, Gina Kaus, Karl Freund und Walter Slezak befreundet. Nach dem Krieg blieb sie in Kalifornien ansässig und lebte zuletzt in einem Traumhaus am Canyon Oak Drive in Hollywood. Ihre Asche wurde auf eigenen Wunsch hin verstreut.

Helmut Berger

Es war sein Kindheitstraum, Schauspieler zu werden. Helmut Berger (eigtl. Steinberger), Sohn eines Hoteliereheepaars, sah sich nach dem Abitur in der Schweiz, Frankreich und England in verschiedenen Jobs um, ehe er in der römischen Cinecittà in Schauspielerkreise geriet. Er lernte Luchino Visconti kennen, der ihm nach einem Test 1966 in dem Episodenfilm „Le streghe“ eine kleine Rolle gab. Unter der Regie des Freundes, Förderers und Meisters drehte er „La caduta degli dei“ (Die Verdammten, 1968), „Ludwig“ (1972) mit Romy Schneider, sein künstlerisch hochwertigstes Leinwandepos und „Gruppo di famiglia in un interno“ (Gewalt und Leidenschaft, 1974). Die Visconti-Filme wurden Bergers Sprungbrett zur Starkarriere.

Geb. 29. Mai 1944 Bad Ischl

In der Titelrolle des narzißtischen, ewig jungen Dandy in Massimo Dallamanos „Il dio chiamato Dorian“ (Das Bildnis des Dorian Gray, 1970) erwies er sich als Idealbesetzung. Es folgten De Sicas „Il giardino dei Finzi Contini“ (Der Garten der Finzi Contini, 1970), in der Bundesrepublik Otto Schenks „Reigen“ (1973), in England „The Romantic Englishwoman“ (1975), daneben spielte er in mehreren in Europa und Israel gedrehten amerikanischen Streifen. Als Exzentriker, der auch das Luxusdasein und „dolce Vita“ liebte, machte er in Rom, dem zweiten Hollywood, als Jet-Setter und dekadenter Paradiesvogel auf sich aufmerksam. Der Tod Viscontis 1976 bedeutete für ihn einen einschneidenden und nur schwer verkraftbaren Verlust.

Ende der 70er Jahre nahm er auch Fernsehaufgaben wahr. Berger wirkte in Claude Chabrols Serie „Fantomas“ und in einzelnen „Simon Templar“-Episoden mit. Hollywood bot ihm mehrmals große Rollen, die er mit dem Bemerken ablehnte, nicht nur Nazis darstellen zu wollen. Dann aber reizte ihn ein Part in der von „Dallas“ inspirierten, monströsen Broadcast-Saga „Dynasty“ von Robert und Eileen Pollack. Neben Pamela Sue Martin als Fallon Carrington und Joan Collins verkörperte er zur Steigerung der Einschaltquoten 1983/84 elf Folgen lang den internationalen Playboy und Hochstapler Peter de Vilbis. Die Arbeitsmethoden der amerikanischen Studios sagten ihm jedoch nicht zu, „Dynasty“ blieb seine einzige Hollywood-Arbeit. Helmut Berger, mittlerweile filmisch weniger tätig, lebt abwechselnd in Rom und Paris.

F: Ash Wednesday (*), 1973; Victory at Entebbe (**), 1976; Codename: Emerald (*), 1985; The Godfather Part III (*), 1990; (*) in Europa, (**) in Israel gedreht.

TV: Dynasty: Chapter 68 bis 78, 30. 11. 1983 bis 07. 03. 1984.

Pamela Sue Martin als Fallon Carrington und Helmut Berger als Peter de Vilbis in „Dynasty“ (Der Denver Clan)

Linda Evans, John Forsythe und Pamela Sue Martin, die Hauptakteure von „Dynasty“ mit Helmut Berger

Senta Berger

Geb. 13. Mai 1941 Wien

Abbildung von den Dreharbeiten zum Film „The Glory Guys", 1961

Senta Bergers künstlerische Neigungen traten schon früh zutage. Sie erhielt eine Ausbildung in Ballett und Ausdruckstanz und studierte am Wiener Reinhardt-Seminar. Obwohl es den Schülern untersagt war, am Theater oder in Filmen mitzuwirken, nahm sie aus finanziellen Gründen winzige Rollen bei Willi Forst, Hans Quest und in Anatole Litvaks „The Journey" an, wofür man sie des Seminars verwies. In der Folge wurde sie bei Ernst Häussermann das jüngste Ensemblemitglied des Theaters in der Josefstadt.

Nach ersten größeren Aufgaben in Streifen wie „Der veruntreute Himmel" und „Der brave Soldat Schwejk" holte sie Richard Widmark für den Spionagefilm „Secret Ways", der in den Ateliers am Rosenhügel entstand. 1962 spielte sie unter der Regie Steve Previns erneut in Wien in der Disney-Produktion „The Waltz King" über den Aufstieg des jungen Johann Strauß. Die Mitwirkung in Carl Foremans in London gedrehten Episodenfilm „The Victors" als Partnerin Albert Finneys, machte sie bekannt und öffnete den Weg in das internationale Filmgeschäft.

Ihre Agentin brachte sie mit Paul Kohner zusammen, der große Entdecker und Förderer so vieler Talente ebnete ihr die Wege nach Hollywood. In den Jahren 1964 bis 1969 lebte und arbeitete sie hauptsächlich in den USA. Senta Berger begann mit einer Reihe von Fernsehfilmen, neben Walter Matthau in „White Snow, Red Ice" unter Buzz Kulik, in dem Tele-Movie „See How They Run" mit John Forsythe und in der Episode „The Double Affair" aus der Serie „The Man from UNCLE" (in den Kinos „The Spy With My Face"). Der Columbia-Produzent Mike Frankovich verpflichtete sie für fünf Filme, verlieh sie jedoch dreimal. 1964 stand sie in Sam Peckinpahs Western „Major Dundee" mit Charlton Heston und James Coburn in Mexiko vor der Kamera, mit „The Glory Guys" blieb sie im Genre, in Melville Shavelsons „Cast a Giant Shadow", der Biographie des amerikanisch-israelischen Colonels und Militärberaters David Marcus mit Kirk Douglas und Yul Brynner, gab sie der einzigen nicht authentischen Figur des Mädchens Magda Simon ein glaubwürdiges Profil. Die Uraufführung erfolgte in New York, erstmals sah Senta Berger ihren Namen in großen Leuchtbuchstaben auf dem Broadway.

*F: The Journey (US/Ö *), 1958; The Secret Ways (*), 1961; The Waltz King (*), 1962; The Victors (US/GB **), 1963; The Spy With My Face, 1964; Major Dundee, The Glory Guys, Cast a Giant Shadow, 1965; The Poppy Is Also a Flower (**), Marracesh (Bang, Bang, You're Dead), 1966; The Ambushers, 1967; If It's Tuesday, This Must be Belgium (**), De Sade (US/D **), 1969; The Swiss Conspiracy (US/D **), 1975.*

TVM: See How They Run, 1964; Istanbul Expreß, 1968.

*TV: Bob Hope Chrysler Theatre: White Snow, Red Ice, 1964; Danny Kaye-Show, 1966; It Takes a Thief: A Thief Is a Thief (The Magnificent Thief), Name of the Game: Gollector's Edition, 1968; It Takes a Thief: Flowers from Alexander, 1969; Perry Como's Christmas in Austria (Special *), 1976.*

** In Österreich gedreht*
*** In anderen europäischen Ländern gedreht*

1965 gründete sie mit ihrem späteren Gatten, dem Schauspieler, Regisseur und Arzt Dr. Michael Verhoeven in München die „Sentana"-Filmproduktion. 1967 enstand der erste eigene Spielfilm „Paarungen" nach Strindbergs „Totentanz". Einige Zeit pendelte sie zwischen amerikanischen, deutschen, englischen und französischen Ateliers, 1970 kehrte Senta Berger Hollywood endgültig den Rücken. Die siebziger Jahre bescherten ihr in Italien eine dritte Filmkarriere. Neben eigenen Produktionen, darunter „Die weiße Rose" (die Geschichte der studentischen Widerstandsgruppe um die Geschwister Scholl) und Fernseharbeiten spielte sie Theater, bei den Salzburger Festspielen, am Wiener Burgtheater, in Hamburg und Berlin. Mit fast 80 Spielfilmen eroberte sich die Wienerin ein internationales Kinopublikum. Nur gelegentlich bereut sie, die Tür nach Hollywood ganz zugemacht zu haben.

Senta Berger als israelische Freiheitskämpferin Magda Simon in „Cast a Giant Shadow" (Der Schatten des Giganten)

Senta Berger und Kirk Douglas als Col. David Marcus in „Cast a Giant Shadow"

Herbert Berghof

Herbert Berghof studierte an der Akademie für Musik und darstellende Kunst, bei seinem Debüt 1927 am Dt. Theater in Wien stand er neben Alexander Moissi. Bis 1933 wirkte er an Bühnen in der Schweiz und an Max Reinhardts Dt. Theater in Berlin, von 1933 bis 1938 als Direktor und Darsteller in Wien, bei den Salzburger Festspielen, in Prag und Paris. 1939 ging er nach London, anschließend nach New York.

Als Prinzipal startete er 1939 mit dem „Cabaret Vienna" die erste Broadway-Produktion der „Refugee Artist Group", die vielen Emigranten ein Betätigungsfeld bot. 1940 arbeitete er mit Ernst Lothar an dessen kurzlebigem Exiltheater „The Austrian Theatre" zusammen, 1941 mit Walter Slezak am „Resistance Play" in Washington D. C. und 1945 an Erwin Piscators Dramatic Workshop. Am Broadway glänzte er in der Titelrolle von „Nathan der Weise", einer Neuadaption des Lessingstücks, in „König Lear" (1940), „Hedda Gabler" (1948) und im „Andersonville Trial" (1959). Eine seiner vielbeachteten Inszenierungen war die amerikanische Erstaufführung von Samuel Becketts „Waiting for Godot" am John Golden Theatre im Jahre 1956.

Mit seiner imposanten Figur und den strengen Gesichtszügen spielte er mehrmals bewundernswerte Charakterrollen in Hollywoodfilmen oder Fernsehepisoden, die häufig an seinem Wohnort New York oder in Europa entstanden.

In den Vereinigten Staaten zählte er vor allem als Schauspiellehrer an der New School for Social Research, dem American Theatre Wing, dem Neighbourhood Playhouse und an der Columbia University zu den Besten seines Faches. 1946 gründete er mit seiner zweiten Gattin, der deutschen Schauspielerin Uta Hagen, das Herbert Berghof Studio in Greenwich Village, aus dem im Laufe der nächsten Jahrzehnte viele Darsteller mit klingendem Namen hervorgingen, Geraldine Page, Anne Bancroft, Al Pacino, Jack Lemmon, Eva-Maria Saint, Liza Minelli, Faye Dunaway, Robert de Niro und zuletzt Matthew Broderick. Pro Semester bewarben sich bis zu 600 Schüler, neben Lee Strasberg und Stella Adler galt Herbert Berghof als einer der Lehrer, deren Arbeit vom Mut zum Experiment gekennzeichnet war. Er zählte zu den weitgehend unbekannten Kräften, ohne die das Kino niemals eine so fesselnde Anziehungskraft erreicht hätte.

Geb. 13. Sept. 1909 Wien
Gest. 05. Nov. 1990 New York

F: Assignment-Paris, Diplomatic Courier, Five Fingers, Red Planet Mars, 1952; Fraulein, 1958; Cleopatra, 1963; An Affair of the Skin, 1964; Harry and Tonto, 1974; Mastermind, 1977; Voices, 1979; Those Lips, Those Eyes, Times Square, 1980; Target, 1985.

TVM: And the Bones Come Together, 1973; Dark Victory, 1976; The Belarus File, 1986.

TV: The Trap: Stan, the Killer; Studio Summer Theatre: Letter from Cairo, 1950; Goodyear Theatre: Holiday Song; Robert Montgomery Presents: Those in Favour, 1952; Suspense: The Valley of the Kings, 1953; Producers Showcase: Reunion in Vienna; Studio One: The Judge and His Hangman; Kraft Theatre: Once a Genius, 1955; Desilu Playhouse: Chez Rouge, 1959; Playhouse 90: For Whom the Bell Tolls, 1959.

Elisabeth Bergner

Schauspielerin

Geb. 22. Aug. 1897
Drohobycz/ Galizien
Gest. 12. Mai 1986 London

F: Paris Calling, 1941.

TV: The Chevrolet Theatre: Heat Lightning, 1949.

Elisabeth Bergner (Ella Ettel) wuchs in Wien auf, studierte 1912 bis 1915 an der Akademie für darstellende Kunst und Musik und gab 1915 ihr Debüt in Innsbruck. Ihre Karriere führte sie über Zürich, Wien und München in die Theatermetropole Berlin, wo sie am Dt. Theater Max Reinhardts und bei Viktor Barnowsky zu einer populären Bühnenkünstlerin aufstieg. Mädchenhaft-burschikos, fragil, reizvoll und kokett, galt sie als Ideal des modernen Mädchens und zeitweilig als Prototyp der deutschen Garconne.

Mitte der 20er Jahre gelang ihr der Kontakt zum Stummfilm. „Nju" (1924), nach einer Novelle von Ossip Dymow, „Der Geiger von Florenz", „Liebe" (1926), nach Balzac, „Don Juana" (1927) und „Fräulein Else" (1929) nach Schnitzler, waren Streifen, die auf sie als Hauptdarstellerin zugeschnitten wurden. Von ihrem ersten Tonfilm „Ariane" (1930) mit Rudolf Forster entstand gleichzeitig eine englische Version, „The Loves of Ariane". „Der träumende Mund" (1931), an dessen Drehbuch sie mitarbeitete, war ihr letzter deutscher Film vor der Emigration.

1933 wich sie vor den Nationalsozialisten nach Wien, dann nach London aus. Den Part der Gemma Jones in Margaret Kennedys „Escape Me Never" gestaltete sie 1933 im Opernhaus von Manchester zu ihrem ersten Bühnenerfolg in England, 1935 auch zu einem Filmerfolg, der zu einer „Oscar"-Nominierung führte. „Catherine the Great" (1934), „As You Like It" (1936), mit Laurence Olivier, „Dreaming Lips" (1937, ein Remake von „Der träumende Mund", in Österreich „Melo") und „Stolen Life" (1938, in einer Doppelrolle) zählten zu Bergners wenigen, jedoch herausragenden und zeittypischen Filmen, bei denen in der Regel ihr Gatte Paul Czinner Regie führte.

1940 begann sie in Kanada mit den Außenaufnahmen zu dem vom Ministry of Information mitfinanzierten Film „49th Parallel" (USA: The Invaders). Als sie entgegen den vertraglichen Vereinbarungen zu Innenaufnahmen nach Denham in England zurückgehen sollte, gab sie die Rolle, um sich nicht den Kriegsgefahren in Europa auszusetzen, an die englische Kollegin Glynis Jones ab (sie ist nur in wenigen Szenen zu sehen). Im August reiste Elisabeth Bergner von Kanada in die Vereinigten Staaten und ließ sich mit ihrem Gatten, der von United Artists und Paramount Filmverträge erhalten hatte, in Beverly Hills nieder. Es gab dafür verschiedentlich Kritik, da man ihr unterstellte, die Filmarbeiten benutzt zu haben, um in das sichere Amerika zu gelangen.

Filmprojekte gemeinsam mit ihrem Gatten ließen sich in den USA nicht realisieren. Elisabeth Bergner lehnte alle Angebote der großen Firmen ab, da sie Paul Czinner als Regisseur ausschlossen. Schließlich akzeptierte sie aus finanziellen Gründen einen Vertrag bei einem kleinen Studio. „Paris Calling", nach einer Story des emigrierten Drehbuchautors Hans Székely (Ps. John S. Toldy) war ihr einziger Hollywoodfilm, dessen Einspielergebnis weit unter den Erwartungen blieb. Eine Kopie wurde mit einem US-Bomber nach London geflogen, da General de Gaulle den im Milieu der französischen Untergrundbewegung spielenden Streifen sehen wollte. Nach einem Angebot über eine Tournee mit „Escape Me Never" reiste Elisabeth Bergner aus dem „Alptraum" Hollywood ab, in das sie um keinen Preis zurückkehren wollte.

Nach dem Kriege blieb die Schauspielerin zunächst in New York. Sie spielte im Emigrantenensemble „Players from Abroad" und am Brodway in Stücken wie „The Overtons", (nach einer eigenen Inszenierung), The Duchess of Malfi" und „The Two Mrs. Carrolls", wofür sie die „Delia Austrian Medal" der Drama League of New York erhielt. 1951 ging sie nach England zurück und übernahm Bühnen-, Film- und Fernseh-Engagements. Vor allem in der Bundesrepublik Deutschland konnte sie an alte Theatererfolge anknüpfen. Elisabeth Bergner, ein Weltstar und zeitlebens eine Legende, brachte 1978 ihre „unordentlichen" Erinnerungen, „Bewundert viel und viel gescholten... " heraus.

Randolph Scott und Elisabeth Bergner als junge Pariserin, die die französische Widerstandsbewegung gegen die Nazi-Besetzung unterstützt in „Paris Calling"

Martin Berliner/Felix Bernstein Schauspieler/Filmtechniker

Geb. 12. Jän. 1896 Wien
Gest. 26. Jän. 1966 Berlin

F: Reunion in France, 1942; Hostages, The Strange Death of Adolf Hitler, 1943; A Voice in the Wind, The Seventh Cross, 1944; Jealousy (RA), 1945; Prince of Thieves, 1948; First Legion, 1951; The Counterfeit Traitor (Verrat auf Befehl, in Europa gedreht), 1962.

TV: Last Half Hour, Mayerling, 1950; The Professor, Personal Appeance Theatre, 1952.

Martin Berliner spielte ab 1920 an der Volksbühne in Berlin, 1928 in Mährisch-Ostrau und 1931/32 an der Komödie in Wien kleine, vom Leben verfolgte, nervöse und listig gewordene Menschen. Ein Rollenfach, das ihm das Leben 1938 selbst diktierte. Die Emigrantenjahre in Amerika waren mühsam, Hollywood erlaubte dem „refugee" nur ein karges Überleben in den verschiedensten Berufen, in seinem Metier nur in „cameos" und als Technical Adviser.

Nach dem Kriege zusammen mit Oskar Karlweis nach Deutschland zurückgekehrt, konnte er einige Film- und Fernsehangebote wahrnehmen, u.a. in „Praterherzen" (Ö, 1953),„Hengst Maestoso Austria" (Ö, 1956) „Die Botschafterin" (BRD, 1956) und in Wolfgang Staudtes „Dreigroschenoper" mit Curd Jürgens und Hildegard Knef. In erster Linie aber begründeten Theaterrollen wie der Zeuge in Piscators „Ermittlung", der Arbeiter in Steinbecks „Von Mäusen und Menschen" und zuletzt der jüdische Schneider Schimele Soroker in Scholem Aleichems Stück „200 000" seine eigentliche Karriere.

Felix Bernstein Filmtechniker

Geb. 16. Apr. 1904 Galatz

F: Florian, 1940; I Married an Angel, 1941; Crossroads, 1942; Hitler's Madman, 1943; The Seventh Cross, The Home Front (Df), 1944.

Bis 1938 Leiter des MGM-Verleihs Wien. Kam 1939 in die USA. In Hollywood als „technical adviser" tätig. Verheiratet mit der Schauspielerin Lisl Valetti.

Bibi Besch

Geb. 01. Feb. 1940 Wien

Bibi (Bibiara) Besch ist die Tochter der bis 1945 im deutschsprachigen Raum sehr bekannten Bühnen- und Filmschauspielerin Gusti Huber, mit der sie kurz nach dem Kriege in die Vereinigten Staaten kam. Nach dem Collegebesuch in Connecticut bereitete sie sich im Herbert Berghof Studio in New York auf die Bühnenlaufbahn vor und debütierte 1964 am Mt. Kisco Summer Playhouse als Eliza Doolittle in „Pygmalion".

Zu simultanen Theateraufgaben am Broadway und in der Region, darunter „Fame", „Come Back Little Sheba" und „Medea", kamen bereits 1965 die ersten Fernsehverpflichtungen. In den nächsten Jahren sicherte allein schon die Mitwirkung in sogenannten „daytime series" wie „The Secret Storm" und „Somerset" ein ausgefülltes Schauspielerdasein. Die Dauerengagements erhöhten nicht nur das Bankkonto und ihr Selbstbewußtsein, sondern veranlaßten sie eines Tages auch, sich der Konkurrenz in Kalifornien zu stellen.

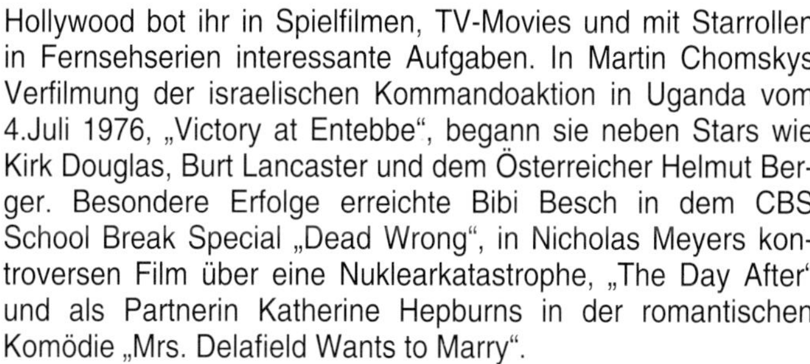

Hollywood bot ihr in Spielfilmen, TV-Movies und mit Starrollen in Fernsehserien interessante Aufgaben. In Martin Chomskys Verfilmung der israelischen Kommandoaktion in Uganda vom 4.Juli 1976, „Victory at Entebbe", begann sie neben Stars wie Kirk Douglas, Burt Lancaster und dem Österreicher Helmut Berger. Besondere Erfolge erreichte Bibi Besch in dem CBS School Break Special „Dead Wrong", in Nicholas Meyers kontroversen Film über eine Nuklearkatastrophe, „The Day After" und als Partnerin Katherine Hepburns in der romantischen Komödie „Mrs. Delafield Wants to Marry".

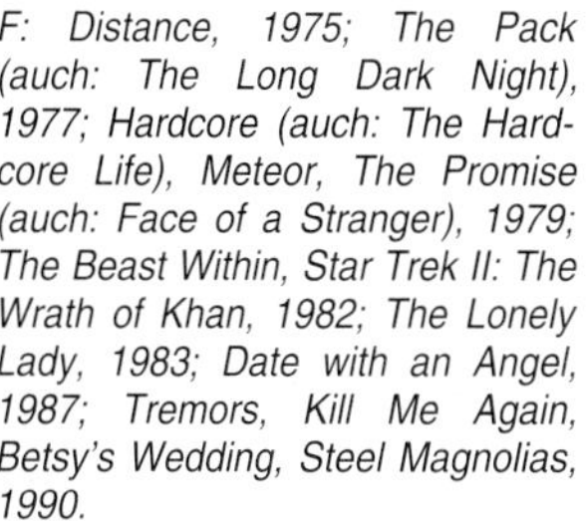

F: Distance, 1975; The Pack (auch: The Long Dark Night), 1977; Hardcore (auch: The Hardcore Life), Meteor, The Promise (auch: Face of a Stranger), 1979; The Beast Within, Star Trek II: The Wrath of Khan, 1982; The Lonely Lady, 1983; Date with an Angel, 1987; Tremors, Kill Me Again, Betsy's Wedding, Steel Magnolias, 1990.

TV: Russians: Self Expressions (Debüt), 1965; The Secret Storm (Serie), 1965-1966; Love Is A Many Splendored Thing, 1966; The Edge of Night, 1967; Somerset (Serie), 1970-1976; Three Times Daley (Pilotfilm), Ellery Queen: The Adventure of Caesar's Last Sleep, 1976; Police Story: The Other Side of the Badge, 1976; The Blue Fog, 1977; Police Woman: Sunset, The Rockford Files: Beamer's Last Case, 1977; Charlie's Angels: Game, Set, Death, The Six Million Dollar Man: The Madonna Caper, 1978; Tom and Joann (Pilotfilm), 1978; How the West Was Won: The Widow, Mrs. Columbo: It Goes with the Territory, Eischied: The Dancer, Backstairs at the White House (Serie), 1979; Skag: The Working Girl, 1980; Secret of Midland Heights (Serie), 1980-1981; Hart to Hart: Murder Takes a Bow, ABC Afterschool Special: Tough Girl, McClain's Law: (Pilotfilm), Skyward Christmas (Pilotfilm), 1981; Trapper John, M.D.: The Good Life, Insight: God s Guerillas, 1982; The Hamptons (Serie), Scarecrow and Mrs. King: Their Goes the Neighborhood, Remington Steele: Scene Steelers, 1983; CBS Schoolbreak Special: Dead Wrong, Cagney and Lacey: Episode v. 19. 03. 84 (Titel nicht bekannt), Trapper John, M.D.: Aunt Mildred Is Watching You, CBS Schoolbreak Special: Hear My Cry, Who's the Boss?: Mona Gets Pinned, Partners in Crime: The Strangler, 1984; Dynasty: Swept Away, 1984; The Will, 1985; Falcon Crest: Justice for All, Eye to Eye: A Crossword Puzzle, Scene

Bibi Besch

Schauspielerin

of the Crime: A Vote for Murder, Hell Town: Let My Jennie Go, Dallas: Mothers, 1985; Street Hawk: Episode v. 02. 05. 85 (Titel nicht bekannt); Highway to Heaven: Children's Children, 1986; Cagney and Lacey: Different Drummer; J.J. Starbuck: The 6% Solution, 1987; A Year in the Life: The Enourmus Changes at the Last Minute; Family Ties: Read and Weep; Murder, She Wrote: A Very Good Year; Afterschool Special: Tattle When to Tell on a Friend, 1988; Heart Beat: Last Tango, 1989.

TVM: Victory at Entebbe, 1976; The Medicine Hat Stallion, 1977, Betrayel, 1978; Transplant, 1979; The Plutonium Incident, 1980; Death of a Centerfolf: The Dorothy Stratton Story, The Sophisticated Gents, 1981; Secrets of a Mother and Daughter, The Day After, 1983; Lady Blue, 1985; Mrs. Delafield Wants to Marry, 1986; Dead Solid Perfect, 1988 (*).

(*) Bibi Besch's Mitwirkung in „Judy Bingham", „First Ladies Diaries", „Camera Three", „Midland Corners" und „An Element of Risk" konnte datumsmäßig nicht eruiert werden.

Turhan Bey

Schauspieler

Geb. 30. März 1920 Wien

Abbildung aus dem Film „The Unseen Enemy", 1942

Turhan Selahettin Schultavey, Sohn eines Angehörigen der türkischen Botschaft und einer Österreicherin, emigrierte nach dem „Anschluß" 1938 mit seiner Mutter und Großmutter nach Los Angeles. Er nahm Schauspielunterricht an der Bard's School of Dramatic Art und am Pasadena Playhouse, wo ihn ein Talentesucher der Warner Brothers entdeckte. Nach einem Eignungstest debütierte er 1941 in „Footsteps in the Dark" mit Errol Flynn.

1942 gab ihm Universal Pictures einen Mehrjahresvertrag. Leute die schon Archie Leach und Lucille Langehake in Cary Grant und Mary Astor umbenannten, kreierten den Künstlernamen Turhan Bey. Mit seiner Exotik, dem mysteriösen Auftreten und hintergründigen Charme, schien er maßgeschneidert für die märchenhaften Geschichten, die Universal in der Kriegszeit herausbrachte: „Arabian Nights", „White Savage", „Ali Baba and the Forty Thieves", das 13-teilige Serial „Junior G-Men of the Air" und die im japanisch besetzten China angesiedelte Serie „The Adventures of Smilin Jack", die der Pilot Zack Mosely verfaßte.

Für die Verfilmung des Pearl S. Buck-Bestsellers „Dragon Seed" wurde er 1944 von Universal an Metro-Goldwyn-Mayer verliehen. In der Rolle eines chinesischen Bauern erreichte er an der Seite Katherine Hepburns den Höhepunkt seiner Karriere. Der Erfolg verhalf ihm zu besseren Rollen auch von anderen Studios, Turhan Bey war sich jedoch stets im Klaren, daß er ohne die Abwesenheit großer Stars wie Clark Gable oder James Stewart, die ihren Militärdienst leisteten, im B-Movie-Bereich steckengeblieben wäre.

Neben seinem filmischen Auftreten kam der gutaussehende Bey in Hollywood durch einige Romanzen mit seiner mehrmaligen Filmpartnerin Maria Montez, mit Lana Turner und Linda Christian ins Gerede. Von 1948 bis 1950 diente auch er bei der Army, nach seiner Rückkehr hatte sich die Weltkapitale des Films durch das Aufkommen des Fernsehens dynamisch verändert. Ein intellektuelleres und kriegsmüdes Publikum vermochte die eskapistischen Movies der 40er Jahre nicht mehr zu akzeptieren. Für Bey schloß sich der Kreis, als er 1953 in dem Abenteuerfilm der Columbia „Prisoner of the Casbah", wie bei seinem Debüt 1941 die simple Rolle eines „Ahmed" zu spielen hatte.

Turhan Bey gab den Job in Hollywood auf, ging einige Zeit nach Miami und kehrte dann nach Wien zurück. 1952 produzierte er hier den Streifen „Stolen Identity", nach A. Lernet-Holenias Roman „Ich war Jack Mortimer". Danach war sein Interesse an dem Metier erloschen. Der Austro-Türke bevorzugte es, sich photographisch zu betätigen, zeitweilig Aufführungen des Salzburger Marionettentheaters zu leiten und ansonsten die „Wiener Gemütlichkeit" in seinem Heim in der „Paradiesgasse" zu genießen.

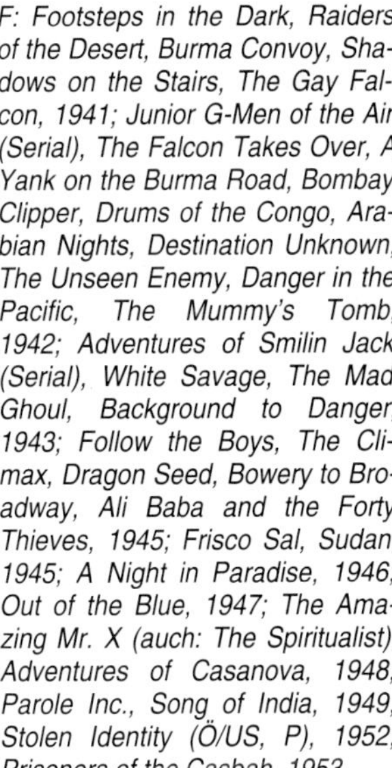

F: Footsteps in the Dark, Raiders of the Desert, Burma Convoy, Shadows on the Stairs, The Gay Falcon, 1941; Junior G-Men of the Air (Serial), The Falcon Takes Over, A Yank on the Burma Road, Bombay Clipper, Drums of the Congo, Arabian Nights, Destination Unknown, The Unseen Enemy, Danger in the Pacific, The Mummy's Tomb, 1942; Adventures of Smilin Jack (Serial), White Savage, The Mad Ghoul, Background to Danger, 1943; Follow the Boys, The Climax, Dragon Seed, Bowery to Broadway, Ali Baba and the Forty Thieves, 1945; Frisco Sal, Sudan, 1945; A Night in Paradise, 1946; Out of the Blue, 1947; The Amazing Mr. X (auch: The Spiritualist), Adventures of Casanova, 1948; Parole Inc., Song of India, 1949; Stolen Identity (Ö/US, P), 1952; Prisoners of the Casbah, 1953.

Joan Hall, Turhan Bay und Thomas Gomez in „White Savage" (UNIV)

Theodore Bikel

Schauspieler

Geb. 02. Mai 1924 Wien

F: African Queen (US/GB, in Afrika gedreht), 1951; Moulin Rouge (in Europa gedreht), 1952; Never Let Me Go (US/GB, in Europa gedreht), 1953; The Enemy Below, The Pride and the Passion, The Vintage, 1957; The Defiant Ones, Fraulein, I Bury the Living, I Want to Live, 1958; The Blue Angel, A Dog of Flanders, Woman Obsessed, 1959; My Fair Lady, 1964; The Russians Are Coming, the Russians Are Coming, 1966; Festival (Dokumentation des Newport Jazz Festivals), 1967; The Desperate Ones (US/Spa), Sweet November, 1968; My Side of the Mountain, 1969; Darker Than Amber, Flap (Nobody Loves a Drunken Indian), 1970; The Little Ark, 1972; Prince Jack, 1984; Very Close Quarters, 1986; Dark Tower, 1987.

TVM: Who Has Seen the Wind, 1965; Killer by Night, 1972; Murder on Flight 902, 1975; Victory at Entebbe, 1976; Return of the King (nur Stimme), 1980; A Stoning in Fulham County, 1988.

Die Eltern Theodore Bikels kamen aus der Bukowina nach Wien und emigrierten 1938 nach Palästina. Bikel war ab 1942 zwei Jahre „Lehrling" am Habimah-Theater in Tel Aviv. 1946 ging er zum Studium an die Royal Academy of Modern Art in London, 1949 debütierte er in Tennessee Williams „A Streetcar Named Desire", der mit ihm befreundete Peter Ustinov brachte ihn 1951 in seiner Komödie „The Love of Four Colonels" heraus. In New York begann er 1955 am Cort Theater in „The Rope Dancers" und stand danach zwei Jahre als Baron Georg von Trapp neben Mary Martin in dem Rodgers & Hammerstein-Musical „The Sound of Music" auf der Bühne. Beide Rollen brachten ihm eine „Tony Award"-Nominierung ein.

Im Film begann er unter John Huston in der amerikanisch-britischen Produktion Sam Spiegels „African Queen", einem an Originalschauplätzen gedrehten Hollywood-Streifen erster Güte. In England spielte er u.a. in „Day to Remember" (1953), „Chance Meeting" (1954) nach einer Story von George Tabori, „The Divided Heart" (1955) und in dem Drama „Flight from Vienna", das weitgehend von seiner bestechenden Performance getragen wurde. Der ungewöhnliche Charakterdarsteller sagte einmal: „Ich möchte, daß die Leute noch an mich denken, wenn die Kinosessel kalt geworden sind" und ließ diesem Wunsch das Bekenntnis folgen: „Ein echter Schauspieler muß sich in seine Rollen verlieren". Der Wiener hat das auch stets getan. Ab 1955 in Hollywood direkt tätig, meist typisiert als „foreigner", sind seine Film- und Fernsehrollen kaum zählbar. Für die Darstellung des Sheriffs Max Muller in Stanley Kramers „The Defiant Ones" (Flucht in Ketten) erhielt er 1958 eine „Oscar"-Nominierung, die urkomische Rolle des sowjetischen U-Bootkommandanten in Norman Jewisons Komödie „The Russians are Coming, the Russians are Coming" zählt zu seinen herausragendsten Gestaltungen.

Amerika kennt den Erzkomödianten von vielen Theatertourneen, als Milchmann Tevje in „Fiddler on the Roof" (1969, 1971, 1979), als Meyer Rothschild in „The Rothschilds" (1972), aus den „Sunshine Boys" (1973) und der Titelrolle des „Zorba" (1976). Er schrieb 1958 bis 1960 die NBC-Televison-Show „The Eternal Light" und wirkte in der CBS-Serie „Look Up and Live" mit. Seine Vielseitigkeit bewies er als Editor und Host der ABC-Show „Directions '61", durch Auftritte in der langjährigen Radiosendung „At Home with Theodore Bikel" (1957-1962) und ab 1955 als Concert Folksinger, in der Carnegie Hall (1956), auf Welttourneen in Neuseeland und Australien 1963 sowie durch ganz Amerika, Kanada und Europa. Er singt in einundzwanzig Sprachen, die Völkerverständigung ist ein erkennbares Anliegen. Das Lied „If we only have Love“ sang er an historischen Stationen des modernen Israel, im Schützengraben während des Jom-Kippur-Krieges 1973 wie auch in Washington zur Feier des Camp-David-Abkommens. Der folkloristische Bogen seiner Lieder spannt sich von Rußland bis Südamerika. Als Volkssänger profitiert er nicht zuletzt von seinen Erfahrungen als Schauspieler im amerikanischen Film und Fernsehen, auf europäischen Bühnen und am Broadway.

TV: U.S. Steel Hour: Scandal at Peppernut; Studio One: Passage of Arms; Julius Caesar; Appointment with Adventure: The Fateful Pilgrimage; Return of the Stranger; Goodyear Playhouse: Visit to a Small Planet; Elgin Hour: San Francisco Fracas; Armstrong Circle Theater: Perilous Night; Star Tonight: Foot Falls; Producers Showcase: The King and Mrs. Candle; Justice: Track of Fear, 1955. Goodyear Playhouse: A Patch of Faith; Sound of the Pipes of Pan; Studio One: The Power; U.S. Steel Hour: Hunted, 1956. Kraft Television Theatre: Six Hours of Terror; Hallmark of Fame: There Shall Be No Night; Climax: The Mad Bomber; Alfred Hitchcock Presents: The Hands of Mr. Ottermole; Studio One: Death and Taxes, 1957. Kraft Televison Theater: Angry Harvest; Playhouse 90: Word from a Sealed-Off Box, 1958. Hotel de Paree: Episode vom 02.10.1959 (Titel unbekannt); Play of the Week: The Dybbuk, 1960. Naked City: Murder Is a Face I Know, 1961. Naked City: Portrait of a Painter; Dick Powell Show: The Prison; Pericles on 31st Street; Route 66: Only by Cunning Glimpses; Twilight Zone: Four O Clock; G.E. Theatre: The Bar Mitzvah of Major Orlovsky; Sam Benedict: So Various, So Beautiful; Alcoa Premiere: The Potentate, 1962. East Side/West Side: No Wings at All; Bob Hope Chrysler Theatre: Corridor, 1963. The Nurses: The Forever Child; Combat: The Montain Men; Burke's Law: Who Killed the Surf Board?; Rawhide: Canliss, 1964. Gunsmoke: Song for Dying; Burke's Law: Who Killed the Rest?; Trials of O'Brien: The Trouble with Archie, 1965. ABC Stage: Noon Wine, 1966. The Diary of Anne Frank (Special), Hallmark of Fame: St. Joan, 1967. Mission Impossible: The Cardinal, 1968. Ironside: The Summer Soldier, 1969. Hawai Five-0: Sweet Terror, 1971. Cannon: Blood on the Vine, 1972. Mod Squad: Cry Uncle,1973. Medical Story: Us Against the World, 1975. Medical Center: A Very Private War; Ellery Quinn: The Adventure of the Two-Faced Woman; Little House on the Prairie: Centennial, 1976. Charlie's Angels: Angels on a String; Columbo: The Bye-Bye Sky High I.Q. Murder Case; San Pedro Bums: Godfather's Eve; All in the Family: Love Comes to the Butcher; Police Woman: Sons; Loose Change (dreiteilige Miniserie); Amazing Spider Man: The Curse of Rava; Fantasy Island: King for a Day; Testimony of Two Men (dreiteilige Miniserie); The Stingiest Man in Town (Special, nur Stimme), 1978. All in the Family: A Girl Like Edith; Higher Than Heaven (Special), 1979. Trapper John: Russians and Roses, 1982. Knight Rider: Chariot of Gold, 1983. Glitter: On Your Toes, 1984. Hotel: New Beginnings; Cover Up: Rules to Die; Fall Guy: Reel Trouble, Dynastie: Aftermath; The Homecoming; The Titans, 1985. The Paper Chase - The Graduation: Suppressed Desires, 1986. The New Mike Hammer: Elegy for a Tramp; Murder - She Wrote: Indian Giver; Falcon Crest: Across the Bridge; Twist and Shout, 1987. Falcon Crest: Rescue; Hornet's Nest; Buck James: Almost Perfect, 1988.

Theodore Bikel, Humphrey Bogart und Katharine Hepburn in „African Queen“

Tala Birell (Natalie Birl) — Schauspielerin

Geb. 10. Sept. 1908 Wien
Gest. 1959 Budapest

F: Liebe auf Befehl (USA/D), 1931; The Doomed Battalion, 1932; Nagana, 1933; Captain Hates the Sea, Let's Fall in Love, 1934; Air Hawks, Let's Live Tonight, Spring Tonic, Crime and Punishment, 1935; The Lone Wolf Returns, White Legion, 1936; As Good as Married, She's Dangerous, 1937; Bringing Up Baby, Invisible Enemy, Josette, 1938; Seven Miles from Alcatraz, 1942; Isle of Forgotten Sins, China, One Dangerous Night, Song of Bernadette, Woman in Bondage, 1943; Make Your Own Bed, The Monster Maker, Mrs. Parkington, The Purple Heart, Till We Meet Again, 1944; The Frozen Ghost, Girls of the Big House, The Power of the Whistler, Jungle Queen (Serial nach Ed Norris), Dangerous Millions, 1946; Vilo Vance's Gamble, Vilo Vance's Secret Mission, Song of Love, 1947; Homicide for Three, Woman in the Night, 1948;

Natalie Birl empfand ihren Namen nicht passend genug für eine Schauspielerkarriere. Mit dem wohlklingenderen Tala Birell indes erhoffte sich die blonde, blauäugige Tochter deutsch-polnischer Eltern größere Chancen. Sie erhielt privaten Musik- und Schauspielunterricht, durch ihre Auftritte in mehreren Bühnenrollen wurde auch der Film auf sie aufmerksam.

1930 setzte sie die heimische Sascha-Film in dem Streifen „Die Tat des Andreas Harmer" ein, in Deutschland drehte sie „Meine Cousine aus Warschau" neben Liane Haid und in den Londoner Elstree-Studios unter der Regie von E. A. Dupont die deutsche Version „Menschen im Käfig" des englischen Films „Cape Forelorn". Gewichtige Partner dabei Conrad Veidt, Fritz Kortner und Heinrich George. Im gleichen Jahr verpflichtete sie die Universal Pictures nach den USA, wo sie mit „Liebe auf Befehl" begann, einer deutschsprachigen Version von Benjamin Glasers „Boudoir Diplomat", mit Johannes Riemann (auch Regie), Olga Tschechowa und Arnold Korff. 1932 folgte „The Doomed Battalion", die amerikanische Fassung des Luis Trenker/Karl Hartl-Films „Berge in Flammen" von 1931, neben dem Co-Autor und -produzenten Luis Trenker.

Hollywood hatte sich von Tala Birell eine „neue Garbo" erhofft, Erwartungen die jedoch unerfüllt blieben. Die Karriere der Wienerin verlief nicht ansteigend, beschränkte sich bald auf routinemäßige Hauptrollen, meist in sogenannten B-Pictures und mit stets wechselnden Regisseuren. In den Vierziger Jahren erhielt sie nur noch Nebenrollen, am Ende des Jahrzehnts gab sie die Schauspielerei auf. Nach Europa zurückgekehrt, starb sie vermutlich 1959 unbeachtet hinter dem Eisernen Vorhang.

Das Team für „Liebe auf Befehl", der deutschsprachigen Version der US-Original-Fassung „Boudoir Diplomat", Johannes Riemann (Autor, Darsteller und Regisseur), Tala Birell, Olga Tschechowa und der Wiener Paul Morgan bei ihrer Ankunft vor den Universal-Studios in Hollywood.

Schauspieler — Hermann Blass

Schauspieler, spielte an Bühnen in Siebenbürgen, Wien, Brünn und Berlin. Episodist und Charakterdarsteller in über zwanzig deutschen Filmen, darunter „Hai-Tang" (1930), „Der Kongress tanzt" (1931) und „Trenck" (1932). Ab 1933 auch in Österreich: „Ball im Savoy" (Ö/Ung, 1934) und „Bretter, die die Welt bedeuten" (1935). 1938 Emigration nach USA.

Geb. 29. März 1888 Wien
Gest. Sept. 1941 New York

F: Ouverture to Glory (Jiddisch), 1941.

Schauspieler — Karlheinz Böhm

Lee J. Cobb, Glenn Ford, Ingrid Thulin, Charles Boyer, Karlheinz Böhm und Paul Lukas in „The Four Horsemen of the Apocalypse" (MGM)

Karlheinz Böhm

Schauspieler

Geb. 16. März 1928 Darmstadt

Karlheinz Böhm, Sohn des Dirigenten Karl Böhm und der Sopranistin Thea Linhart, sollte Musiker werden, interessierte sich indes eher für Film und Theater. 1948 arbeitete er in Wien als Regieassistent Karl Hartls, der ihm am Ende der Dreharbeiten zu „Der Engel mit der Posaune" auch eine kleine Rolle gab. Er studierte kurzzeitig Kunstgeschichte und nahm Unterricht an der Schauspielschule des Burgtheaters, das ihn für ein Jahr an das Haus verpflichtete. Von 1949 bis 1953 spielte er am Theater in der Josefstadt, um danach (mit wenigen Abstechern zur Bühne) nur noch zu filmen.

1952 gelang ihm in A. M. Rabenalts „Alraune", neben Hildegard Knef und Erich von Stroheim der Durchbruch und ein beachtlicher Publikumserfolg. Auf sensible Edelmenschen, Aristokraten, Ärzte und seriöse Liebhaber festgelegt (im „Dreimäderlhaus" als Franz Schubert), drehte er in den nächsten Jahren ca. 45 Filme, wobei jedoch Anspruchsvolles nur in Ausnahmen gelang. Mit der Rolle des österreichischen Kaisers Franz Joseph in Ernst Marischkas „Sissi"-Trilogie stieg er zum Leinwandidol der fünfziger Jahre und mit Romy Schneider zu einem Traumpaar des deutschen Films auf.

Am Ende des Jahrzehnts versuchte er im internationalen Film Fuß zu fassen und mit Darstellung differenzierterer Charaktere künstlerisch an Terrain zu gewinnen. Nach dem englischen Streifen „Too Hot to Handle" mit Jane Mansfield, vor allem aber von Michael Powells 1959 in London gedrehtem Psycho-Thriller „Peeping Tom" erwartete er sich den Beginn einer Weltkarriere. Die große Enttäuschung, als der Film auf vernichtende Ablehnung und Kritik stieß und schon nach wenigen Wochen aus den Kinos verschwand (*) wurde nur durch das Faktum gemildert, daß ihn Metro-Goldwyn-Mayer mit einem Sechsjahresvertrag nach Amerika holte.

Walt Disney bot ihm zuvor noch eine Beethoven-Rolle, den 1960 in Wien mit europäischer Besetzung gedrehten Fernseh-Zweiteiler „The Magnificent Rebel" sah er als Entrée Billet für Amerika. Hollywood stellte eine andere Kategorie von Traumfabrik dar, das riesige Studiogelände beeindruckte ihn ebenso wie der ihm unbekannte Komfort für Schauspieler und die Begegnung mit den neuen Kollegen. Der MGM-Debütfilm „The Four Horsemen of the Apocalypse", teilweise bei Außenaufnahmen in Paris gedreht und in Hollywood fertiggestellt, war seine anspruchsvollste Arbeit und die erste unter Weltklassebedingungen. Regie führte Vincente Minelli, die Kollegen Glenn Ford,

Charles Boyer und Ingrid Thulin gehörten zur Weltspitze. Trotz aller guten Vorzeichen aber fiel das Ergebnis für ihn erneut enttäuschend aus. Der Film reichte weder an die Originalfassung von 1922 (mit dem Rudolph Valentino zum Star wurde) heran, noch erreichte er die Qualität vorhergegangener Minelli-Melodramen. „The Wonderful World of the Brothers Grimm" von Henri Levin wandelte, ähnlich wie „The Magnificent Rebel", ein Kapitel deutscher Kulturgeschichte in amerikanisches Familienkino um. Mit dem von Anatol De Grunwald inszenierten Unterhaltungsfilm „Come Fly with Me", in entscheidenden Szenen in der Wiener Innenstadt, auf dem Schwechater Flughafen und am Wörthersee entstanden, kehrte er wieder zum ungeliebten Fach des verarmten österreichischen Adeligen zurück. Zunehmend frustriert vom spärlichen Rollenangebot, auch einige Gastauftritte beim Fernsehen entschädigten nicht, kehrte Karlheinz Böhm nach nur dreijährigem USA-Aufenthalt nach Europa zurück. Der angestrebte Karrieresprung blieb aus, die Begegnung mit Hollywood empfand er dennoch als wertvoll.

Während er sich wieder dem Theater zuwandte, 1964 gab er an der Stuttgarter Staatsoper auch sein Regiedebüt, gelang ihm Anfang der Siebziger Jahre bei R.W. Faßbinder ein bemerkenswertes Film-Comeback. Seitdem er 1981 die politisch, wirtschaftlich und religiös unabhängige Stiftung „Menschen für Menschen" zur Unterstützung der Hungernden in der Sahel-Zone gründete, gilt er für Hunderttausende Menschen in Äthiopien als Hoffnungsfigur. Den bei dem Hilfswerk errungenen Erfolg verdankt er zum Teil seiner früheren Popularität als Filmschauspieler.

F: Four Horsemen of the Apocalypse, Wonderful World of the Brothers Grimm, 1962; Come Fly with Me, 1963; The Venetian Affair (in Europa gedreht), 1967.

TV: Walt Disney's Wonderful World: The Magnificent Rebel, 1962; Virginian: The Golden Door; Burke's Law: Who Killed Julian Buck?; Combat: The Wounded Don't Cry, 1963.

(*) „Peeping Tom" wurde 1979 auf dem New Yorker Filmfestival von Martin Scorsese präsentiert und als wiederentdecktes Meisterwerk gefeiert. William Johnson nahm den Titel in der Zeitung „Film Quarterly" in eine Liste der zehn besten Filme der Welt auf.

(zur nachstehenden Seite) Klaus Maria Brandauer als Baron Blixen mit Meryl Streep als Karen Blixen in „Out of Africa (Jenseits von Afrika)

Klaus Maria Brandauer

Schauspieler

Geb. 22. Juni 1944 Bad Aussee

Foto: Als Baron Blixen in Sidney Pollacks „Out of Africa“

F: The Salzburg Connection (*), 1971; Never Say Never Again, (US/GB), 1983; The Lightship (*), Out of Africa, 1985; Streets of Gold, 1986; The Russia House (*), 1990; WhiteFang, 1991.
(*) In Europa gedreht.

Klaus Maria Brandauer (eigtl. Steng) studierte zwei Semester an der Hochschule für Musik und darstellende Kunst in Stuttgart. Engagements an den Landestheatern Tübingen (1963) und Salzburg (1964) sowie dem Düsseldorfer Schauspielhaus (1966) folgte 1968 das Theater in der Josefstadt in Wien. Er spielte u. a. in Fritz Kortners letzter Inszenierung „Emilia Galotti“, die Begegnung mit dem großen Regisseur wurde für ihn zum entscheidenden Wendepunkt seiner künstlerischen Entwicklung. Seit 1972 gehört er zum Ensemble des Burgtheaters, in den 70er Jahren avancierte er zu einem der populärsten Theaterschauspieler des deutschsprachigen Raums. Große Erfolge erzielte er vor allem in Shakespeare-Stücken, in München und bei den Salzburger Festspielen, ab 1973 auch als Regisseur.

Für seine erste Filmrolle in Ingo Premingers wenig erfolgreichem Agententhriller „The Salzburg Connection“ (später „Top Secret") erhielt er in den USA ausgezeichnete Kritiken. Manche Rezensenten verglichen ihn mit James Dean. Nach dem tatsächlichen Kinoeinstieg 1981 in István Szábos „Mephisto“ (Ung/D/Ö) nach Klaus Mann, widmeten ihm die großen deutschsprachigen Zeitungen elogenhafte Berichte. Es hagelte Filmangebote, von Liliana Cavani, Akira Kurosawa, aus Frankreich, China und den USA. Als ihm der Regisseur Irvin Kershner 1982 eine Rolle in dem James Bond-Streifen Nr. 14 anbot, lehnte er mit dem Bemerken „niemals“ ab. Das auf den Bahamas und in einigen westeuropäischen Ländern entstandene Remake (Thunderball, GB 1965) „Never Say Never Again“ (Sag niemals nie) wurde ein Kassenerfolg, bei Brandauer stapelten sich erneut die eingesandten Drehbücher.

Auf der Bühne verwirklichte er 1983 seinen Traum, den „Jedermann“ in Salzburg zu spielen. Er agierte in Szábos „Oberst Redl“ und drehte anschließend einige US-Filme. Auf und um Sylt „The Lightship“ nach dem Roman von Siegfried Lenz und in Brighton Beach im New Yorker Stadtteil Brooklyn die im Boxermilieu angesiedelte Story „Streets of Gold“. Für die Darstellung des Barons Blixen als Partner Meryl Streeps in Sydney Pollacks Welterfolg „Out of Africa“ erhielt er 1985 den „Golden Globe“ und eine Nominierung zum „Academy Award“. In der Nacht der Oscar-Verleihung im Dorothy Chandler-Pavillon des Music Centers von Los Angeles zahlte er jedoch der Nostalgie Tribut, da der Preis für die beste männliche Nebenrolle, den ihm bereits viele Kritiker zuerkannten, an den greisen Don Ameche fiel. 1990 wirkte Brandauer, inzwischen einer der ganz Großen des

Kinos, in Fred Schepesis „The Russia House“ mit, ein Jahr später stand er in der Walt Disney-Produktion „White Fang“ nach Jack London bis dato letztmals vor einer Hollywood-Kamera.

Neben der deutschsprachigen Filmarbeit, „Hanussen“ (1988), Wickis „Spinnennetz“ und „Georg Elsner“ (R/D, beide 1989), setzte Brandauer seine Tätigkeit am Theater fort. Er war mit Österreichs erfolgreichster Regisseurin Karin Brandauer verheiratet, die im November 1992 plötzlich verstarb.

Klaus Maria Brandauer in der Rolle des Boxers Alek Neumann mit Angela Molina (oben) und Adrian Pasdar (unten) im Film „Streets of Gold“

Egon Brecher

Schauspieler

Geb. 16. Feb.1880 Olmütz
gest. 12. Aug. 1946 Hollywood

F: Die Königsloge (US/D), 1929; To the Last Man, 1933; The Black Cat, Many Happy Returns, No Greater Glory, Now and Forever, As the Earth Turns, 1934; Black Fury, The Florentine Dagger, Mark of the Vampire, Paddy O'Day, The Werewolf of London, Here's to Romance, 1935; Alibi for Murder, Boulder Dam, Charlie Chan's Secret, The Devil Doll, Ladies in Love, Love on the Run, One in a Million, Sins of Man, The White Angel, Till We Meet Again, 1936; The Black Legion, Emperor's Candelsticks, Espionage, Heidi, I Met Him in Paradise, Lancer Spy, The Life of Emile Zola, Love Under Fire, Stolen Holiday, Thin Ice, 1937; Cocoanut Grove, Arsene Lupin Returns, Invisible Enemy, Spawn of North, Spy Ring, Suez, You and Me, I'll Give a Million, 1938; Angels Wash Their Faces, Confessions of a Nazy Spy, Espionage Agent, Juarez, Judge Hardy and Son, Nurse Edith Clavell, The Three Musceteers, We Are Not Alone, 1939; All This and Heaven Too, Devil's Island, Dispatch from Reuters, Dr. Ehrlich's Magic Bullet, Four Sons, I Was an Adventuress, Knute Rockne-All American, The Man I Married, 1940; Man Hunt, Manpower, They Dare Not Love, Underground, 1941; Hitler's Children, Isle of Missing Men, King's Row, Berlin Correspondent, 1942; Above Suspicion, The Desert Song, Mission to Moscow, They Came to Blow Up America, 1943; U-Boat Prisoner, 1944; A Royal Scandal, Cornered, Voice of the Whistler, White Pongo, 1945; So Dark the Night, Sister Kenny, Temptation, The Wife of Monte, 1946.
Kf: While America Sleeps, 1939; Pound Foolish, 1940; Out of Darkness, 1941; For a Common Defense, 1942.

Egon Brecher, Regisseur und Schauspieler, verheiratet mit Else Brecher, stammte aus dem mährischen Olmütz. Er studierte an der Universität Heidelberg und war danach an verschiedenen Bühnen in Deutschland und Österreich sowie als Direktor des Stadttheaters in der Josefstadt in Wien tätig.

Während des Ersten Weltkriegs spielte er in den mehraktigen Wiener Stummfilmen „Der Verschwender" (1917), nach Ferdinand Raimunds Zaubermärchen und „Don Cäsar, Graf von Irun" (1918), nach dem gleichnamigen Drama von Dumanoir und D'Emery, die beide Luise Kolm und Jakob Fleck inszenierten.

1925 ging er in die Vereinigten Staaten, in den nächsten Jahren trat er am Civic Repertory Theatre in New York als Partner Eva La Galiennes in Molnars „Liliom" und in Stücken wie „Master Builder", „They Would be Gentlemen" und „Yellow River" auf. 1928/29 wirkte er neben Alexander Moissi und Camilla Horn in dem Film „Die Königsloge" mit, der als deutsche Version der amerikanischen Originalfassung „The Royal Box" in den Studios der Warner Brothers Pictures in New York (Brooklyn) entstand. Der Streifen war nicht nur der erste mit deutschprachigen Darstellern in den USA gedrehte Tonfilm, sondern der erste deutschsprachige Tonspielfilm überhaupt.

1933 gab Egon Brecher die Bühne zugunsten des Filmateliers auf. In Hollywood debütierte er in dem Paramount-Western „To the Last Man", bei dem Henry Hathaway Regie führte, der damals am Anfang seiner Karriere stand. Als freier Darsteller wurde der Mährer bei allen großen Studios in charakteristischen Nebenrollen in über 80 Produktionen eingesetzt.

Egon Brecher, Rudolf Amendt-Anders und Philip Dorn in „Underground" (1941)

Regisseur (Felix Weissberger) Felix Brentano

Geb. 09. Nov.1908 Wien
Gest. 25. Juni 1961 New York

Felix Weissberger (in den USA später Brentano) führte bereits mit 19 Jahren Theaterregie. Er schrieb eine Jazz Musical-Version von „Charlies Tante", die erfolgreich in Berlin und Kopenhagen lief und war als Regieassistent Max Reinhardts mit dessen „Sommernachtstraum" in Europa auf Tournee. 1934 assistierte er Reinhardt in Amerika bei der Neufassung des Shakespeare-Stücks, das im Rahmen der auf Reinhardt zurückgehenden Kalifornischen Festspiele in der Hollywoodbowl, in San Francisco und Berkeley zur Aufführung kam.

In den USA inszenierte und produzierte er verschiedene Bühnenwerke, u.a 1937 „The Princess and the Pea" von Ernst Toch, 1940 beim Central City Festival in Colorado eine eigene Version der „Verkauften Braut" und 1943 in erneuter Zusammenarbeit mit Reinhardt „Rosalinda", die US-Fassung der „Fledermaus" für die New York Opera Company. Weissberger leitete viele Jahre den Opera Workshop der Columbia University und das Opera Department des Peabody Konservatoriums in Baltimore. Daneben gehörte er dem Board des National Council der „Met" in New York an.

Beim Fernsehen war Weissberger als Regisseur von Kurzfilmen der Riethof Productions und bei „Voices of Firestone", einer von NBC und ABC 1949 begonnenen Serie mit Wiedergaben klassischer und halbklassischer Konzerte involviert.

Filmrollen, der mühevollen Restaurierung harrend

Vanessa Brown (Smylla Brind) Schauspielerin

Geb. 24. März 1928 Wien

Smylla Brinds Eltern, Linguistik-Professor Nathum Brind und die Kinderpsychologin Dr. Anna Brind, erkannten früh die dunklen Wolken, die Hitler heraufbeschwor. 1934 emigrierten sie nach Frankreich, 1937 in die Vereinigten Staaten. Als Brind in Paris für die Übersetzung verschiedener Filmdialoge engagiert wurde, fand seine achtjährige Tochter bei Fox Europa mit der französischen Synchronisation von Kinderrollen in „Prisoner of Shark Island" und anderen Streifen Zugang zum Filmgeschäft.

In einer New Yorker Schauspielschule machte Smylla Brind den Bühnenproduzenten Herman Shumlin auf sich aufmerksam, der sie für „Watch on the Rhine" verpflichtete. Zweieinhalb Jahre stand sie in der Komödie Lillian Hellmans am Broadway, in Chicago und auf einer landesweiten Tournee auf der Bühne. Nach ihrem sensationellen Auftreten in der Chicagoer Radioshow „The Quiz Kids" holte sie der Agent Paul Kohner 1943 nach Hollywood.

Mehrere Jahre blieb sie bei David O. Selznick unter Vertrag. Als Tessa Brind debütierte sie leihweise bei RKO in „Youth Runs Wild", danach agierte sie als Vanessa Brown. Zeitweilig erhielt sie Fanpost unter ihren drei verschiedenen Namen. Sie spielte an der Seite großer Hollywoodakteure, George Sanders, Rex Harrison, Ronald Colman, als Tarzangefährtin Jane neben Lex Barker, außerdem in einigen Propagandafilmen des Army Signal Corps. Vanessa Brown war eine sensible und feine Darstellerin auf dem Wege zum Starruhm, als sie nach der Heirat mit dem Schönheits-Chirurgen Dr. Robert A. Franklyn (zweite Ehe mit dem TV-Regisseur Mark Sandrich Jr.) dem Film weitgehend den Rücken kehrte und sich weniger zeitaufwendigen Fernsehaufgaben zuwandte. 1953 war sie jeden Freitag in der CBS-Serie „I'll Buy That" zu sehen, 1955 ersetzte sie bei CBS Joan Caulfield in der Rolle der „Liz Cooper" in der langjährigen Komödienserie „My Favorite Husband".

1949 hatte sie Zeit gefunden, an der UCLA das Batchelor Degree in Englisch nachzuholen. Nach einer Theatertournee mit Katherine Hepburn in „As You Like It", trat sie am Broadway in „Seven Year Itch" (1953) und an der Westküste in Frederick Loewes „Gigi" auf. Edward R. Murrow verpflichtete sie als Korrespondentin und News-Kommentatorin für eine Reihe von Programmen der „Voice of America" Broadcasts, im literarischen Bereich rundete sie ihre Vielseitigkeit mit Zeitungs- und Magazinartikel sowie zwei Buchausgaben ab. Der Journalist John Keating schrieb anfangs der 50er Jahre über sie: „Van-

F: Youth Runs Wild, 1944; The Girl of the Limberlost, 1945; I've Always Loved You, Margie, 1946; The Foxes of Harrow, The Late George Apley, The Ghost and Mrs. Muir, Mother Wore Tights, 1947; Big Jack, The Heiress, The Secret of St. Ives, 1949; Tarzan and the Slave Girl, Three Husbands, 1950; The Basketball Fix, 1951; The Bad and the Beautiful (Tribute to a Bad Man), The Fighter, 1952; Rosie!, 1967; Bless the Beasts and Children, 1971; The Witch Who Came from the Sea, 1976.

TV: Walter Fortune (Drama), 1950; Pulitzer Prize Playhouse: Blockade; Robert Montgomery Presents: The Kimballs, 1951; Philco Television Playhouse: The Monument, 1952; Stage 7: The Legacy; Climax: The Box of Chocolates, The Dance; Justice: Shot in the Dark, 1955; The Millionaire: The Louise Williams Story, 1956; Climax: Hurricane Diane, 1957; Wagon Train: The Sally Potter Story; Matinee Theatre: The Man with the Pointed Toes, 1958; Further Adventures of Ellery Quinn: The Hinnlity Story; Goodyear Theatre: Any Friends of

essa, a name decided to her by Mervyn LeRoy, was a minor Greek divinity. Miss Brown is a Viennese one, and not at all minor".

Richard Conte und Vanessa Brown im Film „The Fighter", 1952

Julies; G.E. Theatre: Silhouette; Perry Mason: The Case of Paul Drake's Dilemma, 1959; Alcoa Presents One Step Beyond: The Lovers; Chevy Mystery Show: Murder By the Book, 1960; Arnie: Episode vom 30.01.1971 (Titel nicht bekannt); Police Story: Face for a Shadow, 1975; Twilight Zone: A Message from Charity, 1985.

TV-Serien: I'll Buy That, 1953; My Favorite Husband, 04. 10. 1955 bis 27. 12. 1957; All That Glitters, 18. 04. bis 15. 07. 1977. Vanessa Brown wirkte außerdem in einzelnen Episoden des ABC-Serials General Hospital mit, ohne daß hier ein Zeitpunkt angegeben werden könnte.

(zur nachfolgenden Seite)
Karl Bruck in dem Musical-Film „Paint Your Wagon" von Frederick Loewe, 1969

Karl Bruck/Frederick Brunn **Schauspieler**

Geb. 16. März 1906 Wien
Gest. 21. Aug. 1987 Los Angeles

Karl Bruck, ein arrivierter Schauspieler in Wien, Berlin und Köln, kam 1945 in die Vereinigten Staaten. Er hatte seine Frau und seine Familie im Holocaust verloren und war selbst ein Opfer des Naziterrors.

Ausgebildet an der Reinhardt-Akademie, mehrsprachig und akzenterfahren, fand er schnell Zugang zur Television in Serien wie „The Fugitive", „Hogan's Heroes", „Garrison's Guerillas", „It Takes a Thief", „Mission: Impossible", „The Love Boat", „Barney Miller" und „Star Trek" (*). Ab 1973 reüssierte er über ein Jahrzehnt in der Rolle des „Maestro Ernesto Fautsch" in der CBS-Saga „The Young and the Restless" und erreichte damit einen hohen Bekanntsgrad.

F: Assignment to Kill, 1968; Paint Your Wagon, 1969.

TVM: The Birdman (früher: Escape of the Birdmen), 1971.

TV: It Takes a Thief: When Boy Meets Girl, 1968; Payoff in the Piazza, 1969; Mission Impossible: Orpheus, 1970; Barney Miller: Atomic Bomb, 1979.

(*) Da keine kompletten „casting"-Listen für die amerik. TV-Produktionen existieren, kann das Fernsehschaffen Karl Brucks nur ansatzweise dokumentiert werden.

Im Film, der ihm kaum Chancen bot, konnte er sich als deutscher Shopkeeper Schermerhorn in Alan J. Lerners und Frederick Loewes Musical „Paint Your Wagon" (Westwärts zieht der Wind) profilieren. Bruck, der nach dem Eintreffen in den USA an der University of Southern California promovierte, lehrte in Abendklassen Dramatik und Schauspieltheorie am Columbia College in Los Angeles. Der Schauspieler hatte kein zweites Mal geheiratet, einziger Hinterbliebener war sein Cousin, der Film- und TV-Regisseur Gerd Oswald.

Frederick (Fritz) Brunn **Schauspieler**

Geb. 23. Juli 1903 Wien

F: Reunion in France, 1942; Woman in Bondage, Sahara, The Moon is Down, The Purple V, Appointment in Berlin, Hostages, They Came to Blow Up America, The Boy from Stalingrad, The Cross of Lorraine, The Strange Death of Adolf Hitler, The North Star, Gangway for Tomorrow, White Savage, First Comes Courage, 1943; Action in Arabia, Uncertain Glory, Passage to Marseille, The U-Boat Prisoner, The Conspirators, 1944; Rendezvous 24, 1946; 13 Rue Madelaine, Desire Me, 1947; I Jane Doe, 1948.

Fritz Brunn (in USA Frederick) war Aufnahmeleiter Geza von Bolvarys und der UFA in Berlin, bei über 20 Filmen wie „Maria Stuart" (1927), „Ich küsse Ihre Hand Madame" (1929) und „Der Raub der Mona Lisa" (1931). Er ging 1933 nach Frankreich, 1936 nach England, wo er als Co-Regisseur an dem Streifen „The Marriage of Corbal" mitwirkte. Ab 1938 erneut in Frankreich, beschäftigte ihn Richard Oswald bei „Tempéte sur l'Asie" (Sturm über Asien) als Produzent. 1940 floh er nach Amerika, die deutschsprachige Emigrantenzeitung AUFBAU berichtete im März 1942, daß er sich neben Kleinrollen in Anti-Nazi-Filmen als Taxifahrer durchschlagen mußte. Sein weiterer Lebensweg kann nicht nachgezeichnet werden.

Bernt Capra

Geb. 11. Apr. 1941 Wien

Bernt Capra begann als Wiener Sängerknabe, er studierte Architektur und promovierte 1970 zum Diplomingenieur, in Los Angeles erwarb er zusätzlich den Titel eines Magisters in Wirtschaft. Als freier Architekt 1970 bis 1976 in Century City kam er mit dem Film in Berührung, 1975/76 wirkte er erstmals als Designer bei dem Paramount-Abenteuer „King Kong“ mit. Da ihm noch die Arbeitserlaubnis für die Branche fehlte, schien er im Titelvorspann als Dolmetscher auf. Danach betätigte er sich als Schauspieler in Wien und Rom, 1979 bis 1980 drehte er einige Dokumentarfilme für den ORF („Wiener Dachskulpturen“, „Der Mann Severin“ mit Wolfgang Giesser), außerdem Spots für die Fremdenverkehrswerbung und Videoclips für Diana Ross und The Pointer Sisters.

Obwohl der Meinung, noch keine richtige Karriere begonnen zu haben, kann Capra auf eine beachtliche Reihe von Arbeiten im Raum Hollywood zurückblicken. Neben Rob Reiners amüsanter Satire „This Is Spinal Trap“ besorgte er die Ausstattungen für die beiden Streifen Robert Dornhelms „Echopark“ und „Cold Feet“, für Rick Kings „The Killing Time“, den TV-Film „Moving Target“ von Chris Thomson und das bayerische Amerikamärchen Percy Adlons „Out of Rosenheim“ (in USA „Bagdad Cafe“) mit Marianne Saegebrecht und Jack Palance, das in der Wüste von Nevada entstand.

Bei der Verfilmung des New-Age-Bestsellers „Wendezeit“ seines Bruders Fritjof Capra, verschrieb er sich erstmals einer größeren Regieaufgabe. Mit der austro-amerikanischen Produktion über die sich abzeichnende globale Umweltkatastrophe, lieferte er einen spannenden, nuancenreichen und wichtigen Ökospielfilm mit Liv Ullmann, Sam Waterston und John Heard in den Hauptrollen. Visuelle Metaphern und die Gesprächsform, an die sich Capra hielt, sah er nicht nur als Verpackungsform für Botschaften, sondern als eigene Dramaturgie. Die Aufnahmen erfolgten auf der französischen Insel Mont Saint Michel, es war seine Idee, den Titel „Mindwalk“ (Spaziergang des Geistes) zu verwenden. Den Film betrachtet er als sein bisher bestes künstlerisches Statement.

Im Herbst 1993 wird der von ihm ausgestattete Fox-Film „Danger Sign“ mit der Taubstummen-Darstellerin Marleen Matten in die Kinos kommen, in Zukunft möchte sich der mit seiner Familie in Malibu (nahe dem Hause Robert Dornhelms) lebende Wiener hauptsächlich der Regie zuwenden.

F: King Kong (Design-Mitarbeit), 1976; This Is Spinal Trap (asst. art d), 1984; Echopark (Ö/US, art dir), 1986; The Killing Time (prod. d), Out of Rosenheim (D, art d), 1987; Cold Feet (prod. d), 1989; Mindwalk (Ö/US, R), 1990; Danger Sign (prod. d), 1993.

TV: Moving Target, 1988.

Mady Christians Schauspielerin

Geb. 19. Jän. 1900 Wien
Gest. 28. Okt. 1951 South Norwalk, Connecticut

Mady (Marguerita Maria) Christians, Tochter des aus Oldenburg stammenden Hofschauspielers und Direktors des Dt.Volkstheaters in Wien, Rudolf Christians, kam mit den Eltern erstmals 1912 nach den USA, wo ihr Vater in New York die künstlerische Leitung des deutschen Irving Place Theaters übernahm. 1917, nach dessen Schließung aufgrund des Kriegseintritts der USA, nahm sie die Mutter nach Europa mit zurück. Mady studierte in Berlin an der Schule Max Reinhardts und spielte bis zum Machtantritt der Nazis an seinem Dt.Theater in klassischen und zeitgenössischen Stücken schöne und intelligente Frauencharaktere. Sie trat mit Chansons in Wolzogens Kabarett „Schall und Rauch" auf, wirkte in den Offenbach-Inszenierungen Reinhardts, sowie in Operetten mit und nahm Filmrollen an.

In Amerika stand sie bereits 1916 als Margarete Christians in „Audrey" vor der Kamera, in Deutschland 1917 in Friedrich Zelniks „Die Krone von Kerkyra". Ihr Name verknüpft sich mit den größten Erfolgen der Stummfilmzeit, dem sechsteiligen Weltreisefilm der UFA „Der Mann ohne Namen" (1921) mit Harry Liedtke, den Ludwig Berger-Filmen „Ein Glas Wasser" (1922), „Der verlorene Schuh" (1923) und „Ein Walzertraum" (1925) sowie mit Kostümfilmen meist operettenhafter Art. Die lebhafte und attraktive Schauspielerin, kurzfristig mit dem Verleger Dr. Sven von Müller verheiratet, gehörte mit 60 deutschen, österreichischen und englischen Filmen zu den damals beliebtesten Stars und galt als deutsche Mary Pickford.

Ab 1931 erneut in den Staaten, pendelte sie zwischen New York und Hollywood. Inzwischen das Theater bevorzugend, spielte sie am Broadway in Vicki Baums „A Divine Drudge", in Ferdinand Bruckners „Rassen", als Gertrude in „Hamlet" und in ihrem größten Erfolg, neben Oskar Homolka in John van Drutens „I Remember Mama". Josef Goebbels versuchte mehrmals die Schauspielerin nach Deutschland zurückzuholen, gab aber auf, als sie 1941 in Lilian Hellmanns „Watch on the Rhine" auftrat. Das Anti-Nazi-Stück lief über ein Jahr in New York und Mady Christians war sehr stolz darauf, daß Präsident Roosevelt das Theater besuchte, um sie zu sehen.

Hollywood bot ihr einige Nebenrollen im reiferen Fach. MGM trotz eines Ein-Jahresvertrages nur in „Escapade", dem US-Remake von Willi Forsts „Maskerade", Zanuck/FOX u.a. neben Shirley Temple in „Heidi", RKO in Anatole Litvaks „The Woman I Love" mit Paul Muni und die Universal International in der Stefan Zweig-Verfilmung „Letter From an Unknown Woman".

F: Audrey, 1916; A Wicked Woman, 1934; Escapade, Ship Cafe, 1935; Come and Get It, 1936; Heidi, Seventh Heaven, The Woman I Love, 1937; Tender Comrade, 1943; Adress Unknown, 1944; All My Sons, Letter From an Unknown Woman, 1948.

TV: Philco TV Playhouse: Papa Is All; Ford Theatre: The Silver Cord, 1949; The Clock: The Morning After, 1950.

Schauspielerin — Mady Christians

Als nach 1933 die große Emigration aus Deutschland und später aus Europa einsetzte, half sie allen, die sich an sie wandten, mit Rat, Empfehlungen und finanziell. Die Folgen ihrer Hilfsbereitschaft waren jedoch tragisch, nachdem 1950 ihr Name in Myron C. Fagans denunziatorischem Pamphlet „Red Channels" aufschien. Obwohl niemals politisch tätig, sah sie sich jenem Vorwurf ausgesetzt, der damals Existenzen vernichtete. Theater- und Fernsehangebote wurden zurückgezogen, nach erniedrigenden Verhandlungen und Verhören brach die unter Bluthochdruck leidende Schauspielerin zusammen. Der schwere Kampf um die Rehabilitierung blieb ohne Erfolg, Mady Christians starb kurz darauf in einem Krankenhaus, letztlich Opfer einer unerbittlichen politischen Hetze. Sie ruht auf dem Ferncliff Cemetery in Hartsdale/New York. In seinem Nachruf gab der Dramatiker Elmer Rice der Hoffnung Ausdruck, „daß das Martyrium der Mady Christians freiheitsliebende amerikanische Bürger veranlassen wird, darüber nachzudenken, was man der Kunst und der Demokratie in Amerika angetan hat".

Charles Bickford, Jean Parker und die Wienerin Mady Christians in „A Wicked Woman" (MGM)

Albert Conti

Schauspieler

Geb. 29. Jän. 1887 Triest
Gest. 18. Jän. 1967 Hollywood

F: Jazz Heaven, Lady of the Pavements, Saturday's Children, 1929; Our Blushing Brides, Madame Satan, Melody Man, Monte Carlo, Morocco, Oh, For A Man!, One Romantic Night, Sea Legs, Such Men Are Dangerous,1930; Liebe auf Befehl (D/US), The Gang Buster, Just A Gigolo, Strangers May Kiss,This Modern Age, 1931; As You Desire Me, The Doomed Battalion, Freaks, Lady With A Past, Night Club Lady, Shopworn, 1932; Gigolettes of Paris, Love Is Like That, Men Are Such Fools, Shanghai Madness, Topaze, Beloved, Torch Singer, 1933; The Black Cat, Elmer and Elsie, Gambling Lady, Love Time, Nana,1934; The Crusades, Diamond Jim, Goin to Town, Hands Across the Table, Here's to Romance, Mills of the Gods, Symphonie of Living, The Night is Young, 1935; The Case Against Mrs. Ames, Collegiate, Fatal Lady, Hollywood Boulevard, Next Time We Love, One in a Million, 1936; Dangerously Yours, I'll Take Romance, Three Smart Girls, 1937; Always Goodbye, Gateway, Suez,1938; Everything Happens at Night,1939; My Gal Sal, 1942.

Silents: Merry-Go-Round, 1923; The Merry Widow, The Eagle, 1925; Old Loves and New, Watch Your Wife, 1926; Camille, The Wedding March, 1927; Alex The Great, Love Me and the World is Mine, Magnificent Flirt, Show People, Stocks and Blondes, Tempest, 1928; Captain Lash, The Exalted Flapper, 1929.

Albert de Conti Cedassamare, Sohn adeliger Eltern und auf Grazer Schulen für den Juristenberuf vorbereitet, entschied sich für eine militärische Laufbahn.Während des Ersten Weltkrieges diente er als k.u.k. Kavallerieoffizier an der russischen Front und geriet dabei in Gefangenschaft. Da die Lebensbedingungen für einen Offizier nach dem Zusammenbruch der Donaumonarchie keine großen Chancen boten, wanderte er 1919 nach Amerika aus. Conti begann als Gehilfe eines Schiffskrämers in Philadelphia, arbeitete bei Banken in Pittsburgh und Chicago und auf den Ölfeldern von Texas, bevor er nach Los Angeles kam. Erich von Stroheims Manager, Louis Germonprez, brachte ihn im Filmgeschäft unter.

Anfänglich nur technischer Berater bei Filmen mit europäischem Hintergrund, gab ihm Stroheim mit kleinen Rollen in „Merry-Go-Round“ und „The Merry Widow“ die Möglichkeit, in den Schauspielberuf zu wechseln. Das gewählte Pseudonym Conti erinnerte an die adelige Abstammung, Hollywood steckte ihn auch wieder in die Uniform. Neben vielen unbedeutenden, jedoch mit witzigen Pointen ausgestatteten Rollen, spielte er vornehmlich kontinentale Offiziere und Aristokraten in fast 70 Stumm- und Tonfilmen. In Stroheims „Wedding March“, J.v.Sternbergs „Morocco“, als glühender Verehrer Greta Garbos in „As You Desire Me“, in der amerikanischen Fassung „The Doomed Battalion“ des Trenkerfilms „Berge in Flammen“ und in DeMilles „The Crusades“ (als Leopold von Österreich). Nachdem ein Unfall 1940 seiner Karriere ein Ende setzte, beschäftigte ihn Metro-Goldwyn-Mayer 22 Jahre im Costume Department. Er ruht im Forest Lawn, Hollywood Hills.

Albert Conti (rechts) in D. W. Griffiths „Lady of the Pavements“. Neben ihm Lupe Velez, Jetta Gaidal und William Boyd (United Artists)

(Jacob Krantz) Ricardo Cortez

Jacob Krantz, aus einer altösterreichischen jüdischen Familie stammend, kam im Kindesalter nach Amerika. Zur Unterstützung der Eltern arbeitete er als Zeitungsverkäufer und Botenjunge im New Yorker Börsenviertel. Neben dem Schauspielunterricht trat er als Statist und Kleindarsteller in einigen in Manhattan hergestellten Billigfilmen auf. Norman Kerry brachte ihn Anfang der Zwanzigerjahre an die Pazifikküste, wo ihn Jesse L. Lasky verpflichtete. Durch seine elegante exotische Erscheinung schien er für die Nachfolge Rudolph Valentinos prädestiniert, den man damals bei der Paramount wegen zu hoher Gagenforderungen von der Leinwand verbannte.

Hollywood legte ihn in einer Reihe von Stummfilmen auf das Fach des romantischen Helden und sogenannten „Latin Lovers" fest, Laskys Sekretär erfand den Künstlernamen Ricardo Cortez. 1923 startete er in „Sixty Cents an Hour", 1926 war er in dem Cosmopolitan/MGM-Streifen „The Torrent" der Partner Greta Garbos in deren US-Debütfilm, 1931 verkörperte er bei Warner Bros. in „The Maltese Falcon" die erste Version des Detektivs Sam Spade von Dashiell Hammett. Der Tonfilm beschäftigte ihn häufig in B-Pictures neben vielen berühmten Partnerinnen, Gloria Swanson, Lya de Putti, Dolores del Rio, Barbara Stanwyck und Ginger Rogers. Ab den Vierzigern wechselte er ins Charakterfach, 1938-1940 führte er in sieben lowbudget-Produktionen der 20th Century-FOX auch Regie. Der 104. Film, John Fords „The Last Hurrah" von 1958, blieb nach drei Jahrzehnten Hollywood-Karriere auch sein letzter.

Dem Filmgeschäft folgte eine lange Periode als erfolgreicher Börsenmakler an der Wall Street. Verheiratet mit dem früheren Stummfilmstar Alma Rubens (gest. 1931), mit Christine Coniff Lee und in dritter Ehe mit Margarette Bell, pflegte Ricardo Cortez abwechselnd in New York und Paris zu leben. Sein 1908 in New York geborener Bruder Stanley Cortez (Stanislaus Krantz) war von 1937 bis 1971 ein bekannter Kameramann.

Geb. 19. Sept. 1899 Wien
Gest. 28. April 1977 New York

F: New Orleans, Midstream, Phantom in the House, Man's Man, The Younger Generation, 1929; The Lost Zeppelin, Montana Moon, Her Man, 1930; Illicit, Ten Cents a Dance, Behind Office Doors, The Maltese Falcon, White Shoulders, Transgression, Big Business Girl, Reckless Living, Bad Company, 1931; Men of Chance, No One Man, Thirteen Woman, Symphony of Six Million, Is My Face Red?, Flesh, The Phantom of Crestwood, 1932; Broadway Bad, Midnight Mary, Torch Singer, Big Executive, The House on 56th Street, Flying Down to Rio, 1933; The Big Shakedown, Mandalay, Wonder Bar, The Man With Two Faces, Hat, Coat and Clove, A Lost Lady, Firebird, 1934; I Am a Thief, The White Cockatoo, Shadow of Doubt, Special Agent, Frisco Kid, 1935; Murder of Dr. Harrigan, Man Hunt, The Walking Dead, Postal Inspector,

(zur vorhergehenden Seite) Albert Conti

Dewey Robinson, Rochelle Hudson, John Abott, Ricardo Cortez und Milburn Stone in „Rubber Rocketeers“ (Monogram)

The Case of the Black Cat, Manhattan Moon, 1936; Her Husband Lies, The Californian, West of Shanghai, City Girl, Talk of the Devil (in England unter Carol Reed gedreht), 1937; The Inside Story (R), 1938; Mr. Moto's Last Warning, Chasing Danger (R), Charlie Chan in Reno, The Escape (R), 1939; City of Chance (R), Heaven With a Barbed Wire Fence (R), Free, Blond and 21 (R), Girl in 313 (R), Murder Over New York, 1940; Romance of the Rio Grande, A Shot in the Dark, World Premiere, I Killed That Man, 1941; Who Is Hope Schuyler?, Rubber Racketeers, Tomorrow We Live, 1942; Make Your Own Bed, 1944; The Inner Circle, The Locket, 1946; Blackmail, 1947; Mystery in Mexico, 1948; Bunco Squad, 1950; The Last Hurrah, 1958.

Silents: Feet of Clay, 1920; Sixty Cents an Hour, Children of Jazz, Hollywood (in diesem Film spielte Ricardo Cortez sich selbst), The Call of the Canyon, 1923; The Next Corner, The Bedroom Window, The City That Never Sleeps, Feet of Clay, This Woman, Argentine Love, A Society Scandal, 1924; The Swan, The Spaniard, Not So Long Ago, In the Name of Love, The Pony Express, 1925; The Cat's Pajamas, The Torrent, Volcano, The Sorrows of Satan, The Eagle of the Sea, 1926; New York, Mockery, By Whose Hand?, The Privat Life of Helen of Troy, 1927; The Gun Runner, 1928; Prowlers on the Sea, The Grain of Dust, Ladies of the Night Club, Excess Baggage, 1929.

TV: Bonanza: El Toro Grande, 1960.

Ricardo Cortez und Maria Corda in dem Stummfilm der First National Pictures „The Private Life of Helen of Troy“, den Alexander Corda (Gatte von Maria Corda) inszenierte

Schauspielerin

Sybil Danning

Geb. 24. Mai 1949 Wels

Sybil Danning wurde im Verlauf ihrer Karriere mit vielen Attributen bedacht, „Pin-Up" mit „extravagant proportions", das weniger angenehme „Queen of B-Pictures" und „Österreichs schönster Starexport". Tatsächlich ist sie nicht nur eine der am schnellsten aufgestiegenen Schauspielerinnen, sondern auch Symbol für eine Generation von Künstlern, deren Enthusiasmus und Engagement für ein Projekt auch andere kreative Bereiche mit einbezieht.

Als Sybille Johanna Danninger in Wels geboren, der Vater war Amerikaner, verbrachte sie einige Jahre ihrer Kindheit in den USA. Nach der Rückkehr mit der Mutter nach Österreich war sie Zahnarzthelferin in Salzburg. Der mit einer Freundin eröffnete Kosmetiksalon wandelte sich zur Modellagentur, eines Tages erhielt sie selbst Angebote als Model und Covergirl. 1972 kam der Durchbruch mit einer kleinen Rolle in dem deutschen Episodenfilm „Loreley", dem weitere Filmangebote folgten. Zum vollen Einstieg in das Metier nahm sie bei Annemarie Hantschke in München drei Jahre Schauspielunterricht.

Im deutschsprachigen Bereich vorwiegend in freizügigen Filmen herausgestellt, zog sie trotz des Talents und der darstellerischen Präsenz, bewußt auch aus ihrem Aussehen Kapital. Neben vermehrten Aufgaben in Italien, in „L'Emigrante" (1973), bei Carlo Ponti in „Joe e Margherito" (1974) und zwei Parts mit Franco Nero, wurde sie immer öfter in internationalen Produktionen eingesetzt. In Edward Dmytryks „Bluebeard" (1972), Richard Lesters Version der „Three Musceteers" (Panama, 1974), in „Night of the Askari" (CAN/D, 1978), als deutsches Mädchen neben Klaus Kinski in der israelischen Verfilmung des Entebbe-Unternehmens „Operation Thunderbolt" (1978, ihre Lieblingsarbeit) und in „Nightkill" (1980), einem in Arizona mit US-Darstellern gedrehten westdeutschen Streifen.

Der junge Robert DeNiro war 1972 in „Sam's Song" ihr erster Filmpartner in Hollywood. Obwohl auch dort anfänglich nur aufgrund des Aussehens engagiert, erhielt sie bald Rollen, die ihr die Fähigkeit als gute Schauspielerin zusprachen. Im Abenteuerfilm und in der Komödie zuhause, fand sie mit Starpartnern wie Alain Delon, Sean Connery, Robert Mitchum und unter der Regie des gebürtigen Wieners Peter Zinner in Morris Wests Bestseller „The Salamander" Zugang zum großen Filmgeschäft. In einer imponierenden Gratwanderung avancierte sie zum weiblichen Pendant Hollywooder Actionstars wie Clint Eastwood oder Charles Bronson und neben Arnold Schwarzenegger

F: Sam's Song (ab 1979: The Swap), 1971; Bluebeard (US/Ung), 1972; The Whispering Death, God's Gun, 1977; Crossed Swords, Cat in the Cage, 1978; Concorde-The Airport 79, Meteor, 1979; Battle Beyound the Stars, Cuba Crossing (auch: Kill Castro), How To Beat the High Cost of Living, The Man with Bogarts Face, 1980; Separate Ways, 1981; Chained Heat (US/ D), Hercules, The Salamander (US/I/GB, in Italien gedreht), The Day of the Cobra, 1983; Jungle Warriors (US/D/ Mex, in Mexiko gedreht), They're Playing with Fire, Private Property, The Immoral Minority of Picture Show, 1984; Howling II'Your Sister Is a Werewolf, Malibu-Expreß, The Covenant (P), 1985; Reform School Girls, The Tomb, 1986; Warrior Queen, Talking Walls, Amazon Woman on the Moon, Phantom Empire, 1987; L. A. Bounty (P,D), 1989.

Sybil Danning — Schauspielerin

TV: Vegas: Set Up, 1981; Simon and Simon: Bon Voyage Alonso, 1983; The Fall Guy: Prisoner; The Hitchhiker: Face to Face; V: Visitor's Choice, 1984; Street Hawk: Vegas Run, 1985; Superboy: Succubus, 1989.

Video: Sybil Danning's Adventure Video (host), 1986.

zu einem weiteren prominenten Aushängeschild der Alpenrepublik.

1980 kaufte sie Whitley Heights, die frühere Villa Jean Harlows am Palm Drive in Beverly Hills. Als sie sich den „major companies" nicht mehr ausliefern und auch nicht mehr auf gute Rollen warten wollte, gründete sie eine eigene Produktionsgesellschaft. Mit „Adventuress Productions" gelangen ihr auf Anhieb herausragende Filme: Die belgisch-französische Co-Produktion „Panther Squad", in Amerika die Horrorstudie „The Covenant" und der Kassenerfolg „L.A. Bounty", bei dem sie als Executiv-Produzentin die Filmidee und Finanzierung beisteuerte, die Hauptrolle spielte und für die postproduktiven Notwendigkeiten (Schnitt, PR-Maßnahmen, usw.) verantwortlich zeichnete. Im männlich dominierten Filmgeschäft ist Sybil Danning, Österreichs Beitrag zu Hollywoods Glamour, offensichtlich auf dem Wege zur Emanzipation.

Helmut Dantine (Helmut Guttmann) — Schauspieler

Geb. 07. Okt. 1918 Wien
Gest. 03. Mai 1982 Beverly Hills

Helmut Dantine (Guttmann) besuchte die Konsularakademie in Wien, um sich auf den diplomatischen Dienst vorzubereiten. Als Angehöriger einer antinationalsozialistischen Jugendgruppe ging er 1938 nach dem Einmarsch Hitlers in Österreich außer Landes. Amerikanische Verwandte luden ihn nach Los Angeles ein, wo er an der Universität Kalifornien sein Studium fortsetzen konnte und sich nebenbei als Laiendarsteller am Pasadena Playhouse versuchte.

Während viele in Europa bekannte Darsteller in Hollywood lange Zeit auf Angebote oder ein gesichertes Einkommen warten mußten, stieg Dantine, der nie mit dem Schauspielerberuf gerechnet hatte, bald zu einer filmischen Berühmtheit auf. 1941 begann er bei den Warner Brothers in „International Squadron" mit einem winzigen Part. Paul Kohner, der große Agent, stellte ihn seinem Freund William Wyler vor, der für MGM gerade „Mrs. Miniver" drehte. Wyler wollte darin einen deutschen Offizier, abweichend vom Klischee des schon äußerlich erkennbaren zerrbildartigen Bösewichts, durch einen schlanken, gutaussehenden (nicht nordischen) jungen Menschen verkörpern. Helmut Dantine hatte mit der Rolle Erfolg und spielte dann im Rahmen einer sehr langen Karriere doch sehr oft den bösen und arroganten Nazioffizier.

In den späten Vierzigern trat er in mehreren Stücken am Broadway auf, 1947 ersetzte er Marlon Brando in „The Eagle Has Two Heads" an der Seite Tallulah Bankheads. Ein Jahr lang war in der CBS-Abenteuerserie „Shadow of the Cloak" als Peter House, Chefagent des International Security Intelligence erfolgreich. Dennoch zog er sich am Ende der 50er Jahre stark von der Schauspielerei zurück. Mit „Thundering Jets" versuchte er sich 1958 auch in der Regie, schließlich stieg er in das Verkaufs- und Filmverleihgeschäft ein. Als Schwiegersohn von Nicholas M. Schenck, dem langjährigen Präsidenten der MGM-Studios wurde er 1958 Vizepräsident und 1970 Präsident der von Joseph M. Schenck gegründeten Filmgesellschaft Schenck Enterprises. In den 70er Jahren produzierte er eigene Filme, „Bring Me the Head of Alfredo Garcia", „The Killer Elite" und 1975 in England mit Sydney Poitier „The Wilby Conspiracy", in dem er nach langer Abwesenheit selbst wieder auf die Leinwand zurückkehrte. 1977 stand er in den Wien-Film-Ateliers in dem englischsprachigen Streifen „Behind the Iron Mask" vor der Kamera. Seine nächste Produktion wäre, zum dritten Mal zusammen mit Sam Peckinpah, die Verfilmung des Bestsellerromans „The Osterman Weekend" von Robert Ludlum gewesen. Helmut Dantine starb jedoch überraschend an Herzversagen.

Zuvor mit der Schauspielerin Gwen Anderson und Charlene Wrightsman aus der Ölbranche verheiratet, lebte er nach der Scheidung von Nikki Schenck in einem kleineren, exklusiven Appartment am Doheny Drive in Beverly Hills. Seine Leidenschaft war in erster Linie das Schachspiel, bevorzugte Partner dabei Charles Boyer und sein bester Freund Walter Reisch. Bis zuletzt war Dantine nicht nur mit Filmleuten, sondern auch mit Diplomaten und Politikern befreundet, er stand Winston Churchill und besonders dessen Sohn Randolph nahe.

F: International Squadron, 1941; Mrs. Miniver, Casablanca, Desperate Journey, The Navy Comes Through, The Pied Piper, To Be or Not to Be, 1942; Edge of Darkness, Mission to Moscow, Northern Pursuit, Watch on the Rhine, 1943; Hollywood Canteen, Passage to Marseille, 1944; Escape in the Desert, Hotel Berlin, 1945; Shadow of a Woman, 1946; Call Me Madam Guerilla Girl, 1953; Alexander the Great, War and Peace (I/US), 1956; Hell on Devil's Island, The Story of Mankind 1957; Fraulein, Thundering Jets (R), 1958; Operation Cross-bow (US/I), 1965; Bring Me the Head of Alfredo Garcia (D, P), 1974; The Killer Elite (D,P), 1975; Behind the Iron Mask, 1977.

TV: Studio One: The Shadowy Third; Lights Out: The Fall of the House of Usher, 1949; The Clock: Just a Minute, 1950; Shadow of the Cloak (Serie), 06. 06. 51–03. 04. 52; Ford Theatre: The Bet, Schlitz Playhouse: Happy Ending, 1953; Suspense: The Haunted, 1954; G. E. Theatre: Flight from Tormendero; Playhouse 90: Clipper Ship; The Millionaire: The Josef Marton Story; On Trial: The Gentle Voice of Murder, 1957; Studio 57: A Source of Irritation; Schlitz Playhouse: I Shot a Prowler; Thin Man: Design for Murder; 1958; Sugarfoot: The Royal Riders, 1959; Playhouse 90: The Hiding Place, 1960; The Rogues: Run for the Money, 1965; Run for Your Life: The Carpella Affair, 1967; Hallmark of Fame: The File on Devlin; 1969; Night Gallery: The Devil is Not Mocked, 1971: Call Holme (Pilotfilm), 1972; Medical Story: The Quality of Mercy, 1976.

Humphrey Bogart, Helmut Dantine und Joy Page in „Casablanca“ (WB)

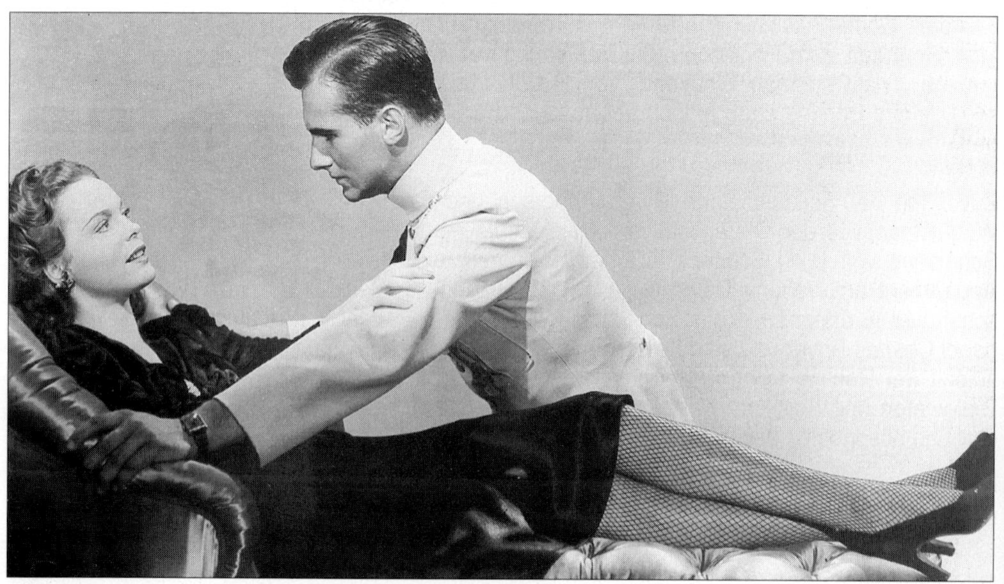

Nancy Coleman und Helmut Dantine in „Edge of Darkness“ (WB)

Sängerin

Elfriede von Dassanowsky

Geb. 02. Feb. 1924 Wien

Elfriede von Dassanowsky, aus einer altösterreichischen Adelsfamilie stammend, war Schülerin der Wiener Akademie für Musik und darstellende Kunst. Nach dem Kriege gründete sie das Theater „Das Podium" in Wien (XII.) und gemeinsam mit Emerich Hanus die Belvedere-Filmproduktion, bei der sie in zwei Lustspielen, „Die Glücksmühle" (1947) und „Der Leberfleck" (1949) mitwirkte. Sie war 1948/49 Star der Serie „Die heitere Wiener Operette" in der Scala sowie der „Edy Brosch Shorp Revue" und trat im Rundfunk bei British Forces Broadcasting und BBC Wien auf. In den 40er und 50er Jahren machte sie sich als Konzertpianistin, Operetten- und Opernsängerin, Liedinterpretin, mit Kabarettauftritten und als Musikprofessorin einen international bekannten Namen.

In ihrer Tätigkeit als Musikstudentin/-lehrerin unterrichtete sie ab 1942 Curd Jürgens in Klavier und bereitete ihn für einige Theater- und Filmrollen vor (Wen die Götter lieben). Sie betreute ihn die 40er Jahre hindurch und später nochmals in Hollywood als Stimmtrainer.

Durch Heirat kam sie 1955 in die Vereinigten Staaten, 1961 nach Hollywood, wo sie sich in herausragender Weise bemühte, österreichische Musik und Kultur einem großen Publikum nahe zu bringen. 1991 gründete sie an der Schoenberg Bibliothek der UCLA eine Gesellschaft zum Erwerb und zur Archivierung von publiziertem Material über österreichische Musik, Künstler und Darsteller sowie Filmmusik von Österreichern und Austro-Amerikanern. Für ihren Einsatz um das heimische Kulturgut in den USA wurde Elfriede von Dassanowsky 1992 mit dem Verdienstzeichen in Gold der Republik Österreich geehrt.

Schauspieler

Ernst Deutsch

Ernst Deutsch, ein Jugendfreund Franz Werfels, einer der letzten großen Schauspieler der Max Reinhardt-Ära, begann 1914 bei Berthold Viertel an der Wiener Volksbühne. Er spielte in Prag, Dresden, am Dt. Theater, an den Barnowsky-Bühnen und bei Leopold Jessner in Berlin, 1931/32 am Burgtheater. Besessene zwielichtig-tragische Charaktere in klassischen Stücken zählten zu seinen Lieblingsrollen, in den zwanziger Jahren setzte er Maßstäbe, an denen das deutschsprachige Theater noch heute gemessen wird.

F: Nurse Edith Clavell, 1939; The Man I Married, 1940; So Ends Our Night, 1941; Enemy Agents Meet Ellery Queen, Night Plan from Chunking, Prisoner of Japan; The Moon is Down, Reunion in France, 1943; The Hitler Gang, 1944; Isle of the Dead, 1945.

Ernst Deutsch

Schauspieler

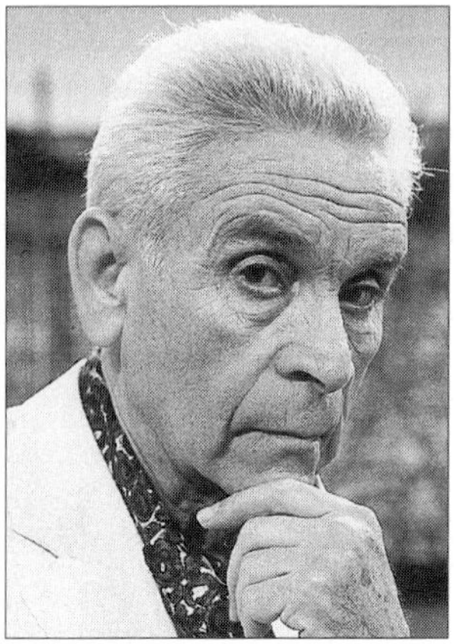

Geb. 16. Sept. 1890 Prag
Gest. 22. März 1969 Berlin/West

Obwohl der Bühne verhaftet, debütierte er 1916 in Richard Oswalds Film „Die Rache der Toten". Insgesamt kam er auf 42 Stummfilme, darunter Paul Wegeners „Der Golem" (1920) und E. A. Duponts „Das alte Gesetz" (1923). Außer der Rolle eines Kassierers in dem bemerkenswert expressionistischen und seinerzeit nicht aufgeführten (*) Spielfilm „Von Morgens bis Mitternacht" (1920), nach dem gleichnamigen Schauspiel von Georg Kaiser, bot ihm das Massenmedium kaum Aufgaben.
1933 ins Exil getrieben, spielte er zuerst an den Rändern Deutschlands auf Tourneen. Sein Don Carlos neben den Emigranten Alexander Moissi und Albert Bassermann begeisterte halb Europa. 1938 ging Deutsch nach London, kurze Zeit später nach New York und Hollywood, das sein Können jedoch nicht zu nutzen wußte. In einer Reihe von Anti-Nazi-Filmen trat der Schauspieler überwiegend in Rollen von Wehrmachts- oder SS-Offizieren auf. Arbeiten, die er vergessen wollte. Ab 1942 bediente er sich dafür des Pseudonyms Ernest Dorian.
Nach einem Gastspiel in Buenos Aires kehrte er 1947 nach Europa zurück. Er arbeitete wieder in Wien, Berlin und Salzburg, 1973 wurde das Hamburger Ernst Deutsch-Theater nach ihm benannt, 1968 war er mit dem Burgtheater auf Welttournee.

(*) Der Film hatte keine Uraufführung, wurde nur in wenigen Kinos außerhalb der Großstädte gespielt und galt letztlich als verschollen. Erst 1962 konnte das Filmarchiv der DDR eine Kopie dieses wichtigen Werkes in Japan erwerben, wo es in den 20er Jahren erfolgreich lief.

Glenn Ford und Ernst Deutsch in dem Kriegsdrama „So Ends Our Night" (Low–Levine/UA)

Gustav Diessl

Geb. 30. Dez. 1899 Wien
Gest. 20. März 1948 Wien

Gustav Diessl, Sohn eines Altphilologen, besuchte 1914-1916 unter Anton Hanak (Bildhauerei) und Koloman Moser (Malerei) die Kunstgewerbeschule in Wien. Nach dem Intermezzo des Ersten Weltkriegs begann er 1919 eine Bühnenbildner-Ausbildung, ohne diese zu beenden, schloß er sich als Schauspieler einer deutsch-österreichischen Wanderbühne an. Ab 1921 im festen Engagement an der Neuen Wiener Bühne, erhielt er im gleichen Jahr auf Vermittlung des damaligen Spielleiters G. W. Pabst (der ihn später kontinuierlich in seinen Arbeiten einsetzte) eine erste Filmrolle in Carl Froehlichs Kriminalfilm „Im Banne der Kralle".

1923 wechselte er nach Berlin, 1925 wurde er Ensemble-Mitglied des Lessing- und des Renaissance-Theaters. Er spielte in Arnold Fancks „Die weiße Hölle vom Piz Palü" (1929), in Pabsts Antikriegsfilm „Westfront 1918" (1930), bei Pathé in Paris (Das gelbe Haus des King-Fu) und bei Paramount in Joinville (Nächte in Port Said mit Oskar Homolka) in deutschen Fassungen deutsch-amerikanisch-französischer Gemeinschaftsproduktionen. Weiterhin bevorzugt im Genre des Bergfilms tätig (Der goldene Gletscher, S.O.S. Eisberg mit Leni Riefenstahl, Die weiße Majestät), setzte er seine Karriere nach den großen, aufwendigen Abenteuerfilmen „Der Tiger von Eschnapur" und „Das indische Grabmal" (R: Richard Eichberg, 1937) in den Kriegsjahren 1940-1944 auch in mehreren italienischen Streifen fort (I Senza cielo, Il bravo di Venezia, La donna del Peccato, u. a.). Nebenberuflich betätigte er sich als Kunstmaler.

F: Menschen hinter Gittern (US/D), 1931

Das Image eines beliebten Action-Darstellers brachte ihm internationales Renommee und den Ruf nach Hollywood ein, wo er 1931 in dem Gefängnisdrama „Menschen hinter Gittern" mitwirkte. Der Film, dessen Story auf dem teilweise blutigen Gefängnisaufstand in Auburn (N. Y.) von 1930 basierte, entstand in den Metro-Studios in Culver City als deutschsprachige Version des von Georg Hill mit amerikanischen Darstellern gedrehten US-Originals „Big House". Regie führte der Ungar Paul Fejos, neben Heinrich George und Dita Parlo spielten noch andere Österreicher, Egon von Jordan, Anton Pointner, Paul Morgan und der aus Ruthenien stammende Adolf Edgar Licho mit.

In zweiter Ehe mit Camilla Horn, in dritter mit der Sängerin und Schauspielerin Maria Cebotari verheiratet (gest. 1949), starb Gustav Diessl wenige Stunden nach der österreichischen Premiere seines letzten Films „Der Prozeß" (R: G. W. Pabst).

Gustav Diessl — Schauspieler

Gustav Diessl, Dita Parlo und Adolf Edgar Licho in „Menschen hinter Gittern“ (MGM)

Ludwig Donath — Schauspieler

Geb. 06. März 1900 Wien
Gest. 29. Sept. 1967 New York

F: The Secret Code (Serial), Enemy Agents Meet Ellery Queen, 1942; Margin for Error (nur Stimme), The Strange Death of Adolf Hitler, Hangmen Also Die, This Land is Mine, Lady from Chungking, Hostages, Reunion in France, 1943; The Master Race, The Hitler Gang, The Story of Dr. Wassel, Tampico, 1944; Counter-attack, Prison Ships, The Seventh Cross, 1945; Blondie Knows Best, The Devil's Mask, Gilda, The Jol-

Ludwig Donath, Schauspieler, Regisseur und Schauspiellehrer, absolvierte die Wiener Akademie für Kunst und Musik. Seiner ausgedehnten Bühnentätigkeit in München, Stuttgart und Berlin setzten die Nazis 1933 ein Ende. Bis 1935 spielte er in Mährisch-Ostrau, von 1937-1938 am Theater an der Wien. Der Anschluß vertrieb ihn auch aus Österreich, er ging in die Schweiz und 1939 nach London, um Englisch zu lernen. Das eigentliche Ziel war Amerika, 1940 kam er mittellos und ohne Freunde oder Kontakte in Hollywood an.

Seinen Bemühungen, im Filmgeschäft unterzukommen, waren Grenzen gesetzt. Zur Überbrückung der Untätigkeit erwarb er in San Fernando Valley einen Streifen Land, baute ein Haus und züchtete Vieh, zusätzlich verdingte er sich als Taxifahrer. Eine

Agentur griff auf ihn zurück, als im Larry Darmour Studio ein Darsteller mit Akzent benötigt wurde. Er meldete sich bei der Cabcompany krank und spielte fünf Wochen in dem Columbia-Serial „The Secret Code“. Es dauerte Monate, bis ihm ein weiteres Angebot die Fortführung des Schauspielberufs ermöglichte.

Durch den Akzent auf Nazirollen festgelegt, übernahm er 1943 in Otto Premingers „Margin for Error“ den Part der Stimme Hitlers. In „The Strange Death of Adolf Hitler“, einem B-Picture der Anti-Nazi-Filmproduktion trat er neben Fritz Kortner in einer Doppelrolle als Hitler und dessen Double auf. Donath spielte in Hollywood in mehr als 40 Filmen, für die Rolle des Kantors Yoelson in „The Jolson-Story“ erhielt er 1947 den Photoplay Mag. Award. Nachdem ihn während der McCarthy Ära 1948 der Autor Myron C. Fagan in seinem Werk „Moscow over Hollywood“ als „one of Stalin's stars“ bezeichnete und bei einem HUAC-Hearing 1951 auch der amerikanische Kollege Lee J. Cobb seinen Namen nannte, kam er als angeblicher Kommunist auf die Schwarze Liste. Dies bedeutete für ihn das jahrelange Ende des Filmschaffens. Er fand erst 1966 wieder Arbeit, als sich Alfred Hitchcock über die Blacklist hinweg setzte und ihm eine Rolle in seinem antikommunistischen Streifen „Torn Curtain“ (Der zerrissene Vorhang) gab.

Ausweichend wandte sich Donath dem Theater zu. Am Broadway wirkte er in einer Reihe von herausragenden Stücken mit, daneben in deutscher Sprache in der „Dreigroschen Oper“ in der Carnegie Hall. 1955 inszenierte er in der New York City Opera „The Marriage of Figaro“, er fand Aufgaben bei der Television und als Dramatikberater für die NBC Opera und die Met. Ab 1952 gab er Schauspiel- und Gesangsunterricht, zu seinen Schülern zählten Harry Belafonte, Judith Ruskin und Leontyne Price.

Ludwig Donath als Adolf Hitler in „The Strange Death of Adolf Hitler“, 1943, neben ihm Willy Trenk-Trebitsch

son Story, Renegades, Return of Monte Christo, 1946; Cigarette Girl, Assignment to Treasury, 1947; Sealed Verdict, To the Ends of the Earth, 1948; The Fighting O'Flynn, The Great Sinner, Jolson Sings Again, The Lovable Cheat, There's A Girl in My Heart, 1949; The Killer That Stalked New York, Mystery Submarine, 1950, Journey into Light, Sirocco, 1951; The Great Caruso, My Pal Gus, 1952; Sins of Jezebel, Veils of Bagdad, 1953; Torn Curtain, The Spy in the Green Hat (Zusammenschnitt von Episoden aus der TV-Serie „Man from UNCLE), Death Trap, 1966; Too many Thieves, 1968.

TV: Your Show Time: The Bishop's Experiment, 1949; Billy Rose's Playbill: George III Once Droled in This Plate, Ibsen Comes to Second Avenue, 1950; Flowers for Millie, My Aunt Frieda's Love Affair, 1951; Studio One: The Pink Hussar, 1951; Gruen Guild Playhouse: Out of the Dark; The Unexpected: Mr. O, 1952; Pepsi Cola Playhouse: The Motives Goes Round and Round, 1953; Eternal Light: Mrs. Steinberg in Live, 1955; Matinee Theatre: The Ransom of Sigmund Freud, 1957; Playhouse 90: Judgement at Nuremberg; Naked City: The Rebirt, 1959; Play of the Week: Volpone, The Dybbuk, 1960; Hallmark of Fame: Give Us Barabbas! (Special), 1961; The Naked City: Five Cranks for Winter; Ben Casey: Behold, the Walk an Ancient Road, 1962; Defenders: The Avenger, 1962; The Captive, 1963; Twilight Zone: He's Alive; Bonanza: The Way of Aaron; Dick Powell Show: Luxury Liner (Pilotfilm), 1963; Branded: A Proud Town, 1965; Man from UNCLE.: The Concrete Overcoat Affair, 1966.

Ludwig Donath **Schauspieler**

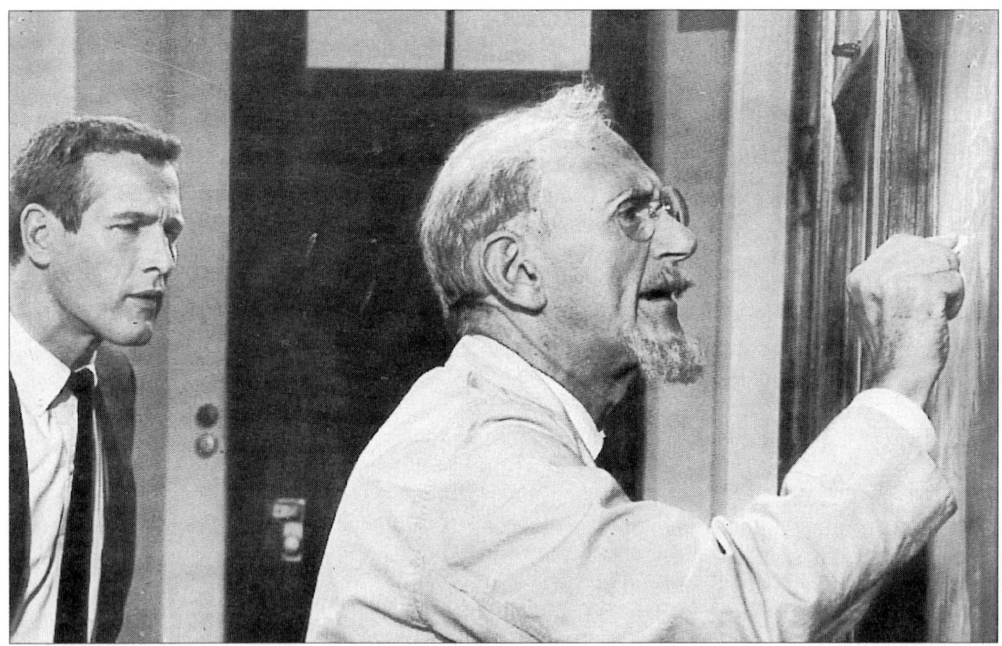

Paul Newman und Ludwig Donath als Prof. Gustav Lindt in Alfred Hitchcocks Spionagereißer „Torn Curtain" (UNIV)

Robert Dornhelm **Regisseur**

Robert Dornhelm stammt aus einer altösterreichischen Familie, der es gelang, aus dem kommunistischen Rumänien in den Westen überzusiedeln. Seit 1960 in Wien lebend, absolvierte er an der Akademie für darstellende Kunst die Klasse „Film und Fernsehen". In den Jahren 1967 bis 1976 lieferte er als ORF-Regisseur fast 100 Filme, Künstlerporträts und sozialpolitische Dokumentationen, darunter „Maramuresch", „Keraban, der Starrkopf", „Dracula und kein Ende" und „Die Alten". Viele seiner Beiträge wurden im Rahmen kritischer TV-Magazine gesendet.

Regisseur

Robert Dornhelm

Geb. 17. Dez. 1947 Temesvar

Sein 1976 in Moskau mit Grace Kelly gedrehter Ballettfilm „Kinder der Theaterstraße" brachte ihm 1977 zusammen mit Earle Mack eine „Oscar"-Nominierung und eine Einladung zur 50-Jahrfeier der „Academy" (50 Jahre „Oscars") in die USA ein. Los Angeles, der riesige Medienmarkt faszinierte ihn, trotz einer starken emotionellen Bindung an Europa verlegte er seine Wünsche und Hoffnungen nach Hollywood. Er arbeitete als Co-Autor an Großprojekten, bei Dino de Laurentiis und Transcinema, die das Doku-Drama „Wallenberg: A Hero's Story" vorbereitete. Dornhelm schrieb ein Jahr am Drehbuch mit, die Gesellschaft machte bankrott und NBC kaufte den Stoff. An dem von Stonehenge Productions hergestellten Fernseh-Zweiteiler erhielt er keinen „credit".

1980 „improvisierte" er die in Cannes, Portugal, Belgien und in den USA ausgezeichnete amerikanisch-österreichische Gemeinschaftsproduktion „She Dances Alone", ein buntes Mosaik über die „Wiederentdeckung" der 1914 in Wien geborenen Tänzerin Kyra Nijinsky. Der Film, bei dem Karl Kofler an der Kamera stand, hält die verschiedensten Elemente, Reportage, visionäre Ästhetik und die Alltagswirklichkeit San Franciscos zu Beginn der Achtziger Jahre fest. Zwischen Kalifornien und Europa hin- und herpendelnd, entstand 1980 noch die Komödie „Rearranged", in der Grace Kelly die Rolle ihres Lebens als Gracia Patricia von Monaco spielte. 500 ausgewählte Gäste erlebten eine „preview", dann verunglückte die Fürstin, die noch unvollendete Arbeit wurde vom Fürstenhaus nicht mehr freigegeben.

Die am Rande des Hauptstroms von Los Angeles angesiedelte Geschichte „Echopark" mit Susan Dey, Tom Hulce und Michael Bowen zeigt Schicksale in der Kapitale der Illusionen. Mit einem ausgesprochen kleinen Budget gelang Dornhelm ein publicitywirksamer Kinohit, die Vorstellung erfolgte 1985 auf der Biennale in Venedig. 1990 brachte er den von der Kritik weniger gut beurteilten Streifen „Cold Feet" mit Keith Carradine und Sally Kirkland heraus, 1993 drehte er für WB/NBC Movie of the Week in Moskau und Texas „Marina's Story" (Arbeitstitel) mit Helene Bonham Carter. Weitere Proiekte sind in Vorbereitung. Robert Dornhelm, der mit seiner Familie in Malibu lebt, ist der Meinung, daß es in Hollywood weniger Hindernisse gibt, um Visionen zu realisieren.

F: She Dances Alone (US/Ö), 1980; Echopark, 1985; Cold Feet, 1990; Marina's Story, 1993.

Peggy Drake (Liesl Lotte Mayer) Schauspielerin

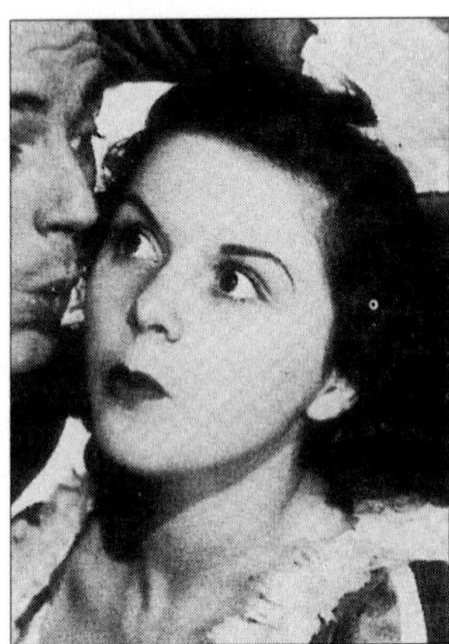

Geb. 06. Okt. 1921 Wien

F: Too Many Girls, 1940; Chocolate Soldier, 1941; Sweater Girl, Tuttles of Tahiti, 1942; The Hitler Gang, 1944.

Liesl Lotte Mayer wurde im Nachkriegs-Wien als Tochter des Opernsängers Carl August Mayer geboren und kam im Alter von 3 Jahren mit ihren Eltern nach Amerika. Sie graduierte am Polytechnikum, belegte am Golden Gate College in San Francisco das Spezialfach Dramaturgie und besuchte in Hollywood den Max Reinhardt Work-Shop. Liesl Mayer nannte sich Peggy Drake, begann früh als Sängerin und Tänzerin, arbeitete beim Rundfunk und trat mehrere Monate in Charlot's Revue an der Westküste als zweite Besetzung für Simone Simon auf.

Ein Talentesucher, der sie in einem kleinen Theater in Hollywood sah, empfahl die Zwanzigjährige, die bereits in einigen „bits" bei MGM und Paramount gespielt hatte und Filmerfahrung besaß, dem Produzenten Sol Lesser und seinem Regisseur Charles Vidor. Beide suchten für die Verfilmung der Komödie „No More Gas" des Autorengespanns Charles Nordhoff und James Norman Hall eine passende Partnerin für Charles Laughton und Jon Hall. Peggy Drake bestand den nötigen Test und erhielt die Rolle, der RKO-Streifen „Tuttles of Tahiti" wurde in den Kinos allerdings keine große Attraktion. Ebensowenig gelang es, den weiteren Lebensweg Peggy Drakes hier nachzuzeichnen.

Ernest Dryden (Ernst Deutsch-Dryden) Ausstatter

Geb. 03. Aug. 1887 Wien
Gest. 17. März 1938
West Los Angeles

Ernst Deutsch, einer der großen Mode-Illustratoren und Grafiker, war ein Schüler Gustav Klimts und stark vom Zeitgeist des Jugendstils beeinflußt. Er bekannte sich voll zur kommerziellen Kunst, begann in Wien mit Werbepostern und ging 1911 in das interessantere Berlin. Seine bis 1918 entstandenen glamourösen Plakate gehören zur goldenen Zeit der Posterkunst.

Nach dem Militärdienst im Ersten Weltkrieg scheiterte sein geplanter Neubeginn in Berlin. Deutsch eröffnete darauf in Wien ein eigenes Studio als Damen- und Herrenmodedesigner, änderte aber seinen Namen in Dryden. 1926 zog er nach Paris, um die Artdirektion der im Ullstein-Verlag erscheinenden Zeitschrift „Die Dame" zu übernehmen. Im Zentrum der Haute Couture war der Bonvivant und elegante Partylöwe der dominante Mann des bekannten Modemagazins. Von der Seine-Metropole aus und später noch von Hollywood, belieferte er Wiener Geschäfte und Boutiquen mit Entwürfen, er arbeitete für Coco Chanel und hier entstanden auch seine gewagtesten Werbearbeiten für Kunden und Produkte wie Bugatti, Cinzano, Canadian Club Whisky oder das Parfum „Eau de Vie“.

1933 unternahm Dryden den Versuch, in Hollywood als Kostümdesigner unterzukommen. Nach einer Zwischenetappe in New York, wo er während der Weltwirtschaftskrise erstmals Entwürfe für den wachsenden Markt der Massenkonfektion besorgte, glückte der Sprung in die Filmmetropole. In den letzten Jahren seines Lebens stand der Wiener in Diensten einiger großer Studios, Universal, Columbia und Selznick/United Artists, insgesamt wirkte er an neun Filmen mit. Viele seiner Kostümentwürfe für Grace Moore, Mary Astor und Jane Wyatt wurden später für die Konfektion adaptiert. Es freute ihn, daß er sein optisches Ideal, Marlene Dietrich, die er noch aus den Berliner Zeiten kannte, in einem der ersten modernen Farbfilme, „The Garden of Allah“, modisch persönlich ausstatten durfte. E. Dryden, von dem Billy Wilder behauptete, „der eleganteste Mann der Welt“ zu sein, litt im März 1938 an den Geschehnissen in der Heimat. Er starb an einer Herzattacke in seinem Bungalow, das Ohr am Radio, fünf Tage nach dem Einmarsch Hitlers in Österreich.

F: Remember Last Night, 1935; The King Steps Out, The Garden of Allah, Lady from Nowhere, Come Closer, Folks, The Final Hour, 1936; Lost Horizon, The Prisoner of Zenda, Devil's Playground, 1938.

Kostumentwürfe von Ernest Dryden für Jane Wyatt in Frank Capras „Lost Horizon“

Poldi Dur (Liesl Reisch) — Schauspielerin

Geb. 29. Okt. 1917 Wien

Elisabeth (Liesl) Handl, Tochter eines Universitätsprofessors, war 10 Jahre Mitglied des Balletts der Wiener Staatsoper. Sie spielte kleinere Parts in „Maskerade" (1934), „Die Fahrt in die Jugend" und „Episode" (1935), ehe ihr Walter Reisch in seinem Tanzfilm „Silhouetten" eine Hauptrolle gab. Nach Dreharbeiten in England heirateten die beiden im Sept. 1935 in London. Liesl Handl gab 1937 eine erfolgreiche Karriere als Ballerina in Wien auf und folgte ihrem nach Hollywood zur MGM verpflichteten Mann.

Das Ehepaar lebte in einer zu Ernst Lubitsch nachbarlichen Villa in Bel Air. Bei einer Dinner Party sechs Jahre nach ihrer Ankunft in Amerika schlug ein Freund des Hauses Liesl als geeignete Besetzung des deutschen Mädchens in dem Anti-Nazi-Film „Margin for Error" vor. Otto Preminger, Regisseur und Darsteller dieser FOX-Produktion und der Gatte Reisch akzeptierten den Vorschlag spontan. Als Künstlername anstelle des für Amerikaner schwer auszusprechenden Handl wurde „Poldi Dur" gewählt, die einstige Rollenbezeichnung Paula Wesselys in Willi Forsts „Maskerade". Poldi Dur, ein für Hollywood in der Tat ungewöhnlicher Name.

L. Handl alias Dur übernahm in der biographischen Paramount-Verfilmung „The Hitler Gang" die Rolle der Geli Raubal, einer Halbnichte A. Hitlers (Helene Thimig spielte deren Mutter Angela), neben weiteren Angeboten holte sie auch Fritz Lang für eine Kleinstrolle in seinem Heydrich-Drama „Hangmen Also Die". Einen neuen Kinostart strebte Handl-Reisch jedoch nicht mehr an. Sie fand, daß ein Mitglied der Familie in dem Business genug wäre. Ihr Gatte Walter Reisch starb im Jahr 1983.

F: Margin for Error, Hangmen Also Die, They Came to Blow Up America, 1943; The Hitler Gang, Paris After Dark, 1944.

Otto Eis (Osso van Eyss) — Autor

Otto Eis (Eisler), Sohn eines Bauunternehmers, begann die literarische Tätigkeit mit Humoresken, Erzählungen und Magazinartikeln. Ende der Zwanziger Jahre folgte er seinem Bruder Egon nach Berlin, um einen größeren Wirkungsbereich zu finden. Neben mehreren Kriminalromanen lieferten die Brüder mit Rudolf Katscher eine Reihe von Ideen, Stories und Drehbücher für die ersten deutschen Kriminalfilme: „Der Zinker" und „Die

Pranke" nach Edgar Wallace (1931), „Schuß im Morgengrauen" (Coup de feu à l'aube, D/F), „Teilnehmer antwortet nicht" (1932) und das UFA-Abenteuer „Stern von Valencia" (L'Etoile de Valencia, D/F).

Geb. 19. März 1903 Budapest
Gest. 12. Mai 1952 Hollywood

In Zusammenarbeit mit Hans J. Rehfisch und Gina Kaus entstanden ab 1933 in Österreich einige Bühnenwerke, darunter „Wasser für Canitoga" (1936), das in 56 Städten Europas und Südamerika mit Erfolg lief. Um die Aufführung auch in Deutschland zu ermöglichen, mußte als Autor ein der Berliner Schrifttumskammer genehmer „Tarner" (der Wiener Georg Turner) vorgeschoben werden. Die in Kanada spielende Geschichte wurde 1939 von der Münchner Bavaria mit Hans Albers in der Hauptrolle verfilmt.

Nach der Besetzung Österreichs gelang den Brüdern die Flucht nach Paris, wo sie trotz Arbeitsverbots an verschiedenen Filmen mitwirkten. Ein Theaterstück ergab die Vorlage für den von Arnold Pressburger produzierten und 1938 auf der Biennale in Venedig ausgezeichneten Streifen „Prison sans Barreaux", der ein Jahr später in England (Prison Without Bars) ein Remake erfuhr. 1940 trennten sich die Brüder Eis, Egon gelangte über Marokko und Kuba nach Mexiko (er lebt heute als Film- und Fernsehautor in München), Otto Eis kam 1942 über Kuba nach den USA und Hollywood, wo er den Namen Osso van Eyss annahm.

Es folgte eine 18monatige Tätigkeit bei der Columbia, ab 1943 ein mehrjähriges Engagement bei Metro-Goldwyn-Meyer. Bei der Columbia entstand „I Was a Prisoner on Devil's Island", nach einem „Southern Cross" betitelten Treatment der Brüder, das ihr früherer Verleger George Marton zuvor für sie verkauft hatte. Bei MGM schrieb Otto Eis mit Gene Fowler und Marvin Borowsky das Drehbuch zu dem Gottfried Reinhardt-Streifen „Big Jack", dem letzten Wallace Beery-Film. Für die geplante Verfilmung seines Exposés „Royal Mail" standen bei MGM bereits die Dekorationen, wegen der englischen Quotenregelung für amerikanische Produktionen (die eine Einfuhr nach England verhindert hätte), wurden die Vorbereitungen jedoch wieder rückgängig gemacht. Otto Eis, der am liebsten freier Schriftsteller gewesen wäre, starb vor der Vollendung einer Novelle, die im „Antlantik Monthly" erscheinen sollte.

F: I Was a Prisoner on Devil's Island (Story), 1941; Big Jack (Drehbuch), 1949.

Hanns Eisler

Komponist

Geb. 06. Juli 1898 Leipzig
Gest. 06. Sept. 1962 Berlin-Ost

Johannes (später Hanns) Eislers Großvater väterlicherseits war ein begüterter Wiener Tuchhändler, sein Vater der Privatdozent Rudolphe Eisler, die Mutter stammte aus der Gegend um Leipzig. Ab 1901 lebte die Familie in Wien, nach dem Abitur diente Eisler 1916 in einem k.u.k. ungarischen Regiment, 1919 wurde er für vier Jahre Privatschüler Arnold Schönbergs. 1925 ging er als Kompositionslehrer an das Klindworth-Scharwenke-Konservatorium nach Berlin, ab 1926 stellte er seine kompositorischen Fähigkeiten in den Dienst der revolutionären Arbeiterbewegung. In der politisch motivierten Hinwendung zu einer funktional bestimmten Musik komponierte er neuartige kämpferische Chorwerke, konzertante Lieder und unter Einschluß von Jazzelementen geistvolle, aufreizende Songs zu Texten von Bertolt Brecht, Erich Weinert und Ernst Busch. Dazu Bühnenmusik, Rundfunk-Kantaten und ab 1927 kontinuierlich Filmmusik.

Musikalische Filmarbeit bewertete er als wichtige, auf das Massenpublikum gerichtete musikschöpferische Aufgabe. Eisler begann 1923 mit der Komposition zu Walther Ruttmanns abstraktem Lichtspiel „Opus III", die von Kampfmusikintonationen geprägte Partitur zu Slatan Dudows „Kuhle Wampe" (1932) gilt als Chef-d'oevre der frühen Tonfilmmusik. Von den Nazis aus Deutschland vertrieben, wandte er sich nach Wien zurück, 1933 vertonte er in Frankreich die Filme „Dans les rues" von Victor Trivas und „Le grand jeu" von Jacques Feyder, in London 1935 die Parabel über Gewaltherrschaft „Abdul the Damned" mit Fritz Kortner.

1938 führte ihn ein Lehrauftrag an die New School for Social Research in New York. Eisler schrieb einige avancierte Filmkompositionen, darunter für Joris Ivens Dokumentarfilm „The 400 Million" und den Puppentrickfilm „Pete Roleum and His Cousins" von Joseph Losey. Eine in den USA filmmusikalisch wichtige Tätigkeit waren die 1940 bis 1942 für die Rockefeller-Foundation durchgeführten experimentellen Studien und Untersuchungen über die Funktion der Musik im Film. Im Rahmen des Projekts vertonte er 1940 einige Ausschnitte zu John Fords „The Grapes of Wrath", 1941 stellte er eine neue Tonfassung zu Ivens Stummfilmgedicht „Regan" von 1929 her. Als Ergebnis der Arbeit verfaßte Eisler 1943/44 mit Theodor W. Adorno das Buch „Komposition für den Film" (Erstausgabe 1947), eine inhaltlich scharfe Kritik an der Hollywooder Filmmusikmanufaktur.

Im April 1942 begab er sich nach Hollywood, um nach Verdienstmöglichkeiten Ausschau zu halten. Zudem lebten gute

Freunde dort, allen voran Brecht und sein Lehrer Arnold Schönberg. Er konnte glänzend beginnen, mit den Partituren zu Fritz Langs „Hangmen Also Die", in dem er avantgardistische Mittel einsetzte und Clifford Odets „None But the Lonely Heart" kam er 1943 und 1944 (gemeinsam mit Constantin Bakaleinikoff) in die engere „Oscar"-Auswahl. Insgesamt acht Filmmusiken sicherten ihm ein gutes Auskommen, das Hauptwerk der damaligen Jahre waren jedoch die 50 Lieder des „Hollywooder Liederbuches", mit denen er persönliche Betroffenheit und die Erfahrungen der Emigration mitteilte. Sein Haus in Pacific Palisades (später Malibu) war Treffpunkt vieler Kunstschaffender, darunter Thomas Mann und Charlie Chaplin, für den er Teile des Films „The Circus" vertonte. Obwohl er sich in Amerika niemals politisch betätigte, wurde auch Hanns Eisler 1947 (nach seinem Bruder Gerhart Eisler) im Zuge der Untersuchungen „unamerikanischer Tätigkeiten" vom HUAC öffentlich verhört und des Landes verwiesen. Eine Hilfsaktion prominenter Persönlichkeiten zur Sicherung seines Verbleibs brachte keinen Erfolg. Am 28. Februar 1948 fand ein Abschiedskonzert statt, bei dem Leonard Bernstein und Aaron Copland als Veranstalter fungierten, einen Monat später verließ Eisler die USA in Richtung Wien.

In Österreich bestimmte der Brecht-Boykott die Kulturszene, womit die Türen für ihn verschlossen blieben. Da ihn der Westen so gut wie totschwieg, emigrierte er 1949 nach Ostberlin, um dort Anerkennung, Förderung und ein weites Betätigungsfeld zu finden. In Zusammenarbeit mit Johannes R. Becher verfaßte er im gleichen Jahr die „Neuen Deutschen Volkslieder" und nach dem Gedicht „Auferstanden aus Ruinen" die Nationalhymne der DDR. Daneben erhielt er eine Professur am Staatlichen Konservatorium sowie eine Meisterklasse für Komposition, an der von ihm mitbegründeten Akademie der Künste. Sein Schaffen bezog sich auf Bühnenwerke (Brecht, Nestroy, Shakespeare) und mehrere DEFA-Filmproduktionen. 1953/54 lebte er in Wien (Filme: „Bel Ami", „Gaspatrone" und Walter Felsensteins „Fidelio"), 1959 wurde seine „Deutsche Sinfonie" uraufgeführt. Joris Ivens nannte ihn 1973 einen „Bahnbrecher, dem es als einem der wenigen in diesem Jahrhundert gelang, Kunst und Politik miteinander zu verbinden". Hanns Eisler ruht im Umkreis einstiger Weggefährten auf dem Dorotheenstädtischen Friedhof im Ostteil des wiedervereinigten Berlin.

F: The 400 Million (Df), 1938; Pete Roleum and His Cousins (Puppentrickfilm), Soil (Df für das Dept. of Agriculture), 1939; White Flood (Df), A Child Went Forth (Df), The Grapes of Wrath (Vertonung von Ausschnitten, o.c.), 1940; The Forgotten Village (Dokumentar-Spielfilm), 1941; Hangmen Also Die (Musik und Song „No Surrender" nach Text von Sam Coslow), 1942; None But the Lonely Heart, 1944; Jealousy, The Spanish Main, Deadline at Dawn, A Scandal in Paris (auch md), 1946; The Woman on the Beach, 1946; So Well Remembered, The Circus (Ausschnitte von 20 Minuten Länge, o.c.), 1947.

Hanns Eisler in Malibu, um 1942/44

Paul Elbogen

Geb. 11. Nov. 1894 Wien
Gest. 10. Juni 1987 Kanada

Paul Elbogen, Sohn eines prominenten Rechtsanwalts, studierte Jura und Kunstgeschichte in Wien. Nach ersten literarisch-journalistischen Arbeiten während der Jahre nach dem Weltkrieg, machte er sich mit seiner zweiten Gattin 1929 in Berlin seßhaft, er war als Redakteur der Zeitschrift „Moderne Welt" tätig und gab bei Rowohlt u.a. die Brief-Anthologien „Liebste Mutter", „Lieber Vater" und „Geliebter Sohn" heraus. 1935 verließ er Deutschland, von Florenz über London kehrte er 1938 nach Wien zurück, wo er unter dem Pseudonym Paulus Schotte den Essayband „Leben als Abenteuer" veröffentlichte. Die „Hakenkreuzigung Österreichs" veranlaßte ihn zur Emigration, über Frankreich und Iberien kam er 1941 unter größten Entbehrungen in die USA.

Wie andere Exilanten verdankte er den Bemühungen Friedrich Kohners einen auf sechs Monate befristeten Hollywood-Vertrag. Die Aufgaben bei Harry Cohns Columbia waren nicht klar umrissen, als ein im „package deal" angestellter Drehbuchautor erhielt er jedoch einen phantastischen Wochenscheck über 160 Dollar. Interessanter war die Tätigkeit als szenischtechnischer Berater für Filme mit europäischem Hintergrund, die er seinem Bekannten aus den Wiener Tagen, Billy Wilder verdankte. Durch ihn lernte er einige der Größen Hollywoods kennen, Marlene Dietrich, Marylin Monroe, Charlie Chaplin, Buster Keaton usw.

Trotz des Eindrucks der unbegrenzten Möglichkeiten kam eine erfolgreiche Verbindung Elbogens mit der Filmstadt nicht zustande, die er als ein „durch Propaganda und Selbstbeweihräucherung zur Weltgeltung aufgeplustertes Dorf" betrachtete. Seinen Mißerfolg schrieb er der „völligen Planlosigkeit und der Chaotik der mittleren Epoche Hollywoods vor der Lawine der Television" zu. Während seine Gattin ein Geschäft zur Reinigung von Kleidern eröffnete, verdingte er sich als Verkäufer von Fruchtsäften, hielt Kunstvorträge vor wohlhabenden Hollywoodleuten und wandte sich letztlich nach früheren Romanversuchen der Belletristik zu (*). Neben Kurzgeschichten, Reportagen und Kritiken für die Wiener Zeitschrift „Mein Film" schrieb er mehrere Bücher, die als sein Hauptbeitrag zur deutschsprachigen Exilliteratur in Amerika zu betrachten sind. 1949 erschien der Künstlerroman „Dram", 1960 „Der dunkle Stern", ein weiteres Werk „Zwischen den Mühlsteinen" brachte eine Basler Zeitung in Fortsetzungen.

Anfang der 60er Jahre übersiedelte der Schriftsteller in das klimatisch günstigere San Francisco und begann damit eine neue

F: Hitler's Madman (TA), 1943; The Emperor Waltz (TA), Letter from an Unknown Woman TA), 1948; The Lovable Cheat (TA), The Great Sinner (TA), 1949.

TV: Four Star Playhouse: The Wallet (Story mit Anthony Coldeway), 1954.

(*) Die unter Apostroph genannten persönlichen Aussagen Paul Elbogens stammen aus „Deutsche Exilliteratur seit 1933", Bd. I. von John M. Spalek und Joseph Strelka.

Paul Elbogen **Autor**

Lebens- und Schaffensphase. In sein letztes Buch „Geht eine dunkle Wolk herein“ von 1983 verpackte er viele autobiographiche Elemente. Zeit seines Lebens ein Reiseenthusiast, sollte ein Urlaub mit seiner Gattin Mimi in Kanada auch der Abschied vom Auto werden. Paul Elbogen starb während der Tour an den Folgen eines Zusammenstoßes des von ihm gesteuerten Wagens mit einem Sattelschlepper. Sein Nachlaß wird vom Department of Special Collections an der University of California in Davis verwaltet.

Carl Esmond (Willy Eichberger) **Schauspieler**

Geb. 14. Juni 1904 Wien

F: The Dawn Patrol, 1938; Thunder Afloat, 1939; Little Men, 1940; Sergeant York, Sundown, The Catman of Paris (erst 1946 aufgeführt), 1941; The Navy Comes Trough, Pacific Rendezvous, Panama Hattie, Seven Sweethearts, 1942; First Comes Courage, Margin for Error; Adress Unknown, Experiment Perilous, The Master Race, The Story of Dr. Wassel, 1944; Her Highness and the Bellboy, Ministry of Fear, This Love of Ours, Without Love, 1945; Lover Come Back, 1946; Slave Girl, Smash Up-The

Eichberger-Esmond stammt aus einer Wiener Sängerfamilie, sein Weg führte über den Bankberuf und die Akademie für Musik und darstellende Kunst an das Burgtheater, an Bühnen in Berlin und Hamburg sowie zum Film. In den dreißiger Jahren galt er in Streifen wie „Kaiserwalzer“ (1932), Schnitzlers „Liebelei“ (1933) und „Die Pompadour“ (1935) als einer der berühmtesten Liebhaber des deutschsprachigen Films.

Im Verlauf seiner internationalen Karriere begann er 1934 am Winter Garden Theatre in London und als Carl Esmond in britischen Filmmusicals:„Evensong“ (1934), neben Fritz Kortner, „Invitation to the Waltz“ (1935), mit Lilian Harvey und unter der Regie des Wieners Paul L. Stein in „April Blossoms“ (1937) mit Richard Tauber als Franz Schubert. In London erhielt er 1937 den Vertrag von Metro-Goldwyn-Mayer, der ihn in das kalifornische Filmparadies verpflichtete. Er beabsichtigte nur kurzfristig zu bleiben, die Geschehnisse in Europa verhinderten jedoch die Rückkehr. Amerika blieb die Wahlheimat.

Hollywood schätzte ihn als eleganten und charmanten Darsteller in verbindlichen, auch unheilvollen Charakterrollen. In der ersten Filmarbeit bei MGM, dem Antikriegsdrama, „The Dawn Patrol“ mit Errol Flynn, spielte er ein deutsches Fliegeras, basierend auf der Person des „Roten Barons“, Manfred von Richthofen. Seitdem verband ihn eine langjährige Freundschaft mit Flynn. Die Ähnlichkeit mit ihm und seine unbekümmerte Art stempelten ihn zum Typ jener beliebten amerikanischen Filmhelden, deren Erfolg nicht nur vom Äußeren, sondern auch vom Wesen her bestimmt wird. Er wurde ein gefragter Partner vieler

Hollywoodgrößen, von Spencer Tracy, Merle Oberon, Katherine Hepburn und Hedy Lamarr bis Gregory Peck. In der eigentlichen Filmarbeit und in der Mentalität der Filmleute fand er keinen Unterschied zwischen Europa und Hollywood.

Nach 15 Jahren Amerika holte ihn ein Filmangebot aus Deutschland erstmals wieder nach Europa zurück. Universal Pictures erlaubte ihm, für die Algefa-Produktion „Liebeserwachen" von F.W. Gaik seinen wirklichen Namen Eichberger zu benutzen. Sein Urlaub von Hollywood artete dank der regen Nachfrage von Produzenten und Regisseuren in ein massives Comeback vor deutschen Kameras aus. 1963 filmte er auch nochmals in England (Kiss of the Vampire). Carl Esmond, verheiratet mit Rita Traub, einer früheren Literaturagentin, lebt in Brentwood, nahe Beverly Hills und dem Sunset Boulevard und frönt dem Hobby, Nelken und über achtzig Sorten Rosen zu züchten.

Story of a Woman, 1947; Walk a Crooked Mile, 1948; The Desert Hawk, Mistery Submarine, 1950; World in His Arms, 1952; From the Earth to the Moon, 1958; Thunder in the Sun, 1959; Brushfire, Hitler (als Feldmarschall Keitel), 1962; Morituri, 1965; Agent for H.A.R.M., 1966.

TV: Ford TV Theatre: The Bet, 1953; Crossroads: The Rebel, 1956; Lux Video Theatre: The Little Boy Lost, 1956; Climax: Bait for the Tiger, 1957; 77 Sunset Strip: Out of the Past, 1959; One Step Beyond: The Lonely Room, 1960; Maverick: Diamond Flush, 1961; Convoy: The Assasin, 1965; The Man from UNCLE: The Galtea Affair, 1966; Thriller: Explosion, 1967; O'Hara, United States Treasury: Operation: XW-1, 1972; My Wicked, Wicked Ways: The Legend of Errol Flynn (TVM), 1985.

Gary Cooper in der Titelrolle und Carl Esmond als Lt. Dirk van Daal in dem Paramount-Film „The Story of Dr. Wassel", dem authentischen Erlebnisbericht eines altgedienten Marinearztes während des Zweiten Weltkriegs in Java

Fred Essler/Olga Fabian Schauspieler/Schauspielerin

Geb. 13. Feb. 1895 Wien
Gest. 17. Jän. 1973 Los Angeles

Fred Essler, ein Charakter-Darsteller, verließ Österreich 1938 in Richtung USA. 1942 kam er nach Hollywood, wo er beim Film reichlich Arbeit fand, dabei hauptsächlich auf den Typ vornehmer Männer festgelegt, Minister, Offiziere, Barone und Professoren. Er spielte unter einer Reihe der bekanntesten Regisseure, Edward Dmytryk, Sam Wood, Henry King, Richard Fleischer und Henry Koster sowie Produzenten wie William Perleberg, Hal B. Wallis, Ernst Lubitsch und Joe Pasternak. Otto Preminger holte ihn 1945 für „Royal Scandal, im gleichen Jahr Fritz Lang für „Scarlett Street". Das Fernsehen bot ihm Rollen u. a. in den Serien „77 Sunset Strip", „Perry Mason" und „Life of Riley". Essler starb nach langer Krankheit im Motion Picture and Television Country Hospital in Woodland Hills (L. A.).

F: Behind the Rising Sun, Mission to Moscow, The Song of Bernadette, 1943; Passage to Marseille, Up in Arms, The Unwritten Code, 1944; Captain Eddie (Die Geschichte des amerikanischen Fliegerhauptmanns Edward Rickenbacker), A Royal Scandal, Saratoga Trunk, Scarlet Street, What Next, Corporal Hargrove?, Where Do We Go From Here?, 1945; Faithful in My Fashion, One More Tomorrow, Temptation, 1946; Every Girl Should Be Married, 1948; The Admiral Was a Lady, Messenger of Peace, The Toast of New Orleans, The White Tower, 1950; People Against O'Hara, 1951; Houdini, 1953; The Girl in the Red Velvet Swing, 1955; The First Traveling Saleslady, Hot Rod Girl, 1956; My Man Godfrey, 1957; 10 North Frederick, 1958; That Touch of Mink, 1962, The Unsinkable Molly Brown (nach dem Bühnen-Musical von Meredith Wilson und Richard Morris), 1964; The Money Trap, 1966.

TV: Reader's Digest: Top Secret, 1955; Shirley Temple's Storybook: The Story of Sleepy Hollow, 1958; Maverick: Game of Chance, 1959; Perry Mason: The Case of the Nine Dolls, 1960.

Olga Fabian (Olga Fuchs) Schauspielerin

Geb. 15. Sept. ? Wien

Foto aus dem Stanley Kramer-Film der Columbia „Ship of Fools"

Olga Fuchs (in USA Fabian) war nach dem Studium an der Wiener Akademie zwanzig Jahre als Schauspielerin an renommierten Bühnen in Wien, Berlin, Frankfurt und am Staatstheater Dresden tätig. Von den politischen Ereignissen 1938 in die USA verschlagen, gab sie ihr Broadwaydebüt in „Come Back, Little Sheba". Sie spielte in New York u.a. in John Van Drutens „I am a Camera" (1951), „The Genius and the Goddess" (1957, Henry Millers Theatre) von Aldous Huxley und Beth Wendel und „The Big Two" (1957, Booth Theatre) von Ladislaus Bush-Fekete und Mary Helen Fay. Olga Fabian inszenierte Goethe am Hunter College, gab Dramatikkurse am Bard College und an der Havard University und wirkte in unzähligen Radioshows mit.
Daneben fand sie ein Aufgabengebiet mit kleinen Filmrollen in Hollywood, in Fernsehepisoden beim „Prudential Family Playhouse", „Philco TV Playhouse", „Armstrong Circle Theatre", bei der „Phil Silvers Show" und „Omnibus". Vom März 1953 bis Oktober 1954 gehörte sie als „Mrs. Bloom" zum Team der seit 1949 ausgestrahlten NBC/DuMont-Serie „The Goldbergs".

F: Behind Prison Walls, 1943; My Pal Wolf, They Live in Fear, Voice in the Wind, Waterfront, 1944; Her Highness and the Bellboy, 1945; My Girl Tisa, 1948; The Wrong Man, 1956; Judgement at Nuremberg, 1961; Ship of Fools, 1965.

TV: Robert Montgomery: Victoria Regina, 1951; Kraft Theatre: My Son, the Doctor, 1954; Ford Startime: Dear Arthur, 1960; Hallmark of Fame: Victoria Regina, 1961; Route 66: Come Home, Grete Inger Gruenschaffen, 1963.

Komponist

Richard Fall

Geb. 03. Apr. 1882
Gewitsch/ Mähren
Gest. 1943 oder 1945 Auschwitz

Filiom, 1930; East Lynne, 1931

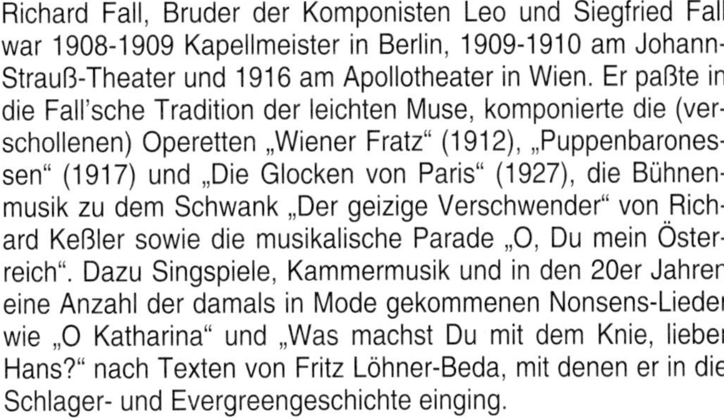

Richard Fall, Bruder der Komponisten Leo und Siegfried Fall war 1908-1909 Kapellmeister in Berlin, 1909-1910 am Johann-Strauß-Theater und 1916 am Apollotheater in Wien. Er paßte in die Fall'sche Tradition der leichten Muse, komponierte die (verschollenen) Operetten „Wiener Fratz" (1912), „Puppenbaronessen" (1917) und „Die Glocken von Paris" (1927), die Bühnenmusik zu dem Schwank „Der geizige Verschwender" von Richard Keßler sowie die musikalische Parade „O, Du mein Österreich". Dazu Singspiele, Kammermusik und in den 20er Jahren eine Anzahl der damals in Mode gekommenen Nonsens-Lieder wie „O Katharina" und „Was machst Du mit dem Knie, lieber Hans?" nach Texten von Fritz Löhner-Beda, mit denen er in die Schlager- und Evergreengeschichte einging.

1930–1931 schrieb er in Hollywood die Musik zu den Fox-Filmen „Liliom", der ersten Tonfilmversion des Molnar'schen Prosastücks (daraus die Songs „Dream of Romance" und „Thief Song" nach Texten von Marcella Gardner) und dem Melodram „East Lynne", das unter der Regie Frank Lloyds noch als Stummfilm entstand.

Wieder in Wien, vertonte er 1932 zusammen mit Willy Schmidt-Gentner die Filmkomödie „Sehnsucht 202" der Cine-Allianz (D/Ö) mit Magda Schneider, Luise Rainer und Fritz Schulz. Danach liegt sein weiterer Weg im Dunklen. 1938 emigrierte er nach Frankreich, wo er am 17. November 1943 in Nizza von den Nazis verhaftet und nach Auschwitz deportiert wurde. Richard Fall kam entweder auf dem Transportweg oder 1945 im Lager (wie der bereits 1938 inhaftierte Librettist Löhner Beda) zu Tode. Nach einigen Quellen gelangte er 1938 nach Amerika, brachte sich mit Filmkompositionen durch und kehrte 1943 unbegreiflicherweise nach Frankreich zurück. Dies ist jedoch nicht belegbar.

(zur vorhergehenden Seite)
Fred Essler in dem Warner Brothers-Streifen „Mission to Moscow" von Michael Curtiz

Friedrich (Frederick) Feher Schauspieler – Regisseur

Geb. 16. März 1889 Wien
Gest. 30. Sept. 1950 Frankfurt/M.

Friedrich Feher (eigentl. Weiß) besuchte zunächst das Konservatorium in Wien, wurde dann aber Schauspieler und Regisseur. Er war bis 1926 an verschiedenen Bühnen in Berlin, Hamburg und Prag tätig, nahm mit dem Max Reinhardt-Ensemble an dessen USA-Tournee teil und engagierte sich in Wien als Theaterdirektor.

Im Medium Film sah er den Inbegriff des Neuen und Aktuellen in der Kunst. Seine Regietätigkeit begann 1913 bei der deutschen Mutoskop, 1921 übernahm er die künstlerische Oberleitung der Odysseus-Film im Vita-Konzern in Wien, 1922 gründete er eine eigene Produktionsgesellschaft. Seine Gattin Magda Sonja, Schauspielerin, Diseuse und von 1917 bis 1921 der erste weibliche Star der Wiener Sascha-Film, spielte in fast allen seinen Arbeiten die Hauptrolle. Insgesamt inszenierte er 25 Filme, darunter „Tyrannei des Todes“ (D, 1920), der sehr stark vom Expressionismus beeinflußte Streifen „Das Haus des Dr. Gaudeamus“ (Ö, 1921) und die letzte Arbeit in Deutschland „Gehetzte Menschen“ (D/CSR, 1932), in dem auch sein Sohn Hans Feher mitwirkte. In Leopold Jessners „Maria Stuart“-Verfilmung agierte er neben Fritz Kortner, der Irre in Robert Wienes „Cabinet des Dr. Caligari“ machte ihn als Darsteller am bekanntesten.

1933 emigrierte die Familie nach England. Im Rahmen der eigenen Concordia Films, Ltd. drehte Feher 1935 mit Magda Sonja, seinem Sohn, sowie deutschen, französischen und englischen Schauspielern „The Robber Symphonie“, eines der interessantesten Experimente und Kuriosa der Filmgeschichte. Die poetisch-musikalische Gaunerkomödie mit expressionistischen und surrealistischen Elementen kam bei der Biennale in Venedig zur Aufführung, verschwand aber bald aus den Kinos. Nach dem Bankrott seiner Firma ging Feher desillusioniert nach Amerika.

In Hollywood stellte er 1938/39 im Rahmen eines Drehauftrags der Paramount einige Kurzfilme her, in denen er das Stilprinzip der „Robber Symphonie“ zu verfeinern suchte. Seine Geldgeber wandten sich jedoch dagegen, ein weiteres Treatment, „The Clown“, wurde nicht mehr realisiert. Friedrich Feher blieb fortan als Regisseur unbeschäftigt und fiel in Vergessenheit. 1944 gab ihm Edgar G. Ulmer in dem Filmmusical „Jive Junction“ eine kleinere Nebenrolle, ansonsten brachte er sich mit der Leitung eines Supermarktes über die Runden. Magda Sonja mußte mangels Angeboten in Hollywood ebenfalls ihre Karriere beenden.

F: Ave Maria (Kf), 1938; Unfinished Symphonie (Kf), Farewell Vienna (Kf),The Blue Danube Waltz (Kf), Merry Wives of Windsor (Kf), William Tell (Kf), 1939; Jive Junction (Da), 1944.

Max Fleischer

Geb. 19. Juli 1883 Wien
Gest. 11. Sept. 1972 Woodland Hills

Die Familie Fleischer emigrierte 1887 von Wien in die Vereinigten Staaten. Max wuchs in New York auf, er studierte an der Art Students League and Cooper Union und war danach Laufbursche, Graveur und Redakteur bei Zeitungen in Brooklyn und Boston. Mit der 1915 patentierten Idee des „Rotoscope" begann seine Karriere als Zeichentrickfilmer, sein Interesse erwuchs jedoch aus mechanischen und nicht aus künstlerischen Gründen. Das „Rotoscope" ermöglichte dem Zeichner, einen Film Bild für Bild auf Animationspapier abzukopieren, das Ergebnis waren verblüffend realistische Bewegungen der Zeichentrickfiguren. Max und sein 1894 in New York geborener Bruder Dave (David) arbeiteten ein Jahr an einem Filmstreifen von dreissig Meter Länge, wobei Dave auch für den Livefilm posierte. Damit wurde er zum Modell der ersten Zeichentrickfigur „Koko, der Clown", dessen Abenteuer in der Serie „Out of the Inkwell" für John R. Bray ihren Niederschlag fanden. Den Vertrieb übernahm Paramount, mit seinem Konzept und der kunstgerechten Ausführung schuf Fleischer einen Klassiker unter den damaligen Cartoons. Die Verbindung von Livefilmmaterial und Zeichentrickfilm setzte neue Akzente.

Nach dem Eintritt Amerikas in den Ersten Weltkrieg stellte er Unterrichtsfilme für die US-Army her. 1919 schlossen sich die beiden Brüder zusammen, Max als künstlerischer und technischer Direktor, Dave als Produzent. Trotz des winzigen Studios erzielten sie exzellente Ergebnisse, auch ohne die Inanspruchnahme komplizierter Techniken präsentierten sie in ihren Filmen eine ungewöhnliche Spannweite von Spezialeffekten. Mitte der 20er Jahre verlegte sich Max Fleischer auf eine Reihe von Experimentalfilmen, die seinen Neigungen entsprachen. Mit dem sogenannten „Bouncing Ball" bei den damals sehr beliebten „sing-along-films" (Mitsingfilme, bei denen die Zeilen bekannter Lieder auf der Leinwand gezeigt wurden), brachten Max und Dave erstmals das Moment der Bewegung in dieses Genre. Das von Lee DeForest übernommene Synchronisationsverfahren bedeutete einen weiteren Schritt in der Technologie und der Entwicklung des Zeichentrickfilms.

Zwei bekannte Fleischer-Figuren: Bimbo und Betty Boop

Der 1929 aufkommende Tonfilm brachte ebenfalls Neuerungen, die Filme bestanden nun aus den Komponenten Gag und Musik. Fleischers Verbindung zu Paramount erlaubte ihm, in seinen „Talkcartoons" Paramount-Darsteller und Sänger, die gerade in New York bei Spiel- und Kurzfilmen vertraglich gebunden waren, einzusetzen und den Filmen der „Screen Song"-Serie mit Stars wie Rudy Vallee, Ethel Merman, Lilian

Originalposter zu „Customers Wanted“ (1939) aus der Popeye-Serie

Filme:
1919-1929: Out of the Inkwell (Koko the Clown)
1923: The Einstein Theory of Relativity, Evolution
1924: Song Car-Tune (25 Filme)
1929: Screen Songs (ca. 100 Filme)
1931–1939: Betty Boop, Bimbo
ab 1933: Popeye the Sailor (ca. 250 Filme)
1939: Gulliver's Travels
1940: Raggedy Ann and Raggedy Andy (Special, The Raven (Special, nach Edgar Allen Poe), Stone Age Cartoons (12 Filme), Animated Antics
1941: Mr. Bug Goes to Town (Hoppity Goes to Town)
Superman (15 Filme)

Eine gesamte Auflistung der „cartoons“ der Fleischer-Brüder nach Titeln, wie bespielsweise in der englischen Filmzeitzeitschrift Dope, Kr. 16, 1978 kann hier aus Platzgründen nicht vorgenommen werden.

Roth und den Mills Brothers spektakuläres Livematerial hinzuzufügen. Zu den bekanntesten Schöpfungen Fleischers gehörten „Betty Boop“, die respektlose Teenagerheldin, zudem einzige bewußt erotische Figur des Animationsfilms und „Popeye the Sailor“. „Betty Boobs“ Karriere war nur kurz, da der neugeschaffene Production Code Anstoß an ihrer „Unmoral“ nahm. „Popeye“ von Elzie Segar, seit 1919 aus Comic-Strips in den Zeitungen bekannt und bis heute überaus populär, entwickelte sich dagegen zu einem ungeheuren Wertobjekt.

Walt Disneys enormer Erfolg mit „Snow White and the Seven Dwarfs“ (1937) veranlaßte auch das Fleischer-Studio, die Möglichkeit eines abendfüllenden Cartoons zu prüfen. Fleischer entschied sich, für das ambitiöse Unterfangen in Miami in Florida ein neues Produktionsgelände zu errichten. Sein Versuch mit der Adaption von Jonathan Swifts „Gulliver's Travels“ und „Mr. Bug Goes to Town“ nach einer hauseigenen Story mit Disneys Cartoonspielfilmen Schritt zu halten, geriet jedoch zum geschäftlichen Mißerfolg. Im Anschluß an „Gulliver's Travels“ rief das Studio noch zwei neue Serien ins Leben, die „Stone Age Series“ und die „Animated Antics“, dazu zwei längere „Specials“. 1941 erschienen erste Streifen aus der von Paramount initiierten „Superman“-Serie nach den Comics von Jerry Siegel und Joe Schuster. Die erregenden Kurzcartoons mit vielen Spezialeffekten waren rein filmtechnisch sicher die intelligentesten.

Um diese Zeit verlor Paramount das Interesse, Geld in Filme der Fleischers zu investieren. Streitigkeiten zwischen den Brüdern nahm Paramount 1942 zum Anlaß, die nicht mehr gewinnbringende Zusammenarbeit brutal zu beenden. Nach mehr als zwei Jahrzehnten waren Max und Dave Fleischer damit aus dem Geschäft. Ihre wichtigsten Mitarbeiter erhielten Arbeitsverträge von Paramount, der Betrieb wurde nach New York zurückverlegt und in „Famous Studios“ umbenannt. Dave arbeitete bis 1957 in den Zeichentrickstudios der Columbia an der Westküste, er starb 1979. Max befaßte sich mit Werbe- und Lehrfilmen für die Jam Handy Company in Detroit, später fand er Beschäftigung bei seinem alten Kollegen John R. Bray. 1962 hatte er Anteil daran, als das Fernsehen hundert neue „Inkwell“-Cartoons gestaltete.

Fleischer war stolz auf die vielen Erfindungen, die er förderte und brachte selbst fünfzehn Patente für die Verbesserung von Zeichentrickfilmen zur Anmeldung. Lange vor Disneys Multiplankamera hatte er die Drehscheibenkamera verwendet.

Szene aus Max und Dave Fleischers erstem abendfüllendem Zeichentrickfilm „Gulliver's Travels“

Max Fleischer mit seiner berühmtesten Animationsfigur. Der erste „Popeye“-Film erschien 1933 unter dem Titel „I am what I am“

Rudolf Forster

Schauspieler

Geb. 30. Okt. 1884 Gröbming
Gest. 26. Okt. 1968 Bad Aussee

Rudolf Forster, letzter Sproß einer alteingesessenen Familie der Steiermark, spielte sich nach dem Studium am Wiener Konservatorium mit glänzenden Erfolgen durch das Bühnenrepertoire. In der österreichischen Provinz, in Wien (Josefstadt), Berlin (an Jessners Theater am Gendarmenmarkt, bei Reinhardt und Barnowsky), in St. Petersburg und Bukarest. Sein einmaliger Typ als Grandseigneur, die sensible Noblesse und nonchalante Sprachmelodie sowie seine suggestive Stimme fielen auf. Er mochte Shakespeare, war ein genialer Nestroy-Sprecher und ein bedeutender Strindberg-Interpret.

Der Film fand zu seiner Wesensganzheit nur selten adäquate Rollen. Zu den wichtigsten Aufgaben im Stummfilm zählen sein Debüt in „Morel, der Meister des Verbrechens“ (nach Balzacs „Glanz und Elend der Kurtisanen“, 1919 in Wien hergestellt), „Kurfürstendamm“ (1920, R: Richard Oswald), Friedrich Zelniks „Lyda Ssanin“ (nach einem Roman Michail Arzybaschews, 1923) und Hans Behrends kongeniale Sternheim-Verfilmung „Die Hose“ (1927). Der Wechsel vom Stumm- zum Tonfilm gelang ihm problemlos. 1931 war er der Mackie Messer in G.W. Pabsts „Dreigroschenoper“, 1932 der Preußenkönig in „Yorck“, mit den beiden Welterfolgen Paul Czinners „Ariane“ und „Der träumende Mund“ (1931/32) neben Elisabeth Bergner trug er seinen Namen in die Filmgeschichte ein. Unvergessen blieben bis heute „Die Gräfin von Monte Christo“ (1932), „Morgenrot“ (1933) und „Hohe Schule“ (1934).

Der Zenith seines Ruhms lag zwischen den beiden Weltkriegen. Als die Nazikatastrophe zur schicksalsformenden Kraft wurde, versuchte er 1937 mit der Übersiedlung in die USA auszuweichen. Am New Yorker Broadway trat er in Sydney Kingsleys „The World We Make“, in dem Hecht-MacArthur-Stück „The Front Page“ und mit Elisabeth Bergner in „Strange Interlude“ und „St. Joan“ auf. Nach einer Gilbert Miller-Tournee mit dem Stück „Tovarich“ sollte er in „The Great Waltz“ neben Luise Rainer einen älteren Liebhaber spielen. Ein Test bei der Metro verlief unbefriedigend, ebenso eine Vorsprache bei den Warner Brothers. Paramount verpflichtete ihn schließlich für „Island of the Lost Men“ in einer Nebenrolle, die wegen guter Leistung vergößert wurde. Als er nach fünf Probetagen für Premingers „Margin for Error“ die Rolle wegen nicht zu bewältigender Arbeit zurückgab und eine Hauptrolle in einem Anti-Nazi-Film ausschlug, weil er sich außerstande sah, einen Riesentext in fremder Sprache in kürzester Zeit zu bewältigen, war die Chance in Hollywood Fuß zu fassen vergeben. In Europa waren bereits

F: Island of Lost Men, North of Shanghai, 1939; The Cardinal, 1963.

die Lichter ausgegangen, als Rudolf Forster seine Rückkehr vorbereitete. Auf abenteuerlichen Wegen über Tokio, Peking, Sibirien und Moskau ging er 1940 nach Nazideutschland. Eine Tat, die er später sehr bereute.

In der Nazi-Ära wirkte er hauptsächlich am Theater. Tribut an den NS-Film zahlte er mit der zwielichtigen Interpretation des Wiener Bürgermeisters Dr. Karl Lueger in „Wien 1910“ im Rahmen einer tendenziösen Spielhandlung. Nach dem Krieg gehörte er der Wiener Burg an, gastierte in Salzburg und stand in fast vierzig Rollen vor der Kamera. Am Ende der 50er Jahre auch in dem DEFA-Streifen der DDR „Spielbank-Affäre“, 1963 in der teilweise in Wien entstandenen Columbia-Produktion Otto Premingers „The Cardinal“. Mit seinen Memoiren „Das Spiel-mein Leben“ von 1967 wies er sich zudem als Schriftsteller von hohen Graden aus.

Filmplakat zu „Island of Lost Men“ mit Rudolf Forster

Albert Fortell

Schauspieler

Geb. 05. Juli 1952 Wien

Albert Fortell, Sohn des Schauspielers Bert Fortell, schloß 1979 das Studium der Rechtswissenschaften und 1980 eine dreijährige Ausbildung am Max Reinhardt-Seminar in Wien ab. Er besuchte Musicalworkshops bei Prof. Susi Nicoletti in Salzburg sowie das Actors Studio von Nina Foche und ein Seminar für Drehbuchschreiben an der UCLA in Los Angeles.

Als Spätstarter trat er im Alter von dreissig Jahren in die Fußstapfen seines Vaters. Auf der Bühne spielte er u.a. in Emile Zolas „Therese Raquin", in Shakespeare-Dramen und im Vienna English Theatre in der Komödie „Love Letters" von A. Gurny. Der Film stellte ihn in einigen internationalen Produktionen heraus, „News", von Rainer Erler u.a. in Malaysia und Australien gedreht, „Who Dares Wins" (GB 1983, in USA: „The Final Option„) von Ian Sharp und der Science Fiction Story „Time Troopers" (Morgengrauen) von Peter Sämann. Der Action-Streifen „Death Stone" (Stein des Todes, 1987) mit Elke Sommer und Brad Harris wurde in englischer Sprache in Sri Lanka im Hinblick auf den amerikanischen Videomarkt hergestellt. Das Fernsehen machte Fortell mit Serien wie „Schloß Hohenstein" und in der Hauptrolle der 13-teiligen ZDF-CBS-RAI-CoProduktion „Blue Blood" (Blaues Blut) neben Stars wie Capucine, Marisa Berenson und Franco Nero bekannt. 1982 wirkte Fortell in Marvin Chomskys in Deutschland entstandenen Zweiteiler der ABC-Circle Films „Inside the Third Reich" mit.

1984 versuchte der kosmopolitische Wiener auch im Filmparadies Hollywood Fuß zu fassen. Unter hundert Anwärtern auf eine große Rolle in der ABC-Saga „Dynasty" kam er unter die letzten drei, eine US-Agentur verschaffte ihm daraufhin ein lukratives Angebot für Fernseh-Werbung. Eine Empfehlung Arnold Schwarzeneggers verhalf ihm zur Arbeitsbewilligung und zum Engagement bei der Columbia. Nach einigen Folgen der TV-Serie „J. G. Culver" (in USA: Lime Street) unter der Regie Ray Austins mit Robert Wagner und einem kleinen Part in dem Agenten-Thriller „Little Nikita", orientierte sich Bert Fortell aus familiären Gründen wieder nach Europa zurück. Verheiratet mit der Kollegin Barbara Wussow, plant er auch Drehbücher zu schreiben und Regie zu führen. Seinen Wohnsitz am Pazifik gab er nicht auf, Hollywood könnte eines Tages erneut interessant werden.

F: Time Troopers (Ö/US, in Europa gedreht), 1984; Little Nikita, Red Heat (US/D, in Europa gedreht), 1988.

TV: J. G. Culver: 5 Episoden, 1987.

Paul Frank

Geb. 14. Apr. 1885 Wien
Gest. 20. März 1976 Los Angeles

Paul Frank (Frankl), verfaßte als Dramatiker und Romancier allein oder in Zusammenarbeit mit Kollegen mehr als 40 Lustspiele und über ein Dutzend Prosawerke, darunter „Das Mangobaumwunder" (Roman, mit Leo Perutz, 1916), „Der Gepard" (Roman, 1918) und „Fahrt nach Sorrent" (Komödie, 1927). Sein Ruf drang bald über Österreich hinaus, allein vier seiner Stücke liefen am New Yorker Broadway. Ab 1918 schrieb er auch Filmdrehbücher: „Don Juans letztes Abenteuer" und „Der Mandarin" (mit Fritz Freisler), „Die Macht der Mary Murton" (1921, mit Friedrich Porges) sowie „Die Rache der Pharaonen" (1925), ein Abenteuerfilm mit Gustav Diessl. 1924 hatte Michael Kertesz (Curtiz) seinen Roman „Harun al Raschid" verfilmt.
Anfang der 30er Jahre machte ihm der Generaldirektor der UFA, Erich Pommer das Angebot, in die deutsche Filmindustrie zu wechseln. Bis zur Machtübernahme der Nazis gestaltete er insgesamt sieben Stoffe, am bekanntesten davon die parodistische Filmoperette „Die Drei von der Tankstelle" (1930, mit Franz Schulz). Mit Billy Wilder entstanden „Der falsche Ehemann" und „Ihre Hoheit befiehlt" (1931), mit Irma von Cube „Der Hochtourist" (1931) und „Der Frechdachs" (1932). Die Emelka brachte 1931 sein Theaterstück „Eine Nacht im Grandhotel" mit Martha Eggerth heraus. 1933 ging der Autor mit seiner Gattin, der bekannten Berufsfotografin Edith de Barakowitz nach Wien zurück, gemeinsam mit der später ebenfalls exilierten Gina Kaus schrieb er 1937 das Lustspiel „Whisky und Soda". 1938 floh das Ehepaar nach Paris, über die iberische Halbinsel gelangten sie nach Marokko, wo sich Edith Frank in der scheinbaren Ausweglosigkeit im Dezember 1940 das Leben nahm. 1941 traf Paul Frank in New York ein, zwei Monate später ließ er sich an der Westküste nieder.
Sein bereits vor ihm emigrierter Freund Georg Froeschel stand ihm in Hollywood zur Seite. Dank der von Paul Kohner ins Leben gerufenen Hilfsaktion für verfolgte europäische Autoren erhielt er bei Columbia einen Jahresvertrag, danach dürfte er für kleine Filmgesellschaften gearbeitet haben. Aus seinem früheren Schaffensbereich herausgerissen, blieb ihm der Erfolg hier versagt. Mehrere Exposés landeten in den Archiven. Letzte Anerkennung seines schriftstellerischen Talents war die Annahme und Verfilmung der Story „The Invisible Wall" bei der 20th Century Fox. Danach fand sich Frank ohne Vertrag und ohne Hoffnung, auch nur kleinere Arbeiten als Filmautor zu übernehmen. Von einem schweren Augenleiden befallen und betreut von seiner zweiten Gattin, zog er sich von allen Kontakten mit der Aussenwelt zurück. Bis zuletzt zählten nur Georg Froeschel und Gina Kaus zu seinem verläßlichen Freundeskreis.

F: Beauty and the Boss (nach seinem Theaterstück „A Church Mouse"), 1932; Adorable (Story mit Billy Wilder), 1933; Josette (nach seinem Theaterstück), 1938; The Invisible Wall (Story mit Howard J. Green), 1947.

Karl Freund

Kameramann

Geb. 16. Jän. 1890 Königsdorf/ Böhmen
Gest. 03. Mai 1969 Santa Monica

F: All Quiet on the Western Front (Schlußsequenz), Boudoir Diplomat, The Lottery Bride (mit Ray June), 1930; Bad Sister, Dracula, Personal Maid, Strictly Dishonored, Up for Murder, Fires of Youth, 1931; Afraid to Talk, Air Mail, Back Street, The Mummy (R), Murders in the Rue Morgue, Scandal for Sale, 1932; The Kiss Before the Mirror, Moonlight and Pretzels (R), 1933; The Countess of Monte Christo (R), Gift of Gab (R), I Give My Love, Madame Spy (R), Uncertain Lady (R), 1934; Mad Love (R), 1935; The Great Ziegfield (Kamera-Mitarbeit Finale), Camille (co-phot. mit William Daniels), 1936; Conquest, The Good Earth, Parnell, 1937; Letter of Introduction, Man-Proof, Port of Seven Seas, 1938; Balalaika, (mit Joseph Ruttenberg), Barricade, Golden Boy (mit Nicholas Musaraca), Rose of Washington Square, Tail Spin, 1939; Florian, Green Hell, Pride and Prejudice, We Who Are Young, Comrade X (co-phot. mit Joseph Ruttenberg), 1940; The Chocolat Soldier, Keeping Com-

Karl Freund kam 1906 mit seinen Eltern nach Berlin. Nach der Schule begann er als Vorführer bei einer Spezialfabrik für Kinemathographen, 1908 arbeitete er als Wochenschau-Kameramann bei Pathé Fräres und als technischer Assistent bei Oskar Messter. 1911 richtete er für die Gebrüder Savic in Belgrad ein Filmlaboratorium ein, ein Jahr später gestaltete er seinen ersten Spielfilm „Jadra Majka" (Arme Mütter). Sascha Graf Kolowrat holte ihn nach Wien, wo er kleine (teilweise nicht aufgeführte) Filmpossen mit Max Pallenberg schuf.

Ab 1913 photographierte er in Berlin-Neubabelsberg mit Axel Graatkjaer die „Asta Nielsen/Urban Gad"-Serie" und 1916/17 eine Henny Porten-Serie, 1919 machte er sich mit der Karl Freund-Film GmbH selbständig. Im folgenden wurde er einer der stilprägenden Kameraleute des deutschen Atelierfilms im Zusammenwirken mit führenden Regisseuren der 20er Jahre, Wiene, Oswald, Lubitsch, Schünzel, Dupont, Dreyer (bei dem er 1924 in „Michael" chargierte) und Czinner. Filmgeschichtliche Bedeutung errang er nach der Begegnung mit Friedrich W. Murnau und dem Grazer Filmdichter Carl Mayer. Freund stand bis 1929 bei mehr als 45 Stummfilmen und Spitzenwerken wie „Satanas" (1919), Paul Wegeners „Golem" (1920), „Der brennende Acker" (1921/22), „Tartüff" (1925) und Fritz Langs „Metropolis" (1925/26) hinter der Kamera. Extreme Blickwinkel, differenzierte Ausleuchtung und eine variable Verwendung der Schwarzweißelemente kennzeichneten seine Kameraführung, mit der er zum Filmexpressionismus und Kammerspielfilm beitrug. Zum künstlerischen Höhepunkt wurde Murnaus „Der letzte Mann" (1924), bei der Freund mit der Methode der „entfesselten Kamera" erstmals in größerem Ausmaß bewegliche Aufnahmen ohne Stativ anwandte.

Den Kopf voller Ideen und Erfindungen, arbeitete er mit den ersten Tonfilmstreifen aus magnetisiertem Stahlband und den ersten Tonstreifen des Tri-Ergon-Verfahrens. Als Murnau 1926 nach Amerika ging, um „Sunrise" zu drehen und ihn dafür als Kameramann wünschte, entschied er sich, die Produktionsleitung von Fox Europa zu übernehmen. 1928 hielt er sich in London auf, wo er u.a. für die Blattner Picture Corporation bei der Kurztonfilm-Serie „Pocket Novelties" Regie führte und die Firma Movie Color Ltd. gründete, mit der er neue Farbverfahren erprobte. 1929 lud ihn Dr. Herbert Kalmus, Präsident der Technicolor Corporation zu Versuchen nach Amerika ein und überzeugte ihn dabei, daß nur Hollywood die große Möglichkeit für die Fortführung des Colorsystems bieten würde. Freund experimentierte noch mit John Capstaff von Eastman Kodak im New Yorker Astoria-Studio der Paramount, ehe er in die kalifornische Filmmetropole fuhr.

Die in Amerika erhoffte weitere Zusammenarbeit mit Murnau kam nicht zustande, da Fox den von ihm geforderten Betrag nicht zahlen wollte. Als Freund Murnau wiedersah, lag dieser als Opfer eines Autounfalls auf der Totenbahre. Unter Vertrag bei Carl Laemmle Jr. entwickelte Freund nach seiner Ankunft, zwei Tage vor der Premiere, die Schlußsequenz zu Lewis Milestones Remarque-Verfilmung „All Quiet on the Western Front". Zwischen 1932 und 1934 „schoß" er für Universal Pictures sieben Streifen, wobei er mit „Dracula" (*) und „Murders in the Rue Morgue", beide mit Bela Lugosi und „The Mummy" mit Boris Karloff, seiner ersten Regiearbeit in Amerika, das Horror-Genre stilistisch beeinflußte. Mit der Inszenierung von Peter Lorres Hollywood-Debüt „Mad Love" (ein Remake von R. Wienes „Orlacs Hände" von 1925) wechselte er 1935 zu Metro-Goldwyn-Mayer, bei der er die zwei Greta Garbo-Filme „Camille" und „Conquest" drehte. Für die Kameraarbeit bei Irving Thalbergs letzter Produktion „The Good Earth", vor allem für die grandiose Heuschreckeninvasion-Sequenz, wurde Freund 1937 mit dem „Acadamy Award" ausgezeichnet. 1938/39 arbeitete er für veschiedene Produzenten, 1939 kehrte er zu MGM zurück, 1941 brachte ihm „Blossoms in the Dust" (mit Howard W. Green) und „Chocolate Soldier" je eine „Oscar"-Nominierung für Farb- und Schwarzweiß-Fotographie ein. Höhepunkt seines Wirkens bei den Warner Brothers von 1947 bis 1950 war der glänzend besetzte Streifen John Hustons, „Key Largo", eines der Meisterwerke des „film noir". Freund war ein Gegner des großformatigen Films, dessen Platzvergeudung er als schwere dramaturgische Beeinträchtigung empfand.

1951 engagierten ihn Desi Arnaz und Lucille Ball für ihre TV-Desilu Productions als Supervising Photographer. Fernsehen betrachtete er als stimulierende Herausforderung. Gemeinsam mit Arnaz erfand er das sogenannte „Multicam"-System, bei dem drei 35mm-Filmkameras gleichzeitig drehen, womit die Serienproduktion beschleunigt werden konnte, aber Schwierigkeiten bei der Ausleuchtung auftraten. Das Verfahren kam bei den Comedies „I Love Lucy", „Our Miss Brooks" und „December Bride" zur Anwendung. Seine letzte Arbeit als Operateur war 1959 der von Mitchell Leisen inszenierte TV-Pilotfilm „Open Windows" mit Maureen O'Hara und Tony Randall. Das 85.000 Dollar teure Opus wurde nie aufgeführt.

Karl Freund und John Ford bei den Dreharbeiten zum Abenteuerfilm der UNIVERSAL „Air Mail" (1932)

pany, Blossoms in the Dust (mit Howard W. Green), 1941; Tortilla Flat, The War Against Mrs. Hadley, Yank at Eton (mit Charles Lawton), 1942; Cry Havoc, Du Barry Was a Lady, A Guy Named Joe (mit George Folsey), 1943; The Seventh Cross, The Thin Man Goes Home, 1944; Dangerous Partners, A Letter for Evie, Without Love, 1945; Two Smart People, Undercurrent, 1946; That Hagen Girl, This Time for Keeps, 1947; The Decision of Christopher Blake, Key Largo, Wallflower, 1948; South of Saint Louis, 1949; Montana, Bright Leaf, 1950.

(R) = Regie.

Karl Freund **Kameramann**

(*) Von Tod Brownings „Dracula" stellte Warner Brothers 1931 auch eine spanischsprachige Version her. Regie führte George Melford, die Bela Lugosi-Rolle spielte Carlos Villarias, an der Kamera stand ebenfalls Karl Freund.

TV: I Love Lucy, Comedy Serie vom 15. 10. 1951 bis 24. 06. 1957 (179 Episoden)

Im Alter widmete er sich seinen technischen Experimenten im Rahmen der 1944 in Burbank gegründeten eigenen Firma Photo Research Corporation, die u.a. den Norwich Belichtungsmesser und Instrumente zur Bestimmung der Farbdichte sowie Fernsehkameras entwickelte. Trotz seiner Abneigung gegen den Ruhestand („life is so interesting") zog sich Karl Freund (zweimal verheiratet) 1960 auf seine Farm im San Fernando Valley zurück. Obwohl lange schon zum Amerikaner geworden, verriet der weiche Sprachklang bis zuletzt seine Herkunft aus böhmischen Gegenden der ehemaligen k.u.k. Monarchie.

Rudolf Friml **Komponist**

Geb. 02. Dez. 1879 Prag (*)
Gest. 12. Nov. 1972 Los Angeles

(*) Fälschlich wird auch der 7. Dez. 1879 genannt.

Rudolf Friml war nach dem Musikstudium am Prager Konservatorium fünf Jahre Klavierbegleiter des bekannten Geigers Jan Kubelik auf dessen Konzertreisen in Österreich, England, Rußland und Amerika. Nach der zweiten USA-Tournee 1906 blieb er im Lande, gab Klavierkonzerte und spielte bei verschiedenen großen Symphonieorchestern. Er wurde durch seine Klavierimprovisationen und bald auch mit Kompositionen populär, Tänze, Etüden, Violin- und Cellostücke sowie Songs, die er teilweise unter dem Namen Roderick Freeman schrieb.

Sein erster Broadway-Erfolg, das Musical „The Firefly" von 1912 entstand mehr zufällig, als der Produzent Arthur Hammerstein in Vertretung Victor Herberts einen Komponisten benötigte. Zur Blütezeit der amerikanischen Operette steuerte Friml einige herausragende Werke bei. „Rose Marie" (1924, mit dem Weltschlager „Indian Love Call"), die erfolgreichste Show des Jahrzehnts in den USA, London, Paris, Berlin und Moskau, mit deren Musik er bewies, daß die Wiener Tradition auch in die Vereinigten Staaten übertragen werden konnte. „The Vagabond King" (1925), ein dramatischer Tag im Leben des Vagantendichters Francois Villon und die von „Flo" Ziegfeld glanzvoll produzierten „Three Musketeers" (1928) nach Alexander Dumas. Sein Schaffen umfaßt über 30 Operetten im Musicalstil, darunter auch weniger erfolgreiche wie „Luana" (1930) und „Music Hath Charms" (1934) sowie die Revuen „Ziegfeld Follies of 1923" und „Ziegfeld's American Revue of 1926". Zu seinen bevorzugten Librettisten gehörten Otto Harbach, Oscar Hammerstein II, Irving Caesar und Brian Hooker.

Seit 1928 lebte Friml in Hollywood, das einige seiner Werke auf die Leinwand brachte. „Rose Marie“ wurde dreimal verfilmt, 1928 von Lucien Hubbard (mit Joan Crawford und James Murray), 1936 von W.S. Van Dyke (mit Jeanette MacDonald und Nelson Eddy), die berühmteste Version und 1954 von Mervin LeRoy (mit Ann Blyth und Howard Keel). Weitere Adaptierungen waren „The Vagabond King“ (1930), der erste Farbtonfilm der Paramount, die den Stoff 1956 mit teils neuer Musik Frimls nochmals verwendete und „The Firefly“, der er die berühmte „Donkey-Serenade“ hinzufügte. Mit „The Lottery Bride“ vertonte Friml Herbert Stotharts Story „Bride 66“, die Musik zu Allan Dwans Western Musical „Northwest Outpost“ schrieb der inzwischen 69jährige Komponist in seinem Heim. Ein Studioteam nahm die improvisierten Teile und Songs auf Band auf.

Am 7. Dezember 1969 veranstaltete die American Society of Composers, Authors & Publishers zu Ehren seines 90. Geburtstages im Shubert Theatre am Broadway ein „party concert“, Friml gab dabei am Piano ein erinnerungswürdiges Lifeprogramm eigener Songs zum Besten. Er beendete seine Arbeit, als mit Richard Rodgers „Oklahoma“ ein neuer Musicalstil begann, seine Musiksammlung widmete er der University of California in Los Angeles. In den letzten Jahren bewies er ungebrochene Vitalität bei Show-Auftritten in verschiedenen TV-Sendungen von David Frost und Merv Griffin. Rudolf Friml (viermal verheiratet) wurde auf dem Forest Lawn Cemetery in Glendale bestattet.

F: The Vagabond King (Adaptierung), The Lottery Bride, 1930; Rose Marie (Adaptierung), 1936; The Firefly (Adaptierung), Music for Madame (Song „My Sweet Bambino: I Want the World to Know“, Text Gus Kahn), 1937; Jealousy (Titelsong, mit Text), 1945; Northwest Outpost, 1947; Rose Marie (Adaptierung und zusätzliche Songs nach Texten von Paul Francis Webster), 1954; The Vagabond King (Adaptierung und neue Musikteile nach Texten von Johnny Burke), 1956;

Silents: Rose Marie (nur seine Musik verwendet), 1928.

Grabstätte Rudolf Frimls mit Würdigung seiner Verdienste von Präsident Richard Nixon

Gunther von Fritsch (Günther von Fritsch) Regisseur

Geb. 15. Juli 1906 Pola
Gest. 27. Aug. 1988 Pasadena

Günther von Fritsch (in USA Gunther) aus dem altösterreichischen Istrien, studierte an der kurz zuvor eröffneten Technischen Hochschule für Kinematographie in Paris, um Kameraoperateur zu werden. Zusammen mit seinem Wiener Schulfreund Fred Zinnemann machte er Standfotos, drehte mit einer alten Kamera, kopierte und lernte Fotochemie und Optik. Nach der Promovierung und dem Schnitt für die Mehrsprachenproduktion (US/F/D/Sp) „Si l'empereur savait ca" (Molnars „Olympia") ging er 1930 nach Hollywood.

Da er keinen Zugang zur „cinemathographers union" fand, begann er bei MGM als Regieassistent und Cutter. 1935 schnitt er Fred Zinnemanns halbdokumentarisches Erstlingswerk „Redes"/„The Waves" über das Leben mexikanischer Fischer, ab 1937 war er Regisseur der damals sehr beliebten Newsreel-Serie „The March of Time", die in den Kinos vor Beginn des Hauptfilms gezeigt wurde. 1943 trat er dem US-Army Signal Corps bei, nach dem Kriege drehte er für das State Department Trainingsfilme in West-Berlin.

F: Man Trouble (RA), 1930; The Spy (RA), 1931; Redes/The Waves (Mex/US, Sch), 1935; Wanted: A Master (Kf, R), 1937; This is the Bowery (Kf), The Miracle of Hydro (Kf), 1941; Listen, Boy!, 1942; Fala (Kf), Seeing Hands, 1943; Somewhere (Kf), The Curse of the Cat People (Regie mit Robert Wise), 1944; Fala in the Dark (Kf), 1946, Cigarette Girl, Body and Soul (Montage Sequenzen), Give Us the Earth (Kf), 1947; Going to Blazes (Kf), 1948; Heart to Heart (Kf), 1949; Stolen Identity (Ö/US), 1952; Snow Bear, 1970.

Neben der Regie bei einigen Spielfilmen, darunter der 1953 in Wien von Turhan Bey hergestellte Streifen „Stolen Identity" (nach Alexander Lernet-Holenias „Ich war Jack Mortimer") erzielte er vor allem in den 50er und 60er Jahren als Gestalter früher TV-Serien wie „Flash Gordon", „77 Sunset Strip", „The Lawman", „Cheyenne" und „Surfside 6" einen hohen Bekanntheitsgrad. Seine letzte Regiearbeit, die Walt Disney-Produktion „Snow Bear" (Paka, die Polarbärin), entstand 1970 bei Point Barrow am Nordkap Alaskas. Gunther von Fritsch war mit der Schauspielerin Lauri Beatty verheiratet.

Günther von Fritsch anfangs der dreißiger Jahre in Hollywood

Autor

George Froeschel

Geb. 08. März 1891 Wien
Gest. 22. Nov. 1979 Los Angeles

George Froeschel, Sohn eines Wiener Bankdirektors, studierte Jus, er war im Ersten Weltkrieg Verfasser amtlicher k.u.k. Kriegsberichte, von 1922 bis 1924 Chefdramaturg der UFA und danach Spitzenredakteur beim Berliner Ullstein-Verlag. Als Gymnasiast schrieb er 1908 die Caligari-artige Novelle „Ein Protest“, sein literarisches Werk umfaßt u.a. die Romane „Der wunderliche Hochstapler“ (1918), „Der Richter ohne Gnade“ (1929),“ Abschied von den Sternen“ (1937) und das Schauspiel „Gerechtigkeit für Holubek“ (1929).

1923 verfaßte er mit Berthold Viertel das Drehbuch zu dem Joe May-Film „Nora“, einige Stummfilme wurden nach seinen Romanen und Novellen gedreht. In Wien „Der Schlüssel zur Macht“ (1921, Hans Otto Löwenstein), in Deutschland „Die Geliebte Roswolskys“ (1921, Felix Basch) mit Asta Nielsen, „Anwalt des Herzens“ (1927, Wilhelm Thiele), „Weib in Flammen“ (1928, Max Reichmann) sowie „Skandal in Baden-Baden“ (1928, Erich Waschneck), in dem Brigitte Helm reüssierte. 1931 verkaufte Froeschel das Buch „Eine ganz andere Frau“ an die Paramount, die mit Marlene Dietrich geplante Verfilmung kam jedoch nicht zustande.

Die Ereignisse in Europa veranlaßten ihn 1936 zur Emigration in die USA. Es gelang ihm zunächst im Zeitungswesen unterzukommen, mehrere Monate betreute er die Bildredaktion des Digest-Magazins „Coronet“ in Chicago. Im November 1937 ging er nach Hollywood, wo er teils allein oder in Zusammenarbeit mit Kollegen Exposés und Filmdrehbücher erstellte, ohne die Arbeiten absetzen zu können. Die entmutigende und verzweiflungsvolle Übergangszeit endete im April 1939 mit dem Engagement durch den Produzenten Sydney Franklin bei MGM.

In der außerdeutschen Filmwelt entstanden damals bereits antifaschistische Filme, die sich nach dem Kriegseintritt Amerikas Ende 1941 zu einer Welle verdichteten. Hollywood griff dafür weitgehend auf Hitler-Exilanten und deren spezifische Erfahrungen zurück. Der Emigrant Froeschel galt als qualifizierter Kenner des Dritten Reichs, sein Debütfilm bei MGM „The Mortal Story“ gehörte zu dem Genre. Nach Skizzen in der „Times“ und der von ihm vorgegebenen Handlung entstand 1942 das Manuskript zu einem weiteren Streifen dieser Art, „Mrs. Miniver“ mit Greer Garson in der Titelrolle. Froeschel und das Autorenteam James Hilton, Claudine West und Arthur Wimperis erhielten dafür den „Academy Award“. Der Film über das erste Kriegsjahr aus der Perspektive einer Londoner Hausfrau fand

F: The Mortal Storm (Db mit Claudine West und Anderson Ellis), Waterloo Bridge (Db mit S.N. Behrman und Hans Rameau), 1940; Mrs. Miniver (Db mit James Hilton, Claudine West und Arthur Wimperis), Random Harvest (Db mit Arthur Wimperis und Claudine West), We Were Dancing (Db mit Claudine West und Hans Rameau), 1942; Madame Curie (Mitarbeit am Buch, o.c.), 1943; The White Cliffs of Dover (Db mit Claudine West und Jan Lustig), 1944; Command Decision (Db mit William R. Laidlaw), 1948; The Miniver Story (GB/US, Db mit Ronald Millar), 1950; The Unknown Man (Db mit Ronald Millar), 1951; Scaramouche (Db mit Ronald Millar), 1952; Never Let Me Go (US/GB, Db mit Ronald Millar), The Story of Three Loves (Sequenz „Mademoiselle", Db mit Jan Lustig; Sequenz „Exquilibrium", Db mit John Collier), 1953; Betrayed (Db mit Ronald Millar), Rose Marie (Drebuch mit Ronald Millar), 1954; Quentin Durward (Db mit Robert Ardrey), 1955; Gaby (Remake von „Waterloo Bridge"), 1956; Me and the Colonel (Db mit N.S. Behrman), 1958; I Aim at the Stars (D/US, Story mit U. Wolter und H.W. John), 1960.

begeisterte Aufnahme und veranlaßte MGM zu einer Fortsetzung, „The Miniver Story", wofür Froeschel mit dem Engländer Ronald Millar erneut das Drehbuch schrieb. „Random Harvest", ein Riesenerfolg in der New Yorker Radio City Music Hall und einer der „25 moneymaking films of the year" brachte ihm 1942 zusätzlich eine „Oscar"-Nominierung ein. Franz Werfels „Me and the Colonel", die Flucht zweier grundverschiedener Männer und Temperamente vor der Frankreich überrollenden deutschen Wehrmacht, zählte zu den erfolgreichen Literaturverfilmungen.

Die Organisationsform Hollywoods bevorzugte die Arbeitsteilung. Froeschels Spezialität beim Schreiben im Team war die narrative Führung, die Entwicklung von Handlungen zählte zu seinen besonderen Stärken. Zwischen 1940 und 1949 nahm die „New York Times" drei Filme, für deren Drehbücher er mitverantwortlich war, in die Liste der jährlichen „10 best" auf.

Privat stieß er in Hollywood auf Vicki Baum, die langjährige Kollegin aus der Zeit bei Ullstein. Zum engeren Freundeskreis in der Anfangsphase gehörten Frederick (Fritz) Kohner, Billy Wilder, Gina Kaus, Ernst Deutsch und Leopold Jessner. Mit Alfred Polgar und Alfred Döblin hatte er Kontakte, solange er ihnen bei MGM vorstand. Nach 1940 folgte Verkehr mit den Werfels und Feuchtwangers, als beste Freundin der Familie galt Fritzi Massary. Der Bekanntenkreis umfaßte Hans Habe, Friedrich Torberg, Hans J. Salter und den Budapester Künstleragenten Georg Marton. Der Wiener lebte mit seiner aus Berlin stammenden Gattin Else in einem hübschen Canyon von Beverly Hills. Seinen Nachlaß, sämtliche Romane, ungedruckte Werke sowie Vorstadien oder letzte Fassungen von Drehbüchern vermachte er der amerikanischen Brandeis University.

Produzent

Marcel Frynn (Marcel Friedmann)

Geb. 03. Juli 1898 Wien

War 1936 Vorstand der Sascha-Tobis, Rechtsanwalt für Film und Theater in Wien, 1938 Emigration. Gründete 1942 in Los Angeles Copyright and Remake Inc. Schrieb Treatments „Mesmer“ (1943) mit Joseph Than und „Doodles“ (1946), jedoch unverfilmt. 1944 Produzent bei United Artists, 1945 Vertrag bei Film-Classics (Verleih), gründete 1947 Douglas Film Corp. War 1948 „drama coach“ für Claudette Colbert und Don Ameche bei Douglas Sirks „Sleep, My Love“ (UA) und Mitproduzent der „Mozart Story“, der englischsprachigen Synchronfassung des Wien-Films „Wen die Götter lieben“ von 1942 (R: Frank Wisbar).

F: Mozart Story, (P), 1948.

Ausstatter

Rudi Gernreich

Vorbereitung einer Szene, die Rudi Gernreichs neue „in“-fashion präsentiert, für den Film „2000 Years Later“, 1969

Rudi Gernreich

Ausstatter

Geb. 08. Aug. 1922 Wien
Gest. 21. Apr. 1985 Los Angeles

Rudi (Rudolf) Gernreich, Sohn eines Wiener Wirkwarenfabrikanten (gest. 1930), flüchtete 1938 mit seiner Mutter vor den Nazis nach Amerika. Das neue Land adoptierte er mit Enthusiasmus, die USA waren ohnedies sein Kindertraum. Er wurde bis 1942 am City College und dem Art Center in Los Angeles ausgebildet und gehörte von 1942–1948 als modern dancer dem Lester Horn Dance Theatre an. Sein eigentliches Ziel war indes die Modebranche.

Als selbständiger und freischaffender Designer an der Ost- und der Westküste entwarf er Herren-, Damen- und Kindermoden, Schuhe, Strumpfwaren und Küchentextilien. In den Sechziger Jahren war er mit seinen Kreationen der bekannteste Modeschöpfer Amerikas, der den Frauen half, sich vom Modediktat der Haute Couture zu befreien. Die 1964 von ihm präsentierte Topless-Mode war nicht nur eine verrückte Modesensation, sondern sollte auch einen neuen moderaten Grad der persönlichen Freiheit statuieren. Rudi Gernreich, selbst in avantgardistischer Manier gekleidet und allein in seinem Haus hoch in den Hollywood Hills lebend, liebte es, kleine Gruppen enger Freunde, darunter viele Künstler und Autoren, bei sich zu empfangen. „The Great Idea Boy“ zog sich 1968 auf dem Höhepunkt seines Schaffens aus der Branche zurück.

Im Filmgeschäft entwarf er die Garderobe für Lana Turner in George Cukors „A Life Her Own“, die tief ausgeschnittenen Sweater der Diva sorgten dabei für Aufsehen. Zu Premingers epischem Drama „Exodus“ schuf er die Kostüme für Eva Maria Saint. 10 Jahre später war er für einen zweiten Preminger-Film tätig, „Skidoo“, eine in der Gangster-und Hippie-Gesellschaft angesiedelte Komödie, die ihm modische Ausschweifungen erlaubte. In der Zeitsatire „2000 Years Later“ spielte er sich selbst. Es machte ihm auch Spaß, in einer Episode des phantasiereich und skurril ausgestatten TV-Edel-Comics „Batman“ mitzuwirken.

F: A Life of Her Own (cos), 1950; Exodus (cos), 1960; Skidoo (cos), 1968; 2000 Years Later (cos, Da), 1969.
TV: Batman: Catwoman's Dressed to Kill, 1967.

Regisseur

Wolfgang Glück

Geb. 05. Sept. 1929 Wien

Wolfgang Glück, Sohn eines Kunsthistorikers, studierte Germanistik und Philosophie an den Universitäten Wien und Zürich. Er war nach einer anfänglichen Phase an Kellertheatern von 1949 bis 1952 Regieassistent Berthold Viertels am Burgtheater und bei den Salzburger Festspielen, 1953/54 auch beim Hörfunk und begann anschließend mit eigenen Bühneninszenierungen sowie beim Fernsehen. Seine ersten Filmsporen verdiente er noch bei der UFA.

Seit 1957 gestaltete er neun Spielfilme, darunter die mit euphorischen Kritiken bedachten Streifen „Der Schüler Gerber" (D/Ö, 1980) und „38-Heim ins Reich" (D/Ö, 1985), beide nach Romanen Friedrich Torbergs, über 70 abendfüllende Fernsehspiele und -filme, über 400 kürzere Fernseharbeiten und Dokumentationen sowie etwa 50 Theater- und Operninszenierungen am Burgtheater, an deutschen und Schweizer Bühnen. „38-Heim ins Reich", ursprünglich für das Fernsehen produziert und ab 1987 auch in den Kinos gezeigt, wurde 1988 in der Sparte „bester ausländischer Film" für die „Oscar"-Vergabe nominiert.
1971 übernahm Wolfgang Glück das Regieseminar an der Universität Wien, mehrere Jahre lehrte er auch am Reinhardt-Seminar und am Mozarteum Salzburg. Seit 1992 ist er Lehrbeauftragter an der Wiener Filmakademie.
Auf Vorschlag zweier Mitglieder und nach einem Gespräch mit Karl Malden wurde der Wiener 1990 vom Board of Directors und der Academy of Motion Picture Arts and Sciences in Hollywood auf Lebenszeit in das „Oscar-Auswahlkomitee" berufen. Die Empfehlungen hatten Billy Wilder und Fred Zinnemann ausgesprochen. Glück, ein Neffe des im März 1992 verstorbenen Hollywood-Altstars Paul Henreid, ist damit (außer einigen Austro-Amerikanern) das einzige österreichische Academy-Mitglied.

Im Rahmen einer 14-tägigen USA-Reise stellte er 1992 für eine Wiener Bank die Werbeserie „Erfolg" her, mit der neue Standards in der Werbung angestrebt wurden. An der Kamera stand Karl Kases. Stars der einzelnen Spots waren Billy Wilder, Sybil Danning, Prof. Paul Watzlawick aus Palo Alto und der Kärntner „Spago"-Küchenchef Wolfgang Puck. Während des Hollywood-Aufenthaltes kam Glück mit einem Lieblingsprojekt weiter. Der Regisseur plant das Leben des 1938 aus Österreich emigrierten Schauspielers Leo Reuß (siehe dort) zu verfilmen. Nachdem dazu bereits ein Vorvertrag mit der Columbia besteht, erhielt er das Versprechen Billy Wilders, sich im Herbst 1993 eine Woche an den Dreharbeiten in Hollywood (neben Wien und Berlin einer der Originalschauplätze) zu beteiligen.

Wolfgang Glück Regisseur

Wolfgang Glück und Billy Wilder bei den Dreharbeiten zu dem Werbespot „Erfolg“ 1992 in Hollywood

Ernest Gold (Ernst Goldner) Komponist

Ernst Goldner (ab 1945 Ernest Gold) äußerte bereits in der Schule den Wunsch, Filmkomponist zu werden. Die Ereignisse im März 1938 zwangen ihn zum Abbruch des Musikstudiums an der Akademie, als gerade 17jähriger emigrierte er mit seinen Eltern nach Amerika. In New York widmete er sich zunächst der Schlagerkomposition, Erfolge mit mehreren Songs ermöglichten ihm die Fortführung des Studiums auf privater Basis. Seine „Pan American Symphony“ wurde vom NBC-Symphony Orchestra als Radiokonzert gesendet, ein in der Carnegie Hall aufgeführtes Klavierkonzert dagegen von Kritikern als „Filmmusik“ abgewertet. 1945 ging der Wiener nach Hollywood, bei der Columbia sicherte ihm das gleiche Konzert ein erstes Engagement.

Komponist

Ernest Gold

Geb. 13. Juli 1921 Wien

Dreizehn Jahre arbeitete Ernest Gold an kleinen B-Pictures, Zeichentrickfilmen und Film-Dokumentationen. Für ein Jahr nahm ihn Republic Pictures unter Vertrag, die hauptsächlich billige, aber beliebte Westernserien mit Roy Rogers und Gene Autry herstellte. Gold war als Dirigent, Bearbeiter, Orchestrator und Komponist tätig. 1957 traf er auf den Erfolgsproduzenten Stanley Kramer, der ihn für seine beiden nächsten Projekte „The Defiant Ones" (Flucht in Ketten) und „On the Beach" (Das letzte Ufer) engagierte. Daraus entwickelte sich eine langjährige und fruchtbare Zusammenarbeit.

Für „On the Beach" erhielt E. G. den „Golden Globe" und die erste „Oscar"-Nominierung. Die meisterhaft geschriebene Partitur zu Otto Premingers, an Originalschauplätzen in Israel gedrehtem Streifen „Exodus" bildete einen weiteren Höhepunkt seiner Karriere. Das Titelthema des Films wurde ein Welthit, Gold bekam dafür den „Academy Award", für das Soundtrack-Album und das darin enthaltene „Exodus"-Thema gewann er je einen „Grammy". In den nächsten Stanley Kramer-Filmen „Inherit the Wind" und „Judgement at Nuremberg" bewies Gold, daß er das dramatische Musikfach perfekt beherrschte. Obwohl ihn seine Auftraggeber eher den europäischen, symphonischen Formen zuneigend einstuften, komponierte er für den Film „Pressure Point" 1962 auch Jazzmusik. Kramers dreieinhalb stündige Monsterkomödie „Its a Mad, Mad, Mad, Mad World" veranlaßte ihn zu einer ebenso verrückten und tempogeladenen Musik, bei der er seinen Einfällen freien Lauf ließ. Dieser und die in Italien spielende Kriegsposse „The Secret of Santa Vittoria", für die er die Folklore des Landes musikalisch verarbeitete, bescherten ihm weitere „Oscar"-Nominierungen.

In den achtziger Jahren drängten die Elemente Gewalt, Katastrophen und Popmusik in den Vordergrund. Da Gold Filme mit übermäßiger Brutalisierung ablehnte, verminderten sich seine Auftragskompositionen. Er übernahm Dirigate, hielt Vorlesungen an Universitäten und schrieb Musik für kleine Experimentalfilme und das Fernsehen, darunter das zweiteilige Drama „Wallenberg" mit Richard Chamberlain. Für den Konzertsaalschuf er die „2. Symphony", Kammer- und Chorwerke sowie den Liederzyklus „Songs of Love and Parting". Nach dem Tode Bronislaw Kapers übernahm er 1983 dessen Platz als „Governor" der amerikanischen Filmakademie.

(Abbildung folgende Seite)
Auf einer Hollywood-Party: der argentinische Filmkomponist Lalo Schifrin, die Sängerin Jan Daly und Ernst Gold (v. l.)

*F: Girl of the Limberlost, 1945; The Falcon's Alibi (orch) Smooth as Silk, 1946; Exposed, Lighthouse, Wyoming (m. Nathan C. Scott), 1947; Old Los Angeles, 1948; Knock on Any Door (orch), Tokyo Joe (orch), 1949; In a Lonely Place (orch), 1950; Unknown World, Sirocco (orch), 1951; Jennifer, Man Crazy, 1953; The Other Woman, 1954; Tender Hearts, The Naked Street, 1955; Edge of Hell (md), Running Target, 1956; Man on the Prowl, The Pride and the Passion (md), The Young Don't Cry (md), Witness for the Prosecution (md), Affair in Havana, 1957; Tarzan's Fight for Life, The Defiant Ones, The Screaming Skull, Too Much – Too Soon, Wink of an Eye, 1958; Battle of the Coral Sea, On the Beach (*), The Young Philadelphians, 1959; Inherit the Wind, Exodus (**), 1960; Fever in the Blood, The Last Sunset, Judgement at Nuremberg, 1961; Pressure Point, 1962; A Child is Waiting, Its a Mad, Mad, Mad, Mad World (Musik, Titelsong, u. Songs „Thirty One Flavors", „You Satisfy My Soul", Texte Mack David, *), 1963; The Ship of Fools, 1965; The Secret of Santa Vittoria (*), 1969; The Wild*

McCullochs, 1975; Fun With Dick and Jane, 1977; Good Luck Miss Wyckoff, The Runner Stumbles, 1979; Tom Horn, 1980; Safari 3000, 1982.

(*) Academy Award-Nominierung, (**) Academy Award

Cartoon: Gerald McBoeing-Boing, 1950.

TVM: Footsteps, 1972; Dreams of Gold: The Mel Fisher Story, 1986; Gore Vidal's Lincoln, 1988.

TV: Wagon Train: The Clayton Tucker Story, 1960; Wallenberg – A Hero's Story, 1980.

Isadore G. Goldsmith — Produzent

Geb. 26. Mai 1893 Wien
Gest. 08. Okt. 1964 Vermont

Isadore Goldschmidt stand dem Berliner Südfilm-Verleih vor, der u.a. 1930 und 1935 die Richard Oswald-Filme „Dreyfus" mit Fritz Kortner und „Der Hauptmann von Köpenick" mit Max Adalbert herausbrachte. Er emigrierte 1935 nach England, wo er mehrere Streifen produzierte, darunter „Southern Roses" (1936) und „Who Is Guilty?" (1940), bei denen Friedrich Zelnik Regie führte und „The Stars Look Down" (1940) nach A. J. Cronin unter der Regie Carol Reeds.

Seit 1940 in den USA, setzte er seine Tätigkeit bei der Columbia fort, scheint jedoch erst Jahre danach als Hollywood-Produzent auf. 1947 bei Eagle Lion mit „Out of the Blue" und im Rahmen der 1950 gegründeten eigenen Gloria-Film mit den Streifen „Three Husbands", „The Scarf" (Buch und Regie: E. A. Dupont) und „The Screen".

Nach dem Kriege produzierte er auch wieder in Europa. In England „The Voice Within" (1945), „Bedelia" (1946) und „The Tell-Tale Heart" (1953), in der Bundesrepublik die Moritat der gesinnungslosen Karriere eines wendigen deutschen Kleinstädters, „Wir Wunderkinder" (1958). Zu einigen Filmen lieferte seine Gattin Vera Caspari die Drehbücher, zu „Bedelia" schrieb Sohn Michael die Story. Isadore Goldsmith starb während eines Ferienaufenthaltes im amerikanischen Bundesstaat Vermont.

F: Out of the Blue (P, mit Brian Foy), 1947; Three Husbands, 1950; The Scarf (P, Story), The Screen, 1951.

Schauspieler **Alexander Granach**

Alexander Granach (eigtl. Gronach), stammte aus dem südöstlichen Teil des k.u.k. Kronlandes Galizien. Seine Karriere begann an einem Laientheater. 1912/13 besuchte er die Berliner Schauspielschule Max Reinhardts und übernahm bereits kleine Rollen, ehe ihn der Erste Weltkrieg für vier Jahre in die Uniform zwang.1918/19 trat er in Wien in Alexander Moissis Ensemble auf, in München bei Hermine Körner, in Berlin entwickelte er sich bei Leopold Jessner und Erwin Piscator in Werken der klassischen und modernen Literatur zu einem exzessiven und appellativen Schauspieler. 1928 gründete er das „Novemberstudio“, 1931 bereiste er mit einer jiddischen Truppe die USA.

Geb. 18. Apr. 1890 Werbowitz
Gest. 14. März 1945 New York

Im Film galt er neben Conrad Veidt als einer der profiliertesten expressionistischen Darsteller. Er übernahm mehr als 20 wichtige Rollen, darunter in Murnaus „Nosferatu“, „Lucrezia Borgia“ (1922), „Die Tänzerin Navarro“, „Erdgeist“ (1923), „Svengali“ (1927), „Danton“, „Der Raub der Mona Lisa“ und in G.W. Pabsts Minendrama „Kameradschaft“ (1931).

1933 traf ihn der Bannstrahl der braunen Machthaber. Ausweichend ging er mit Friedrich Wolffs „Professor Mamlock“ in Polen und der CSR auf Tournee, 1935/36 wirkte er in der sowjetischen Meshrabpom Film-Produktion „Poslednij tabor“ (Das letzte Zigeunerlager) und in Gustav von Wangenheims „Borzy“ (Kämpfer) mit, 1937 gastierte er am Jüdischen Nationaltheater in Kiew als „Shylock“. 1937 in der UdSSR inhaftiert und auf Intervention Lion Feuchtwangers freigekommen, emigrierte er nach einem kurzen Engagement am Züricher Schauspielhaus 1938 zusammen mit seinem jüngeren Bruder in die USA.

In New York kam er bis 1939 an jiddischen Bühnen unter, verschiedene Pläne wie die Gründung einer A. Granach-Filmgesellschaft oder Vortragstourneen zerschlugen sich jedoch. Um weiterzukommen, trat er mit früheren europäischen Freunden und Kollegen in Verbindung, Jessner holte ihn für eine Wilhelm Tell-Aufführung, Ernst Lubitsch, zur Patronage bereit, engagierte ihn schließlich für das MGM-Lustspiel „Ninotschka“. Von 1939 bis 1944 lebte er in Hollywood, neben Filmaufgaben arbeitete er am Yiddish Theatre in Los Angeles und bei deutschsprachigen Exilzeitungen in Kalifornien. 1945 hatte er am New Yorker Cort Theatre in dem Stück „A Bell for Adano“ mit Fredric March seinen ersten Erfolg in Englisch. Alexander Granach, mit der Kollegin Lotte Lieven-Stiefel liiert, starb, kurz nachdem sein Stern in Amerika aufzugehen begann, an einer tückischen

F: Ninotschka, 1939; Foreign Corespondent, 1940; A Man Betrayed, So Ends Our Night, 1941; Half Way to Shanghai, Joan of Ozark, Joan of Paris, Wrecking Crew, 1942; For Whom the Bell Tolls, Hangmen Also Die, Mission to Moscow, Three Russian Girls, 1943; The Hitler Gang, My Buddy, The Seventh Cross, Voice in the Wind, 1944.

Krankheit.Sein autobiographischer Roman „There Goes an Actor“ erschien 1945 posthum in New York, die deutsche Übersetzung „Da geht ein Mensch“ kam in einem Stockholmer Emigrantenverlag heraus.

Alexander Granach, Greta Garbo, Felix Bressort und Sig Rüman in „Ninotschka“

Geb. 01. Sept. 1890 Wien
Gest. 30. Mai 1944 New York (*)

Bruno Granichstaedten studierte am Leipziger Konservatorium bei Salomon Jadassohn und war dann Korrepetitor an der Hofoper, Konzertsänger und Pianist beim Kabarett in Wien. Zwischen 1908 und 1930 komponierte er über 16 Operetten, die ersten noch beeinflußt von Franz Lehar. Zu den erfolreichsten Stücken gehören „Auf Befehl der Kaiserin" (1915), „Bacchusnacht" (1923), in dem Richard Tauber die Tenorpartie sang und „Der Orlow" (1925, mit dem Lied „Da nehm' ich eine kleine Zigarette"), ein Kassenschlager, der über 400 Mal in Wien, Paris und anderen europäischen Hauptstädten lief.

Auf Einladung Samuel Goldwyns ging Granichstaedten 1930 nach Hollywood, wo er gemeinsam mit Nacio Herb Brown die Musik für den Film „One Heavenly Night" (nach einer Story von Louis Bromfield) schrieb. Die darin enthaltenen Songs „Goodnight Serenade", „My Heart Is Beating", „I Belong to Everybody" und den Titelsong interpretierte der britische Musicalstar der 20er und 30er Jahre Evelyn Laye.

Deutsche Tonfilme mit Musik des Wieners (teils gemeinsam mit anderen Komponisten) waren „Walzerparadies", „Die Försterchristl" (1931), „Goldblondes Mädchen, ich schenk Dir mein Herz", „Zwei in einem Auto" (in den Pathéstudios Paris gedreht), „Der Diamant des Zaren" und „Die verliebte Firma" (1932). Granichstaedten beteiligte sich an einigen Drehbüchern, daneben verfaßte er Libretti für Oscar Straus-Operetten (u. a. „Die Königin", 1935 in England unter dem Titel „The Runaway Queen" verfilmt).

1938 gehörte er zu den Verfolgten des Naziregimes. Betty Fischer, Wiener Operettendiva und 1933 selbst vor der Barbarei nach Luxemburg ausgewandert, verhalf ihm dort zu einem Unterschlupf. 1940 gelang ihm die Flucht in die Vereinigten Staaten. Um zu überleben tingelte er durch kleine Cabarets und andere Unterhaltungsstätten, Rosy Kaufmann (die spätere Gattin, in USA Rosalie Grant) brachte dabei seine Lieder zum Vortrag. Er schrieb die Operette „Life of Mozart" und vereinbarte mit J. J. Shubert die Produktion seines Stückes „The Singing Caesar" in New York, starb aber zuvor, verarmt und fast vergessen. Sein testamentarisch verfügter Wunsch, in Wien begraben zu sein, wurde erfüllt. Bruno Granichstaedten ruht seit 1947 in einem städtischen Ehrengrab auf dem Hietzinger Friedhof.

F: One Heavenly Night, 1931.

(*) Aus VARIETY New York vom 07. Juni 1944. Mehrfach wird auch das sicher unrichtige Datum 20. Mai genannt.

Nora Gregor

Schauspielerin

Geb. 03. Feb. 1901 Görz (Gorizia)
Gest. 20. Jän. 1949 Vina del Mar, Chile

Nora Gregor, in erster Ehe mit dem Pianisten Mitja Nikisch verheiratet, begann ihre künstlerische Laufbahn 1918 in Wien. 1919-22 spielte sie am Stadttheater Wiener Neustadt, danach am Raimundtheater, an der Josefstadt bei Max Reinhardt, dazwischen 1925 an dessen Dt. Theater in Berlin und von 1933 bis 1937 am Burgtheater in klassischen und modernen Stücken. 1937 vermählte sie sich mit dem Heimwehrführer und Vizekanzler Fürst Ernst R. von Starhemberg. 1937 emigrierte sie mit ihm zunächst in die Schweiz, dann über London und Frankreich nach Südamerika.

Die hübsche Darstellerin mit einer unübersehbaren glamourösen Ausstrahlung, aber auch einiger Reserviertheit, war schon beim Stummfilm tätig. In Österreich u.a. in „Die Schauspielerin des Kaisers" (1921,) „Die Venus" mit Raoul Aslan (1922), in den Olympic-Filmen „Die trennende Brücke" (1922) und „Die kleine Sünde" (1923), neben der Tänzerin Anita Berber in „Irrlichter der Tiefe" (1923) und in einem Aufklärungsfilm der Staatl. Filmstelle gegen Trunksucht und Drogen „Moderne Laster" (1924). In Deutschland im gleichen Jahr in dem Decla-Bioscop-Film der UFA „Michael" mit Walter Slezak und Grete Mosheim unter der Regie von Carl-Theodor Dreyer.

Ihr Hollywood-Aufenthalt begann 1930, als sie die Metro-Goldwyn-Mayer für drei deutschsprachige Versionen amerikanischer Originalfassungen verpflichtete, die in den MGM-Studios in Culver City hergestellt wurden. Nachdem sie Englisch gelernt hatte, spielte sie bei der Metro noch als Partnerin Robert Montgomerys in dem allerdings erfolglosen Streifen „But the Flesh is Weak". Trotz eindrucksvoller Leistungen, vor allem in „Olympia", wußten die Produzenten in Hollywood mit der Schauspielerin nichts anzufangen. Nora Gregor kehrte, da sie in Amerika keinen Boden für ihre Kunst fand, nach Europa zurück.

1933 drehte sie zwei Filme, in Deutschland „Was Frauen träumen" mit Gustav Fröhlich und Peter Lorre, nach einem Drehbuch von Billy Wilder und in Wien-Sievering und Venedig „Abenteuer am Lido" mit dem Tenor Alfred Piccaver.Ihre letzte und bekannteste Rolle verkörperte sie 1939 in Paris als Marquise Christine La Chesnaye in Jean Renoirs meisterlicher und kritischer Sozialsatire „La Regle du Jeu" (Die Spielregel). Auch vom zweiten Gatten geschieden, lebte die Künstlerin zuletzt in Buenos Aires in Armut. Während eines Aufenthaltes in Chile verübte sie Selbstmord.

F: Olympia (US: His Glorious Night), 1930; Mordprozeß Mary Dugan (US: Trial of Mary Dugan), Wir schalten um auf Hollywood (US: Hollywood Revue of 1929), But the Flesh is Weak, 1932.

Ausstatter — Arthur Gruenberger

Architekt, wanderte 1923 nach USA aus. Bei zwei Filmen der First National und Warner Brothers zusammen mit Anton Grot als Ausstatter (art director) tätig.

Geb. 11. April 1882 Funek/Mähren
Gest. ?

F: The Traveling Saleslady, Stranded, 1935;

Schauspielerin — (Ilka Grüning) Ilka Gruning

Ilka Grüning erhielt von Prof. Heinrich Oberländer und Maria Pospischil dramatischen Unterricht. In den frühen zwanziger Jahren war sie in Berlin eine hochangesehene Bühnenschauspielerin und Leiterin einer berühmten Theaterschule. Neben Engagements am Schiller- und Lessingtheater trat sie auch als sentimentale und jugendliche Salondame bei Max Reinhardt auf.

Friedrich Zelnik brachte sie während des Ersten Weltkriegs zum Stummfilm. Sie spielte in einigen herausragenden Werken, „Fiesco" (1920), nach Schillers Trauerspiel neben Fritz Kortner, „Phantom" von F. W. Murnau (1922), in den G. W. Pabst-Streifen „Die freudlose Gasse" (1925) mit Greta Garbo und „Geheimniss einer Seele" (1926), in der Richard Oswald Produktion „Doktor Bessels Verwandlung" (1926) und „Melodie des Herzens" (1929) von Hanns Schwarz.

Zu Beginn der Hitlerzeit emigrierte Ilka nach Paris, ein Jahr später nach Hollywood. Max Reinhardt beschäftigte sie als Lehrerin an seinem Workshop, daneben war sie ein Jahrzehnt für alle bekannten Studios auch in amerikanischen Filmen tätig, wenngleich meist nur in sogenannten „bits". Zuletzt bei RKO an der Seite von Bette Davis und Barry Sullivan in „Payment on Demand". Während ihres Europa-Besuches 1953, wirkte sie in dem Schweizer Streifen „Zwiespalt des Herzens" erstmals auch in einem deutschsprachigen Tonfilm mit.

Geb. 04. Dez. 1878 Wien
Gest. 14. Nov. 1964 Hollywood

F: Underground, 1941; Casablanca, Desperate Journey, Dangerous They Live, Friendly Enemies, Iceland, Bomber's Moon, Kings Row, 1942; The Strange Death of Adolf Hitler, This is the Army, 1943; Murder in the Music Hall, Rendezvous 24, Temptation, 1946; Desperate, Repeat Performance, 1947; Letter of an Unknown Woman, A Foreign Affair, Words and Music, 1948; Captain China, The Great Sinner, 1949; Convicted, 1950; Passage West, Payment on Demand, 1951.

Ilka Gruning — Schauspielerin

James Craig, Nancy Kelly, Charles Winninger, Ilka Gruning und Charles Ruggles in „Friendly Enemies“ (United Artists)

Artur Guttmann — Komponist

Artur Guttmann war Sängerknabe an der Wiener Hofoper, später Korrepetitor an der Volksoper und studierte bei Hofkapellmeister Gille. 1909 kamen in Prag seine ersten Kompositionen heraus, 1911 führte er als Kapellmeister am Johann Strauß-Theater in Wien die Operetten „Czardasfürstin“, „Faschingsfee“ und „Rund um die Liebe“ zum Welterfolg. 1919 ging er an die Komische Oper und das Metropoltheater in Berlin, Gastspielaufträge führten ihn in viele europäische Länder und 1922 nach Südamerika.

F: The Great Waltz (md), 1938; The Bridal Suite, 1939; I Take This Woman (mit Bronislau Kaper), 1940, New Wine (md), 1941; Hangmen Also Die (md), 1943; Enemy of Woman, 1944.

Artur Guttmann

Der Wiener zählt zu den prominenten Kinodirigenten. 1926 übernahm er als Nachfolger Ernö Rappées die Leitung des 150 Mann starken UFA-Symphonieorchesters, mit dem er im Berliner UFA-Palast am Zoo zwei- bis dreihundert Stummfilme musikalisch illustrierte. Er hielt nur Originalmusik für die einzige Möglichkeit, eine Hochwertigkeit bei der Illustration zu erreichen. Ab 1929 fand er Zeit, selbst Filmmusik zu schreiben, allein oder mit anderen Komponisten, Walter Jurmann, Bert Reisfeld, Fred Spielmann, Nico Dostal und Friedrich Holländer. Die ersten Filme wie „Phantome des Glücks" und „das Donkosakenlied", wurden noch stumm gedreht und erst nachträglich mit Musik, Gesang und Geräuscheffekten unterlegt. Zu den herausragenden Titeln aus über 30 Arbeiten gehören Phil Jutzis „Berlin-Alexanderplatz", nach Alfred Döblin (zusammen mit Allan Gray), das Drama „Danton" mit Fritz Kortner und „Scampolo, ein Kind der Straße" (zusammen mit Franz Wachsmann) nach einem Drehbuch Billy Wilders (D/Ö, 1932).

Geb. 27. Aug. 1891 Wien
Gest. 03. Sept. 1945 Hollywood

Im Jahr der Finsternis 1933 wandte sich Guttmann nach Österreich zurück, 1936 übersiedelte er in die USA. In Hollywood erregte er mit der Musik zu Julien Duviviers Johann Strauß-Biographie „The Great Waltz" Aufsehen. Neben zwei weiteren MGM-Werken stehen Reinhold Schünzels Schubert-Biographie „New Wine", die Heydrich-Story „Hangmen Also Die" (Musikdirektion) und zuletzt die Biographie des Nazi-Propagandaministers Joseph Goebbels „Enemy of Woman" zu Buche, die bei kleineren Studios entstanden.

Das Haus des Ehepaares Artur und Maria Guttmann im Laurel-Canyon war eines der Emigrantenzentren in Hollywood. Es gab regelmäßige Samstag-Nachmittagsparties, bei denen sich u. a. Walter Reisch mit Gattin Liesl, der junge Georg Kreisler (den Guttmann musikalisch unter die Fittiche nahm) mit Eltern sowie die Schauspieler Ludwig Stössel und Leo Reuß (Lionel Royce) zu Kartenspiel und Unterhaltung trafen. Der ebenfalls nach Amerika emigrierte Wiener Komponist Hans J. Salter, der im Filmbabel Karriere machte, wohnte mehrere Jahre im Hause Guttmann.

F: The Great Waltz (md), 1938; The Bridal Suite, 1939; I Take This Woman (mit Bronislau Kaper), 1940, New Wine (md), 1941; Hangmen Also Die (md); 1943; Enemy of Woman, 1944.

Ernst Haeussermann (Ernst Hausman)

Geb. 03. Juni 1916 Leipzig
Gest. 11. Juni 1984 Wien

Ernst Haeussermann, Sohn eines bekannten Burgtheatermimen, kam mehr zufällig in Leipzig zur Welt. Er eiferte dem Vater nach und studierte 1933 bis 1934 an der Akademie für Musik und darstellende Kunst in Wien. 1934 debütierte er an der „Burg", der er bis 1938 angehörte. Neben einer Filmrolle in dem ungarischen Streifen „Cimzett Ismeretlen" (Adresse unbekannt, 1935) von Bela Gaal, gastierte er auch am Berliner Renaissancetheater. 1939 blieb er nach einem Besuch der New Yorker Weltausstellung in den USA.

Ab 1940 in Hollywood, arbeitete Haeussermann mit Gert von Gontard und als Assistent Max Reinhardts an dessen Workshop. Unter der amerikanisierten Schreibweise seines Namens übernahm er kleine Rollen an Walter Wicclairs „Freie Bühne" und in einem Dutzend Filme verschiedener Studios. Nach dem Weggang Reinhardts nach New York fand er bei der Agentur Paul Kohners ein neues Aufgabengebiet als Helfer und Entdecker mancher späteren Hollywood-Größen, u. a. des „Camera Girls 1942", Jeannie Craig.

Anfangs 1943 holte ihn die Army, bei der er in „education films" mitwirkte. 1946 ging er für das O.W.I. als Kulturoffizier nach Wien, bis 1953 unterstand ihm die Film-, Theater- und Musiksektion der US-Mission und die Programmgestaltung des Besatzungssenders Rot-Weiß-Rot.

Von 1953 an nahm er eine Schlüsselstellung in der heimischen Kulturszene ein: Mitdirektor des Theaters in der Josefstadt, ab 1959 Burgtheaterdirektor, von 1963 bis zu seinem Tode Alleinregent der „Josefstadt". Die von ihm gegründete Cosmopol-Film produzierte Bernhard Wickis „Die letzte Brücke" (1953) und G.W. Pabsts „Der letzte Akt (1955), als Publizist brachte er mehrere Theaterbücher und eine Karajan-Biographie heraus. In späten Jahren promovierte er noch zum Doktor der Philosophie. An seinem 60. Geburtstag baten ihn rund hundert Freunde (darunter Otto Preminger) in das Restaurant „Cook'n Bull" am Sunset Boulevard, gegenüber der Kohner-Agency, wo sich früher ein Teil der von Hitler vertriebenen Filmelite traf. Hofrat und Kulturdoyen Ernst Haeussermann war mit Johanna Lothar (gest. 1945), der Tochter Ernst Lothars, und der Josefstadt-Schauspielerin Susi Nicoletti verheiratet.

F: Dispatch from Reuters, Dr. Ehrlich's Magic Bullet, Four Sons, 1940; Underground, 1941; Once Upon a Honeymoon, The Pied Piper, Secret Enemies, 1942; The Moon is Down, Hitler's Madman, The Chetniks, Tonight We Raid Calais, Hostages, Mission to Moscow 1943.

Schauspieler

Peter O. Helmers

Charakterdarsteller, ging 1933 nach Paris. Spielte in den 40er Jahren kleine Rollen in Hollywood, meist in Anti-Nazifilmen.

Geb. 16. Feb. 1901 Wien
Gest. 02. Jän. 1976 Los Angeles

F: The Cross of Lorraine, 1943; Tampico, In Our Time, Adress Unknown, Days of Glory, U-Boat Prisoner, The Mask of Dimitrios, Till We Meet Again, 1944; Counter Attack, Son of Lassie, 1945.

Schauspieler

Paul Henreid (Paul George Julius von Hernried)

Paul von Hernried, Ritter von Wasel-Waldingau, Sohn eines Bankiers und Geheimrats am Hofe Kaiser Franz Josephs, entwickelte seine Neigung zur Bühne in zahlreichen Schulaufführungen. Er studierte ein Jahr Medizin, lernte das Handwerk eines Buchherstellers und Graphikers und nahm abends Schauspielunterricht am Neuen Wiener Konservatorium. Entdeckt vom großen Max Reinhardt, machte er sich innerhalb kurzer Zeit an dessen Theater in der Josefstadt einen Namen. Der Theaterruhm trug ihm Angebote von Filmproduzenten ein, seine Darstellung in der deutsch-österreichischen Gemeinschaftsproduktion „Hohe Schule" machte maßgebende Leute in Berlin auf ihn aufmerksam, wo man nach dem Exodus der Elite des deutschen Films auf der Suche nach neuen Talenten war. Man offerierte ihm einen Starvertrag, als er sich auch verpflichten sollte, für die nationalsozialistische Idee zustreiten, verzichtete er auf eine UFA-Karriere. 1936 ging er nach England.

In London sprach man in den folgenden Wintermonaten von dem Musical „Café Chantant", dessen Handlung um einen verarmten k.u.k Adeligen kreiste. Die fashionable Rolle war Paul von Hernried auf den Leib geschneidert. Er wirkte in vier britischen Filmen mit, darunter Sam Woods Klassiker „Goodbye Mr. Chips" und Carol Reeds „Night Train", den die amerikanischen Kritiker 1940 zum besten ausländischen Werk des Jahres wählten. Sein Broadway-Erfolg in Elmer Rices „Flight to the West" im gleichen Jahr machte ihn auch für Hollywood interessant.

Der attraktive und elegante Österreicher, nun Paul Henreid, fand am Pazifik beste Bedingungen vor. Von der Gage seines Debütfilms „Joan of Paris" kaufte er Henry Fondas Haus in

F: Joan of Paris, Now Voyager, Casablanca, 1942; Between Two Worlds, The Conspirators, Hollywood Canteen, In Our Time, 1944; The Spanish Main, 1945; Deception, Devotion, Of Human Bondage, 1946; Song of Love, 1947; Hollow Triumph (auch: The Scar, P), Rope of Sand, 1949; Last of the Buccaneers, So Young So Bad, 1950; Pardon my French (US/F), 1951; Thief of Damascus, For Men Only (P, R), 1952; Siren of Bagdad, 1953; Deep in My Heart, 1954; Pirates of Tripoli, 1955; Meet Me in Las Vegas (Guest Star), A Woman's Devotion (auch: Battle Shock, D, R), 1956; Girls on the Loose (nur R), Live Fast Die Young (nur R), 1958; Holiday for Lovers, Never so Few, 1959; The Four Horsemen of the Apocalypse, 1962; Dead Ringer (nur R), 1964; Operation Crossbow (US/I), 1965; Peking Remembered (Erzähler), 1966; The Madwoman of Chaillot, 1969; Exorcist II: The Heretic, 1977.
In Klammer zusätzliche Aufgaben neben Darstellung.

TVM: The Failing of Raymond, 1971; Death Among Friends, 1975.
TV als Darsteller:
Ford Theatre: The Jewel, 1953; Mimi, 1955; Climax: Wild Stallion, 1955; Schlitz Playhouse of Stars:

Paul Henreid

Schauspieler

Geb. 10. Jän. 1908 Triest
Gest. 29. März 1992 Santa Monica

Abb. mit Hedy Lamarr in dem Warner Brothers-Streifen „The Conspirators“

Bitter Parting, 1957; Playhouse 90: One Coat of White, 1957; Jane Wyman Theatre: Man of Taste, 1958; Aquanauts: Ep. (Titel nicht bekannt), 1960; It Takes a Thief: The Artist is for Framing, 1969; Judd for the Defense: Elephant in a Cigar Box, 1969: Paris 7000: Call Me Ellen, 1970.

TV als Regisseur: Alfred Hitchcok Presents: Vicious Circle, The Silent Witness, Enough Rope for Two, The Last Request, The Diplomatic-Corpse, 1957; Guest for Breakfast, Death Sentence, Impromptu Murder, The Crooked Road, 1958; A Personal Matter, Out There Darkness, Kind Waitress, 1959; Hitchhike, Cell 227, Letter of Credit, 1960; The Last Escape, The Landlady, Museum Piece, You Can't Trust a Man, Self-Defense, Ambition, Copfor a Day, The Old Pro, Services Remembered, 1961; The Kerry Blues, What Frightened You Fred?, Victim Four, Annabel, 1962. The Big Valley: My Son – My Son, Earthquake, 1965; The Fallen Hawk, 1966; Boy into Man, The Stallion, Guilty, 1967; Miranda, The Devil's Masquerade, A Stranger Everywhere, 1968.
Maverick: Brasada Spur, Passage to Fort Doom, 1959; Thriller: The Mark of the Hand, 1960; Alcoa/Good Year Theatre: Author at Work, The Observer, 1960; Terror in Teakwood, 1961; The Loner: One of the Wounded, 1965; Hawk: The Man Who Owned Everyone, Ulysses and the Republic, 1966; Regie bei weiteren Serien, Einzeltitel nicht bekannt:

Bonanza, Sugarfoot, The Virginian, The Man and the City, Johnny Ringo, Bracken's World, Bourbon Street Beat, The Big Valley, Outlaws, Hong Kong, Cheyenne, The Third Man, The Survivors und DuPont Show.

Brentwood, in dem er seinen gewohnten Lebensstil wieder aufnahm. Nach Irving Rappers Drama „Now Voyager“ sah ihn der Produzent Hal B. Wallis auch als Wunschbesetzung für den Nachfolgefilm „Everybody Comes to Rick“, später „Casablanca“. Henreid wollte nicht der dritte Mann im Duo Bergman/Bogart sein, erst durch einen Sieben-Jahres-Vertrag mit Warner Brothers konnte er für die Rolle gewonnen werden, die ihn in den Hollywood-Olymp katapultierte. Mit seinem zurückhaltenden subtilen Charme avancierte er mit Partnerinnen wie Bette Davis, Hedy Lamarr und Katherine Hepburn zum Prototyp des „continental lover“, er brillierte in Mantel- und Degenfilmen und erwarb sich in William Dieterles „Rope of Sand“ eine ungewohnte Macho-Reputation.

Wie für viele Hollywood-Künstler bedeutete das Kesseltreiben der McCarthy-Ära eine Stagnation seiner Karriere. Durch den Umgang mit Chaplin und Bertolt Brecht als Sympathisant des Kommunismus verdächtigt, erschien sein Name auf der berüchtigten „blacklist“. In dieser Zeit wich er auf eine von Columbia gegründete Deckgesellschaft und auf englische Produktionen aus, „Stolen Face“ (1952) und „Woman in Hiding“ (1953), in Frankreich drehte er „Pardon my French“, in der Bundesrepublik „Kabarett (1954). Nachdem er wieder offiziell bei den großen Gesellschaften spielen durfte, wurden seine Parts kleiner, zuletzt agierte er in „Madwoman of Chaillot“ und „Exorcist II“ nur noch in Nebenrollen. Regieaufträge bei Film und Fernsehen sorgten für Ausgleich, gelegentlich arbeitete er auch wieder am Theater. 1977 zog sich Paul Henreid in das Privatleben zurück, 1984 kam seine Autobiographie „Ladies Man“ heraus. Auf seinem Anwesen in Pacific Palisades, oberhalb des Paul Getty-Museums zog er neben dem Sternenbanner täglich auch die österreichische Flagge auf.

Paul Henreid als Widerstandskämpfer Victor Laszlo mit Ingrid Bergmann als seine Frau Ilsa vor dem deutschen Major Strasser (Conradt Veidt) in „Casablanca“ von Michael Curtiz

Rika Hofmann

Schauspielerin

Rika Hofmann, die als Model nach Los Angeles kam, ist eine der Entdeckungen Werner Pochaths (sh. dort). Die aparte Wienerin spielte eine kleine Rolle neben Danny deVito in dem 20th Century Fox-Film „The War of the Roses“ mit Michael Douglas (R: Danny De Vito).

Geb. 1962 Wien

F: The War of the Roses, 1989.

Oskar (Oscar) Homolka

Schauspieler

Geb. 12. Aug. 1898 Wien
Gest. 27. Jän. 1978 Sussex, England.

F: Ebb Tide, 1937; Seven Sinners, Comrade X, 1940; The Invisible Woman, Rage in Heaven, Ball of Fire, 1941; Hostages, Mission to Moscow, 1943; I Remember Mama, 1948; Anna Lucasta, 1949; The White Tower, 1950; Prisoner of War, 1954; The Seven Year Itch, 1955; War and Peace (I/US), 1956; A Farewell to Arms, 1957; Mr. Sardonicus, 1961; Boy's Night Out, The Wonderful World of the Brothers Grimm, 1962; Joy in the Morning, 1965; The Happening, 1967; Assignment to Kill, The Madwoman of Chaillot, 1969; Song of Norway, 1970.

TVM: The Strange Case of Dr. Jekyll and Mr. Hyde, 1968; One of Our Own (Pilotfilm zur Serie „Doctor's Hospital"), 1975.

TV: Philco TV Playhouse: The Man Who Bought a Town, 1951; Robert Montgomery Presents: Pink Hippopotamus; Motorola Television: Love Song, 1954; Producers Showcase: Darkness at Noon; Armstrong Circle Theatre: East of Nowhere, 1955; Climax: Carnival

Oskar Homolka studierte an der Akademie für Musik und darstellende Kunst und spielte danach an verschiedenen Bühnen in Wien, Graz und München. In den 20er Jahren war er in Berlin bei Max Reinhardt einer der großen Darsteller dynamischer und komplizierter Charaktere. Er verkörperte erstmals Bertolt Brechts „Baal" und wirkte in den Uraufführungen von Brechts und Lion Feuchtwangers „Leben Eduards des Zweiten von England" (München 1924), in Gerhart Hauptmanns „Dorothea Angermann" (Berlin 1927) und Brechts „Happy End" (Berlin 1929) mit. Ab 1926 übernahm er Filmrollen, meist im Typus des unberechenbaren triebhaften Schurken in Kriminal-, Abenteuer- und Spionagefilmen wie „Brennende Grenze" (1926), „Dreyfus", „Der Weg nach Rio" (1930), „Im Geheimdienst" (1931) und „Unsichtbare Gegner" (1933).

Ende 1934 kehrte Homolka nach Wien zurück, im Jänner 1935 emigrierte er nach England, wo er als „Oscar" Homolka im Theater- und Filmgeschäft sofort Anschluß fand. Berthold Viertels „Rhodes of Africa" (1936) und der spannende Hitchcock-Thriller „Sabotage" gelten als seine herausragenden Filmarbeiten auf der britischen Insel.

1937 ging Homolka nach Amerika, im gleichen Jahr bot er bei der Paramount in James Hogans Off-beat Abenteuer „Ebb Tide" ein überzeugendes Hollywood-Debüt. Am Broadway gelang es ihm, in „Grey Farm", „The Innocent Voyage" (1942), „I Remember Mama" neben Mady Christians (1944) und „The Last Dance" (1948) durch seine Bedrohlichkeit, Hintergründigkeit und durch schauspielerische Gelöstheit zu überzeugen. In der RKO-Verfilmung von John van Drutens „I Remember Mama" wiederholte er nicht nur den New Yorker Bühnenerfolg, für die warmherzige komödiantische Studie des „Uncle Chris" wurde ihm 1948 auch eine „Oscar"-Nominierung als bester Nebendarsteller zuteil. 1956 erhielt er für den Part des russischen Feldmarschalls Kutusow in der Ponti-Produktion „War and Peace" den „Look"-Award.

Nach Kriegsende versuchte Bertolt Brecht ihn für sein Theater zu gewinnen. 1950 spielte Homolka bei den Salzburger Festspielen, ab 1959 lebte er abwechselnd in England und den USA und gastierte sporadisch in Österreich, der Schweiz und in Berlin. Oskar Homolka war viermal verheiratet, in erster Ehe mit Grete Mosheim (1933 geschieden), zuletzt ab 1949 mit der amerikanischen Kollegin Joan Tetzel, mit der er mehrmals auf der Bühne, in Fernsehfilmen und dem MGM-Streifen „Joy in the

Morning" gemeinsam auftrat. Freunde des Schauspielers meinten, daß der Gram über den Verlust der Gattin, die drei Monate vor ihm starb, auch seinen Tod bewirkte.

Oscar Homolka als „Uncle Chris" in der RKO-Verfilmung von John van Drutens Bühnenstück „I remember Mama", 1948

at Night; DuPont Theatre: Dowry for Ilona; Matinee Theatre: The Master Builder; You Touched Me; Kaiser Aluminum Theatre: Murder in the House; Alfred Hitchcock Presents: Reward to Finder, 1957; Playhouse 90: The Plot to Kill Stalin; Heart of Darkness; 1958; Five Fingers: Operation Ramrod, 1959; Alfred Hitchcock Presents: The Ikon of Elijah; The Hero; DuPont Show of the Month: Arrowsmith; Play of the Week: A Very Special Baby; Playhouse 90: In the Presence of Enemies Mine; G.E. Theatre: The Ugly Ducking; Play of the Week: Rashomon, 1960; Assassination Plot at Teheran (Special); Victory (Special), 1960; Thriller: Waxworks, Theatre 62: Spellbound; World of Disney: The Mooncussers, 1962; Ben Casey: This Relief – Much Thanks; Breaking Point: Solo for a B-Clarinet, 1963; Burke's Law: Who Killed Jason Shaw?; DuPont Show of the Week: Ambassador at Large; Hazel: A Lesson in Diplomacy; The Rogues: Plavonia – Hail and Farewell, 1964; The Protectors: Border Line, 1974; Smithsonian Institution: The Legendary Curse of the Hope Diamond,1975; Kojak: The Forgotten Room.

Oscar Homolka und Tom Ewell in der Billy Wilder Komödie der Centfox „The Seven Year Itch"

Harry Horner

Ausstatter

Geb. 24. Juli 1910 Holitz/Böhmen

*F: Our Town (prod. d, mit William Cameron Menzies), 1940; The Little Foxes (art d), 1941; Stage Door Canteen (prod. d, mit Clem Beauchamps), Tarzan Triumphs (prod. d), 1943; Winged Victory (art d), 1944; Double Life (prod. d), 1947; The Heiress (art d *), 1949; Tarzan and the Slave Girl (prod. d), Outrage (prod. d), 1950; He Ran All the Way (art d), Born Yesterday (art d), 1951; Beware My Lovely (R), Red Planet Mars (R), Androcles and the Lion (prod. d), The Marrying Kind (RA), 1952; Vicki (R), 1953; New Faces (R), 1954; Life in the Balance (R), 1955; The Man from Del Rio (R), Wild Party (R), 1956; Separate Tables (prod. d), 1958; Wonderful Country (art d), 1959; The Hustler (prod. d, art*

Harry Horner wuchs in Wien auf und legte an der Technischen Hochschule die Staatsprüfung für Architektur ab. Sein Lehrer, der Bühnenbildner Oskar Strnad führte ihn mit Max Reinhardt zusammen, der ihn überredete, zum Theater zu wechseln. Er setzte das Studium am Reinhardt-Seminar fort, da es das Fach Bühnenbildner nicht gab, schrieb er sich als Regiestudent ein. Von Reinhardt auch als Schauspieler entdeckt, fand er 1934/35 Engagements am Theater an der Josefstadt bei Otto Preminger und den Salzburger Festpielen. Während der Saison 1935/36 ging er mit Max Reinhardts Stück „The Eternal Road" nach New York, danach pendelte er zweimal zwischen Amerika und Salzburg. Im Sommer 1937 wirkte er als Set Designer letztmalig vor dem „Anschluß" an den Festspielen mit.

Seine Karriere als Bühnenarchitekt in den USA begann 1938, nachdem er von New Yorker Schauspiel- und Musicalbühnen sowie der Metropolitan Opera engagiert wurde. Unter der Regie Lee Strasbergs stattete er „All the Living" aus, er lieferte Bühnenentwürfe für die Produktionen Sydney Kingsleys und Ben Hechts „Jeremiah" und „Lily of the Valley", dazu Sets und Kostüme für Opern an der „Met" und der San Francisco Opera Company. Sein Stil war ein auf theatralische Effekte reduzierter Realismus in Anpassung an das jeweilige Stück oder die entsprechende Oper. Damit distanzierte er sich vom freien Impressionismus oder Expressionismus mit angepaßten theatralischen Effekten seiner Wiener und Salzburger Zeit.

Ab 1940 war Harry Horner auch in Hollywood tätig, wo er den stark symbolisierten Realismus auf den Film nur sehr bedingt übertragen konnte. Dennoch gelang es ihm in allen Arbeiten, die damals üblichen realistischen Szenenausstattungen zu vereinfachen. H. H. bevorzugte dabei die Innenräume, da er dort besser als bei Außenaufnahmen das Augenmerk auf die für die jeweilige Szenendramatik wichtigen Gegenstände zu lenken vermochte. Der stilisierende Bühnenbildner setzte sich auch in Hollywood durch, ohne dabei die Bedingungen einer mehr naturalistischen Bildoptik, wie sie der amerikanische Film lange forderte, zu verletzen. Horner bereitete sich auf seine Aufgaben konsequent vor, er entwickelte und zeichnete die Ausstattungsideen, wobei er auch die spielerischen Eigenarten der Darsteller in Betracht zog. Er kooperierte fast ausschließlich mit den bedeutendsten Regisseuren seiner Zeit, die ihm wesentliche Freiheiten zugestanden. Sein Einfluß als Production Designer und Art Director führte so weit, daß er in dem Film „They Shoot Horses, Don't They?" bei Sydney Pollack durchsetzte, daß die

meisten Außenszenen, die auf der Insel Catalina vor Los Angeles spielten, im Studio gedreht und dafür die entsprechenden Kulissen errichtet wurden.
Zwischen einzelnen Filmarbeiten in den 40er Jahren arbeitete H. H. in New York an einigen Musicals, „Lady in the Dark" mit Gertrude Lawrence, „Let's Face It" mit Danny Kaye, „Star and Garter" mit der burlesken Gypsy Rose Lee und „Banjo Eyes" mit Eddie Cantor. 1941 rief ihn die Air Force, die ihn beim Entertainment einsetzte, er drehte Trainingsfilme und gestaltete 1943 die später verfilmte AAF-Show „Winged Victory".

Da ihn der Wunsch beseelte, einmal selbst Regie zu führen, kam es in den Jahren zwischen 1940 und 1980 auch zu wichtigen Inszenierungen an mehreren Bühnen der Vereinigten Staaten und Kanadas. An der Oper in San Francisco leitete er Arthur Honeggers „Joan at the Stake" mit Dorothy McGuire, „Salome", „The Flying Dutchman" und „Turandot", am New York City Center die Musical-Version von „Tovaritch" mit Uta Hagen, an der „Met" „Die Zauberflöte" und in Vancouver Benjamin Brittens „A Midsummer Night's Dream". 1952 begann H. H. mit der Filmregie, bei der er trotz großer Stars (Anthony Quinn, Ida Lupino, Anne Bancroft und Lee Marvin) nie den Erfolg wie als Production Designer erreichte.

Im Rahmen seiner umfangreichen Filmarbeit erhielt er zweimal den „Academy Award". 1949 zusammen mit John Meehan und Emile Kuri für den Paramount-Streifen „The Heiress" (Die Erbin, nach dem Roman „Washington Square" von Henry James) und 1961 zusammen mit Gene Callahan für die Ausstattung des Spielerdramas „The Hustler" (Haie der Großstadt), dem sicher besten Film der 20th Centory Fox in den 60er Jahren. Der damals in Toronto lebende Bühnenbildner sah im Fernsehen die Preisverteilung und erfuhr auf diese Weise, daß er zu den Ausgezeichneten gehörte. 1969 bekam „They Shoot Horses, Don't They?" eine „Oscar"-Nominierung.

Anfang der Fünfziger etablierte sich H. H. auch beim Fernsehen. Als Regisseur inszenierte er Shows für das Dupont Theatre und NBC sowie mehrere Episoden der Anthologien und TV-Serien Curtain Call, Reader's Digest, On Trial, Schlitz Playhouse und Shirley Temple's Storybook, als Produzent brachte er 1959/60 die kanadische Serie „Royal Canadian Mountain Police" auf den Bildschirm. Harry Horners Karriere endete 1980, er genießt in seinem Hause in Santa Monica nahe dem Will Rogers State Park den Ruhestand.

*d *), 1961; The Luck of Ginger Coffey (US/CAN, prod. d), 1964; They Shoot Horses, Don't They? (prod. d, **), 1969; Who Is Harry Kellerman and Why Is He Saying Those Terrible Things About Me? (prod. d), 1971; Up the Sandbox (prod. d), 1972; Black Bird (prod. d), 1975; Harry and Walter Go to New York (prod. d), 1976; Audrey Rose (prod. d), 1977; The Driver (prod. d), Moment by Moment (prod. d), 1978; The Jazz Singer (prod. d), 1980.*

** Academy Award, ** Academy Award Nominierung.*
1976 arbeitete H. H. als „associate producer" und Designer an dem nicht fertig gestellten Film „Flight on the Dancing Bear" mit (R: Ken Annakin).

TV: Four Star Playhouse: Full Circle (R), 1955; Gun Smoke: The Guitar (R), 1955.

Harry Horner

Ausstatter

Ida Lupino, Harry Horner und Robert Ryan bei Proben zu dem RKD-Drama „Beware me Lovely", Horners zweite Regiearbeit

Gusti Huber

Schauspielerin

Josef Schildkraut und Gusti Huber als Otto und Edith Frank in „The Diary of Anne Frank" (FOX)

Gusti Huber

Geb. 27. Juli 1914 Wiener Neustadt
Gest. 12. Juli 1993, N. Y.

Gusti Huber, ein Typ mit zartherbem Gesicht und dunklen Traumaugen, hat die Lehrzeit an der Wiener Akademie für Musik und darstellende Kunst und die ersten Schritte auf der Bühne am Schauspielhaus Zürich hinter sich gebracht. Der weitere Karriereverlauf führte sie an das Dt. Volkstheater, an das Theater in der Josefstadt und 1940 bis 1944 an das Burgtheater in Wien.

Als graziöse und vielseitige Schauspielerin erhielt sie reichlich Engagements von heimischen und Berliner Filmproduzenten. Ihre gute Ausbildung und das nicht zu übersehende Talent kamen in Filmen wie „Savoy-Hotel 217" (1935), „Fiakerlied" (1936), „Die unentschuldigte Stunde" (1937), „Kleiner Mann, ganz groß" (1938), „Jenny und der Herr im Frack" (1941) und „Gabriele Dambrone" (1943), meist in der Rolle junger und verwöhnter Frauen mit hohen Lebensansprüchen voll zur Geltung.

Der Heirat im Jahr 1946 mit dem amerikanischen Offizier Joseph G. Besch, den sie bei Gastvorstellungen für Besatzungssoldaten in einem Dorf bei Salzburg kennenlernte, folgte die teils abschiedslose und unbeachtete Übersiedlung in die USA. In George Taboris „Flucht aus Ägypten" fand sie 1952 am Broadway nach sechsjähriger Bühnenpause wieder Anschluß an das Theater und eine neue Chance, auf sich aufmerksam zu machen. Vierzehn Monate hintereinander genoß sie, in Frederick Knotts Kriminalreißer „Dial M for Murder" ein Broadwaystar zu sein. Die Mutterrolle in der dramatisierten Autobiographie „The Diary of Anne Frank", neben Susan Strasberg und Josef Schildkraut im New Yorker Cort-Theater, brachte sie in die vordersten Reihen der amerikanischen Darsteller.

Die Verfilmung des Stoffs durch die FOX bot die Chance, den Broadway-Erfolg zu wiederholen. Gusti Huber, in der Nähe New Yorks auf dem Lande lebend, nahm danach noch Angebote von Fernsehstudios wahr, familiäre Angelegenheiten betrachtete sie jedoch als vorrangige Verpflichtung. Der Gatte verdiente sich als Fernsehproduzent zivile Sporen, die Tochter Bibi Besch etablierte sich in Hollywood.

F: The Diary of Anne Frank, 1959.

TV: Suspense: Night of Reckoning, 1952; Summer Stock Theatre: The Power and the Prize, 1954; Ellery Queen: Revolution, Playhouse 90: Project Immortality, 1959; Sam Benedict: Season of Vengeance, 1963.

David Hurst (Theodor Hirsch) — Schauspieler

Geb. 08. Mai 1926 Berlin

Davids Vater, Julius Hirsch, aus Troppau in Österr.-Schlesien, war 14 Jahre Journalist bei der Neuen Freien Presse in Wien, 1914–18 im Offiziersrang einziger österr.-ungarischer Kriegskorrespondent im deutschen Hauptquartier in Luxemburg und danach u. a. Direktor der Rotter- und Viktor Barnowsky-Bühnen und Intendant an Max Reinhardts Dt. Theater in Berlin. Seiner zweiten Ehe entsprangen zwei Söhne, Friedrich und Theodor (später David Hurst). 1935 ging die Familie nach Österreich zurück, nach dem „Anschluß" 1938 engagierte sich J. Hirsch bei der Israel. Kultusgemeinde in Wien. Im Jahr 1939 gelang es ihm, Transporte jüdischer Kinder nach England zu organisieren, womit er auch seine beiden Söhne dem Naziterror entzog. Hirsch starb 1942 im Konzentrationslager Theresienstadt, die Gattin Martha, früher in Berlin Herausgeberin des Modejournals „Die Dame", kam 1944 vermutlich in Auschwitz um.

David Hurst besuchte 1940–44 das College of Art in Belfast, debütierte 1944 mit den Savoy Players und spielte nach dem Dienst in der Army bis 1957 in London und auf Tourneen, meist in zeitgenössischen Stücken. Er war Theaterdirektor, arbeitete für Rundfunk und Fernsehen und drehte in England 20 Filme, darunter „The Perfect Woman" (1950), „All For Mary" (1956), das Kriegsdrama „So Little Time" (1953) mit Maria Schell, „Top Secret" (USA: Mr. Potts Goes to Moscow, 1953), „Mad About Men" (1954) und „One Good Turn" (1955).

Ab 1957 setzte er seine Karriere in den USA am New Yorker Broadway, an regionalen Theatern in Washington, Philadelphia und Los Angeles und beim American Shakespeare Festival fort. In Zwischenengagements leitete er die Southwark Theatre School und war Gastprofessor an der Yale University, Boston und am Carnegie-Mellon, bevor er in Hollywood wieder in dramatischen und komischen Rollen für den Film, meist in „cameos" und als Gaststar bei verschiedenen Fernsehserien arbeitete. David Hurst, 1959 mit dem Clarence-Derwent Award und 1964 mit dem Obie Award ausgezeichnet, lebt in New York.

F: Quick, Let's Get Married (The Confession),1965; Hello, Dolly!, The Maltese Bippy,1969; Kelly's Heros, (US/Jug,1970); The Boys from Brazil, Wilbur and Orville: The First to Fly, 1973.

TV: Dow Hour of Great Myteries: The Datched Diamonds, 1960; Man from UNCLE: The Brainkiller Affair, 1965, The Seven Wonder of the World Affair, 1968; Girl from UNCLE: The Mata Hari Affair, 1966; Mannix: The Many Deaths of Saint Christopher, Hallmark of Fame: Anastasia, 1967; Mission Impossible: The Astrologer, 1967, The Test Case, 1969, Phantoms, 1970; Run for Your Life: The Exchange, 1968; The Flying Nun: A Fish Story, 1968, The Lottery, 1969; Star Trek: The Mark of Gideon, 1969; Mod Squad: The Exile, 1970; N.E.T.: Paradise Lost, 1971; Serpico: The Indian, 1976; McMillann: The Moscow Connection, 1977; Child of Glass (TVM), 1978; Charlie's Angel: Angel in Hiding, 198O; Skokie (TVM), 1981.

Manfred Inger

Manfred Inger (eigtl. Lorenz) war nach dem Besuch der Graph. Lehr- und Versuchsanstalt und der Akademie für angewandte Kunst in Wien, an den Vereinigten Bühnen Paul Barnays in Breslau, 1934/35 am Raimundtheater und 1936 bis 1938 am Theater an der Wien tätig. Außerdem an den Kabaretts „Literatur am Naschmarkt" und „Der liebe Augustin" von Stella Kadmon. In der Sylvestervorstellung 1937/38 des Theaters an der Wien trat er ein letztes Mal mit einigen großen Kollegen auf, deren Zeit ebenfalls bald zu Ende gehen sollte, Gisela Werbezirk, Oskar Karlweis, Egon Friedell und den Bassermanns. 1938 emigrierte er über die Niederlande nach den USA.

Geb. 01. Jän. 1907 Wien
Gest. 25. Juli 1984 Wien

In New York trat er 1939/40 bei Viktor Grün und der „Refugee Artists Group" Herbert Berghofs auf. Mit der literarischen Revue „From Vienna" errang er am Broadway seinen größten Erfolg. 1943 erhielt er die Einbürgerung, 1944 sandte ihn das Office of Strategic Services (OSS) mit der US-Army nach Europa, wo er unter der Direktion Hans Habes mit Hanus Burger über „Radio 1212" in Luxemburg an der Operation „Annie" (Programm für die moralische Umerziehung Deutschlands) teilnahm. Der amerikanische Film bot ihm außer zwei „bit parts" (o.c.) bei Metro-Goldwyn-Mayer (P: Wolfgang und Gottfried Reinhardt) keine Aufgaben.

1949 kehrte er nach Wien zurück, nach einigen Jahren am Düsseldorfer Schauspielhaus wurde er 1960 Mitglied des Burgtheaters und Kammerschauspieler. Er arbeitete am Rundfunk, übernahm Film- und Fernsehrollen („Ringstraßenpalais", zuletzt neben Curd Jürgens in „Collin") und betätigte sich als Maler. Bei seinem Tode wurde am Burgtheater die schwarze Flagge gesetzt.

*F: Caught (Mr. Rudecki), The Great Sinner, 1949; The Magic Face (Ö/US *), 1951; No Time for Flowers (Ö/US *), 1952; Stolen Identity/Abenteuer in Wien (Ö/US *), 1953. *)= in Wien gedreht.*

Hans Jaray

Schauspieler

Geb. 24. Juni 1906 Wien
Gest. 06. Jän. 1990 Wien

Nachdem ihm Egon von Jordan bei Schüleraufführungen am Wiener Theresianum Talent zugestand, besuchte Hans Jaray die Akademie für Musik und darstellende Kunst. Zu seinem erlesenen Jahrgang gehörten u.a. Paula Wessely, Käthe Gold, Karl Paryla, Albin Skoda und Siegfried Breuer. Er wirkte am Dt. Volkstheater und seit 1930 als Schauspieler und Direktor am Theater in der Josefstadt, zahlreiche Bühnen brachten Stücke von ihm heraus. Filme wie Willy Forsts „Leise flehen meine Lieder" (1933), „Ball im Savoy" (1935) mit Gitta Alpar und „Der Pfarrer von Kirchfeld" (1937) nach Ludwig Anzengruber machten ihn einem breiteren Publikum bekannt.
Das Jahr 1938 zwang ihn zur Emigration, sein Fluchtweg führte über Zürich und Paris in die USA. 1940 spielte er am New Yorker National Theatre in Fritz Kortners und Dorothy Thompsons wenig erfolgreichen Anti-Nazi-Drama „Another Sun". Nach Probeaufnahmen bei der London-Film Sir Alexander Kordas erhielt er als Partner Merle Oberons, der damaligen Gattin Kordas, eine der drei männlichen Hauptrollen in dem romantischen Streifen „Lydia", bei dem Julien Duvivier Regie führte. Der Schauspieler litt zu diesem Zeitpunkt unter starken Depressionen und befand sich bereits längere Zeit in Behandlung, die Filmarbeit empfand er als „wochenlanges Hürdenspringen über selbstgestellte Hindernisse" (H. J., S. 179). Ein zweites Projekt Kordas, „Manon" wurde auf unbestimmte Zeit verschoben, 1942 löste der Exilungar seine Firma auf und ging nach England zurück. Jarays dreijähriger Vertrag endete damit nach wenigen Monaten, die finanzielle Ablöse erlaubte ihm aber ein längeres Auskommen und die Ablehnung eines Angebots der Paramount für den Film „Angel" mit Marlene Dietrich. Daß ein beschäftigungsloser Emigrant unter fadenscheinigen Gründen eine Hauptrolle bei Ernst Lubitsch ausschlug, ging wie ein Lauffeuer durch Hollywood.

1942 gehörte Jaray in New York mit Grete Mosheim, Lily Darvas, Oskar Karlweis und Felix Gerstmann zu den Gründern des Emigrantentheaters „The Players from Abroad". 1943 verfaßte er den autobiographisch gefärbten - Roman einer Jugend: „One Page Missing" (Es fehlt eine Seite), 1947 wirkte er in einem B-Picture Edgar Ulmers mit. Als er 1948 nach Wien zurückkam, fand er eine veränderte Theaterlandschaft vor. Jaray arbeitete wieder am Volkstheater, von 1951 bis 1962 als Regisseur und Darsteller am Theater in der Josefstadt, daneben zehn Jahre als Lehrer am Reinhardt-Seminar. Seine Memoiren „Was ich erträumen konnte" (1990) sind Zeugnis eines reichen Schauspielerlebens und Ausdruck einer noblen Persönlichkeit.

F: Lydia, 1941; Carnegie Hall, 1947.

Schauspieler

Hans Jaray

Hans Jaray und Marsha Hunt in dem von Edgar G. Ulmer inszenierten United Artist-Film „Carnegie-Hall“

Schauspieler

Egon Jordan

Der berühmte Sexualforscher Dr. Magnus Hirschfeld zu Besuch in Hollywood. Neben ihm die Hauptdarsteller des MGM-Films „Menschen hinter Gittern“ in den Ateliers der Metro-Goldwyn-Mayer. Von links Gustav Diessl, Heinrich George, Prof. Magnus Hirschfeld, der Regisseur Paul Fejos, Egon Jordan und Paul Morgan

Egon Jordan

Schauspieler

Geb. 19. März 1902 Dux/Böhmen
Gest. 27. Dez. 1978 Wien

*F: Casanova wider Willen (Parlor, Bedroom and Bath), Menschen hinter Gittern (The Big House), Mordprozeß Mary Dugan (The Trial of Mary Dugan), Wir schalten um auf Hollywood (Hollywood Revue 1929), 1931; Stolen Identity (Ö/US *), 1953; Town Without Pity (Stadt ohne Mitleid, D/US *), 1960. (*) = in Europa gedreht.*

Egon (von) Jordan, aus einem aristokratischen Elternhaus stammend, besuchte das militärische Akademiekolleg Theresianum in Wien und studierte Jura, um dann die künstlerische Laufbahn einzuschlagen. Er avancierte zu einem der beliebtesten Schauspieler Wiens, der 1921 am Volkstheater begann, ehe er in Berlin erste Stummfilmerfahrungen in Streifen wie „Der junge Medardus", „Wien-Berlin" und „Königin Luise" sammelte.

1930/31 wirkte er in Hollywood neben Nora Gregor, Paul Morgan, Gustav Diessl und Anton Pointner in vier deutschsprachigen Filmversionen amerikanischer Originalfassungen mit, die bei Metro-Goldwyn-Mayer in Culver City hergestellt wurden.

Seit 1935 Mitglied des Volkstheaters, stand er zuletzt 1976 in der Rolle des alten Trotta in Josef Roths „Radetzkymarsch" auf der Bühne. Egon Jordan, seit 1946 mit Căcilia Isabella Mattoul verheiratet, gab zahlreiche Gastspiele in Berlin und München und spielte in über 60 Filmen, vor allem in Rollen, die eine gewisse Eleganz und Raffinesse in den Umgangsformen erforderten.

Egon Jordan und Heinrich George in „Menschen hinter Gittern"

Ausstatter/Regisseur (Nathan Hertz) Nathan Juran

Nathan Juran (eigentl. Hertz), im alten Österreich-Ungarn geboren, kam im Kindesalter mit seinen Eltern in die Vereinigten Staaten. Er studierte an der Universität Minnesota, am Massachusetts Institute of Technology und erwarb das Architekturdiplom in Fontainebleau in Frankreich. Nach einer fünfjährigen Tätigkeit als Architekt in New York begann er als Bühnenbildner in Hollywood, zunächst bei RKO Radio Pictures, ab 1939 bei 20th Century Fox.

Die erste selbständige Ausstattung lieferte er für den Jack Benny-Film „Charles Aunt". Bereits für die zweite Arbeit, die Romanverfilmung Darryl F. Zanucks „How Green Was My Valley", erhielt er 1941 gemeinsam mit Richard Day und Thomas Little den „Academy Award". Der Militärdienst während des Krieges unterbrach seine Tätigkeit für einige Jahre, nach Wiederbeginn erzielte er 1946 mit „The Razor's Edge" eine „Oscar"-Nominierung. Langjährige Partner Jurans waren die Ausstatter Richard Day und Bernd Herzbrun sowie der Set Designer Thomas Little.

Anfang der 50er Jahre bot ihm Universal die Chance, bei verschiedenen „action features" mit mittlerem Budget seine Regieambitionen zu erfüllen. Der Debütfilm „The Black Castle" mit Boris Karloff in der Hauptrolle wurde mit seiner unheilvollen und packenden Atmosphäre im Stil der besten Schauerromane der Engländerin Ann Radcliffe, ein Meisterstück. In der Folge zeichnete Juran mehr für Konservatives verantwortlich, darunter die drei Audy Murphy-Western „Gunsmoke", „Tumbleweed" und „Drums Across the River", ehe er mit dem Genre des Science fiction und dem phantastischen Film eine neue und glückliche Inspiration fand. Das Teamwork mit dem Großmeister der Spezialeffekte Ray Harryhausen zeitigte brillante Ergebnisse in „The Seventh Voyage of Sindbad", einem verblüffenden Festival von Trickaufnahmen aller Art.

Gelegentlich verwendete Juran seinen richtigen Namen Nathan Hertz, 1963/64 filmte er auch in England („Siege of the Saxons", „East of Sudan" und „First Men in the Moon"), er schrieb zwei Drehbücher und übernahm Regieaufgaben bei TV-Serien wie „Crossroads", „Daniel Boone", „My Friend Flicka" und „Time Tunnel". Zuletzt präsentierte er „The Boy Who Cried Werewolf", eine Horrorkuriosität mit Kerwin Matthews, der in einigen seiner frühen dynamischen Filme spielte.

Geb. 01. Sept. 1907 Gurahamora/ Galizien

F: Art Direction:
Charles Aunt, How Green Was My Valley, 1941 (*); Dr. Renault's Secret, I wake Up Screaming, The Loves of Edgar Allan Poe, The Gentlemen from West Point, That Other Woman, 1942; The Razor's Edge (**), 1946; Body and Soul, The Other Love, 1947; Kiss the Blood Off My Hands, 1948; Tulsa, Free for All, Undertow, 1949; Deported, Winchster '73, 1950; Bright Victory, Reunion in Reno, Thunder on the Hill, 1951; Bend of the River, Meet Danny Wilson, Untamed Frontier, 1952.

(*) Academy Award
(**) Academy Award Nominierung

F: Regie:
The Black Castle, 1952; The Golden Blade, Law and Order, Gun Smoke, Tumbleweed, 1953; Drums Across the River, Highway Dragnet, 1954; The Crooked Web (*), 1955; The Deadly Mantis, Hellcats of the Navy, 20 Million Miles to Earth, 1957; Good Day for a Hanging, Attack of the 50 Foot woman (*), Brain from the Planet Arous (*), The Seventh Voyage of Sindbad, 1958; Boy Who Caught a Crook, 1961; Flight of the Lost Balloon (auch

Nathan Juran

Ausstatter/Regisseur

Story, Db, ass. prod.), 1961; Jack the Giant Killer (auch Co-Szenarist), 1962; Land Raiders (Day of the Landgrabbers), 1969; The Boy Who Cried Werewolf, 1973.

(*) Unter dem Namen Nathan Hertz.

TV: Voyage to the Bottom of the Sea: The Shape of Doom, 1966; Lost in Space: West of Mars, 1966; Daniel Boone: A Matter of Blood, 1967; Thirty Pieces of Silver, 1968; Land of the Giants: Ghost Town, 1968; Deadly Pawn, The Clones, 1969; Daniel Boone: The Terrible Tarbots, 1969; Perilous Passage, Noblesse Oblige, The Homecoming, Israel and Love, 1970; Land of the Giants, Nightmare, 1970.

Die anderen TV-Arbeiten Nathan Jurans im Rahmen der genannten Serien konnten mangels Aufzeichnungen nicht ermittelt werden.

Curd Jürgens

Schauspieler

Curd Jürgens mit Danny Kaye und Nicole Maurey im Columbia-Film „Me and the Colonel" (Jakobowsky und der Oberst) nach Franz Werfel, 1958

Curd Jürgens

Curd Jürgens, Sohn eines Hamburger Exportkaufmanns und einer Französin, nahm in Berlin bei Walter Janssen Schauspielunterricht. Ab 1936 trat er im Metropoltheater als singender Bonvivant auf, 1938 bis 1941 war er am Dt. Volkstheater in Wien, danach erneut in Berlin. Durch Vermittlung Lizzi Waldmüllers wurde er Mitglied des Burgtheaters, dem er bis 1953, 1965 bis 1968 und ab 1973 angehörte. Dem aus der Emigration zurückgekehrten Regisseur Berthold Viertel verdankte er seine ersten größeren Bühnenerfolge.

Geb. 13. Dez. 1915 Solln bei München
Gest. 18. Juni 1982 Wien

Foto aus dem Fox-Streifen „The Enemy Below“ (Duell im Atlantik), 1957

Willi Forst entdeckte ihn 1935 für den Film, bei dem er als jugendlicher Kaiser Franz Joseph in Herbert Maischs „Königswalzer“ debütierte. Hauptrollen blieben ihm noch versagt, durch seine Charakterisierungskunst gewann aber seine Filmkarriere von Jahr zu Jahr an Konturen. Bis 1950 spielte er in österreichischen Produktionen, danach in der Bundesrepublik Deutschland. Seinen Durchbruch erlebte er 1955 mit der Darstellung des Luftwaffengenerals Harras in Helmut Käutners „Des Teufels General“ nach dem Bühnenstück von Carl Zuckmayer, internationale Anerkennung fand er als Partner Yves Montands in dem französisch-deutschen Streifen „Les héros sont fatigués“/„Die Helden sind müde“.

Unmittelbar nach dem Kriege wurde Jürgens, der Wien als Wahlheimat betrachtete und hier einige Jahre lebte, österreichischer Staatsbürger. 1947 heiratete er in der Wiener Annakirche die Burgschauspielerin Judith Holzmeister, Tochter des bekannten Tiroler Architekten Clemens Holzmeister. Das gesellschaftliche Ereignis, von dem die Presse, Wochenschau und Illustrierte in großer Aufmachung berichteten, zeigte bereits deutlich die Ansätze zu jenem repräsentativen Lebensstil, der ihm nicht zuletzt zu wesentlicher Publicity verhalf.

Hollywood meldete sich bald, Jürgens zog es aber nicht nach Amerika. Er verdiente in Europa soviel, daß er in St. Jean am Cap Ferrat das schloßähnliche Anwesen eines französischen Multimillionärs mieten (und später kaufen) konnte. Sein Kurswert stieg, um allen Angeboten nachzukommen, jettete er von einem Drehort zum anderen. 1957 stand er auch auf dem Gelände der 20th Century Fox in einem Hollywoodfilm „The Enemy Below“ vor der Kamera, einem weiteren Meilenstein seiner Karriere. Nach dem ersten Auftritt im Atelier prasselte der Beifall auf ihn nieder, von der Beleuchterbrücke, von Maschinisten, Bühnenarbeitern und alten „hands“, die zuvor schon viele große Stars im Studio erlebt hatten.

Universal verpflichtete ihn als Partner Debbie Reynolds in „This Happy Feeling", die Columbia für die Franz Werfel-Verfilmung „The Colonel and Me", die teilweise in Frankreich entstand. Damit zählte er im Filmbabel zu den Arrivierten. Eine große Ehre widerfuhr ihm 1957 mit der Einladung zur alljährlichen Sylvesterparty des texanischen Ölmilliardärs Cameron, damals eine der heiligsten Institutionen Hollywoods, ähnlich nur den Hand- und Fußabdrücken berühmter Filmstars im Beton vor Sid Graumans Chinesischem Theater. Hollywoods „Beautiful people" nahmen den Österreicher aus Deutschland und seine neue Gefährtin (und spätere Gattin) Simone Bicheron mit offenen Armen auf. Sie wurden strahlender Mittelpunkt bei Empfängen, Galas und Premieren.

Bei allem Ruhm, der sich bei über 160 internationalen Filmrollen einstellte, wollte Jürgens dem unauffälligeren Handwerk der Bühnenschauspielerei nicht entsagen. Auf begrenzte Zeit und bei Festspielanlässen stand er immer wieder auf der Bühne, in Salzburg als „Jedermann", in Brechts „Das Leben des Galilei" am Burgthater oder als Sigmund Freud in „Berggasse 19" in Paris und im Theater in der Josefstadt in Wien. Er übernahm ambitionierte Fernsehrollen, u. a. in der mehrteiligen BBC-Agentenserie „Smiley's People" nach John Le Carré neben Sir Alex Guiness und führte bei vier Filmen Regie. Der Theater- und Filmgrande, Professor, karenzierter Burgschauspieler, Kosmopolit und Weltstar, dem Frauen ein notwendiges künstlerisches Stimulans waren und der auch manchmal am Wert der eigenen Arbeit zweifelte, versuchte 1976 in seinem Buch „... und kein bißchen weise" Rechenschaft über sein Leben und seinen Charakter abzulegen. Für den irdischen Abgang gab er selbst die Regieanweisung, eine nächtliche Beerdigung im Fackelschein, beim Glockenklang aller fünfzehn evangelischen Kirchen Wiens. Er wurde in einem Ehrengrab der Stadt Wien auf dem Zentralfriedhof beigesetzt.

F: The Enemy Below, 1957; This Happy Feeling, Me and the Colonel, The Inn of the Sixth Happiness, 1958; The Blue Angel, 1959; I Aim at the Stars (US/D), 1960; The Longest Day, 1962; The Miracle of the White Stallions, Of Love and Desire, 1963; Lord Jim (US/GB), 1964; The Invisible Six (US/ Iran), 1968; Hello-Goodbye, 1969; The Mephisto Waltz, 1971; Golden Girl, 1979.

TV: Dick Powell Show: The Great Anatole, 1962; DuPont Show of the Month: The Hell Walkers, 1964; Man from UNCLE: The Five Daughters Affair, 1967; The Rice of the Iron Chancellor (Special), 1976.

MGM-Komponisten und -texter der Goldenen Dreißiger, von links Walter Jurmann, Nacio Herb Brown, Harold Adamson, Bronislaw Kaper, Gus Kahn, Jack Robbins, Burton Lane, Ned Washington, Arthur Johnston, Robert Katscher und Arthur Freed.

Epitaph Walter Jurmanns auf dem Hollywood Memorial Cemetery mit Notenzeile aus dem Lied „The One I Love" aus dem MGM-Film „Everybody Sing".

Walter Jurmann

Komponist

Geb. 12. Okt. 1903 Wien
Gest. 17. Juni 1971 Budapest

F: The Perfect Gentlemen (Musik u. Song „There's something In a Big Parade" m. Bronislaw Kaper = BK, Text Ned Washington = NW), Escapade (Musik u. Song „You're All I Need", Text Gus Kahn = GK), Night at the Opera (Song „Cosi Cosa" m. BK, Text NW), Mutiny on the Bounty (Song „Love Song of Tahiti" m. BK, Text GK), 1935; San Francisco (Songs „San Francisco" u. „Happy New Year" m. BK, Texte GK), 1936; Three smart Girls (Songs „My Heart Is Singing", „Someone To Care For Me" m. BK, Texte GK) A Day at the Races (Musik u. Songs „Tomorrow Is Another Day", „All Gods Chillun Got Rhythm" u. „A Message From the Man in the Moon" m. BK, Texte GK), 1937; Everybody Sing (7 Songs, Texte GK u. NW), 1938;

Walter Jurmann war vom Elternhaus für den Arztberuf vorgesehen, betätigte sich aber bereits während des Medizinstudiums als Barpianist. Von Richard Strauß ermuntert, wandte er sich ganz der Musik zu. Er ging 1928 nach Berlin, wo er am Klavier in der Eden-Bar (dem Künstlertreff des Eden-Hotels) von sich reden machte, mit Franz Lehár und Emmerich Kalman Kontakt bekam und seinen Textdichter Fritz Rotter fand. Bereits der erste gemeinsame Schlager, „Was weißt denn du, wie ich verliebt bin", von Richard Tauber auf Odeon-Platte gesungen, wurde ein Dauererfolg.

Ende 1931 erweiterte Rotter das Team um den aus Warschau stammenden Komponisten Bronislaw Kaper. Jurmanns spielerische Behandlung des Einfalls neben Kapers Gründlichlichkeit in der Inspiration ergänzten und bewährten sich über Jahre. Es war die Zeit des aufkommenden Tonfilms und der ersten Blüte des Musikfilms. In Zusammenarbeit mit Kaper, Paul Dessau, Arthur Guttmann und anderen, schuf Jurmann bis 1933 bekannte Schlager zu zahlreichen Filmen wie „Salto Mortale", „Melodie der Liebe", „Hochzeitsreise zu Dritt", „Ein Lied für Dich" und „Abenteuer am Lido". Zum Evergreen-Bereich gehören der Nonsens-Song „Veronika, der Lenz ist da", mit dem die Comedian Harmonists ihre Konzerte zu eröffnen pflegten, „Du bist nicht die erste", „Schade, daß Liebe ein Märchen ist" und „Ninon", gesungen von Jan Kiepura. Anteil an der Popularisierung seines Liedschaffens hatte auch die Schallplatte, Jurmann war Hauskomponist der Ultraphon.

Dem Machtantritt der Nazis folgte die Emigration, ohne die Härten, die anderen widerfuhren. Aus dem Exil gingen die Klänge der leichten Muse in die ganze Welt. In Frankreich schrieben Jurmann (Ps. Pierre Candel) und Kaper Chansons für eine Revue im „Casino de Paris", Musik für die Filme „Une femme au volant", „On a vole un homme" (May Ophüls), „Legreluchon delicat" sowie die Songs „C'est mon amour" und „Chant du Destin" für Alexis Granowskys „Les nuit moscovites" mit Tino Rossi.

Louis B. Mayer verpflichtete die beiden 1934 nach Hollywood. Ihre Erfolgskurve begann mit „Cosi Cosa" für den ersten MGM-Film der Marx Brothers „A Night at the Opera", die Swingnummer „All God's Chillun Got Rhythm" für „A Day at the Races" wurde im Laufe der Jahre von vielen bedeutenden Jazzformationen auf Platte eingespielt. Der von Jeannette McDonald interpretierte Titelsong des Clark Gable-Melodrams „San Francisco", Höhepunkt der Zusammenarbeit mit Kaper, machte den

Wiener über Nacht in den Vereinigten Staaten bekannt. Die Stadt am Golden Gate verlieh ihm die Ehrenbürgerschaft, 1961 trug Judy Garland den Song als Remake bei ihrem Abend in der New Yorker Carnegie Hall vor. Mit den Liedern „My Heart Is Singing“ und „Someone To Care For Me“ verhalfen Jurmann/ Kaper der 16jährigen Deanne Durbin in dem Musical „Three smart Girls“ zu einem spektakulären Filmdebüt.

Ab 1938 pausierte Jurmann, erst 1941 gelang es Joe Pasternak ihn in die Studios zurückzuholen. Er komponierte wieder allein, schrieb Lieder für Kathryn Grayson, Martha Eggerth und Judy Garland. Bei einer der Inaugurationen Franklin D. Roosevelts sang Deanne Durbin sein „Thank You America“ aus dem Universal-Film „Nice Girl?“. Als sich der Musikgeschmack in den USA änderte und die „background-music“ durchsetzte, gab Walter Jurmann 1942 die kompositorische Tätigkeit auf. 1946 brachte er mit dem Librettisten Paul Francis Webster die (glücklose) Show „Windy City“ an den großen Bühnen im Norden des Landes heraus, 1950 produzierte er in Portugal den Eagle Lion-Abenteuerfilm „Kill Or Be Killed“ (Max Nosseck). 1953 heiratete er in zweiter Ehe die Ungarin Yvonne, eine in Los Angeles erfolgreiche Modedesignerin, mit der er fern von Publicity in einer Bungalow-Villa in den Vorgebirgen Hollywoods lebte. Seine 1967 geschaffene zweite Hymne auf eine amerikanische Stadt, „San Antonio“, war 1977 bei der Einsetzung Präsident Jimmy Carters der offizielle Beitrag des Staates Texas. Walter Jurmann, ein schöpferischer Komponist im Dienste des musikalisch perfekten und melodienreichen Schlagers, starb während einer Europareise, auf der er die Genugtuung empfand, daß seine Melodien auch hier noch bekannt und jung geblieben sind.

Nice Girl? (Song „Thank You America“, Text Bernie Grossman = BG), The Great Commandment (Musik m. Hans J. Salter), 1941; Seven Sweethearts (Musik und Songs, darunter „Tulip Time“ m. Burton Lane, Texte Paul Francis Webster = PFW u. Ralph Freed), 1942; Presenting Lily Mars (Songs „When I Look at You“, „Kulebiaka“ u. „Is It Love“, Texte PFW), His Butler's Sister (Song „In the Spirit Of the Moment“, Text BG), Thousands Cheer (Song „Three Letters in Che Mail Box“, Text PFW), 1943; Kill or Be Killed (P), 1950.

Walter Jurmann, Bronislav Kaper und Luise Rainer bei Proben zur MGM-Komödie „Escapade“, die auf Willi Forsts Vorkriegsfilm „Maskerade“ von 1934 basiert

John (Hans) Kafka **Autor**

Geb. 26. Dez. 1902 Wien
Gest. 05. Feb. 1974 München

Hans Kafka belegte in Wien verschiedene Studienfächer, arbeitete bei einer Bank und versuchte sich bereits früh als Schriftsteller. Er veröffentlichte Prosaskizzen, Reisereportagen und Aufsätze in Wiener Zeitschriften (Die Waage, Der Tag) und im „Berliner Tageblatt". 1925 ging er u. a. als Theater- und Filmkritiker zum Ullstein-Verlag in Berlin, für den er ab 1930 mehrere Länder bereiste, um über Kriminalfälle und andere Ereignisse zu berichten. Das erste Drehbuch für das Abenteuerlustspiel der Kollektiv-Film, „Im Banne des Eulenspiegels" mit Oskar Karlweis, schrieb er 1932 gemeinsam mit Ernst Länner und Wolfgang Wilhelm.

Nachdem die Nazis seine Karriere in Deutschland beendeten, gab er in Wien seinen ersten Roman „Geschichte einer großen Liebe", einen Kunst-Baedeker über Wien und eine Mussolini-Biographie heraus. 1934 zog er nach London, ab 1937 lebte er in Paris. Das dort entstandene Script für den Streifen „Carrefour" für den Regisseur Kurt Bernhardt wurde vom französischen Staat preisgekrönt und 1939 von der britischen ABF unter dem Titel „Dead Man's Shoes" erneut verfilmt. Der Erlös des an Hollywood verkauften Exposés „The Birthday Gift" ermöglichte ihm und seiner Gattin, der Schauspielerin Trude Burr, 1940 die Überfahrt nach Amerika.

Begünstigt vom Schicksal, da er in den USA materiell auf eigenen Beinen stehen konnte, mietete er in Hollywood einen Bungalow und begann mit dem Produzenten Hunt Stromberg die Arbeit an dem MGM-Film „They Met in Bombay". Die auf ihn zurückgehende Story „The Uniform" wurde bei der Verfilmung jedoch so entstellt, daß er beim Studio protestierte und der Presse das Original zugänglich machte. Seine nächste Arbeit für MGM, „Crossroads" mit Hedy Lamarr war die erfolgreiche US-Fassung des Stoffes, der bereits zwei Filme zeitigte, „Carrefour" und „Dead Man's Shoes". Einen eigenartigen Weg nahm das von Charles Boyer erworbene Exposé „The Birthday Gift", das der Franzose an die Agenten und Produzenten Boris Morros und Charles Feldman weitergab. Letztlich landete es bei 20th Century Fox, die die Story 1960 mit John Wayne, Stewart Granger und Capucine auf die Leinwand brachte. Der Wiener hatte mehrere Verträge mit unterschiedlichen Laufzeiten, bei MGM (dreimal), Columbia und King Brothers (je zweimal) sowie bei Warner Brothers. Er war jahrelang ein begehrter Verfasser von Originalgeschichten und Drehbüchern.

Manfred George, ein Bekannter aus gemeinsamer Berliner Zeit, holte ihn 1941 an die deutsch-jüdische Emigrantenzeitung AUFBAU in New York. Obwohl er sich schon lange John Kafka nannte, schrieb er für dieses Blatt unter seinem richtigen Namen. Die von ihm betreute Spalte „Hollywood Calling“ über Allgemeines in der Filmwelt und die Tätigkeit der ex-europäischen Künstler an der „coast“ erschien viele Jahre als hochstehende „gossip column“. In dem Beitrag „What Our Immigration Did for Hollywood and Vice Versa“ steuerte er in einer Sondernummer vom 22.12.1944 (Jg. X, Nr. 51) eine Aufstellung aller Emigranten aus Österreich und Deutschland bei, die nach 1933 in Hollywood künstlerisch in der Filmbranche beschäftigt waren.

Seine litarischen Hauptwerke im Exil waren die beiden Romane „The Apple Orchard“ und „Sicilian Street“, die ihm 1951 die Aufnahme in das Werk „American Novelists of Today“ einbrachten. Warner Brother kaufte das erste Buch, das Filmprojekt wurde jedoch nach sechsmonatiger Vorbereitung, vermutlich aus politischen Gründen, abgebrochen. Drei Hollywooder Filmgesellschaften bekundeten ihr Interesse an „Sicilian Street“ durch den Erwerb von Optionsrechten, 1950 verfaßte er auch ein Drehbuch dazu, die Verfilmung kam wegen Besetzungsschwierigkeiten gleichfalls nicht zustande. Für den Wiener Komponisten Erich (Eric) Zeisl schrieb Kafka zwei Opernlibretti, „Leonce und Lena“, 1952 in Los Angeles uraufgeführt und „Hiob“ nach Joseph Roths Roman, das ein Fragment blieb, da Zeisl vor seinem Tode nur zwei Akte vertonen konnte.

Kafka hatte enge Beziehungen zur Exil-Kolonie und Umgang mit Persönlichkeiten wie Franz Werfel, Alfred Polgar, Bertolt Brecht, Fritz Kortner, dem einstigen Freund aus Wiener Tagen Billy Wilder und Otto Preminger. Als seine Laufbahn als Filmschriftsteller 1952 stagnierte, schrieb er Szenarien auch für Fernsehproduktionen. Einige Jahre war er als Verfasser bei der „Voice of America“, 1958 erhielt er das Angebot, die Deutschland-Korrespondenz der New Yorker Wochenschrift VARIETY für Film-, Fernseh-, Theater- und Opernkritiken zu übernehmen. Kurz danach ließ er sich mit seiner Gattin in München nieder. „Verzauberung in Manhattan“, die deutsche Neufassung von „Sicilian Street“ erschien 1960, im gleichen Jahr verfaßte er das Drehbuch zu Wolfgang Liebeneiners Filmkomödie „Schlußakkord“. Obwohl er nie mehr in die USA kam, blieb Kafka als Kulturkorrespondent stets in enger Verbindung mit Hollywood.

F: They Met in Bombay (Story), 1941; Crossroads (Story mit Howard Emmett Rogers), Destination Unknown (Story mit Lawrence Hazard), 1942; Johnny Doesn't Live Here Anymore (Db mit Philip Yordan), Cover Girl (Mitarbeit o.c.), 1944; Woman Who Came Back (Story), 1945; The Return of Monte Christo (Mitarbeit o.c.), 1946; North to Alaska (nach dem Stück „Birthday Gift“ von Laszlo Fodor, nach einer Idee von Kafka), Man on a String (Db mit Virginia Shaler), 1960.

Oskar Karlweis

Schauspieler

Geb. 10. Juni 1894 Hinterbrühl bei Wien
Gest. 24. Jän. 1956 New York

F: St. Benny the Dip, 1951; Anything Can Happen, Five Fingers, 1952; The Juggler, Tonight We Sing, 1953; Meet Me in Las Vegas, 1956.

TV: Philco Television: I Like it Here, 1948; Broadway Television Theatre: The Man Who Bought A Town, 1952; U. S. Steel Hour: Morning Star, 1954.

Oskar Karlweis, Sohn des Lustspielautors Carl Karlweis und Schwager des Schriftstellers Jakob Wassermann, begann bei Josef Jarno in Wien. Mit seiner intelligenten Buffo-Erscheinung spielte er sich nach dem Ersten Weltkrieg rasch zu den führenden Bühnen in München, Wien und ab 1927 bei Barnowsky in Berlin durch. Er war Partner von Marlene Dietrich und Margo Lion in der Revue „Es liegt in der Luft", 1929 brillierte er in Max Reinhardts berühmter „Fledermaus", 1930 verhalf er Benatzkys Operette „Meine Schwester und Ich" zum Erfolg. Popularität errang er durch seine Gastspiele im „Kabarett der Komiker".

Geza von Bolvary brachte ihn 1930 in „Zwei Herzen im Dreivierteltakt" und „Ein Tango für Dich" im Tonfilm heraus. Bei der UFA wirkte er in der bekannten Filmoperette „Die Drei von der Tankstelle" neben Heinz Rühmann und Willy Fritsch mit, in den Paramount- Studios in Jointville bei Paris in „Die Männer um Lucie" (D/US/F, 1931), mit Liane Haid. 1933 nach Österreich zurückgekehrt, spielte er in Paul Fejos „Frühlingsstimmen". Im März 1938 flüchtete er mit Albert Bassermann in die Schweiz, von dort nach Frankreich.
In Paris, wo er seine Gattin Nina Tallon kennenlernte, eröffnete er auf den Champs Elysees den Nachtklub „L'Imperatrice", dessen Leitung bis 1939 bei Karl Farkas lag. Vier Tage vor der Einmarsch der Deutschen in der französischen Hauptstadt setzte er seine Flucht über Lissabon nach New York fort. Am Broadway zeigte er österreichische Theaterkunst von ihrer anmutigsten Seite. In Otto Preminger-Inszenierungen, Wiener Liederabenden und in über 300 Aufführungen von Werfels „Jacobowsky and the Colonel". 1949 fand Karlweis den Weg nach Europa zurück, fortan pendelte er zwischen Wien, Berlin und seinem Wohnsitz New York.
Während er auf internationalen Bühnen in Hauptrollen herausgestellt wurde, reihte er sich in Hollywood-Filmen nur in interessanten Nebenrollen ein. William Perlberg verpflichtete ihn zur Paramount für die Rolle eines skurrilen Geizhalses in „Anything Can Happen". In dem Centfox-Streifen „Five Fingers" (der authentische Fall Cicero) des Star-Regisseurs Joseph L. Mankiewicz spielte er den SS-Mann mit ängstlichem Herzen, L. Z. Woyzisch, für das Musical „Tonight We Sing" holte ihn die FOX aus Berlin. Während der Dreharbeiten zu Stanley Kramers „The Juggler" (Der Gehetzte) in Isreal, begeisterte er in einer Ein-Mann-Show im kleinen Amphitheater von Nahariyya österreichische und deutsche Emigranten, die ihn aus glücklicheren Zeiten von Theaterauftritten in Wien, München, und Berlin oder aus deutschen Filmen kannten.

Karl Kases

Geb. 16. Jän. 1951 Wien

Karl Kases maturierte und absolvierte zwei Semester an der Filmakademie in Wien. Den Beruf als Kameramann wählte er aus persönlicher Faszination. Sein Schaffen umfaßt bereits eine erhebliche Anzahl renommierter Arbeiten: TV-Commercials unter den Regisseuren Carl Schenkel (BRD), Sander Francken (Niederlande), Franz Novotny und Axel Corti (Österreich), bis 1987 fünf Tatort-Folgen aus der „Schimansky"-Serie mit Götz George für die Bavaria-Studios München sowie 1989 das Feature „Lemon Popsicle" mit Zachy Noy für die iraelische Cannon Group und die ORF-Verfilmung des Romans von Leo Perutz „Der Meister des jüngsten Tages". Dazu Musikvideos mit Falco, Gianna Naninni und Joe Cocker.

1989 entstand auf der französischen Insel Mont Saint Michel ein austro-amerikanisches Gemeinschaftswerk. Junge Österreicher, Klaus P. Lintschinger (ausführender Produzent) und Bernt Capra (Regie) gestalteten den Ökospielfilm „Mindwalk" (Wendezeit) nach der gleichnamigen literarischen Vorlage von Prof. Fritjof Capra mit Liv Ullmann, Sam Waterston und John Heard. Karl Kases führte die Kamera. Ebenso 1989/90 bei den in Salzburg, Paris und Moskau gedrehten Episoden der TV-Endlos-Serie „Dallas" der LORIMAR Los Angeles und dem Fernsehspiel „Das zweite Leben" nach George Simenon für das ZDF Mainz.

1990 übersiedelte Kases nach Hollywood und verstärkte die dort befindliche Österreicher-Kolonie. Die durch „Mindwalk" erworbene Reputation führte zu seinem ersten Filmauftrag bei der TAZ Pictures Inc. Columbus. „Rain Without Thunder", in New York gedreht und von Gary Bennet inszeniert, ist eine fiktive, in der näheren Zukunft angesiedelte Dokumentation zur Abtreibungskontroverse in den USA. Der Streifen mit Linda Hunt, Graham Greene, Betty Buckley, Jeff Daniel und Robert Earl Jones wurde von der amerikanischen und kanadischen Kritik als dichtes und fesselndes Werk von erschreckender Realität gewürdigt. Dem in Venice lebenden Wiener gelang damit der Einstieg und ein für seine Zukunft in der Filmmetropole wichtiger Leistungsbeweis.

Als Wolfgang Glück im Februar 1992 in Hollywood für eine Wiener Bank eine Reihe von Werbespots („Erfolg") u. a. mit Billy Wilder und Sybil Danning herstellte, griff er auf die Dienste von Karl Kases zurück.

F: Mindwalk (Ö/US, in Europa gedreht), 1990; Rain Without Thunder, 1991.

TV: Dallas: 5 Episoden (in Europa gedreht).

Kurt Kasznar

Schauspieler

Geb. 13. Aug. 1913 Wien
Gest. 06. Aug. 1979 Santa Monica

F: The Light Touch, 1951; Anything Can Happen, Glory Alley, The Happy Time (Bühnen- und Filmversion), Lovely to Look At, Talk About a Stranger, 1952; All the Brothers Were Valiant, Give a Girl a Break, Great Diamond Robbery, Kiss Me Kate!, Lili, Ride Vaquero!, Sombrero, 1953; The Last Time I Saw Paris, Valley of the Kings, 1954; Flame of the Islands, Jump into Hell, My Sister Eileen, 1955; Anything Goes, 1956; A Farewell to Arms, Legend of the Lost (US/Panama/I), 1957; For the First Time (US/D/I), The Journey (US/Ö), 1959; 55 Days at Peking, 1963; The Ambushers, King's Pirate, Perils of Pauline, 1967;

TV: The Web: Hurricane; Philco TV Playhouse: Run Like a Thief, 1954; Summer Video Theatre: The Happy Man, 1955; Matinee Theatre: Yankee Doodler; Pond's Theatre: The Forger; Studio One: The Judge and His Hangman, 1956; Playwrights 56: Return to Cassino; Lux Video Theatre: A Yankee Cousin; Kraft TV Theatre: One Way West; Jane Wyman Theatre: A

Kurt Kasznar (eigentl. Serwischer) besuchte das Reinhardt-Seminar in Wien und debütierte 1931 auf der Bühne des Salzburger Domplatzes im „Jedermann". 1933 hatte er ein erstes Engagement in Zürich, 1934 und 1936 stellte ihn Max Reinhardt in den New Yorker Inszenierungen von Franz Werfels „The Eternal Road" heraus. Nach einem vergeblichen Startversuch in Hollywood ging er nach Österreich zurück, entschloß sich aber 1938, inzwischen auch mit einer Amerikanerin verheiratet, endgültig in die Vereinigten Staaten zu übersiedeln. Seine florierende Broadway-Karriere wurde 1941 durch die Einberufung zur US-Army unterbrochen.

Der Wiener diente bis 1945 im Special Service and Signal Corps, er schrieb Drehbücher für Unterrichtsfilme und gewann mit dem Anti-Nazi-Einakter „First Cousins" einen Army-Contest für Bühnenstücke. Mit einem eigens dafür zusammengestellten Ensemble bereiste er als Regisseur und Darsteller die Truppenunterkünfte in den USA und trat in einer „Command Performance" auch vor Präsident Franklin D. Roosevelt auf. Zum Kameramann ausgebildet, filmte er im Pazifik die militärischen Landungen auf Neu-Guinea und den Philippinen, die japanisch-amerikanischen Kapitulationszeremonien auf dem Schlachtschiff „U.S.S. Missouri" im Hafen von Tokio und als einer der Ersten die grauenvollen Verwüstungen nach den Atombombenangriffen in Hiroshima und Nagasaki.

Ab 1948 stand Kasznar wieder auf der Bühne, singend, tanzend, in der leichten Komödie und im schweren Drama. Er spielte in New York in „Montserrat", „Barfoot in the Park", in Becketts „Waiting for Godot", den Tevje in Sholem Alejchems „Fiddler on the Roof" und über zwei Jahre in Rodgers und Hammersteins „The Sound of Music". Der monatelange Erfolg in dem Stück „The Happy Time" von Samuel A. Taylor löste eine Flut von Filmangeboten aus, mit einem Vierjahres-Vertrag holte ihn Metro-Goldwyn-Mayer 1951 an die Pazifikküste.
Sein Filmdebüt gab er 1920 neben Max Linder in den Wiener Rosenhügel-Ateliers in dem Stummfilm „Max, der Zirkuskönig". Im Rahmen des MGM-Kontrakts debütierte er unter der Regie Richard Brooks in dem Kriminalstreifen „The Light Touch". Teilweise im attraktiv gebrochenen Englisch und dem unverkennbaren mitteleuropäischen Akzent verkörperte er im Musical-, Komödien- und Abenteuergenre in 27 Spielfilmen und als Gaststar in mehr als 50 Fernsehauftritten überschwengliche und exzentrische Charaktere, wobei ihm die reiche und ergiebige Theatererfahrung zugute kam.

Als freier Darsteller teilte er ab 1957 seine Zeit zwischen Bühne, Film und Television. Mehrmals arbeitete er außerhalb Amerikas, in der römischen Cinecittà mit Jennifer Jones und Vittorio de Sicca in der Hemingway-Story „Farewell to Arms" (In einem anderen Land), mit Sophia Loren und John Wayne an afrikanischen Drehorten in „Legend of the Lost" (Stadt der Verlorenen) und bei Samuel Bronston in Spanien in dem Geschichtsepos „55 Days at Peking". Anatole Litvak brachte ihn 1959 für die Verfilmung des George Tabori-Scripts „The Journey" (Die Reise) nach Wien zurück. Er spielte in der Vienna-Produktion „Frauensee", in Deutschland in Henry Sokals „Helden" (1962) und für die Columbia in London in John Hustons „Casino Royale" (GB, 1967). Vom 22. September 1968 bis 6. September 1970 wirkte er als special guest star in 51 Episoden der Science-Fiction-Fernsehserie der ABC „Land of the Giants" mit.

K. Kasznar, in zweiter Ehe mit der Schauspielerin Leora Dana verheiratet (1958 geschieden), starb nach langer Krankheit im St. John's Hospital in Santa Monica.

Mel Ferrer, Kurt Kasznar, Zsa Zsa Gabor und Lesly Caron in der Titelrolle von „Lili", nach dem Roman von Paul Gallico (MGM)

Place on the Bay, 1956; Climax: Night of the Heat Wave, 1956; Trial of Terror; The Largest City in Captivity, Matinee Theatre: Freedom Comes Later, Love American Style: Love and the Cozy Comrades, 1957; Schlitz Playhouse: The Enchanted; Studio 57: The Customs of Country; Goodyear Playhouse: Rumblin Galleries; Suspicion: Murder Me Gently, 1957; DuPont Show: The Bridge of San Luis Rey; Shirley Temple's Story Book: Rumpelstilskin, 1958; Ellery Quinn: Revolution; Desilu Playhouse: Chez Rouge; Adventure in Paradise: The Black Pearl; Play of the Week: Thieves Carnival, Goodyear Theatre: Story Without a Moral, 1959; Volpone, 1960; Waiting for Godot, 1961; Naked City: The Hot Minerva, 1961; On the Battlefield, Everything Is Important, 1963; Alcoa Premiere: This Will Kill You, 1963; The Reporter: Hideout, 1964; Trials of O'Brien: How Do You Get to Carnegie Hall, 1965; Girl from UNCLE: The Dog-Gone Affair; The Hero: The Universal Language; That Girl: Soap Gets in Your Eyes, 1966; Run for Your Life: The Man Who Had No Enemies,1966; The Inhuman Predicament, 1967; Bob Hope Chrysler Theatre: Code Name: Heraclitus (Pilotfilm); I Spy: The Trouble with Temple; My Three Sons: Help, the Gypsies Are Coming; Man from UNCLE: The Napoleon's Tomb Affair, Royal Follies of 1933 (Special), 1967; It Takes a Thief: A Thief Is a Thief, 1968; The Smugglers (TVM), 1968; Land of the Giants (Serie), 1968–70; Men from Shilo: Crooked Corner, 1970; McMillan and Wife: Once Upon a Dead Man (Pilotfilm), 1971; The Female Instinct (TVM, auch: The Snoop Sisters), 1972; Lucy Show: Lucy and the Group Enunter; Search: The Bullet, 1972; Wonder Woman: Judgement from Outer Space; Young Daniel Boone: The Game, 1977; Suddenly Love (TVM), 1978.

Robert Katscher

Komponist

Geb. 20. Mai 1894 Wien
Gest. 23. Feb. 1942 Hollywood

Robert Katscher promovierte an der Wiener Universität zum Dr. jur. und Dr. phil. und war zudem Kompositionsschüler von Hans Gal. Hauptberuflich Rechtsanwalt schrieb er u. a. Wienerlieder, Tanzmusik, die musikalischen Lustspiele „Wunder Bar" (1929) und „Bei Kerzenlicht" (1937) nach Libretti von Karl Farkas sowie die Operette „Der Traumexpreß" (Libretto Farkas, Fritz Grünbaum und Geza Herczeg). Seine Schlager „Es geht die Lou lila" und „Wenn die Elisabeth nicht so schöne Beine hätt" wurden von allen Jazzkapellen Europas übernommen. Paula Wessely sang 1935 in dem Film „Episode" sein Lied „Jetzt müßte die Welt versinken", Marlene Dietrich interpretierte „Wo hast Du nur die schönen blauen Augen her?". 1936 komponierte er für Walter Reisch die komplette Filmpartitur für dessen Tanzfilm „Silhouetten".

Die „Wunder Bar" wurde in alle Weltsprachen übersetzt und lief am New Yorker Broadway mit Al Jolson, der auch in der Verfilmung der Warner Brothers von 1934 die Hauptrolle spielte. 1938 kam Katscher als Nazi-Flüchtling nach Amerika, wo er ebenfalls bald zu den führenden Songwritern gehörte und mit Paul Whiteman eng befreundet war. Der damals überaus populäre Bandleader nahm seinen Song „Madonna, Du bist schöner als der Sonnenschein" aus der Revue „Küsse um Mitternacht" von 1924 unter dem Titel „When Day Is Done" mit englischem Text von Buddy De Sylva auf Platte auf und machte ihn zu einem Weltschlager.

In Hollywood lieferte Robert Katscher 1941 die Musik zu dem B-Picture der PRC (Producers Releasing Corporation) „Gambling Daughters", 1942 arbeitete er neben dem Hauptkomponisten Sol Kaplan an Sam Spiegels Episoden-Film „Tales of Manhattan" mit, ohne später im Vorspann genannt zu werden. Zwei Monate vor dem Tode stellte er seine letzte Nummer „I Laughed At Love" vor. Bei seinem Begräbnis, das die amerikanische Komponistenvereinigung arrangierte, ließ Paul Whiteman vier Geiger das Lied „When Day Is Done" spielen.

F: Gambling Daughters, 1941; Tales of Manhattan (Mitarbeit o.c.), 1942.

Gina Kaus

Geb. 21. Nov. 1894 Wien
Gest. 23. Dez. 1985 Los Angeles

Gina Kaus (Regina Wiener) war einst eine faszinierende Figur im gesellschaftlichen Leben Wiens und integrierender Bestandteil eines Avantgardekreises. Franz Blei hatte sie als junges Talent entdeckt, Alfred Adler übte mit seiner Individualpsychologie großen Einfluß vor allem auf ihr Meisterwerk, den biographisch-analytischen Roman „Katharina die Große" (1935) aus. Ihre Beziehungen und Freundschaften umschlossen Journalisten, Künstler und Wissenschaftler, Georg Froeschel, Franz Werfel, Hermann Broch, Karl Kraus und Robert Musil. Im Ablauf ihres bewegten Daseins reihten sich Erfolge, Enttäuschungen, Höhepunkte und Abstürze. Sie war dreimal verheiratet, der Ehe mit dem Schriftsteller Otto Kaus entstammten zwei Söhne.

Ihre Erfolge auf dem literarischen Gebiet mit Essays, Romanen und Novellen sowie Erzählungen und Kurzgeschichten für die deutschsprachige Zeitungs- und Zeitschriftenlandschaft kulminierten in dem Burgtheatererfolg „Diebe im Haus" (1919) sowie der Zuerkennung des prestigeträchtigen Fontanepreises für die Novelle „Der Aufstieg" (1917) und des Goethepreises für die von Detlef Sierck in Bremen inszenierte Schulmädchen-Komödie „Toni" (1927). 1933 fielen ihre Bücher der Verbrennung durch die Nationalsozialisten anheim.

1936 besuchte sie erstmals die USA, die erhoffte Anstellung in Hollywood kam jedoch nicht zustande. Im März 1938 flüchtete sie mit einem italienischen Paß unter Zurücklassung ihrer gesamten Habe von Wien über Zürich nach Paris. Gina ging es besser als den meisten Schicksalsgenossen, da Georg Marton, ihr Agent und alter Freund aus Wiener Tagen nach Filmarbeiten bei Arnold Pressburger (er hatte 1937 ihr gemeinsam mit den Gebrüdern Eis verfaßtes Stück „Gefängnis ohne Gitter" produziert) die Überfahrt nach Amerika arrangierte.

Die Emigration beendete ihre erste Karriere. Romane konnte Gina Kaus nur in deutsch schreiben, die Serie ihrer Bestseller (Die Überfahrt, bereits 1932/33 von Paramount verfilmt, Die Schwestern Kleh, Teufel in Seide) riß ab. Dagegen hatte sie in Hollywood keine Schwierigkeiten, als hochbezahlte Filmautorin unterzukommen, die sich allerdings erst dieTechnik des Drehbuchschreibens aneignen mußte. Nachdem Marton ein vor ihr mit Ladislaus Fodor geschriebenes Theaterstück für 25.000 Dollar an MGM verkaufen konnte („Port of Hope", nicht verfilmt), wurde ihr wirklich erstes Drehbuch aus Mangel an Erfahrung ein Desaster. Autoren von Qualität geraten jedoch selbst bei bloßen Gelegenheitsarbeiten niemals total unter ihr Niveau.

F: Luxury Liner, 1933; Charlie Chan in the Darkness (Buchvorlage mit Ladislaus Fodor), 1939; The Night Before the Divorce (Buchvorlage mit Ladislaus Fodor), The Wife Takes a Flyer (Story, Drehbuch mit Jay Dratler), They All Kissed the Bride (Story mit Andrew P. Solt), Isle of Missing Men (Buchvorlage mit Ladislaus Fodor, „White Lady"), 1942; Her Sister's Secret (Buchvorlage „Dark Angel"), 1946; Whispering City (zusätzliche Dialoge mit Hugh Kemp, Sydney Banks), 1947; Julia Misbehaves (Adaption mit Monckton Hoffe), 1948; The Red Danube (Drehbuch mit Arthur Wimperis), 1949; Three Secrets (Drehbuch mit Martin Rackin, basierend auf der gemeinsamen Story „Rock Bottom"), 1950; We're not Married (Story mit Jay Dratler), 1952; All I Desire (Adaption), The Robe (Adaption), 1953.

TV: Alfred Hitchcock Presents: The Legacy, 1956.

Dies traf in vollem Ausmaße auf die Sujets, Drehbücher, Szenarien und Adaptierungen vorhandener literarischer Stoffe zu, die Gina Kaus für den Massenbedarf der Hollywoodindustrie verfaßte. Ihre Filme „The Wife Takes a Flyer" und „They All Kissed the Bride" fanden auch den Beifall eines anspruchsvollen Publikums.

Im Exil begegnete sie Bertolt Brecht und Hanns Eisler, Erika Mann, Fritzi Massary, Arnold Schönberg, Liesl und Bruno Frank, zu den engsten Freunden zählten Vicki Baum, Salka Viertel, Friedrich Torberg, Friedrich Kohner und Fritz Kortner. Gina Kaus lebte viele Jahre in einem großen „Ranch style"-Haus im teuren und noblen Wohnviertel Brentwood, einem Stadtteil von Los Angeles. Der Film war ihre Einnahmequelle geworden, dies schloß nach dem Kriege eine Rückkehr in ihre Geburtstadt aus (Besuch 1948). 1955 verfilmte Rolf Hansen in der Bundesrepublik ihren Roman „Teufel in Seide", 1956 arbeitete sie auf Wunsch Lilli Palmers am Drehbuch zu Falk Harnacks „Wie ein Sturmwind" mit, 1957 war sie am Buch zu Geza von Radvanys „Das Schloß in Tirol" beteiligt. 1979 brachte sie ihre Erinnerungen „Und was für ein Leben... mit Liebe, Literatur, Theater und Film" heraus (1990 Neuauflage „Von Wien bis Hollywood"). Das letzte Kapitel ihres bewegten Lebens war materiell gesichert, doch von Altersbeschwerden überschattet. In Österreich nahezu vergessen, zeigte der Umstand, daß die Nachricht ihres Todes erst mit halbjähriger Verspätung nach Wien drang, nochmals die Tragik und das Versäumnis um ihr Emigrantenschicksal.

Sängerin

Greta Keller

Greta Kellers Karriere als Diseuse und Chansoninterpretin zwischen Wien und New York umspannte mehr als 50 Jahre. Sie begann 1928 im Wiener „Pavillon" und trat als singende und tanzende Darstellerin in Georg Abbots „Broadway" auf, wobei im Chor auch Marlene Dietrich mitwirkte, für die sie Vorbild und Lehrmeisterin war. 1929 gab ihr die Berliner „Ultraphon" einen Schallplattenvertrag, als Plattenstar wurde sie durch ihre tiefe, rauchige Stimme weltberühmt.

Geb. 09. Feb. 1904 Wien
Gest. 04. Nov. 1977 Wien

Der Weg führte von Wien über Prag nach Berlin, ihre Mehrsprachigkeit und ein internationales Repertoire von Robert Stolz-Melodien bis Cole Porter machten sie in den 30er Jahren auch in den USA bekannt. „Greta's Keller" im New Yorker Waldorf Astoria war zwei Jahre lang eine stadtbekannte Attraktion, sie spielte am Broadway, sang im Rundfunk in „The Pond's Hour" und trat zusammen mit ihrem ersten Gatten John Sargent sowie mit bekannten Orchestern und Showstars wie Fred Astaire auf. Friedrich Hollaender, Theo Mackeben, Ralph Benatzky, Peter Kreuder, George Gershwin, Noel Coward und Kurt Weill hatten Lieder für sie geschrieben, „Zwischen heute und morgen", „Tausend kleine Lügen", „Thanks for the Memory". Amerika reihte sie in seine ersten und größten „Torch Singer" ein.

1942 war Greta Keller neben vielen anderen europäischen Emigranten (auch Landsleute, Ernst Deutsch, Felix Basch) in dem MGM-Film „Reunion in France", einem in Paris angesiedelten Weltkrieg II-Drama nach einem Drehbuch von Hans Lustig zu sehen.

F: Reunion in France, 1942.

Agent–Produzent

Otto Klement

Otto Klement studierte an der Universität Wien und brachte vor 1933 als Verleger und Theaterproduzent in Berlin zahlreiche neue Stücke, darunter auch Broadwayhits an europäischen Bühnen heraus. 1936 gründete er in London zusammen mit Robert Garett die Garett-Klement Pictures, die zwei Filme, „The Amazing Quest of Ernest Bliss" (USA: Romance and Riches) mit Cary Grant und „A Woman Alone" (USA: Two Who Dared) mit Anna Sten für den Grand National-Verleih herstellte.

Geb. 07. Juni 1891 Mährisch Ostrau
Gest. ?

F: Arch of Triumph (ass. prod.), 1948; Fantastic Voyage (Story, Mitautor), 1966.

Otto Klement/Karl Kofler Agent–Produzent/Kameramann

Ab 1941 betrieb er in Hollywood die Copyright and Management Corporation. Er war mit dem ebenfalls emigrierten Schriftsteller Erich Maria Remarque befreundet und dessen langjähriger literarischer Agent. 1948 wirkte er als „assistant producer" an der Verfilmung des Remarque-Romans „Triumpfbogen" mit (Regie Lewis Milestone), die den Enterprise Studios trotz starker Besetzung mit Ingrid Bergman, Charles Boyer und Charles Laughton zum finanziellen Desaster geriet. 1966 schrieb Klement mit Jay Lewis Bixby die Story des Science Fiction-Abenteuers der 20th Century Fox, „Fantastic Voyage", bei dem Richard Fleischer Regie führte.

Karl Kofler Kameramann

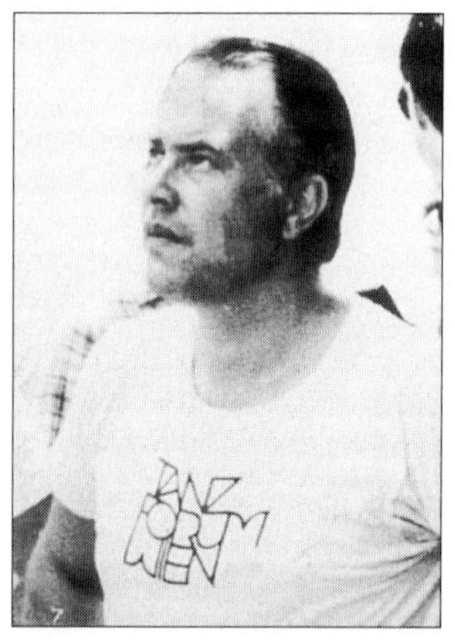

Geb. 24. Sept. 1940 Mürzzuschlag

Karl Kofler begann nach der Lehre der Photographie-, Kino- und Fernsehtechnik als Kameramann beim Österreichischen Fernsehen (ORF). Im Bereich des Nouvelle-Film schuf er Dokumentationen wie „Keraban, der Starrkopf" (auf den Spuren der Romanfigur Jules Vernes), „Maramuresch" (Landschaftsporträt), und „Eine Legende wird lebendig" (Studie über das Monte Carlo Ballett). Zuletzt 1992 den Fernsehfilm „Rosalinas Haus", bei dem er neben der Autorin und Hauptdarstellerin Erika Pluhar auch Regie führte. Seine erste Arbeit außerhalb des ORF entstand 1976 in Moskau, Earl Macks und Robert Dornhelms sensibler Dokumentarfilm über das Kirow-Ballett, „Kinder der Theaterstraße".

Dornhelm, inzwischen als Regisseur in Hollywood tätig, holte ihn 1980 für sein filmisches Wagnis „She Dances Alone" nach USA. Als Produkt der Zusammenarbeit zwischen dem ORF mit der amerikanischen D.H.D. Enterprises Inc. entstand an Drehorten in San Francisco und Los Angeles ein ungewöhnliches Kunstwerk über die legendäre Figur des Tänzers Waslaw Nijinsky, seine Mutter Kyra und die Stadt San Francisco.

Beim zweiten Hollywood-Aufenthalt 1983 realisierte Kofler unter der Regie Dornhelms seinen ersten Spielfilm, „Echopark". Eine Dreieckskomödie mit Susan Dey und Tom Hulce, angesiedelt und gedreht in einer heruntergekommenen Gegend von Los Angeles. Die Mittel für den 1985 bei der Biennale in Venedig erfolgreichen „low budget"-Film kamen aus mehreren Ländern, von privaten und öffentlichen Adressen. Eine davon war erneut der ORF, der Karl Kofler als Kapital einbrachte.

F: She Dances Alone (US/Ö), 1980; Echo Park, 1985.

Autor (Friedrich) Frederick Kohner

Geb. 25. Sept. 1905 Teplitz-Schönau
Gest. 06. Juli 1986 Brentwood

Friedrich Kohner, der zweitälteste der drei Kohner-Brüder studierte an der Pariser Sorbonne und promovierte 1929 an der Universität Wien zum Dr. phil. Sein Dissertationsthema „Ist Film Kunst?“ stellte die erste wissenschaftliche Abhandlung über das neue Medium dar und erschien später unter dem Titel „Der deutsche Film“ in Buchform. Nach Abschluß des Studiums ging er als Korrespondent Berliner Zeitungen mehrere Monate nach Hollywood, wo er die Zeit der künstlerischen und wirtschaftlichen Umstellung auf den Tonfilm miterlebte. Bei den Dreharbeiten zu der Paramount-Komödie „Monte Carlo“ führte ihn Ernst Lubitsch in das Filmwesen ein.

1930 brachte er in Berlin den Roman „Fünf Zimmer in Hollywood“ heraus, er war Regieassistent Stefan Szekelys („Seitensprünge“) und schrieb 1932 die Drehbücher zu den Filmen Geza von Bolvarys „Ein Lied, ein Kuß, ein Mädel“ und Robert Siodmaks „Brennendes Geheimnis“ in Bearbeitung einer Novelle von Stefan Zweig. Der Streifen lief einige Tage ohne Nennung der Namen jüdischer Mitarbeiter und wurde danach von den neuen Machthabern verboten. Kohner setzte seine Drehbucharbeit in Paris fort, mit Curd Siodmak entstand das Filmsingspiel „La Crise est finie“ (1934), in der Schweiz verfaßte er (mit Alfred Polgar) das Manuskript zur deutschen Hamsunverfilmung „Viktoria“, in Italien zu „Canzone di soli“ (das Leben des Tenors Lauri Volpi), beide unter Pseudonym. Ab 1934 in London, erarbeitete er mit Ossip Dymow die Story zu „Sins of Man“ nach einem Roman Joseph Roths.

Die kalifornische Filmindustrie wurde auf ihn aufmerksam, 1936 bot ihm Columbia einen Halbjahresvertrag, da man ein Remake des „Brennenden Geheimnisses“ plante, das im damals noch freien Wien einen sensationellen Erfolg erzielte. Um aus Europa herauszukommen, folgte Kohner mit seiner Familie dem Ruf Hollywoods. Bereits die erste mit Marcella Burke verfaßte Story zu Norman Taurogs „Mad About Music“ für Universal brachte ihm eine „Oscar“-Nominierung ein. Zu vielen Filmen, an denen er mitwirkte, lieferte er die Originalgeschichte, infolge der Sprachschwierigkeiten entstanden jedoch die meisten seiner Arbeiten oder Drehbücher in Zusammenarbeit mit heimischen Autoren.

Neben der als einengend empfundenen Filmtätigkeit versuchte er sich als Stückeautor. Seine Komödie „The Bees and the Flowers“ (1947) lief am Broadway, die Politsatire „Stalin Allee“ (1956, beide mit Albert Mannheimer) kam in Dallas zur Auf-

F: Sins of Man (Story mit Ossip Dymow), 1936; Mad About Music (Story mit Marcella Burke), That Certain Age (Db-Mitarbeit o.c.), 1938; It's a Date (Story mit Jane Hall und Ralph Block), 1940; The Men in Her Life (Db mit Michael Wilson und Paul Trivers), Nice Girl (Db-Mitarbeit o.c.), 1941; Crossroads (Db-Mitarbeit o.c.), 1942; Johnny Doughboy (Original Story), Tahiti Honey (Drehbuch mit Lawrence Kimble und H.W. Haneman, Story), 1943; The Lady and the Monster (Db mit Dane Lussier), Lake Placid Serenade (Story), 1944; Pan-Americana (Story mit John H. Auer), Patrick the Great (Story mit Jane Hall und Ralph Block), 1945; Three Daring Daughters (Db mit Albert Mannheimer), 1948; Bride for Sale (Story mit Joseph Fields), 1949; Nancy Goes to Rio (Remake von „It's a Date, 1940), 1950; Hollywood Story (Db mit Fred Brady), 1951; Never Wave at a WC (Story mit Fred Brady), 1952; Toy Tiger (Story mit Marcella Burke), 1956;

Frederick Kohner

Autor

Die Filme „Gidget“ (1959), „Gidget Goes Hawaian“ (1961) und „Gidget Goes to Rome“ (1963) entstanden nach Figuren aus den Büchern Frederick Kohners.

TV: Fireside Theatre: The Mural, 1954; Gidget: Is it Love or Symbiosis (Db mit A.J. Mady), 1965.

1955/66 schuf Harry Ackerman für Columbia die 32 Episoden zählende Serie „Gidget“ (Die Abenteuer eines 15jährigen Mädchens) mit Sally Field in der Titelrolle. 1969 produzierte er „Gidget Grows Up“ mit Karen Valentine, 1972 „Gidget Gets Married“ mit Monie Ellis und im Juni 1985 den Pilotfilm „Gidget's Summer Reunion“ für die Nachfolgeserie „The New Gidget“ mit Caryn Richman von 1986/87.

führung. Inspiriert durch das Engagement seiner Tochter Kathie in der Surfszene am Strand von Malibu entstanden seine berühmten „Gidget“-Romane, mit denen ihm der Durchbruch vom Filmautor zum Romancier gelang. Einige der Bücher erreichten Millionen-Auflagen, wurden verfilmt und eroberten sich den Bildschirm. Die Wortschöpfung „Gidget“ (Zusammenziehung von Girl = Mädchen und Midget = Zwerg) fand im „Dictionary of Worlds Phrase Origins“ Aufnahme.

In dem Buch „Der Zauberer vom Sunset Boulevard“, untertitelt „Ein Leben zwischen Film und Wirklichkeit“ (1974), schilderte er anhand des Aufstiegs seines Bruders Paul Episoden und Personen Hollywoods. Zu weiteren Werken gehören die Romane „Liebe in Weiss“ und „Kiki vom Montparnasse“, er arbeitete am Sachbuch des Bruders Walter, „Hanna und Walter“ mit und schrieb für die „Los Angeles Times“. Friedrich Kohner, der wie seine Brüder in Hollywood ein altes Stück Österreich verkörperte, gehörte damit zu jenen Emigranten, die sich beruflich voll in Amerika integrierten. Seine Ferien verbrachte er zuletzt mit Gattin „Mimi“ (Fritzi Klein) fast jedes Jahr am Wolfgangsee im Salzkammergut.

Paul Kohner

Produzent

Paul Kohners Agency am Sunset Boulevard war über Jahrzehnte eine der wichtigsten Adressen Hollywoods.

Produzent

Paul Kohner

Geb. 29. März 1902 Teplitz-Schönau
Gest. 16. März 1988 Los Angeles

Paul Kohner, Sohn eines Kinobesitzers aus dem böhmischen Teplitz-Schönau, verließ 1920 den alten Kontinent in Richtung USA. In Carl Laemmles „Universal" in New York übernahm er alle Jobs des Filmgeschäfts, einschließlich der Werbung und Promotion. Erich von Stroheim empfahl ihn nach Hollywood. Kohners Karriere in der Hierarchie der Gesellschaft verlief steil ansteigend, 1924 wurde er Regieassistent bei kleineren Filmserien, bald danach selbstverantwortlicher Produzent. Bei mehr als 30 Streifen wirkte er als Supervisor.

Zu Beginn der Tonfilmzeit war es seine, von fast allen Mayor-Studios aufgenommene Idee, Filme in mehreren Sprachen nachzudrehen. Dazu mußten Schauspieler aus verschiedenen Ländern nach Hollywood verpflichtet werden, Paul Kohner wirkte schon damals nebenberuflich als eine Art Agent. Er produzierte mehr als 50 Fremdsprachen-Versionen für Universal, in den meisten spanischsprachigen Filmen stand der mexikanische Star Lupita Tovar vor der Kamera, die er 1932 heiratete. Laemmle vertraute ihm seine gesamte Auslandsproduktion an, den nächsten Schritt setzte er damit, besonders ansprechende Filme für das Ausland direkt in den jeweiligen Ländern zu drehen.

Zwischen 1931 und 1933 ging Kohner nach Berlin, um im Rahmen der „Deutschen Universal" bei Filmen wie Luis Trenkers „Der Rebell" und „Der verlorene Sohn", „Brennendes Geheimnis" mit Willy Forst oder „SOS-Eisberg" mit Leni Riefenstahl die künstlerische Oberleitung zu übernehmen. Als Laemmle 1936 seine Gesellschaft verkaufte, wechselte Kohner zu MGM, ohne dort richtig Fuß zu fassen. 1938 beschloß er, eine eigene Agentur zu eröffnen, John Huston und dessen Vater Walter Huston waren seine ersten Klienten. Binnen Jahresfrist betreute er eine erlesene und trotz einiger prominenter Amerikaner, sehr europäische Künstlerschar. Eine Anlistung der frühen 40er Jahre enthält neben Marlene Dietrich, Greta Garbo, Pola Negri, Albert Bassermann und Robert Siodmak u.a. die Österreicher Vicki Baum, Salka Viertel, Helene Thimig, Gisela Werbezirk, Fritz Lang, Gottfried Reinhardt, Erich von Stroheim, Peter Lorre, Paul Henreid, Ernst Deutsch, Alexander Granach und Robert Stolz.

F: King of Jazz (US/F/Sp), 1930; Resurection (US/Sp, KO), 1931; The Rebel (US/D, KO), The Doomed Battalion (US/D, Supervisor), A House Divided, 1932; East of Java, 1935; Next Time We Love, Sins of Man, 1936; Paradise for Three (o.c.), 1938.

Silents: The Hunchback of Notre Dame, 1923; The Phantom of the Opera, 1925; The Chinese Parrot, 1927; Love Me and the World Is Mine, 1928.

Seine Bemühungen galten aber nicht nur Personen, die in der Filmkolonie schon einen Namen hatten. Nach dem „Anschluß" Österreichs und dem Ausbruch des Zweiten Weltkrieges sahen unzählige in europäischen Ländern festsitzende Filmschaffende in Paul Kohner ihre letzte Chance, das Fluchtziel Hollywood zu erreichen. Infolge der Einwanderungsgesetze unter Präsident Roosevelt erhielten jedoch nur solche Verfolgte Einreisevisa, die eine finanzielle Bürgschaft oder einen amerikanischen Arbeitsvertrag vorweisen konnten. Kohner, der selbst dutzendweise „Affidavits" ausstellte, versammelte etablierte deutschsprachige Filmkünstler um sich. Gemeinsam gründeten sie Anfang Oktober 1939 den „European Film Fund", in deren Kasse Spitzenverdiener monatliche Beträge einzahlten, die das Überleben auch der weniger Erfolgreichen ermöglichte. Daß deutschsprachige Autoren, darunter Alfred Döblin, Kurt Neumann, Alfred Polgar, Paul Frank und Hans Lustig von einigen Filmgesellschaften Proforma-Kontrakte erhielten, die ihnen für eine Übergangszeit das Existenzminimum sicherten, ging ebenfalls auf seine Initiative zurück.

Auch nach 1945 setzte sich Paul Kohner für deutschsprachige Filmschauspieler und Regisseure wie Horst Buchholz, O.W. Fischer, Senta Berger, Oskar Werner, Klaus Maria Brandauer, Heinz Rühmann und Bernhard Wicki als deren Agent in Hollywood ein. Fast 50 Jahre regierte er in seiner eher bescheiden wirkenden Agentur in einer zweistöckigen Art Deco-Villa am Sunset Boulevard, in der sein Bruder Walter zu den engsten Mitarbeitern zählte. Kohner machte Unbekannte bekannt und Bekannte berühmt, in seinem Büro hingen die Wände voller Bilder mit Widmungen dankbarer Klienten. Darunter auch Tochter Susan Kohner, bis zur Aufgabe des Berufs eine der attraktivsten Schauspielerinnen Hollywoods und der als Produzent tätige Sohn Pancho. Friedrich Kohner, der zweite Bruder, widmete ihm 1974 die Biographie „Der Zauberer vom Sunset Boulevard". Bei Paul Kohners Begräbnis im Jewish Hillside Memorial Cemetery waren Wiener Walzerklänge zu hören, in der Trauergemeinde saßen österreichische und deutsche Altemigranten, Billy Wilder gehörte zu den Sargträgern. Kohners Nachlaß, Korrespondenz, Vertragsunterlagen und Manuskripte, wurde in Konkurrenz gegen amerikanische Universitäten von der Stiftung „Deutsche Kinemathek" in Berlin erworben.

Agent

Walter Kohner

Geb. 12. Okt. 1914 Teplitz-Schönau

Walter Kohner, der jüngste der Gebrüder Kohner, begann 1931 als Reporter für Schauspielerinterwiews, Studioberichte und Filmkritiken beim „Filmkurier" in Berlin. Von 1933 bis 1935 wirkte er als Regieassistent in Prag und Oslo an deutschen, tschechischen und norwegischen Filmen mit. 1935 nahm er Schauspielunterricht am Max Reinhardt-Seminar in Wien, 1937/38 folgte sein einziges Theaterengagement im nordböhmischen Leitmeritz. Nach dem Einmarsch Hitlers in der CSR half Paul Kohner seinen beiden Brüdern Friedrich und Walter nach Hollywood zu emigrieren.

Da viele der Großen unter den europäischen Emigranten kaum ein Unterkommen fanden, blieb auch der Traum Walter Kohners nach einer Künstlerkarriere unerfüllt. Er schlug sich als Laufbursche bei Columbia Pictures durch, als Filmvorführer und Klavierspieler in Stummfilmkinos, spielte Unterhaltungsmusik in einem ungarischen Restaurant und gab für Emigranten ohne Führerschein wie Friedrich Torberg Fahrunterricht. Albert Bassermann fand in ihm eine Hilfe bei der Einstudierung englischsprachiger Rollen, mit dem jungen Komponisten und Autor Georg Kreisler gestaltete er Kabarettnummern in Emigrantenheimen. In der Max Reinhardt-Inszenierung „Sechs Personen suchen einen Autor" konnte er wenigstens einmal auf der Bühne stehen, Robert B. Sinclair beschäftigte ihn in einem MGM-Film als Imitator der Stimme Hitlers.

Der Kriegseintritt Amerikas brachte für Walter Kohner eine Wende. Wie viele Emigranten arbeitete er bei dem von Hans Habe geleiteten Office of Strategic War Service, als Dolmetscher und Übersetzer, kurz vor und nach Kriegsende nahm er Aufgaben an Radiosendern in Luxemburg und Bayern wahr. Ab 1946 wurde er für viele Jahre ein führender Mitarbeiter in der berühmten Filmagentur seines Bruders Paul und einer der Einflußreichen im Hintergrund des Hollywood-Geschäfts. Neben der Arbeit fand er Zeit, zusammen mit seiner Gattin und Friedrich Kohner eine Love Story nach eigenen Erlebnissen, „Hanna und Walter", herauszubringen, die im Random House und bei Reader's Digest erschien. Walter Kohner, der letzte Überlebende der bedeutenden „Kohner Brothers" verbringt seinen Lebensabend in Los Angeles.

F: Joe and Ethel Turp Call on the President (nur Stimme), 1939.

Walter Kohner

Agent

Die drei „Kohner Brothers“ vor einem Wandgemälde mit Movie Stars in der Nähe des Hollywood Boulevards (v. l. Paul, Fritz und Walter Kohner)

Leopoldine Konstantin

Schauspielerin

Friedrich Ledebur (zweiter von links), Leopoldine Konstantin, Reinhold Schüssel, der Budapester Peter von Zerneck, Ingrid Bergmann und Claude Raim in dem Hitchcock-Thriller „Notorious“ (Berüchtigt) der RKO.

Leopoldine Konstantin

Leopoldine Konstantin, Tochter eines Fabrikdirektors, wurde von ihrem ersten Gatten Alexander Strakosch in Wien im Schauspiel unterrichtet. Sie war in Berlin mehrere Jahre bei Max Reinhardt tätig, nach Gastspielen an verschiedenen deutschen und europäischen Bühnen brachte sie Josef Jarno an die „Josefstadt" in Wien, wo sie später auch am Dt. Volkstheater große Erfolge feierte. Für zwei Generationen Wiener Theaterbesucher war die Konstantin als Salondame in modernen Konversationsstücken und als Charakterdarstellerin ein Begriff.

Geb. 12. März 1886 Brünn
Gest. 15. Dez. 1965 Wien

In ihren Filmrollen, u.a. in Reinhardts „Insel der Seligen" (1913), „Lola Montez" (1919), „Gefesselte Menschen" (1921), „Der Silberkönig"(1922) und in der Tonfilmära in dem UFA-Streifen „Saison in Kairo"(1933) mit Renate Müller und Willy Fritsch (R: Reinhold Schünzel), in „Prinzessin Turandot", „Liebe dumme Mama" (1934) sowie der Styria-Produktion „Mädchenpensionat" (1936), gefiel sie in Variationen ihres damenhaft-lasziven Typs und attraktiven Chargen.

Kurz bevor sich 1938 das Dritte Reich auch in Österreich etablierte, ging sie mit ihrem zweiten Ehemann, dem Journalisten, Dramatiker und Drehbuchautor Geza Herczeg (später geschieden) nach Amerika. Sie brachte sich zuerst als Fabrikarbeiterin in New York durch, spielte dann aber wieder Theater in englischer Sprache. Nach 1946 trat sie in Felix Gerstmanns und Gert von Gontards Emigranten-Ensemble „The Players from Abroad" auf, im gleichen Jahr wirkte sie auf Anregung des gleichfalls verpflichteten Reinhold Schünzel als Mme. Konstantin in dem Hitchcock-Klassiker „Notorious" (Berüchtigt) mit. Der Film über eine Nazi-Verschwörung in den USA kam in den 50er Jahren unter dem Titel „Weißes Gift" in einer völlig verfälschten Version in die deutschsprachigen Kinos. Erst Jahre später entstand eine authentische Synchronfassung.

1948 nach Wien zurückgekehrt, verschrieb sich die Künstlerin dem Tourneetheater, ohne an die Vorkriegserfolge anknüpfen zu können. 1957 feierte sie im New Yorker Barbizon-Plaza in einer deutschen Übersetzung von Maughams „Die heilige Flamme" ihren größten Amerikaerfolg.

F: Notorious, 1946.

TV: The American; The Swan (Comedy Special mit Grace Kelly, nach Franz Molnar, nicht zu verwechseln mit der gleichnamigen MGM-Verfilmung von Charles Vidor von 1956), 1950.

Rudolph G. Kopp

Komponist

Geb. 22. März 1887 Wien
Gest. 20. Feb. 1972 Woodland Hills

Rudolph Georg Kopp studierte an der Wiener Musikakademie Violine (bei Karl Prill), Harmonielehre (Hermann Graedner) und Komposition (Robert Fuchs). 1909 wurde er erster Geiger an der Volksoper Wien und Konzertmeister des 101. k.u.k. Infanterieregiments, als Mitglied des Adolph Tandler Quartetts unternahm er Konzertreisen in Europa und den USA. In den 20er Jahren dirigierte er an Musicaltheatern in Milwaukee (Saxe), wo er das Young Peopole's Orchester mitbegründete, Chicago (Balaban & Katz) und bei Symphony-Orchestern im mittleren Westen Amerikas. Er war Kinodirigent an Sid Grauman's berühmtem Chinese Theatre am Hollywood Boulevard, Solist des Symphony Orchesters und Musikdirektor des Million Dollar Theatre in Los Angeles.

Ab 1932 widmete er sich der Komposition von Filmmusik. Bei Paramount (1932-1936) unterlegte er die drei Monumentalwerke Cecil B. DeMilles „The Sign of the Cross", „Cleopatra" und „The Crusades". Bei MGM lieferte er Scores zu weiteren 15 Streifen und einigen „shorts", darunter Fred Zinnemanns „My Brother Talks to Horses", Sam Woods letzter Western „Ambush" und Teile des Episodenfilms „It's a Big Country". Rudolph G. Kopp gehört zu den weniger bekannten Komponisten Hollywoods. Neben der Filmarbeit gab er Violinunterricht und schrieb Kammer- und Ballettmusik sowie Orchesterwerke. Seit 1958 lebte er im Ruhestand, er starb nach langer Krankheit, die Bestattung erfolgte auf dem Forest Lawn Cemetery in Glendale.

F: The Sign of the Cross, 1932; Cleopatra, Here Is My Heart (Mitarbeit), Murder at the Vanities (Mitarbeit), 1934; The Crusades, All the Kings Horses (Mitarbeit), 1935; Voice of Bugle Ann, 1936; Galant Bess, My Brother Talks to Horses, 1946; Tenth Avenue Angel, The Bride Goes Wild, 1948; The Doctor and the Girl (md), 1949; Ambush, Mystery Street, 1950; Vengeance Valley, Bannerline, It's a Big Country (eine Episode), Calling Bulldog Drummond, 1951; The Devil Makes Three, Desperate Search (md), Fearless Fagan (md), 1952; Cry of the Hunted, Great Diamond Robbery (md), The Hoaxsters (Df, md), 1953; Gypsy Colt, 1954.

Paul Koretz

Agent

Paul Koretz studierte Jura und eröffnete seine Wiener Kanzlei am Vorabend des Ersten Weltkrieges. Als Anwalt wurde er zum führenden Urheberrechtsexperten der Filmindustrie, der die Grundregeln für den Schutz des geistigen Eigentums und lange vor dem Aufkommen des Fernsehens die Rechte an Wiederholungssendungen entwarf.
In den 20er Jahren fungierte er in Wien als persönlicher Vertreter von William Fox, damals Chef der Fox Film Corporation. Er half, ein Programm von Filmen zu entwerfen, die auf dem Markt als Ausgleich für die reinen Western dienen sollten, mit denen Fox damals identifiziert wurde. Er sicherte ihm die Dienste des

Paul Koretz

Geb. 12. Sept. 1895 Wien
Gest. 07. Jän. 1980 Hollywood

deutschen Filmregisseurs Friedrich W. Murnau und des Grazer Drehbuchautors Carl Mayer, die 1927 das größte Prestigeobjekt des Studios, „Sunrise", Gewinner des ersten Oscar für „künstlerische Qualität", realisierten. Koretz war an den Fox Europa-Produktionen in Paris und Berlin beteiligt.
Um 1921 veranlaßte er Fox, die Rechte für die westliche Hemisphäre an dem „Tri-Ergon"-Verfahren zu erwerben. Es war ein von den Deutschen Hans Vogt, Joseph Engl und Joseph Masolle entwickeltes Lichttonaufnahme-System, das sich auf ein Gerät mit Schwungrad und Greifer stützte und die damals bestmögliche Synchronisation lieferte. Das Patent kostete 10.000 Dollar, Fox gab jedoch Millionen aus, um die Tonaufnahme zu perfektionieren, die der Konkurrenz, die noch Grammophonaufnahmen mit Bildern kombinierte, weit voraus war. Die daraus resultierende juristische Schlacht, wer tatsächlich die Rechte an Tonfilmen besaß, führte zu einer Reihe von Klagen und Gegenklagen, die Fox praktisch den letzten Penny kosteten.
Koretz hatte Hollywood bereits vor 1930 besucht, zehn Jahre später ließ er sich dort auf Dauer mit seiner Familie nieder, nachdem die Nazis Österreich annektiert hatten. Bevor er 1939 in die Vereinigten Staaten kam, hatte er die Amerikakarriere Luise Rainers in die Wege geleitet und Hedy Lamarrs Hollywood-Vertrag nach ihrem europäischen Erfolg in „Ekstase" ausgehandelt. 1940 gründete er gemeinsam mit dem Budapester George Marton die „Playmarket" Agentur, die eine wichtige Vermittlerrolle beim Verkauf von „stories" an die Filmkonzerne spielte und selbst Drehbuchautoren beschäftigte. Über 25 Jahre war er der juristische Beistand Louis B. Meyers, den er beim Erwerb europäischer Rechte und in Zusammenhang mit den Diensten kontinental europäischer Künstler beriet.

(zur nachfolgenden Seite)
E. W. Korngold (rechts) beim „sound engineer mixing" der Partitur zu den historischen Warner Brothers-Drama „Juarez". Auf der Leinwand der aus Österreich gebürtige Paul Muni in der Titelrolle

Erich Wolfgang Korngold **Komponist**

Geb. 29. Mai 1897 Brünn
Gest. 29. Nov. 1957 North-Hollywood

Erich Wolfgang Korngold, zweiter Sohn des Publizisten und Musikkritikers Julius Korngold, galt als musikalisches Wunderkind. Ausgebildet u. a. von Robert Fuchs und Alexander von Zemlinsky, komponierte er bereits als Elfjähriger Klavier- und Kammermusik. Einige frühe Werke kamen in Leipzig und Wien zur Aufführung, seine Oper „Die tote Stadt" brachte ihm 1920 einen Welterfolg. 1931 wurde er in Wien Professor für Musiktheorie und Leiter der Kapellmeisterklassen an der Akademie für Musik und darstellende Kunst. 1934/35 übernahm er in den USA das Arrangement von Felix Mendelssohn-Bartholdys Musik für Max Reinhardt und Wilhelm Dieterles Aufführung des „Midsummer Night's Dream" in der Hollywood Bowl und der gleichnamigen Verfilmung. Während der Arbeit an seiner dritten Oper erhielt er ein Angebot der Warner Brothers, die ihm in der Auswahl der Filme größtmögliche Freiheiten zusicherten. 1936 ging Korngold erneut nach Amerika.

In Hollywood erlebte er eine glückliche und erfolgreiche Rezeption. Filmarbeit war für ihn ein neuer Weg, seriöse Musik Millionen Menschen in aller Welt nahe zu bringen. Mit den Kompositionen zu den Michael Curtiz/Errol Flynn-Filmen „The Adventures of Robin Hood", „The Privat Lives of Elizabeth and Essex", „The Sea Hawk" sowie dem Remake „Deception" (Jealousy, 1929) setzte er höhere Wertmaßstäbe. Er verfeinerte die musikalischen Inserts, „Deception" enthielt sein „Cellokonzert in C-Dur, op. 37", „Esacpe Me Never" eine eigenständige Ballettmusik. Seine Vertonungen wurden richtungsweisend. Der Österreicher erfand die „symphonische Filmpartitur" und den typischen Hollywood-Soundtrack der 30er und 40er Jahre. Für die Musik zu „Anthony Adverse" und „The Adventures of Robin Hood" erhielt er „Academy Awards", zwei weitere Scores erzielten Nominierungen.

Nach dem Kriege lebte und arbeitete er abwechselnd in den USA und Europa. 1946 entstand sein „Violinkonzert D-Dur, op. 35" unter Verwendung von Motiven aus den Filmen „Another Dawn", „Anthony Adverse", „Juarez" und „The Prince and the Pauper". 1947 versuchte er mit neuen konzertanten Werken aus dem Bannkreis des Filmgeschäfts auszubrechen. 1950 wurde in Wien seine „Symphonische Serenade für Streichorchester in B-Dur, op. 39" uraufgeführt, 1955 die „Symphonie fis-moll, op. 40", ohne daß er damit an frühere Erfolge hätte anknüpfen können. Korngold, mit der Sängerin und Pianistin Luise von Sonnenthal verheiratet, starb in seinem Haus an der Toluka Lake Avenue in North Hollywood in unmittelbarer Nähe der Warner Brothers Studio. Am Tage seines Todes wehte über der Wiener Staatsoper die Trauerflagge.

F: A Midsummer Night's Dream (Arrangement), A Dream Comes True (Df, +), Captain Blood, 1935; Rose of the Rancho (Song für Gladys Swarthout), Give Us This Night, Anthony Adverse(*), Green Pastures, Hearts Divided (Sequenz, o.c.), 1936; Another Dawn, The Prince and the Pauper, 1937; The Adventures of Robin Hood (++/), 1938; Juarez, The Private Lives of Elizabeth and Essex (**), 1939; The Sea Hawk, 1940; The SeaWolf (**), 1941; King's Row, 1942; The Constant Nymph, 1943; Between Two Worlds, 1944; Deception, Devotion, Of Human Bondage, 1946; Escape Me Never, 1947; Magic Fire (adapt, md, Da), 1956.*
(+) Kurz-Dokumentarfilm über die Dreharbeiten zu „A Midsummer Night's Dream". (++) Zu „Adventures of Robin Hood" lief ein 15 Minuten-Trailer, der Originalwerke Korngolds enthielt

(*) Academy Award, (**) Academy Award-Nominierung

Komponist George Wolfgang Korngold

George W. Korngold, Sohn des Komponisten Erich Wolfgang Korngold, war mit seinem bei Warner Brothers beschäftigten Vater bereits vor 1938 mehrmals in Hollywood. Er verbrachte die Kriegsjahre in den USA und kam im Sommer 1949 nach Wien zurück, um an der Akademie Musiktheorie und Harmonielehre zu studieren. 1951 ließ er sich endgültig in Kalifornien nieder. Aufgewachsen in einem künstlerischen Umfeld pflegte er den Wunsch, seine spätere berufliche Betätigung mit Musik, möglichst innerhalb der Filmbranche, in Verbindung zu bringen. Der Cutter Stan Johnson führte ihn in das Metier ein, 1954 begann er als „music editor" in den Disney Studios. Zwei Jahre später wechselte er zu Warner Brothers, kurz danach zur 20th Century Fox, der er am längsten angehörte.

Geb. 17. Dez. 1928 Wien
Gest. 25. Nov. 1987 Los Angeles

Die Arbeit bei Fox vermittelte ihm die Partnerschaft mit Charles Gerhard, einem früheren Mitarbeiter Arturo Toscaninis. Beide editierten bei RCA (Radio Corporation of America) ein nach klassischen Standardwerken selektiertes Platten-Sortiment für die Reader's Digest Association. Peter Munves, Repertoire-Chef bei RCA, entwickelte die Idee der „Classic Film Score Series", in deren Rahmen George W. Korngold in Zusammenarbeit mit renommierten Orchestern und Verwendung originaler Aufzeichnungen von 1966 bis 1976 vierzehn Alben mit Filmkompositionen von Max Steiner, Miklos Rozsa, Alfred Newman, Franz Waxman, Bernard Herrmann, David Raksin und Dimitri Tiomkin herausbringen ließ. Hauptbestandteil des „recording projects" waren die berühmten Filmpartituren seines Vaters, von „Captain Blood" (1936), über „The Adventures of Robin Hood" (1937/38) und „Kings Row" (1942) bis „Deception" aus dem Jahre 1946.

Das letzte, vom Utah Symphony Orchestra unter Leitung von Varujan Kojian für Varese Sarabande Records aufgenommene Album, „The Sea Hawk", wurde 1987 kurz vor Korngolds Tod fertiggestellt. Es war sein Anliegen, damit auch einen Bewahrungseffekt zu erzielen, wofür er die „Society for the Preservation of Film Music" gründete. Als freier Produzent und Consultant brachte er für CBS, Reader's Digest, Phillips und ETC Records Dutzende Symphonien und die beiden Opern seines Vaters, „Die tote Stadt" und „Violanta" heraus. George Wolfgang Korngold, zweimal verheiratet, lebte in Toluca Lake.

Ausgewählte Filme, an denen George W. Korngold als „music editor" mitwirkte:
The Turning Point (FOX, 1977), The Fury (FOX, 1978), Last Embrace (FOX, 1979), Hopscotch (AE, 1980), Outland (Ladd/WB, 1981), Pennies from Heaven (MGM, 1981).

Fritz Kortner

Schauspieler/Regisseur

Geb. 12. Mai 1892 Wien
Gest. 22. Juli 1970 München

Foto aus dem Fox-Streifen „The Razor's Edge“

Fritz Kortner studierte 1908 bis 1910 an der k.k. Akademie für Musik und darstellende Kunst in Wien. Nach dem Debüt 1910 am Großherzoglichen Hof- und Nationaltheater Mannheim, begann er 1911 am Dt. Theater Max Reinhardts in Berlin und wechselte 1913 an die Volksbühne Wien. Nach mehreren Jahren in Hamburg und abermals Wien avancierte er ab 1919 zum Protagonisten der Klassiker-Inszenierungen Leopold Jessners am Staatstheater Berlin, das bis 1933 seine künstlerische Heimat blieb. Mit der Unbegrenztheit seines Ausdrucksvermögens, einer ambivalenten Rollendurchdringung und ständigen Suche nach neuen Gestaltungsformen entfesselte er Beifallsstürme. In der Vor-Hitlerzeit zählte er zu den erstrangigen und legendären Bühnenakteuren im deutschen Sprachraum.

Den Stummfilm verachtend, verkörperte er dennoch über 70 Rollen. Expressionistisch, naturalistisch und suggestiv, u. a. in einer Reihe österreichischer Liebesmelodramen, als Beethoven in „Märtyrer seines Herzens“ (1918), in Murnaus „Satanas“ (1919), Reinhold Schünzels „Katharina die Große“ (1920) und Robert Wienes „Orlacs Hände“ (1925). Der Tonfilm erweiterte seine Ausdrucksmöglichkeiten, E. A. Duponts „Atlantik“ (1929) oder die gewichtigen Titelrollen in Richard Oswalds „Dreyfus“, Hans Behrendts „Danton“ und Fedor Ozeps „Der Mörder Dimitri Karamasoff“ (1930/31) machten ihn als dominanten, dämonischen Darsteller auch in der Filmwelt bekannt. Mit dem Max Pallenberg-Film „Der brave Sünder“, nach einem gemeinsam mit Alfred Polgar verfaßten Drehbuch, gelang ihm 1933 als Regisseur eine filmliterarische Burleske von Rang.

Perfiden Angriffen der Nationalsozialisten ausgesetzt, kehrte er im gleichen Jahr von einer Auslandstournee nicht mehr nach Deutschland zurück. Über Wien, das ihm keine Chance bot, ging er 1934 nach London, wo er nach Phonetischem Rollenstudium als Darsteller in sechs Filmen mitwirkte, darunter das Musical „Chu Chin Chow“, Karl Grunes historisches Zeitgemälde „Abdul the Damned“ und die anglo-amerikanische Produktion „The Crouching Beast“. Als sich eine Stagnation der britischen Filmindustrie abzeichnete und nazideutsche Boykottdrohungen gegen Filme mit Emigranten griffen, ging Fritz Kortner 1937 in die Vereinigten Staaten. Seine großen Triumphe waren dort nicht wiederholbar. In New York fand er durch die Publizistin Dorothy Thompson Kontakte zur Theaterszene, ein mit ihr verfaßtes Stück, „Another Sun“, lief 1940 am Broadway. Unter seiner Regie spielten u. a. Dolly Haas, Adrienne Gessner und Hans Jaray. Der Mißerfolg anderer Stücke wie „Somewhere in

France" (Mitautor Carl Zuckmayer), veranlaßte ihn im Sommer 1941 zum Umzug nach Kalifornien.

Hollywood, das auch andere Virtuosen aus dem Bereich der Emigranten ignorierte, nahm Kortner kaum zur Kenntnis, er selbst hielt sich dagegen nicht an die Regeln der Etikette der Filmmetropole. Es gelang ihm, mehrere Drehbücher an MGM zu verkaufen („The Dawn's Early Light", „Gentlemen from the West Indies" mit D. Thompson, „The Beethoven Story") und damit die materiellen Grundlagen seiner Familie zu sichern. Einige antifaschistische Storys, „Forbidden Woman" (mit Gina Kaus) oder eine Tomas Masaryk-Biographie, blieben dagegen unverkauft. Erst 1943 kam es mit „The Strange Death of Adolf Hitler", der Geschichte eines Führer-Doppelgängers, zur Verfilmung einer seiner Vorlagen (*). Als „scriptdoctor" bei MGM verbesserte er Drehbücher, letztlich fand er auch in seinem ureigensten Metier als Darsteller in mehreren Rollen Beschäftigung. In dem Anti-Nazi-Film „The Hitler Gang" über den Aufstieg der Nationalsozialisten spielte er Gregor Strasser, Jacques Tourneurs „Berlin Express", 1947/48 im zerstörten Deutschland realisiert, war seine letzte Hollywood-Arbeit.

Sein Entschluß zur Rückkehr im Dezember 1947 stieß in der Emigrantenkolonie auf die Verurteilung der vielen Unversöhnlichen. In der Bundesrepublik Deutschland glückte ihm und seiner Gattin, der Schauspielerin Johanna Hofer, ein neuer Start. Kortner überzeugte in Berlin, München und Hamburg als glänzender Regisseur und Inszenator, der unbeirrt von allen Kämpfen und Stilparolen seinen weg ging, dabei das Bild des Menschen in jeglicher Form verteidigend. Neben einigen Filmen (Der Ruf, Epilog, Blaubart, Sarajewo, Darstellung und Regie) brachte er trotz Ermüdungserscheinungen bis zu seinem Tode 43 Einstudierungen auf die Bühne, zuletzt 1970 „Emilia Galotti" im Theater an der Josefstadt in Wien.

F: The Purple V, The Strange Death of Adolf Hiler (Da, Db, Story mit Joe May), 1943, The Hitler Gang, 1944; The Razor's Edge, Somewhere in the Night, The Wife of Monte Christo, 1946; The Brasher Doublon, 1947; The Vicious Circle, Berlin Express, 1948.

(*) Fritz Kortner verfaßte während seiner Hollywood-Zeit außerdem zwei seiner drei Theaterstücke, „Nacht und Nebel" und „Donauwellen"

Fritz Kortner, John Hodiak und Madeleine Lebeau in dem Fox-Thriller „Somewhere in the Night" von Joseph L. Mankiewicz

Peter Kortner

Produzent

Geb. 04. Dez. 1924 Berlin
Gest. 09. Feb. 1991 Sonoma

Peter Kortner, Sohn des legendären Wiener Mimen und Regisseurs Fritz Kortner und seiner Gattin, der Schauspielerin Johanna Hofer, kam 1937 im Zuge der riesigen Emigrationswelle mit seinen Eltern in die Vereinigten Staaten. Nach dem Besuch von Schulen in Berlin, Wien, London und New York, setzte er seine Ausbildung in Kalifornien an der High School und der UCLA fort.

In den Kriegsjahren leistete er Militärdienst, als seine Eltern 1947 nach Europa zurückkehrten, blieb er in den USA. Kortner etablierte sich bei der Television und begann als Produzent und Drehbuchautor bei Columbia, die als erstes „major studio" gelernt hatte, mit dem neuen Medium zu leben. Zu den von ihm produzierten Sendungen gehören einzelne Episoden der Anthologie „Pursuit" und der „DuPont-Show" mit June Allyson sowie ein großer Teil der Reihe „Playhouse 90". Ab 1963 leitete er bei Screen Gems/Columbia Pictures TV die Herstellung der Comedyserie „The Farmer's Daughter" mit Inger Stevens, ab 1965 bei Universal (mit Dick Wesson) die „John Forsythe Show" mit dem späteren Serienstar von „Dynasty" und Elsa Lancaster.

Aus Protest gegen rechtskonservative politische Strömungen (nachdem Ronald Reagan Gouverneur von Kalifornien wurde) und die Mittelmäßigkeit der Fernsehproduktionen verließ er 1966 Hollywood mit dem Bemerken, dort nie mehr leben zu wollen. In London schrieb er 1970 mit Terence Frisby das Drehbuch zu der britischen Filmkomödie „There's a Girl in My Soup" mit Goldie Hawn und Peter Sellers. Daneben verfaßte er die drei Romane „Jim for Sale" (ein Hollywood-Thema), „A slightly Used Woman" (ein Hollywood-Thema) und „Breakfast With a Stranger", die in England und den USA erschienen. Erst 1975 kehrte er in die Staaten zurück, wo er sich im kalifornischen Sonoma niederließ.

TV-Serien: The Farmer's Daughter, 101 Episoden, 20. 09. 1963–02. 09. 1966; The John Forsythe Show, 30 Episoden, 13. 09. 1965–29. 08. 1966.

Einzelepisoden, soweit ermittelbar: Playhouse 90: Dark December, 1959; The Farmer's Daughter: The One-Eyed Sloth (Regie), 1964.

Fritz Kreisler

Geb. 02. Feb. 1875 Wien
Gest. 29. Jän. 1962 New York

Fritz Kreisler ging aus der Geigenschule Joseph Hellmesbergers in Wien hervor, von 1885 bis 1887 studierte er bei Lambert Massart und Léon Delibes am Pariser Konservatorium, seit seinem 12. Lebensjahr stand er auf dem Konzertpodium. 1888 debütierte er in New York, 1889 unternahm er mit dem Pianisten Moritz Rosenthal eine erste USA-Tournee, danach studierte er Medizin und Kunst in Rom und Paris. 1895 bis 1896 war er Ulanenoffizier, 1914 wurde er in Lemberg verwundet. 1915 bis 1925 lebte er hauptsächlich in New York, dann in Berlin, 1933 bis 1939 in Paris und anschließend erneut in New York. Er gehörte vier Jahrzehnte zu den erfolgreichsten Violinvirtuosen der Welt, am Ende der Karriere verkaufte er seine Guarneri und Stradivari.

Als Komponist schuf er Kammermusik, ein Streichquartett, Salonstücke wie „Romanze“ und „Caprice viennois“, die drei „Altwiener Tanzweisen“ (Liebesfreud, Liebesleid und Schön Rosmarin), die Operetten „Apple Blossoms“ (New York 1919) und „Sissy“ (Wien 1932) sowie Kadenzen zu klassischen Violinkonzerten. 1944 schrieb er den Score für die wenig erfolgreiche Broadwayshow „Rhapsodie“.

Columbia Pictures beauftragte 1936 Josef von Sternberg mit der Verfilmung der Operette „Sissy“. Kreisler adaptierte seine Musik, aus den Songs ragten „Stars in My Eyes“ und „Madly in Love“ hervor. Die englischen Songtexte schrieb Dorothy Field. Obwohl als heiteres und glänzendes Werk gelobt, distanzierte sich Sternberg später von diesem „Einbruch“ in die Welt der leichten Musik und verlangte ultimativ, den Streifen in seiner Retrospektive nicht anzuführen. Fritz Kreisler erreichte dagegen, was andere Stars vergeblich anstrebten, die Aufnahme in den „Walk of Fame“ auf dem Hollywood-Boulevard.

F: The Kings Steps Out, 1936; I Married an Angel (Verwendung der „Caprice viennoise“), 1942.

Georg Kreisler

Komponist

Geb. 18. Juli 1922 Wien

Es war sein Wunsch Dirigent zu werden. Nach dem frühen Besuch des Wiener Konservatoriums mußte Georg Kreisler auf der Flucht vor den Nazis 1938 mit den Eltern in die Vereinigten Staaten emigrieren. Sein Cousin Walter Reisch, seit 1936 als Drehbuchautor in Hollywood ansässig, unterschrieb die für die Einwanderung der Familie erforderliche Bürgschaft.

Kreisler setzte in Los Angeles sein Studium fort und betätigte sich im Filmgeschäft. Der Inhaber eines kleinen Studios namens „Boots and Saddles Pictures" beschäftigte ihn 1939/40 in mehreren Westernfilmen. Unbekannte Streifen, die nur auf dem Lande aufgeführt wurden, bei denen er bestehende Musik für Verfolgungsszenen umschneiden mußte. Bei dem Schubert-Film „New Wine", den Reinhold Schünzel für die Gloria/United Artists inszenierte, assistierte er den Musikdirektoren Artur Guttmann (der ihn protegierte) und Miklos Rosza, indem er Franz Schuberts Musik filmgerecht umarrangierte.

Daneben arbeitete er als Pianist und Dirigent verschiedener Cabaret-Revuen und Musicals wie „Horrorscope" oder „Hit and Run", in Theatern, die es heute nicht mehr gibt. Damals war es noch üblich, daß größere Kinos neben dem Film auch eine Bühnenshow zeigten. 1941 dirigierte Kreisler die einstündige Show „Meet the People", zeitweilig mit großem Orchester, 1942 ging er damit auf Tournee. Anschließend diente er bis Kriegsende beim Intelligence Service der US-Army.

Nach dem Kriege war er an drei Filmen beteiligt. In dem Universalstreifen „Black Angel" mit Peter Lorre, einem B-Picture des „Film noir" war er in den Nachtklubszenen als Pianist der Tanzkapelle zu sehen. Zu seiner Meisterkomödie „Monsieur Verdoux" schrieb sich Charlie Chaplin auch die musikalische Untermalung, konnte diese aber selbst nicht in Noten umsetzen. Chaplin pfiff die Musik Kreisler vor, der sie für ihn aufschrieb. Es waren untergeordnete Arbeiten, die in keinem Vorspann Erwähnung fanden.

Müde der musikalischen Routine in Hollywood, ging er anschließend nach New York. Nach schweren Tingeljahren in der Barszenerie machte sich Georg Kreisler 1955 auf den Weg zurück nach Europa, wo er den großen Durchbruch schaffte. Er etablierte sich in Wien, München und Berlin, wurde Kabarettist, Autor, Musiker und Sänger. Als Spezialist für schwarzhumorige, schaurig-schöne Chansons entwickelte er sich vom heiteren Sarkasmus zum scharfen Gesellschaftskritiker.

F: New Wine (Arrangments), 1941; Black Angel (Da), 1946; Song of Scheherazade (musik. Assistenz), Monsieur Verdoux (musik. Assistenz), 1947;

Schauspielerin (Vilma Kürer) Vilma Kurer

Vilma Kürer (in USA Kurer) begann 1932 in Wien mit kleinen Rollen, spielte ein Jahr in einem Tournee-Ensemble und ging anschließend an das Dt. Theater in Prag. Sie synchronisierte Deanne Durbin in den beiden Universalfilmen „Three Smart Girls“ und „100 Men and a Girl“ und wirkte 1937 in der österreichisch-ungarischen Produktion „Die entführte Braut“ mit.
Die Flucht vor den Nazis führte sie erneut nach Prag und mit Hilfe eines englischen Journalisten nach Polen, Ende 1938 landete sie in den Vereinigten Staaten. Im Februar 1940 erregte sie erst in der von Herbert Berghof produzierten Show „Reunion in New York“ der American Viennese Group Aufsehen, danach machte die ihr angedrohte Ausweisung aus den USA Schlagzeilen in den Zeitungen. Da sie sich noch immer mit einem Besuchervisum im Lande aufhielt, riet man ihr, die Ehe mit einem Amerikaner einzugehen, um bleiben zu können. Die hübsche und durch die Ausweisungsandrohung populär gewordene Wienerin heiratete den Kollegen Michael Joffre Lewis.
Neben Radioaufgaben (u. a. CBS-Radioplay „Crime Without Passion“) erhielt sie wichtige Bühnenrollen in Stücken wie „Wallflower“ (1940), „The Privat Life of the Master Race“ (1944), „Temper the Wind“ (1947) und bei der Emigrantentruppe „Players from Abroad“. Vilma Kurer trat in mehreren Fernsehserien auf, „Hour Glass Show“, „Believe It or Not“, „Chevrolet-Tele Theatre“ (1949), „Armstrong Circle Theatre und „Martin Kane-Privat Eye“ (1950). Der Hollywood-Traum erfüllte sich 1952 mit einer Filmrolle in dem Spionagedrama der Columbia „Walk East on Beacon“. 1956 wurde sie für die Darstellung der Zeugin Hilde Kranzbeck in dem Elmer Rice-Stück „The Winner“ mit dem Clarence Derwent Award ausgezeichnet.

Geb. 06. Okt. 1914 Melk

F: Walk East on Beacon, 1952;

TV: I Spy: The Man Who Saved Moscow, 1956.

Schauspielerin Ilse Lahn-Waitzenkorn

Ilse Lahn kam nach einer Bühnenkrarriere in den Zwanziger Jahren in die Vereinigten Staaten und nach Hollywood. In den Dreißigern arbeitete sie als Assistentin des Deutschen Paul Leni und anderer europäischer Regisseure in den Universal Studios. Anfangs der Vierziger begann sie in der Agentur Paul Kohners am Sunset Boulevard, als „Reader“, „Story Editor“ und später Literaturagentin bis 1989. Unter ihren Klienten befanden sich u. a. James Agee, Adrian Scott, Dalton Trumbo, Ursula LeGuin und Salka Viertel. Zuletzt produzierte sie auch Filme, mit Jack Pollexsen und Aubrey Wisberg, so das B-Picture Edgar G. Ulmers „Murder Is My Beat“ mit Barbara Bayton und Paul Langton. Ilse Lahn war mit dem Autor Louis Waitzenkorn verheiratet.

Geb. 1902 Wien
Gest. 18. Nov. 1992 Sherman Oaks

F: Murder Is My Beat (P m. Aubrey Wisberg), 1955.

Hedy Lamarr (Hedy Kiesler) Schauspielerin

Geb. 19. Nov. 1914 Wien

F: Algiers, 1938; Lady of the Tropics, 1939; I Take This Woman, Comrade X, Boom Town, 1940; Come Live with Me, H.M. Pulham Esq, Ziegfield Girl, 1941; Crossroads, Tortilla Flat, White Cargo, 1942; The Heavenly Body, Showbusiness at War (Kf), 1943; The Conspirators, Experiment Perilous, 1944; Her Highness and the Bellboy, 1945; The Strange Woman, 1946; Dishonored Lady, 1947; Let's Live a Little, 1948; Samson and Delilah, 1949; Copper Canyon, Lady Without Passport, 1950; My Favorite Spy, 1951; The Story of Mankind, 1957; The Femal Animal, 1958.

TV: Zane Grey Theatre: Proud Woman, 1957; Bob Hope Show: (Special, Gaststar), 28. 09. 1966, außerdem in den Personality Shows: Stump the Stars, Celebrity Game, 1964; Shinding, 1965 und Merv Griffin, 1969.

Hedwig Eva Maria Kiesler, Tochter eines Bankdirektors und einer Konzertpianistin, wurde durch einen Hauslehrer und an privaten Höheren Schulen in der Schweiz unterrichtet. Sie bekam kleine Rollen in frühen österreichischen Tonfilmproduktionen Georg Jacobys, „Geld auf der Straße“ (1930) und „Sturm im Wasserglas“ (1931), bei denen sie auch als Script-Girl tätig war. Nach dem Schauspielunterricht in Wien bei Prof. Arndt engagierte sie Alexis Granowsky nach Berlin, wo sie in dessen Zeitsatire „Die Koffer des Herrn O.F.“ und bei Carl Boese neben Heinz Rühmann in „Man braucht kein Geld“ bereits Hauptrollen übernahm. Als Schülerin Max Reinhardts wirkte sie in einigen seiner Inszenierungen mit, 1931/32 war sie zudem am Theater in der Josefstadt und am Raimundtheater in Wien tätig.

1932 erreichte sie durch die offene Darbietung ihrer physischen Vorzüge in Gustav Machatys „Ekstase“ (Ö/CS) unversehens Berühmtheit (die erste Nacktszene der Filmgeschichte), beschwor aber damit einen Sturm der Entrüstung. 1933 heiratete sie den österreichischen Industriellen Fritz Mandl und war danach fünf Jahre aus dem Showbusiness, ehe sie Mogul Louis B. Mayer 1937 in London nach Hollywood verpflichtete.

MGM gab ihr einen Zehnjahres-Vertrag und in Erinnerung an den verstorbenen Stummfilmstar Barbara LaMarr den Künstlernamen Lamarr. Mayer protegierte sie als „the most beautiful girl in the world“, das Attribut half ihr in den typischen Glamour-Rollen, die sie in den 40er Jahren zu spielen hatte, da ihre begrenzten mimischen Ausdrucksmöglichkeiten nur selten ihrer bezaubernden Erscheinung gerecht wurden. Sie debütierte in „Algiers“, einem Remake der United Artists mit Charles Boyer, nach dem bereits in Frankreich mit Jean Gabin verfilmten Roman „Pepe le Moko“ von Roger D'Ashelbe. Dolores del Rio und Sylvia Sydney wiesen die Rolle ab, die von MGM an den Produzenten Walter Wanger verliehene Wienerin machte sich in dem sensationell angekommenen Streifen einen Weltnamen. Mayer nutzte die Initialzündung, mit „Lady of the Tropics“ und „I Take This Woman“ genoß Hedy Lamarr für einige Zeit Starruhm.

Während des Krieges schmückten ihre Fotos die Unterkünfte der GIs, sie sprach in Hörspielen des Lux Radio Theatre („Algiers“, 1941; „Casablanca“, 1944) und trat in der „Hollywood Canteen“ auf. In ihrer Exzentrik lehnte sie die Bergman-Parts in „Casablanca“ und „Gaslight“ ab. Allmählich kam sie in seichten Filmen als liebesbereite Verführerin beim amerikanischen Publikum außer Mode und Mayer verlor das Interesse an ihr. Mit dem Drama „The Strange Woman" (ihre sicher beste Darstellung) und der Kriminalstory „Dishonored Lady" versuchte sie im Rahmen der gemeinsam mit Hunt Stromberg und Jack Chertok gegründeten Mars Film Corporation der sinkenden Popularität Einhalt zu gebieten. Trotz der Hauptrolle in Cecil B. De Milles verschwenderischem Historienspektakel „Samson and Delilah" (auf Leihbasis bei der Paramount) neigte sich ihre Karriere dem Ende zu. Mehr als die schauspielerischen Leistungen standen ohnedies ihre Skandale im Blickpunkt der Öffentlichkeit. Mit fünf Ehen nach Fritz Mandl, u. a. mit dem Autor Gene Markey, (1939-40), dem Kollegen John Loder (1943–47) und dem Schweizer Bandleader Teddy Staufer (1951–52) gehörte sie zu den Dauerkunden in der Scheidungsmetropole Reno in Nevada.

1953 begann sie nochmals in Italien eine eigene Produktion aufzubauen. Das unter der Regie Marc Allegrets gestartete Projekt „Eterna Femmina", das verschiedene tragische (historische) Liebesgeschichten zeigen sollte, geriet jedoch zum finanziellen Desaster. Einzelne Episoden wurden, mit zeitgenössischen Rahmenhandlungen versehen, 1953 unter den Titeln „L'Amante di Paride" (Mitregie Edgar G. Ulmer) und „I cavalieri del'Illusione" gezeigt. Hedy Lamarrs letzter Film „The Femal Animal" kam 1958 in die Kinos, ihr Auftritt in Arnold Lavens „Slaughter on 10th Avenue" (1957) fiel vor der Premiere der Schere zum Opfer. 1966 stellte sie eine unverblümte, von den Ghostwritern Cy Rice und Leo Guild verfaßte Autobiographie „Ekstase and Me: My Live as a Woman" vor (deutsch: Ekstase und ich, 1967). Ein im gleichen Jahr geplantes Comeback in Bert I. Gordons „Picture Mommy Dead" zerschlug sich, die Rolle erhielt Zsa Zsa Gabor. Hedy Lamarr, die einst Millionen Dollar erfilmte, lebte jahrelang verarmt, vergessen und mit Heimweh nach Österreich in New York. 1984 offenbarte sie ein unvermutetes Talent als Songwriterin, der Sänger Chris Taaj interpretierte ihre Lieder in einem Cabaret in Greenwich Village. Zuletzt zog sich die Diva nach North Bay Village in Südflorida zurück.

Hedy Lamarr und Tony Martin in dem MGM-Musical „Ziegfield Girl“

Schauspielerin — Hedy Lamarr

Hedy Lamarr privat

Schauspielerin — Elissa Landi

Elissa Landi während einer Teepause in den FOX-Studios, rechts außen ihre Mutter Comtesse Zenardi Landi

Elissa Landi (Elisabeth Marie Christine Kühnelt) Schauspielerin

Geb. 06. Dez. 1904 Venedig
Gest. 22. Okt. 1948 Kingston, N. Y.

Elisabeth Marie Christine Kühnelt, Tochter eines österreichischen Kavallerieoffiziers und Stieftochter des italienischen Grafen Carlo Zenardi Landi, des zweiten Gatten ihrer Mutter, wurde in England von Privatlehrern unterrichtet. Mit 16 und 19 Jahren veröffentlichte sie erste Romane, „Neilson“ und „The Helmers“, um Material auch für Bühnenstücke zu sammeln, arbeitete sie an einem Repertoiretheater in Oxford. Ab 1924 spielte sie an Londoner Bühnen, ab 1926 in mehreren Stummfilmen in England, „London“ (1926), „Bolibar“ (1928) und „The Inseparables“ (1929) sowie dem schwedischen Streifen „Broch och Brett“ (GB/USA: Sin, 1929). In Frankreich stand sie 1930 in „Mon Gosse de Père“ an der Seite Adolphe Menjous vor der Kamera.

Aufgrund eines Hinweises von Rouben Mamoulian verpflichtete sie der New Yorker Produzent Al Woods für die Rolle der Catherine Barkley in der Hemingway-Adaption „A Farewell to Arms“ an den Broadway. Ein Talentesucher von Fox Movietone empfahl sie seinem Studio, nach einem Test und Angeboten mehrerer interessierter Gesellschaften akzeptierte sie einen Vertrag bei William Fox. Ende Oktober 1930 übersiedelte Elissa Landi nach Hollywood.

Ihre Mutter, Comtesse Caroline Zenardi Landi, förderte das Interesse der Filmleute mit der Vorspiegelung, daß Elissa eine illegitime Tochter der österreichischen Kaiserin Elisabeth wäre. Fox kündigte daraufhin den neuen Star mit großen Fanfaren an, 1931 debütierte Landi neben Charles Farell und dem noch unbekannten Humphrey Bogart in „Body and Soul“. Nach mehreren Filmen erhielt sie 1932 mit der Mercia in Cecil De Milles „The Sign of the Cross“ die begehrteste Rolle des Jahres. DeMille selbst hatte sie nach Interviews mit mehr als hundert Anwärterinnen ausgewählt, FOX verlieh sie dafür an die Paramount Pictures. Das spektakuläre historische Epos gilt als beste Leistung Elissa Landis in Hollywood, die Meinung DeMilles, daß sie es mit ihrer „reinen und strahlenden Art von Glamour noch weit bringen würde“ erfüllte sich indes nicht.

Als FOX den Vertrag kündigte, nachdem sie eine bestimmte Rolle ablehnte, schlitterte sie Mitte der Dreissiger Jahre als freie Darstellerin in den B-Movie-Bereich. Von Zeit zu Zeit kehrte sie an den Broadway zurück, 1935 und 1936 filmte sie nochmals in Frankreich (Koenigsmark) und England (The Amateur Gentleman), Irving Thalbergs MGM setzte sie 1936 und 1937 in „After the Thin Man“, „Mad Holiday“ und „The Thirteenth Chair“ in sekundären Parts ein. 1943 endete mit „Corregidor“, einem niedrig einzustufenden Kriegs-Propagandastreifen ihre filmische Karriere. Die überzogene Reklame der FOX hatte zu hohe Erwartungen geweckt, die Elissa Landi trotz des vorhandenen Talents nicht erfüllen konnte. Wie andere europäische Stars zuvor, Annabella, Simone Simon oder Alida Valli, zählte sie bei ihrem Abgang in Hollywood zu den Mißerfolgen.

Elissa Landi, von Journalisten oft liebevoll als „Empress of Emotion“ bezeichnet, war mit dem englischen Rechtsanwalt J. C. Lawrence und in zweiter Ehe mit dem Schriftsteller Curtis Thomas verheiratet. Sie brachte in Amerika noch einige Romane heraus, darunter „House for Sale“. Die Schauspielerin und Autorin starb in Kingston im Bundesstaat New York, das sie nach Hollywood zu ihrem Wohnsitz erkor.

F: Body and Soul, Always Goodbye, Wicked, The Yellow Ticket, 1931; Devil's Lottery, Passport to Hell, The Sign of the Cross, The Woman in Room 13, 1932; I Loved You Wednesday, The Masquerader, The Warrior's Husband, 1933; By Candellight, The Count of Monte Christo, The Great Flirtation, Man of Two Worlds, Sisters Under the Skin, 1934; Enter Madam, Without Regret, 1935; After the Thin Man, Mad Holiday, 1936; The Thirteenth Chair, 1937; Corregidor, 1943.

Elissa Landi und Frederick Morch in „The Sign of the Cross“ von Cecil B. DeMilles

Fritz Lang

Geb. 05. Dez. 1890 Wien
Gest. 02. Aug. 1976 Beverly Hills

F: Fury (Db), 1936; You Only Live Once, 1937; You and Me (P), 1938; The Return of Frank James, 1940; Man Hunt, Western Union, 1941; Moontide (4 Tage Mitarbeit, o.c.), 1942; Hangmen Also Die (P, Db), 1943; Ministry of Fear, Scarlet Street (P), The Woman in the Window, 1945; Cloak and Dagger, 1946; The Secret Beyond the Door (P), 1948; An American Guerrilla in the Philippines, House by the River, 1950; Clash by Night, Rancho Notorious, 1952; The Blue Gardenia, The Big Heat, 1953; Human Desire, 1954; Moonfleet, 1955; Beyond a Reasonable Doubt, While the City Sleeps, 1956:

In Klammer zusätzliche Funktionen neben Regie.

Fritz (Friedrich) Lang studierte zunächst Architektur und besuchte 1908 die Akademie der Graphischen Künste in Wien, 1911 die Staatliche Kunstgewerbeschule in München. Er unternahm ausgedehnte Reisen, lebte 1913/14 als Maler und Karikaturist in Paris und diente im Ersten Weltkrieg als Artillerieoffizier. Während Lazarett-Aufenthalten schrieb er Drehbücher, von denen „Die Hochzeit im Exzentrikclub" und „Hilde Warren und der Tod" durch Joe May im Rahmen der erfolgreichen Joe Deebs-Detektiv-Serie verfilmt wurden. Im August 1918 traf er auf den Produzenten Erich Pommer, der ihn zur DECLA nach Berlin engagierte.

Neben dramaturgischen Tätigkeiten und kleinen Rollen führte Lang 1919 erstmals Regie, bei „Halbblut" und dem Abenteuerserial „Die Spinnen". Seine Vorlage kam auch als Roman in Buchform und Fortsetzungen in der neu erschienenen Film-Tageszeitung „Film-Kurier" heraus. 1921 gelang ihm mit dem poetischen Märchen „Der müde Tod" nach einem gemeinsamen Drehbuch mit Thea von Harbou, seiner späteren Gattin, der künstlerische Durchbruch. Der Wiener begründete die expressionistische Filmkunst, mit den Stummfilm-Zweiteilern „Dr. Mabuse, der Spieler" (1921/22) und „Die Nibelungen" (1922–1924) fand er weltweite Anerkennung und übte vom Stilistischen her einen großen Einfluß auf die damaligen Regisseure aus. Unter dem Eindruck einer dreimonatigen Hollywoodreise entstand 1925/26 die futuristische Projektion „Metropolis", die zu den genialsten Schöpfungen der Filmgeschichte zählt. Lang drehte zwei Filme in eigener Produktion, für das Science Fiction-Abenteuer „Frau im Mond" erfand er den heute auch in der Raumfahrt üblichen „count down". In seinem ersten Tonfilm „M-Eine Stadt sucht einen Mörder" mit Peter Lorre wandte er sich einem gesellschaftskritischen Motiv zu, womit ein neuer Abschnitt in seiner Arbeit begann. Als die Zensurwiderstände des Dritten Reiches sein Schaffen lähmten, entschied er sich zusammen mit seiner zweiten Lebensgefährtin für die Emigration.

Ende 1933 verfilmte er in Paris Franz Molnars Komödie „Liliom", im Juni 1934 unterschrieb er in London einen Vertrag für einen MGM-Film. David O. Selznik, Produzent und Vizepräsident der Gesellschaft kommentierte die Verpflichtung Fritz Langs: „Deutschlands Verlust ist Amerikas Gewinn". Es dauerte zwei Jahre, bis sein Hollywood-Erstling „Fury" über das amerikanische Phänomen der Lynchjustiz in die Kinos kam. Ursprünglich als B-Picture und Billigproduktion eingestuft, über-

Fritz Lang bei Dreharbeiten

Gedenktafel am Wohnhaus Fritz Langs im 8. Wiener Gemeindebezirk

Edward G. Robinson mit Regisseur Fritz Lang während einer Drehpause zum Film „The Woman in the Window" (Die Frau im Fenster), 1944

Geburtstagsparty für Fritz Lang während der Arbeit an dem Kriminalfilm „The Blue Gardenia" in den Studios der Warner Brothers.
Von Links: Anne Baxter, Ann Sothern und Richard Conte

raschte der große Erfolg bei Publikum und Kritik, der Film machte Spencer Tracy zum Topstar. Weder inhaltlich noch stilistisch gab es einen Bruch in seinem Werk, mit „You Only Live Once“ und „You and Me“ vervollständigte er eine als thematische Trilogie angesehene Reihe sozialer Filmdokumente von erstaunlicher Realistik. Mit den kommerziell erfolgreichen Western „The Return of Frank James“ und „Western Union“ zeigte er seine handwerkliche Vielseitigkeit. 1942 erarbeitete er mit Bertolt Brecht und dem Drehbuchautor John Wexley “Hangmen Also Die“, die Geschichte des Attentats auf den Reichsprotektor Heydrich, die er mit zahlreichen deutschsprachigen Emigranten für Arnold Pressburger realisierte. Für die 1945 mit Walter Wanger, dessen Gattin Joan Bennett und dem Autor Dudley Nichols gegründete Diana Productions Inc. inszenierte er zwei düstere Thriller, „Scarlet Street“ und „Secret Beyond the Door“. Danach folgten Genrefilme und einige der besten Beispiele des „film noir“, „Clash by Night“, „The Blue Gardenia“ und „The Big Heat“. Daß er mit Brecht, Hanns Eisler und Wexley zusammengearbeitet hatte, genügte McCarthys Leuten, ihn ein Jahr auf die Verbotsliste zu setzen. Die negativen Erfahrungen, die ihm damit in den USA widerfuhren, schlugen sich in seinen letzten Filmen „Human Desire“ und besonders „Beyond a Reasonable Doubt“ nieder.

Nachlassende Erfolge veranlaßten ihn, Angebote deutscher Produzenten anzunehmen. Die exotischen Remakes „Der Tiger von Eschnapur“ und „Das Indische Grabmal“ (1958/59) entsprachen im finanziellen Bereich, entbehrten jedoch künstlerischer Qualitäten. Bewogen durch die ablehnende Kritik zog sich der Mythos Fritz Lang von der Regiearbeit zurück. 1963 spielte er in Jean-Luc Godards „Le Mépris“, 1964 wählte man ihn bei den Filmfestspielen in Cannes zum Präsidenten der Jury.

(zur nachfolgenden Seite)
Joan Taylor, Ben Johnson und Regisseur Reginald LeBorg bei den Dreharbeiten zu dem United Artists-Western „War Drums“

Reginald LeBorg

Regisseur

Geb. 11. Dez. 1902 Wien
Gest. 25. März 1989 Beverly Hills

F: Morocco (Statist), 1930; The Blonde Venus (Statist), 1932; One Night of Love (Da), 1934; The Melody Lingers On (ch), Love Me Forever (ch), 1935; Swing It Soldier (ch), 1941; Calling Dr. Death, She's For Me, 1943; San Diego-I Love You (R, P), Dead Man's Eyes, Weird Woman, Destiny, Jungle Woman, The Mummy's Ghost, 1944; Honeymoon Ahead, 1945; Little Iodine, Susie Steps Out (R, Story), 1946; Adventures of Don Coyote, Fall Guy, Joe Palooka Champ, Philo Vance's Secret Mission, 1947; Joe Palooka in Winner Take All, Fighting Mad, Port Said, Trouble Makers, 1948, Joe Palooka in the Counterpunch, Fighting Fools, Hold That Baby!, 1949; Joe Palooka in the Squared Circle, Wyoming Mail, Young Daniel Boone (R, Db), 1950; G.I. Jane, Joe Palooka in Triple Cross, 1951; Models Inc., 1952; The Great Jesse James Raid, Sins of Jezebel, 1953; The White Orchid (P, R, Db), 1954; The Black Sheep, 1956; Voodoo Island, War Drums, The Dalton Girls, 1957; The Flight That Disappeared, 1961; Deadly Duo, 1962; Diary of a Madman,

Reginald LeBorg, der seinen Namen Grobel in umgekehrter Schreibweise zum Markenzeichen machte, stammte aus einer Wiener Bankiersfamilie. Während der Gymnasialzeit nahm er ein Jahr Musikunterricht bei Arnold Schönberg und wechselte dann zum Reinhardt-Seminar. Er gab ein zweijähriges Studium in Nationalökonomie auf, belegte an der Pariser Sorbonne Vorlesungen in Kunstgeschichte und studierte kurzzeitig an der Columbia Universität in New York. Nach 1929 wurde er künstlerisch tätig, schrieb Sketche, führte Regie und spielte an kleinen Bühnen.

Anfang der Dreissiger Jahre begann er das Filmgeschäft in Hollywood von der Pike auf zu lernen. Als Statist in Filmen Josef von Sternbergs, als Kleindarsteller, Regieassistent Joe Mays, technischer Berater und Zusatzregisseur für Opern- und Operettenszenen bei den verschiedensten Studios. Ab 1937 drehte er Kurzfilme für MGM, der von Jerry Bresler und Sam Coslow inszenierte Zweiakter (two reels) „Heavenly Music", zu dem LeBorg das Drehbuch schrieb, erhielt 1943 den „Academy Award".

Dieser Erfolg ebnete ihm den Weg für eine Karriere als Regisseur abendfüllender Spielfilme, meist routinierte B-Pictures für Lippert, PRC und United Artists. Der Spannungsbogen reichte von Horrorfilmen (Mummy's Ghost) über Komödien (San Diego, I Love You), Western (Wyoming Mail) bis zu Musicals wie „Honeymoon Ahead". Für Universal brachte er eine „Mystery"-Reihe nach Stücken der populären Radiosendung „Inner Sanctum" mit Lon Chaney auf die Leinwand, für Monogram die „Joe Palooka"-Serie um einen liebenswürdigen Boxchampion nach Ham Fishers Comicstripes. In „Calling Dr. Death" führte er eine Neuerung ein, den „Dialog mit der Kamera", bei dem Darsteller ihren Part nicht mit anderen Handlungspersonen, sondern direkt in die Kamera sprachen. Wie andere europäische Regisseure, Billy Wilder oder Fritz Lang, wollte er die Motivation einer Handlung oder der Figuren gewahrt wissen. Die Abwehr gegen stets gleiche Klischees, Überraschungsmomente und Schockeffekte ohne innere Logik, brachte ihm Konflikte mit Produzenten ein. Vor allem in der letzten Phase seines Schaffens, als er an Fernsehsehserien arbeitete, darunter „77 Sunset Strip", „Wire Service", „Navy Log" und „Court of Last Resort".

LeBorgs schnell und mit geringen Mitteln hergestellte Kinoproduktionen blieben jahrzehntelang von der Filmgeschichte unbeachtet und erlebten erst in den Siebziger Jahren eine Art

Regisseur Reginald LeBorg

Renaissance. Der zum Amerikaner gewordene Wiener lebte zuletzt allein in einem Appartment in Hollywood, wo er sich der Malerei widmete und nicht angenommene Drehbücher verfaßte. Seine Manuskripte sowie eine wertvolle Photosammlung mit Widmungen berühmter Stars, Regisseure und Autoren gab er an seine Tochter weiter.

The Eyes of Annie Jones (US/GB), 1963; House of the Black Death (R mit Harold Daniels), 1965; Psycho Sisters (So Evil, My Sister), 1972.

Kurzfilme:
No Place Like Rome, Swing Banditry, 1936; A Girl's Best Years, 1937; Jingle Belles, Music à la King, Shadows in Swing, Once Upon a Summertime, Skyline Serenade, Dizzy Doings, 1941; Campus Capers, Rhumba Rhytms, Tune Time, The Gay Nineties, 1942; Swing Frolic, Shuffle Rhythm, Merry Madcaps, Rainbow Rhythm, Jivin' Jam Session, Trumpet Serenade, Serenade in Swing, Chasing the Blues, Swingtime Blues, Hit Tune Jamboree, Hit Tune Serenade, Swings the Thing, Russian Revels, Heavenly Music (Db), Adventure in Music (Co-Regie), 1943; Julius Langbein, Richmond Pearson Hobson, Dr. Mary E. Walker, Joseph C. Rodriguez, 1953.

TV: Stage 7: End of the Line, 1955; Maverick: Mano Nera, 1960;

Eine komplette Anlistung des TV-Schaffens Reginald LeBorgs ist mangels Aufzeichnungen nicht möglich.

Schauspieler Friedrich Ledebur

Friedrich Ledebur mit seinem Freund John Huston

Friedrich (Frederick) Ledebur

Schauspieler

Geb. 03. Juni 1900 Nisko
Gest. 25. Dez. 1986 Linz

Friedrich Graf von Ledebur-Wicheln, k.u.k. Ulanenoffizier und ein Edelmann altösterreichischer Prägung, war Weltenbummler und Schauspieler aus Neigung, bekannt für exzentrische Nebenrollen in mehr als 40 internationalen Filmen und TV-Produktionen.

Nach dem Ersten Weltkrieg verlor die Familie ihre galizischen Besitzungen und siedelte sich in Oberösterreich an. Ledebur absolvierte ein Agrarstudium in Wien und ging 1926 nach Amerika. Sein bewegtes Leben führte ihn als Ingenieur in den kalifornischen Bergbau und als Dokumentarfilmer auf die Salomon-Inseln, er arbeitete für Charles Eugéne Bedaux, war Großwildjäger und führte Jagdsafaris durch den afrikanischen Busch. Von Otto Preminger 1945 in einer kleinen Rolle in „A Royal Scandal" beschäftigt, wurde Filmen für ihn zu einem neuen interessanten Abenteuer. Auf einer Party in Hollywood lernte er seine erste Gattin, die englische Schauspielerin und Bühnenautorin Iris Tree kennen.

Der „Count" filmte in und für Hollywood, auf Hawai, in Mexiko, Zentralafrika und einigen Ländern Europas. In den Paramount-Streifen „A Breath of Scandal" und „Bloodline" auch in Österreich. Mit seiner markanten Rolle in John Hustons „Moby Dick"-Verfilmung (Queequeg) eregte er besonderes Interesse. Robert Rossen übertrug dem passionierten Reiter neben einer Rolle in dem biographischen Kriegsspektakel „Alexander The Great" auch das Training der mehr als 2000 verwendeten Pferde, für Huston choreographierte er 1960 die Pferdeszenen des letzten Marilyn Monroe-Films „The Misfits". Er spielte in englischen Produktionen, (Assignment K), in Italien bei Fellini (Giulietta degli Spiriti) und Visconti (Ludwig), in der französischen TV-Unterhaltungsserie „La demoiselle d'Avignon" und im heimischen Fernsehen in der Verfilmung von Lernet-Holenias Antikriegsroman „Die Standarte".

Seit 1970 lebte Friedrich Ledebur, in zweiter Ehe mit Gräfin Alice Hoyos verheiratet, wieder in Österreich.

F: A Royal Scandal, 1945; Notorious, 1946; Mr. Blandings Builds His Dream House, 1948; The Great Sinner, 1949; Moulin Rouge, 1952; Alexander The Great, Moby Dick, 1956; The Man Who Turned to Stone, The 27th Day, Voodoo Island, 1957; Enchanted Island, The Roots of Heaven, 1958; A Breath of Scandal, 1960; Freud, 1962; The Fall of the Roman Empire, 1963; The Blue Max, 1966; Slaughterhouse-Five, 1972; Sorcerer, 1977; Bloodline, 1978.

TV: Twilight Zone: The Howling Man, 1960.

Friedrich Ledebur

Richard Basehart und Friedrich Ledebur bei den Außenaufnahmen zu dem abenteuerlichen Drama „Moby Dick“ in Youghal, Country Cork, Irland, wo der Regisseur, John Huston eine gigantische Replik einer Walfisch-Fangstation von 1840 in Massachusets erbauen ließ.

Francis Lederer

Francis Lederer in „The Gay Deciptiǫn“ mit Frances Dee (FOX)

Francis Lederer (Franz Lederer) Schauspieler

Geb. 06. Nov. 1911 Karolinenthal bei Prag

Abbildung aus dem Film „Voice in the Wind“, 1944

F: Man of Two Worlds, The Pursuit of Happiness, Romance in Manhattan, 1934; The Gay Deciption, 1935; One Rainy Afternoon, My American Wife, 1936; It's All Yours, 1937; The Lone Wolf in Paris, 1938; Midnight, Confessions of a Nazi Spy, 1939; The Man I Married, 1940; Puddin Head, 1941; The Bridge of San Luis Rey, Voice in the Wind, 1944; The Diary of a Chambermaid, The Madonna's Secret, 1946; Milllion Dollar Weekend, 1948; Captain Carey - U.S.A., A Woman of Distinction, Surrender, 1952; Stolen Identity (in Wien gedreht),1952;The Ambassador's Daughter, Lisbon, 1956; The Return of Dracula, Maracaibo, 1958; Terror is a Man, 1959.

Franz Lederer wuchs in Elternhaus und Schule zweisprachig auf. Er besuchte die Akademie für Musik und darstellende Kunst in Prag und war Statist, Volontär und Ensemblemitglied am dortigen Neuen Dt. Theater. Über Engagements in Budapest, Brünn und Breslau kam er 1925 durch Vermittlung Käthe Dorschs an die Saltenberg-Bühnen in Berlin. Lilian Gish sah ihn in einer Romeo-Inszenierung Max Reinhardts an der Seite Elisabeth Bergners und verpflichtete ihn für drei Jahre nach Amerika. Hollywood hörte gerade auf, Stummfilme zu drehen, da er nicht genügend englisch sprach, blieb der Kontrakt unerfüllt.

Um 1930 stand Lederer im Zenit seiner Popularität. Zu dieser Zeit spielte er auch in Operetten und in Filmen wie „Zuflucht“ (1928) mit Henny Porten, in G. W. Pabsts „Die Büchse der Pandora“ neben Louise Brooks und in Hanns Schwarzs „Die wunderbare Lüge der Nina Petrowna“ (1929) als Partner Brigitte Helms. 1929/30 drehte er u. a. in London unter E. A. Dupont „Atlantic“ und bei Richard Eichberg „Hai-Tang“ (D/GB) mit Anna May Wong. Er war der ideale Filmschauspieler, jedoch nur in wenigen Tonfilmen zu sehen, ehe er viel zu früh für das Kinopublikum Deutschland verließ.

Aus mehreren Theaterangeboten wählte er London. In knapp sechs Wochen lernte er die fremde Sprache, 1931 feierte er am Lyric Theatre in der Shaftesbury Avenue in Dodi Smiths (C. L. Anthony) Tiroler Gasthauskomödie „Autumn Crocus“ seinen größten Bühnenerfolg, den er später nie mehr egalisieren konnte. 1932 ging er mit dem Stück nach New York, die Broadway-Aufführung wurde zu einem der Höhepunkte der Saison. Produzent Basil Dean, der nebenbei die RKO-Interessen in England vertrat, ebnete ihm mit einem Optionsvertrag den Weg in die Filmmetropole.

Die allgemeine Erwartung, daß er zu einem bedeutenden Star aufsteigen würde, erfüllte sich indes nicht. Am Anfang standen einige Mißgeschicke, RKO hatte ihn für einen Part in „Break of Hearts“ vorgesehen, setzte aber Charles Boyer ein. Ein seriöses Gespräch über einen MGM-Kontrakt führte zu keinem Abschluß. Daß der jugendliche Liebhaber des deutschen Films und europäischer Bühnen bei seinem Hollywood-Debüt in dem RKO-Streifen „Man of Two Worlds“ einen Eskimo zu spielen hatte, betrachteten die Kritiker eher als seltsam. Wegen des Akzents allenfalls auf die Darstellung von Ausländern festgelegt, avancierte er trotzdem zu einem beliebten Darsteller, der an den Produktionen und Drehbüchern bei RKO, Paramount und Fox als „associate producer" mit beteiligt war. In Anatole Litvaks „Confession of a Nazi Spy", mit dem Hollywood das Bewußtsein von Millionen Amerikaner gegen die Bedrohung durch Hitler mobilisierte, wechselte er in das Charakterfach, obwohl er dies sehr lange bereute. Zu seiner reifsten Leistung gestaltete er den melancholisch, düsteren Verwalter Joseph in Jean Renoirs „The Diary of a Chambermaid", in der er auf die Zuschauer eine Faszination ausübte, die über die negative Seite der Rolle hinauswies. 1952 stand er in Wien in der Neuverfilmung von Alexander Lernet-Holenias Roman „Ich war Jack Mortimer" (Stolen Identity) vor der Kamera.

Von seinem ersten Hollywood-Honorar erwarb er im San Fernando Valley mehrere hundert Acres Land, um sich anzusiedeln. Los Angeles platzte bald aus allen Nähten, im Umland stiegen die Grundstückspreise, der Schauspieler kam auf diese Weise zu Reichtum. Mit seiner dritten Gattin Marion Irvine, pendelt er heute zwischen seinen drei Domizilen in Malibu, Palm Springs und Canoga Park, das ihn aufgrund seines großzügigen Einsatzes für künstlerische und soziale Institutionen zum „Honorary Mayor" erhob. Franz Lederer zählt zu den Mitbegründern des Hollywood Museums, er lehrt an der Academy of Performing Arts in Universal City/Hollywood, ein von ihm finanziertes Fortbildungszentrum für Schauspieler und betreibt auf seiner Hazienda in Canoga Park eine Kunstgalerie, die junge amerikanische und mexikanische Künstler fördert.

TV: Philco Television Playhouse: The Long Run, 1950; Somerset Maugham Theatre: The Dream, 1951; Robert Montgomery Presents: The Patriot from Antibes; Schlitz Playhouse of Stars: No Rescue; Elgin Hour: Yesterday's Magic, 1954; Sally: Episode vom 29.09.1957 (Titel nicht bekannt); Studio One: A Delicate Affair; Behind Closed Doors: Flight to Freedom, 1958; DuPont Show of the Month: Arrowsmith; Sunday Showcase: Turn the Key Softly; Untouchables: The Otto Frick Story, 1960; The Best of the Post: Carnival of Fear, 1961; Ben Casey: Odyssey of Proud Suitcase, 1962; Ben Casey: Every Other Minute It's the End of the World; Kraft Suspense Theatre: The Safe House, 1965; Blue Light: Invason By the Stars, 1966; Mission Impossible: A Cube of Sugar; That Girl: Episode vom 09. 11. 1967 (Titel nicht bekannt); It Takes a Thief: The Old Who Came from the Spy, 1969; Night Gallery: The Devil Is Not Mocked, 1971.

Francis Lederer in der Doppelrolle der ungleichen Brüder Manuel und Esteban in der UA-Literaturverfilmung „The Bridge of San Luis Rey" nach dem pulitzerpreisgekrönten Roman von Thornton Wilder.

Otto Lederer

Geb. 17. Apr. 1886 Prag
Gest. 03. Sept. 1965

F: The Jazz Singer, 1927; From Headquarters, One Stolen Night, Smiling Irish Eyes, 1929; Jazz Babies, Sign of the Cross, 1932; Forgotten, 1933.

Silents: Captain Alvarez, 1910; Why Tightwad Tips, 1913; The Love of Tokiwa, The Face of Fear, 1914; The Legend of the Lone Three, The Chalice of Courage, What Did He Whisper?, Ghosts and Flypaper, The Offending Kiss, The Quarrel, Cal Marvin's Wife, Her Last Flirtation, His Golden Grain, Willie Stayed Single, 1915; La Paloma, Pansy's Poppas, Sin's Penalty, When It Rains It Pours, A Squared Account, The Waters of Lethe, Some Chicken, Curfew at Simpton Center, Miss Adventure, A Race for Live, The Last Man, 1916; The Captain of the Gray Horse Troop, The Flighting Trail (Serial), Dead Shot Baker, When Men Are Temted, The Flaming Owen, Aladdin from Broadway, By Right of Possession, The Magnificent Meddler, 1917; The Woman in the Web, The Wild Strain, Cavanaugh of the Forest Rangers, The Changing Woman, By the World Forgot, 1918; The Little Boss, Over the Garden Wall, Cupid Forecloses, 1919; The Dragon's Net (Serial), 1920; Making the Grade, The Struggle, Without Benefit of Clergy, The Spenders, The Avening Arrow (Serial), 1921; Forget Me Not, Hungry Hearts, White Eagle (Serial), 1922; Souls in Bondage, Vanity Fair, Your Friend and Mine, 1923; Behind Two Guns, A Fighting Heart, Black Oxen, Poison, The Sword of Valor, What Three Men Wanted, Wordly Goods, Turned Up, 1924; Borrowed Finery, The Wizzard of Oz, 1925; Sweet Rosie O'Grady, That Model from Paris, The Cruise of Jasper B., 1926; King of Kings, Sailor Izzy Murphy, The Shamrock and the Rose, The Trunk Mystery, Music Master, 1927; A Bit of Heaven, Celebrity, The Prediction (Kf), You're Darn Tootin! (Kf), 1928.

Otto Lederer, Sohn eines Schauspielers, stand als Kind in „Carmen" erstmals auf der Bühne. Nach dem Besuch des Prager Konservatoriums kam er 1902 mit den Eltern nach Amerika. Er trat in New York auf, wirkte mehrere Jahre an Tourneetheatern mit und begann 1910 bei der Vitagraph in Rollin S. Sturgeons „Captain Alvarez". In über 50 Stummfilmen sowie einigen Serials erreichte O. Lederer in den 20er Jahren einen hohen Bekanntheitsgrad. 1927 war er in der Rolle des Moishe Yudleson beim legendären Tonfilmstart dabei, als Warner Brothers mit dem „Jazz Singer" die Filmindustrie revolutionierte. Bis 1933 wirkte er mehrmals in „talkies" mit (*).

(*) Außer daß Otto Lederer 1955 von seiner Gattin Gretchen (eine Schauspieler-Kollegin) geschieden wurde, konnten weitere Lebensdaten für diese Publikation nicht in Erfahrung gebracht werden.

Otto Lederer in der Rolle des „Moishe Yudelson" (3. v. links) in dem Warner Brothers-Streifen „The Jazzsinger"

Otto Lederer (1. v. links) in dem Abenteuerfilm der Warner Brothers „From Headquarters", 1929

Henry Lehrman

Geb. 30. März 1886 Wien
Gest. 07. Nov. 1946 Hollywood

Henry Lehrman (*) besuchte die Wiener Handelsakademie, diente als k.u.k. Offizier in der Festung Przemysl und emigrierte im Alter von 24 Jahren in die Vereinigten Staaten. In New York stellte er sich in den Biograph-Studios vor und behauptete, in Frankreich bei den berühmten „Pathé Freres" Filmerfahrung gesammelt zu haben. David W. Griffith, damals bei Biograph tätig, gab ihm in Anspielung auf diesen Schwindel den Spitznamen „Pathé". Auf Empfehlung Mabel Normands begann Lehrman bei Keystone als Darsteller und Assistent Mark Sennets, der ihm 1914 die Regie bei den ersten vier Filmen Charlie Chaplins übertrug: „Making a Living", „Kid Auto Races at Venice", „Mabel's Strange Predicament" (Co-Regie mit Sennet) und „Between Showers". Es gab dabei Probleme, da er Chaplin den frenetischen Stil der Keyston-Ulkfilme aufzwingen wollte, während der Schauspieler zu einem langsameren und gemäßigten Rhythmus tendierte, der seinen komischen Finessen eher gerecht wurde (von Chaplin später in „My Autobiography" erwähnt).
Unter dem Dach der Universal gründete Lehrman 1914 in Los Angeles eine eigene Produktionsgesellschaft, die „L-Ko" Motion Picture Company (Lehrman-Knockout), mit der er fast 200 Kurzfilme in der Art Mark Sennets herstellte. Nach einem kurzen Intermezzo bei Carl Laemmles IMP und der Kinemacolor plante und produzierte er 1917–18 die „Shunshine Comedies" der alten Fox, die den großen Aufmarsch der graziösen „bathing beauties" zeigten. 1918 brachte Lehrman die Lloyd Hamilton/Virginia Rappe-Filmserie mit den Titeln „Wild Woman and Tame Lions", „A High Driver's Last Kiss" und „The Twilight Baby" heraus. 1921 war er in den Skandal um Roscoe „Fatty" Arbuckle involviert (**), 1922 inszenierte er die Owen Moore-Komödie „Reported Missing" für Myron Selznick. Im nächsten Jahrzehnt setzte er seine Karriere als Regisseur fort, nach dem Aufkommen des Tonfilms arbeitete er nur noch als Drehbuchautor. 1935 zog sich Henry „Pathe" Lehrman, der zu den Filmpionieren zählt, aus dem Metier zurück.

Filmauswahl:
Als Darsteller: Nursing a Viper, 1909; As the Bells Rang Out, The Iconolast, 1910; A Beast at Bay, 1912.
Als Regisseur: Algy the Watchman (auch Da), 1912; Her New Beau, Murphy's L.O.U.'s, Cupid in a Dental Parlor, The Bangville Police, Algy on the Force, The Darktown Belle, Hubby's Job, Toplitsky & Co., Passions He Had Three, Help Help Hydrophobia!, For Love of Mabel, The Peddler, Feeding Time, Out and In, Just Kidds, Love and Rubbish, Love and Courage, The New Baby, Get Rich Quick, Their Husbands, Prof. Bean's Removal, A Chip Off the Old Block, The Abalone Industry, Two Old Tars, Fatty at San Diego (auch Da), Fatty Joins the Force (auch Da), The Woman Haters (auch Da), Protecting San Francisco From Fire, San Francisco Celebration, The Champion, 1913; Making a Living (auch Da), Kid Auto Races at Venice (auch Da), Mabel's Strange Predicament (Co-Rm. Mark Sennet), Between Showers, A Rural Demon, Raffles – Gentleman Burglar, 1914; After Her Millions (auch Da), Who's Your Father?, Mongrels, Wild Woman and Tame Lions, A High Diver's Last Kiss, Twilight Baby, The Fatal Marriage, 1918; The Kick in High Life, 1921; Reported Missing, 1922; Double Dealing (auch Co-Story), 1923; On Time, 1924; The Fighting Edge, 1926; For Ladies Only (Co-R m. Scott Pembroke), Sailor Izzy Murphy, Husbands for Rent, 1927; Why Sailors Go Wrong, Chicken a la King, Homesick, 1928; New Year's Eve, 192.

Als Drehbuchautor: The Poor Millionaire (Co-Story, Co-Db), 1930; Moulin Rouge (Db m. Nunnally Johnson), 1934; Show Them No Mercy (Db m. Kubec Glasmon), 1935.

(*) Der bürgerliche Name Henry Lehrmans konnte nicht ermittelt werden.
(**) Henry Lehrman beschuldigte Roscoe „Fatty" Arbuckle, für den Tod seiner Verlobten Virginia Rappe während einer ausschweifenden „Party" im Hotel St. Francis in San Francisco verantwortlich zu sein. Die aufsehenerregende Pressekampagne und zwei Prozesse zerstörten die Karriere des Schauspielers. Der Skandal führte zur Einführug der Selbstzensur (Hays Office) in Hollywood und inspirierte James Cruze 1923 zu seinem Film „Hollywood" mit Hope Drown, Gloria Swanson (cameo), Mary Astor und Cecil B. De Mille.

Lotte Lenya (Karoline Blamauer) Schauspielerin

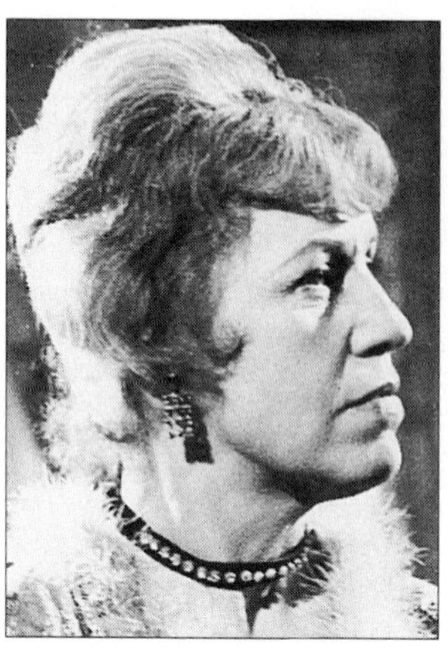

Geb. 18. Okt. 1898 Wien-Penzing
Gest. 27. Nov. 1981 New York

Abbildung aus dem Film „The Roman Springs of Mrs. Stone", 1961

Karoline Blamauer begann als Kind bei einem kleinen Wanderzirkus. Sie ließ sich in Zürich zur Tänzerin ausbilden, von 1916 bis 1920 gehörte sie dem Ensemble des Zürcher Stadttheaters an. Ihr damaliger Regisseur Richard Révy kreierte den Künstlernamen Lotte Lenja (später anglisiert Lenya). 1923 lernte sie in Berlin durch Georg Kaiser den Komponisten Kurt Weill kennen, den sie 1925 heiratete. Mit ihrer ungeschulten Stimme war sie die beste und berufenste Interpretin seiner Songs aus den Bühnenwerken Bert Brechts, der „Dreigroschenoper" (1928), „Aufstieg und Fall der Stadt Mahagony", „Happy End" (1930) und „Song of Hoboken" (1932).

Kurt Weills und Lotte Lenyas Emigration im März 1933 beendete in Berlin ein Stück deutscher Theatergeschichte. Von Paris aus, wo Weill „Die sieben Todsünden" schrieb, wurden sie von Max Reinhardt nach New York gerufen. Während sich Weill mit Broadway-Shows und Filmmusik schnell einen Namen machte, erhielt Lotte Lenya kaum Angebote. 1937 trat sie in Reinhardts „The Eternal Road" (nach Franz Werfel) auf, 1941 in „Candle in the Wind", 1945 in „Firebrand of Florence".

Erst nach dem Tode ihres Gatten 1950 kehrte sie zur Bühne zurück, zur Bewahrung seines Erbes gründete sie den Kurt Weill Fund. 1954 verhalf sie der ins Englisch übersetzten „Dreigroschenoper" in New York zu einem fast siebenjährigen Non-Stop-Erfolg und avancierte zum Weltstar. Sie besang Schallplatten mit Brecht/Weill-Songs und gab Gedenkkonzerte in der Carnegie Hall, in München und Berlin. Gelegentlich kehrte sie auf deutsche Bühnen zurück, zuletzt 1965 bei den Ruhrfestspielen in Recklinghausen als „Mutter Courage". 1966 feierte sie am Broadway als Fräulein Schneider in dem Musical „Cabaret" einen weiteren Triumph („Tony"-Nominierung).

Lotte Lenyas „natürliche Kunst" (Max Reinhardt) ist auf der Leinwand nur spärlich festgehalten. 1931 bildete ihre schauspielerische Leistung den Glanz- und Höhepunkt der „Dreigroschenoper" von G. W. Pabst. Für die Rolle einer kuppelnden Contessa in José Quinteros reizender Tennessee Williams-Verfilmung „The Roman Spring of Mrs. Stone" erhielt sie 1961eine „Oscar"-Nominierung. Neben dem englischen James Bond-Film „From Russia with Love" spielte sie 1969 in Rom mit Omar Sharif und Anouk Aimee in Sydney Lumets „The Appointment". Um sie für einen kleinen Auftritt in seiner Satire „Semi Tough" zu gewinnen, die 1977 in Miami entstand, reiste der Regisseur Michael Ritschie eigens zu ihr nach New York.

F: The Roman Springs of Mrs. Stone (US/GB), 1961; The Appointment, 1969; Semi Tough, 1977.

Autor-Produzent

Klaus P. Lintschinger

Geb. 07. Feb. 1960 Baden bei Wien

Der junge Badener begann 1978/79 als AFS Austauschstudent in Newport Beach in Kalifornien mit ersten Film- und Fernseharbeiten. 1979 bis 1984 studierte er an der Wiener Universität Theaterwissenschaft und Ethnologie, 1985 promovierte er zum Dr. Phil. Er war 1982 bis 1985 Vertreter der Baha i International Community bei den Vereinten Nationen Wien, 1983 bis 1986 schrieb und produzierte er beim englischsprachigen Kurzwellendienst des ORF zahlreiche Radio-Features, darunter den österreichischen Beitrag zum Prix d'Italia „Auch Jesus würde Fernsehen machen".

Da er sich im internationalen Film betäigen wollte, wanderte er 1986 nach Amerika aus. Seitdem ist er in Hollywood als Filmproduzent und Drehbuchautor tätig. Sein erster Großfilm „Mindwalk" mit Liv Ullmann und Sam Waterstone entstand 1990 unter der Regie Bernt Capras als austro-amerikanische Co-Produktion auf der französischen Insel Mont Saint Michel.

1991/92 produzierte er im Rahmen der eigenen Gesellschaft Primate Entertainment zwei Dokumentarfilme, „The Prisoner of Akka" (Regie Robert Guenette) und in einer Fernseh- und Video-Fassung „Live Unity in Toronto" (Regie George Joshua Homnik). Klaus P. Lintschinger, der sich auch an den Drehbüchern beteiligte, bereitet derzeit einen weiteren Spielfilm „Behind the Veil" vor, den Paul Cox inszenieren wird.

F: Mindwalk (Ö/US), 1990; The Prisoner of Akka (Df), 1991; Live Unity in Toronto (Df), 1992.

Komponist

Frederick Loewe

Geb. 10. Juni 1901 Wien
Gest. 14. Feb. 1988 Palm Springs

Frederick (Friedrich) Loewe, Sohn des Wiener Operettentenors Edmund Loewe, wuchs in Berlin auf und studierte bei Nikolaus von Reznicek und Eugen d'Albert Komposition und Klavier. Als 15jähriger landete er mit „Kathrin" einen Schlager-Hit, von dem über eine Million Notenexemplare verkauft wurden. 1924 begleitete er seinen Vater auf eine Amerikatournee, er blieb in den USA, wandte sich aber eine Reihe von Jahren von der Musik ab, ehe er wieder als Unterhaltungspianist in New Yorker Restaurants begann.

Mit dem Song „A Waltz Was Born in Vienna" für die „Illustraters Show" in New York fand er 1935 Kontakt zum Theater. Nach den Musicals „Salute to Spring" (St. Louis, 1937) und „Great Lady" (NY, 1938) mit Irene Bordoni als Star, begann er 1942 die Zusammenarbeit mit dem Librettisten Alan Jay Lerner. Die ersten Scores waren Mißerfolge, „Life of Party" (Detroit, 1942) und „What's Up" (NY, 1943), auch „The Day Before Spring" (NY, 1945) erzielte nur geringe Resonanz. Erst 1947 gelang den beiden mit „Brigadoon" der ersehnte künstlerische und kommerzielle Erfolg und der endgültige Durchbruch am Broadway. „Paint Your Wagon" stellte sie 1951 in die vordersten Reihen der Texter und Komponisten.

1952 erhielt Lerner durch den Filmproduzenten Gabriel Pascal, der über die Rechte an verschiedenen Dramen G.B. Shaws verfügte, die Anregung zu einer Musicaladaption von „Pygmalion". Richard Rodgers und Oscar Hammerstein hatten den Stoff zuvor abgelehnt. Shaws Werk wurde von Lerner weitgehend unversehrt in das Libretto integriert, die fünf „Pygmalion"-Akte bildeten das Zentrum der Handlung. Der Bezug auf das England der Zeit vor dem Ersten Weltkrieg gestattete Loewe nicht, eine moderne amerikanische Musicalpartitur zu entwerfen und Tendenzen aktueller Unterhaltungsmusik einzubeziehen. Seine mitreißenden Einfälle aber und Songs wie „With a Little Bit of Luck", „The Rain in Spain", „I Could Have Danced All Night" und „On the Street Where You Live" machten „My Fair Lady" zum sensationellen musikalischen Ereignis am Broadway und bis heute anhaltenden größten Welterfolg des heiteren Musiktheaters. Allein in New York erreichte das mit dem Pulitzerpreis ausgezeichnete Stück 2717 Vorstellungen en suite, die internationalen Aufführungszahlen dürften inzwischen in die Zehntausende gehen. Für die Filmrechte bezahlte Warner Brothers rund 5,5 Millionen Dollar.

Der Wiener Fred Schiller hatte 1938 vergeblich versucht, seinen danach tief gekränkten und enttäuschten Freund in Hollywood bei Produzenten und Regisseuren unterzubringen. 1954 verfilmte Vincente Minelli „Brigadoon", 1958 fand Loewe Eingang in die Filmmetropole. Er komponierte die Musik zu dem auf Colettes Roman zurückgehenden MGM-Streifen „Gigi" mit Leslie Caron und Maurice Chevalier, der als vielleicht perfektestes Filmmusical aller Zeiten neun Oscars einheimste. Einer davon ging an das Team Lerner-Loewe für den Titelsong „Gigi". In Anlehnung an die Filmhandlung schrieben die Autoren später eine den Erfordernissen des Theaters angepaßte Bühnenfassung mit einigen zusätzlichen Songs.

1960 brachten sie mit dem kostenaufwendig inszenierten „Camelot" nach der Arthur-Legende „The Once and Future King" von Terence Hanbury White den dritten Klassiker des amerikanischen Musicaltheaters heraus. Eine Herzattacke veranlaßte Loewe danach zur fast völligen Aufgabe seiner Kompositionstätigkeit. Im südkalifornischen Palm Springs baute er sich mit Sicht auf die braunen Berge der Sierra Madre eine Villa mit zauberhaften japanischen, italienischen und subtropischen Gärten auf dreizehn Terrassen. In den heißen Monaten lebte er in seinem Chalet im Prominentenort Gstaad in der Schweiz. Dort las er auch Alan Jay Lerners Drehbuch zu „The Little Prince", die Paramountverfilmung der lyrisch zarten Fabel Antoine de St. Exuperys war die letzte gemeinsame Arbeit des Erfolgsteams. Der Film brach alle Rekorde in der Radio City Music Hall in New York, wurde aber nach der Freigabe für andere Kinos kein Geschäft. Loewe selbst betrachtete ihn als Fehlschlag, wenngleich die Academy seine Musik und den Titelsong für den Oscar nominierte.

Loewe, der seinen Traum, eine amerikanische „Fledermaus" zu komponieren, mit „My Fair Lady" erfüllte, ein Lebenskünstler und nach einer mißglückten Ehe alleinstehend, zog sich zuletzt vom „Getriebe der Welt" zurück. Auf Memoiren verzichtete er in der Meinung, daß sich die Wahrheit nur schwer aufschreiben ließe. Von seinen weiter fließenden Tantiemen vermachte er einen großen Teil dem Desert Hospital in Palm Springs.

F: Brigadoon (nur seine Musik verwendet), 1954; Gigi (*), 1958; My Fair Lady (*), 1964; Camelot, 1967; (**) Paint Your Wagon, 1969; The Little Prince, 1974.

(*) Für den „best score" zu „Gigi" und „My fair Lady" erhielt Loewe außerdem den Antoinette Perry Award (Tony).

(**) für den „best score" zu „Camelot", dem darin enthaltenen Song „If You Ever I Should Leave You" und „Gigi" je einen Goldenen Globe.

TV: Specials Salute to Lerner and Loewe, 1961; The Lerner and Loewe Songbook, 1962.

Frederick Loewe mit Fred Schiller

Peter Lorre und Kurt Katch im Film „The Mask of Dimitrios“ (Die Maske des Dimitrios)

Peter Lorre

Geb. 26. Juni 1904 Rószahegy
Gest. 23. März 1964 Hollywood

Alois Loewenstein, leitender Kaufmann und verheiratet mit Elvira Freischberger, wechselte häufig seine Anstellungen und Wohnorte. 1904 war er als Rechnungsprüfer einer Textilfirma im slowakisch-ungarischen Rószahegy (deutsch Rosenberg, heute Ruzomberok) 220 Kilometer nordöstlich von Wien tätig. Der erste dort geborene Sohn wurde Ladislav (Laszlo) genannt. Die Familie zog 1908 nach Braila in Rumänien, lebte ab 1913 in Mödling bei Wien und siedelte sich 1918 in Wien an.

Der Wunsch, Schauspieler zu werden, entsetzte Alois Loewenstein, der große Dinge von seinem Erstgeborenen erwartete. Schauspielerei war eine akzeptable Nebenbeschäftigung, niemals ein Lebensberuf. Ladislav entzog sich der aufgezwungenen Banklehre und Büroenge und folgte den Lockungen der Bühne. Er schloß sich dem Wiener Stegreif-Theater von Jacob Moreno an, der ihm den Künstlernamen Peter Lorre gab. Besonders die Improvisationsmethode des späteren Begründers des „Psycho-Dramas“ beeinflußte seinen Ausdrucksstil wesentlich. 1924 debütierte er am Breslauer Lobe- und Thaliatheater bei Leo Mittler, kurze Zeit gehörte er dem Pfauentheater in Zürich an, dem 1926/27 Engagements an den Kammerspielen und 1928 am Carl-Theater in Wien folgten. 1929 verpflichtete ihn Bertolt Brecht an das Theater am Schiffbauerdamm Berlin. Im deutschen Kunstmekka machte sich Lorre durch eminente schauspielerische Eindringlichkeit einen Namen.

Doch erst im Film, der Interpreten begünstigt, die durch Authentizität ihrer physischen Erscheinung wirken, fand er sein wirkliches Betätigungsfeld. Die Rolle des Kindermörders in Fritz Langs Verbrecherballade „M“ (1931) vermittelte ihm die Bestätigung einer großen Begabung und legte auch stilistisch seinen Darstellerhabitus weitgehend fest. Er gehörte zu den Schauspielern, die Geste und Mimik des Expressionismus hinüberretteten in den Realismus, der Ende der zwanziger Jahre den deutschen Film zu beherrschen begann. Es war nur folgerichtig, daß er später in Frankreich und Hollywood oft unter Regisseuren wie Georg W. Pabst, Josef von Sternberg und John Huston spielte, die den Realismus expressiv übersteigerten.

1934 ging er über Wien und Paris nach London, während der Dreharbeiten zu Alfred Hitchcocks „The Man Who Knew Too Much“ heiratete er Celia Lovsky. Ein Vertrag mit Harry Johns Columbia Pictures brachte ihn im gleichen Jahr in die USA. Obwohl er drei Jahrzehnte weitgehend nur sinistere, unheilvolle Stereotypen abzuliefern hatte, wurde er einer der wenigen

F: Mad Love, Crime and Punishment, 1935; The Crack-up, Lancer Spy, Nancy Steele is Missing, Thank You Mr. Moto, Think Fast Mr. Moto, 1937; I'll Give You a Million, Mr. Moto Takes a Chance, Mr. Moto Takes a Vacation, Mr. Moto's Gamble, Mysterious Mr. Moto, 1938; Mr. Moto in Danger Island, Mr. Moto's Last Warning, 1939; I was an Adventuress, Island of Doomed Men, Strange Cargo, Stranger on the Third Floor, You'll Find out, 1940; The Face Behind the Mask, The Maltese Falcon, Mr. District Attorney, They Met in Bombay, 1941; All Trough the Night, The Boogie Man Will Get You, Casablanca, In This our Life, Invisible Agent, 1942; Background to Danger, The Constant Nymph, The Cross of Lorraine, 1943; Arsenic and Old Lace, The Conspirators, Hollywood Canteen, The Mask of Dimitrios, Passage to Marseille, 1944; Confidential Agent, Hotel Berlin, 1954; The Beast With Five Fingers, Black Angel, The Chase, Three Strangers, The Verdict, 1946; My Favorite Brunette, 1947; Casbah, 1948; Rope of Sand, 1949; Quicksand, 1950; Beat the

Devil, 1953; 20.000 Leagues Under the Sea, 1954; Around the World in 80 Days, Congo Crossing, Meet Me in Las Vegas, 1956; The Buster Keaton Story, Hell Ship Mutiny, The Sad Sack, Silk Stockings, The Story of Mankind, 1957; The Big Circus, 1959; Scent of Mystery, 1960; Voyage to the Bottom of the Sea, 1961; Five Weeks in a Balloon, Tales of Terror, 1962; The Raven, 1963; The Comedy of Terrors, Muscle Beach Party, The Patsy, 1964.

*TV: Lux Video Theatre: Taste; Suspense: The Tortured Hand, 1952; U. S. Steel Hour: The Vanishing Point, 1953; Schlitz Playhouse of Stars: The Pipe; Climax: Casino Royale, Disneyland: A Pictorial Salute to Mickey Mouse, 1954; Best of Broadway: Arsenic and Old Lace; Producer's Showcase: Reunion in Vienna; Eddie Cantor Cemedy Theatre: The Sure Cure; Climax: A promise to Murder; Rheingold Theatre: The Blue Landscape; Disneyland: Monsters from the Deep, 1955; Screen Director's Playhouse: Number Five Checked Out; Studio '57: The Finishers; Climax: The Fifth Wheel; The Man Who Lost His Head; Playhouse 90: Seidman and Son; 20th Century Fox-Hour: Operation Cicero; Encore Theatre: Queen's Bracelet, 1956; Playhouse 90: The Last Tycoon; The Jet-Propelled Couch; Climax: A Taste for Crime; Alfred Hitchocks Presents: The Diplomatic Corpse; 1957; Playhouse 90: Turn Left at Mount Everest, Collectors Item (The Left Hand of David, Pilotfilm *), 1958; Five Fingers: Thin Ice; The Red Skelton Show: Appleby the Weatherman, 1959; Alfred Hitchcock Presents: Man from the South; Playhouse 90: The Cruel Day; Wagon Train: The Alexander Portlass Story; Rawhide: Incident of the Slavemaster; Checkmate: The Human Touch; Best of the Post: The Baron*

europäischen Charakter-Darsteller, die in Hollywood große Karriere machten. In seinem Debüt-Film „Mad Love" nach dem surrealistischen Roman „Le Mains d'Orlac" an MGM verliehen, brillierte er als glatzköpfiger „mad scientist". Charlie Chaplin nannte ihn „the greatest living actor". Unter Josef von Sternberg gestaltete er in „Crime and Punishment" einen unvergeßlichen Raskolnikow, John Huston gab ihm in „The Maltese Falcon" eine Rolle als Abenteurer von suggestivem Format. Frank Capras makabre Grusel-Komödie „Arsenic and Old Lace" erlaubte ihm, sich selbst zu ironisieren. Neben dem verdorbenen und Krankhaften lockte es ihn, den Genuß des Bösen auch als Detektiv zu erleben. In einer im Schatten der Filme Warner Olands als „Charlie Chan" stehenden Serie „Mr. Moto" kreierte er die Gestalt eines undurchsichtigen, stets erfolgreichen, vom Bösen verlockten, jedoch treu dem Gesetz dienenden japanischen Fahnder. Seine letzte Glanzrolle spielte er in John Hustons für United Artists in Europa gedrehten Streifen „Beat the Devil", der das Gangsterleben statt zum abschreckenden Exempel, zum moralisch ambivalenten Spiel mit boshaft erheiternden originellen Kriminellen stempelte.

1936 bis 1939 war Peter Lorre bei Fox unter Kontrakt, danach arbeitete er einige Jahre ohne Bindung an ein Studio. 1943 verpflichteten ihn Warner Brothers, bei denen er in mehreren Filmen mit Humphrey Bogart (zu dessen Freundeskreis er gehörte) vor der Kamera stand. 1945 heiratete er die Kollegin Karen Verne, ging mit Lesungen auf Tourneen und verstärkte seine Ende der Dreißiger Jahre begonnene Radioarbeit. Unglücklich mit der Hollywood-Karriere versuchte Lorre 1949 in Europa an frühere Erfolge anzuknüpfen. Für British-Pathe drehte er „Double Confession", 1950/51 stellte er in Hamburg als Autor, Regisseur und Hauptdarsteller den an „M" erinnernden Film „Der Verlorene" her, der trotz guter Kritiken in der Zeit der deutschen Schnulzenfilme in den Kinos zum Mißerfolg geriet. Dies veranlaßte ihn zur Rückkehr nach Amerika. Lorre arbeitete viel für das Fernsehen, im Zusammenwirken mit Vincent Price und Boris Karloff erlebte er kurz vor dem Tode in den Horror-Komödien „Tales of Terror", „The Raven" und „The Comedy of Terrors", in denen er liebenswert-boshaft seine komischen wie auch schaurigen Talente einsetzte, eine letzte Popularität. Sein Können wurde von Hollywood nur sporadisch genutzt. Peter Lorre blieb ein skurriles und hochbegabtes Sinnbild einer ganzen Filmepoche, die sich an Abseitig-Dämonischem und Neurotischem und deren genialsten Interpreten genüßlich delektierte.

Loved His Wife; Mr. G. Goes to College: First Test; The Trouble with Crayton, 1961; Route 66: Lizard's Leg and Owlet's Wing, 1962; Jack Benny Programm: Peter Lorre-Joanie Summers; DuPont Show of the Month: Diamond Fever; 77 Sunset Strip: „5"; Kraft Suspense Theatre: The End of the world, Baby, 1963; The Tonight Show Starring Johnny Carson; The Tennesee Ernie Ford Show, 1963.

(*) Nicht gezeigter Pilotfilm.

Peter Lorre als Joel Cairo und Humphrey Bogart als Sam Spade in dem Warner Brothers-Film „The Maltese Falcon"

Burt Lancaster und Peter Lorre in William Dieterles „Rope of Sand" (Blutige Diamanten) der Paramount

Tilly Losch

Tänzerin – Choreographin

Geb. 15. Nov. 1903 Wien
Gest. 24. Dez. 1975 New York

Tilly (Ottilie Ethel) Losch, Tänzerin und Choreographin, studierte an der Ballettschule der Wiener Hofoper, war Mitglied des Kinderballetts Josef Hassreiters und wurde 1921 in das Opernballett übernommen. Während ihrer Zeit in Wien war sie als Solotänzerin in zahlreichen Ballettproduktionen hervorragend beschäftigt. 1924 trat sie am Burgtheater in „Leonce und Lena" auf, ab 1925 arbeitete sie mit Max Reinhardt zusammen, der sie in mehreren Inszenierungen, vor allem 1927 in Salzburg und auf der späteren USA-Tournee in seinem (von ihr auch choreographierten) „Sommernachtstraum" einsetzte.

Sie tanzte 1927 auf Tourneen mit Harald Kreutzberg und feierte 1928-31 in London und New York große Erfolge in musikalischen Revuen Noel Cowards und Cole Porters. In „This Year of Grace", „Wake Up and Dream" mit dem Song „What is This Thing Called Love" und am Broadway als Partnerin der Geschwister Fred und Adele Astaire in „The Bandwagon". Nachdem ihr erster Gatte, der Engländer Edward F.W. James, für mehrere Saisonen mit ihr als Ballerina in Paris und London George Balanchines „Ballett 33" finanzierte, kreierte sie Hauptrollen in „Errante" und als tanzende Anna (Lotte Lenya als singende) in der Originalversion von Kurt Weill und Bert Brechts „Die sieben Todsünden". 1935 gab sie die kurzfristig eigene Ballettruppe in London auf und ging nach Amerika, wo sie Tanzschöpfungen in Konzertwerken wie „Everyman" (1935) und „Streamline" (1943) vorstellte.

Hollywood sah in T. Losch weitgehend nur eine exotische Tänzerin. Ihre Arbeit begann in David O. Selznicks Romanze „The Garden of Allah" mit Marlene Dietrich und Charles Boyer, den dabei gezeigten Tanz wiederholte sie ein Jahrzehnt später Schritt für Schritt in einem anderen Selznick-Film, „Duel in the Sun". MGM übertrug ihr in „The Good Earth" neben Paul Muni auch eine Schauspielrolle, für „Duel in the Sun" und „Song of Scheherazade" war sie als Choreographin tätig. Nach der zweiten Heirat mit einem weiteren prominenten Briten, dem Earl of Carnarvon (beide Ehen endeten mit Scheidung), zog sie sich von der Bühne zurück und beschäftigte sich als erfolgreiche Malerin.

F: The Garden of Allah, 1936; The Good Earth, 1937; Duel in the Sun, 1946 (Da, ch); Song of Scheherazade, 1947 (ch).

Tänzerin – Choreographin

Tilly Losch

Die Tänzerin Tilly Losch in der Selznick-Produktion „The Garden of Allah“, 1937. Für die Kostüm-Entwürfe war Ernest Dryden zuständig, die Musik schrieb Max Steiner.

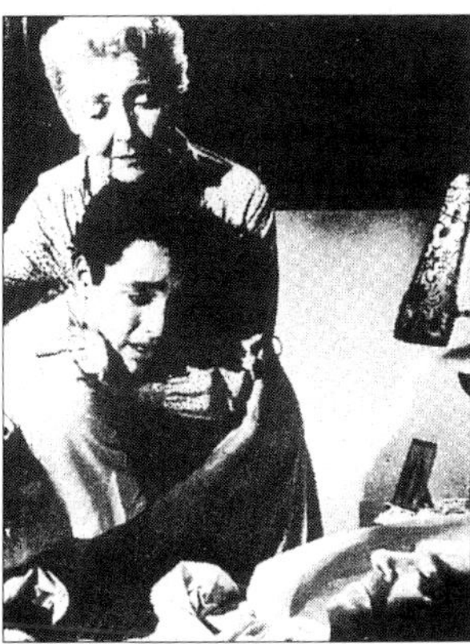

Celia Lovsky als Mutter des Jazzdrummers in „The Gene Krupa Stroy“ mit Sal Mineo in der Titelrolle

Schauspielerin

(Cäcilie Lvovsky) Celia Lovsky

Geb. 21. Feb. 1897 Wien
Gest. 12. Okt. 1979 Los Angeles

Cäcilie Lvovsky, Tochter eines Komponisten und einer Cellistin, wuchs im Dunstkreis von Konzertsälen auf. Ausgebildet an der Akademie für Kunst und Wissenschaften in Wien, machte sie am Burgtheater durch legendäre Erfolge auf sich aufmerksam. Mit zwanzig galt sie als strahlendster Stern der Wiener Theaterwelt, die europäische Presse lobte sie als beste klassische Darstellerin der Zeit. 1926 verpflichtete sie Max Reinhardt für seine Shakespeare-Inszenierungen nach Berlin, die ganz große Karriere verhinderte jedoch der Machtantritt der Nazis.

1934 heiratete sie in England während der Dreharbeiten zu Alfred Hitchcocks „The Man Who Knew Too Much“, ihren im gleichen Film beschäftigten und bereits als Star geltenden Partner Peter Lorre. Beide gingen noch im gleichen Jahr nach Hollywood, da Lorre einen Vertrag bei Columbia in der Tasche hatte. Im nächsten Jahrzehnt begnügte sie sich mit der Rolle einer Hausfrau. Erst drei Jahre nach der Trennung von Lorre,

F: The Foxes of Harrow, 1947; Letter From an Unknown Woman, Sealed Verdict, The Snake Pit, 1948; Chicago Deadline, Flamingo Fury, 1949; Captain Carey, U.S.A., The Killer That Stallked New York, 1950; Night Into Morning, People Against O' Hara, The Scarf, 1951; Because You're Mine, 1952; Last Time I Saw Paris, Rhapsodie, Three Coins in the Fontain, The Blue Gardinia, 1954; Duel on the

Mississippi, Foxfire, New York Confidential, Texas Lady, 1955; Death of a Scoundrel, The Opposite Sex, Rumble on the Docks, While the City Sleeps, 1956; The Garment Jungle, Man of a Thousand Faces, Trooper Hook, 1957; Crash Landing, Me and the Colonel, Twilight for the Gods, 1958; The Gene Krupa Story, I, Mobster, 1959; Hitler, 1962; The Greatest Story Ever Told, Harlow, 36 Hours, 1965; The St. Valentine's Day Massacre, 1967; The Power, 1968; Soylent Green, 1973;

TV: Dragnet: The Big Problem, 1953; Four Star Playhouse: The Girl on the Bridge, 1955; Telephone Time: The Gingerbread Man, 1956; The Millionaire: The Roy Delbridge Story, 1957, Millionaire Mark Fleming, 1959; Alfred Hitchcock Presents: Kind Waitress; 77 Sunset Strip: Honey from the Bee; Goodyear Theatre: Story Without a Moral, Alcoa Presents: Message from Clara, 1959; Playhouse 90: Judgement at Nuremberg, 1959, In the Presence of Mine Enemies,1960; Riverboat: The Two Faces of Grey Holden, 1960; Checkmate: The Gift, 1961; Alfred Hitchcock Hour: The Black Courtain, 1962; Diagnosis: Danger, 1963; Twilight Zone: Queen of the Nile, 1964; Farmer's Daughter: Katy's 76th Birthsday, 1965; Thriller: Hide the Children; Bob Hope Chrysler Theatre: The Eighth Day, 1966; Star Trek: Amok time; The Flying Nun: Walking in a Winter Wonderland, 1967; Owen Marshall: Requiem for Young Lovers; The Waltons: Episode vom 01.02.73 (Titel nicht bekannt); Streets of San Francisco: Mister Nobody (C. Lovskys letzte Filmarbeit), 1974.

1947, nahm sie als Celia Lovsky ihre Schauspielkarriere bei MGM, Universal International, FOX und ab 1953 auch in Fernsehstudios wieder auf.

Sie brachte es nicht zu ausgesprochenem Starruhm, war aber mit 40 Filmen und fast 300 TV-Lifeshows und Fernsehrollen eine der meistbeschäftigsten und geachtesten Charakterdarstellerinnen Hollywoods. In den 50er Jahren war es unmöglich, einen Fernsehkanal einzuschalten, ohne C. Lovsky zu sehen. Wenn auch hauptsächlich im Fach der eleganten Aristokratin oder Dame eingesetzt, verstand sie es, die totale Typisierung zu vermeiden und auch in anderen Fächern, leidende Mütter, Frauen in Lebenskrisen oder vergrämte Emigrantinnen, mit schauspielerischer Brillanz zu beeindrucken.

Paul Kohner, langjähriger Agent und Freund, bescheinigte ihr neben einem wundervollen Gesicht, große Gelassenheit, Ausstrahlung und Humor. Sie führte nach eigenen Worten ein glückliches und aufregendes Leben, mit einem Minimum an Tragödien und Unglück. Zuletzt lebte sie allein in einem großen Haus in den Hollywood Hills, etwas nördlich des berühmten Sunset Boulevards, zog siamesische Katzen groß und pflegte ihr Lieblingshobby, „viele wundervolle Freunde zu empfangen und zu unterhalten“. Celia Lovskys Dinnerparties gehörten zu den feinsten in Hollywood, ihre Gästeliste umfaßte meist Leute aus der Theater- und Filmwelt, mit denen sie jahrelang zusammengespielt hatte.

Das frischgebackene Ehepaar Peter Lorre und Celia Lovsky mit Berthold Viertel bei der Ankunft in New York, 1934.

Autor (Hans G. Lustig) Jan Lustig

Geb. 23. Dez. 1902 Brünn
Gest. 24. Apr. 1979 München

Jan Lustig begann 1924 in Berlin als Feuilletonredakteur, er war bei Ullstein Theaterkritiker der „Vossischen Zeitung“ und übernahm 1928 mit Manfred George den Kulturteil des neugegründeten Abendblattes „Tempo“. Bis 1933 schrieb er Novellen und Erzählungen, dazu Radio-Hörspiele, die damals als neue Kunstform aufkamen und gemeinsam mit seinem Kollegen Billy Wilder ein Drehbuch, daß erst in der Pariser Emigration 1934 von Wilder verfilmt werden konnte („Mauvaise Graine“, 1936 in England als Remake „First Offense“).

Vom März 1933 bis Juni 1940 lebte Lustig in Paris, dazwischen einige Monate in London, wo er eine eigene Geschichte über den Grafen Struensee zu einem Filmmanuskript umarbeitete (The Great Dictator, 1934). Seine Aufmerksamkeit galt hauptsächlich dem Film, bis 1940 verfaßte er sieben weitere Drehbücher, darunter „Courrier-Sud“ (mit Antoine de Saint-Exupery nach dessen Roman), „Sous les yeux d'Occident“ (mit Hans Wilhelm, beide 1936) sowie für den Regisseur Marc Allégret gemeinsam mit Marcel Achard „Gribouille“ (1937) und „L'Orage“ (1940). Bei Ausbruch des Krieges wurde er von Radio Mondial engagiert, um eine Anzahl von Hörspielen und Sketches zu schreiben, die das Leben in einem totalitären Staat wie dem benachbarten Deutschland aufzeigten. Nach dem Zusammenbruch Frankreichs gelangte er von Portugal aus mit einem vom State Department für gefährdete deutsche Schriftsteller ausgestellten „emergency visa“ in die USA.

Am New Yorker Pier erwartete ihn Manfred George, inzwischen Chefredakteur der Emigrantenzeitschrift AUFBAU. Wenige Tage später befand sich Hans Lustig in Los Angeles. Liesl Frank vom European Film Fund hatte für einen Einjahresvertrag bei MGM gesorgt, den neben ihm noch Alfred Polgar, Alfred Döblin, Wilhelm Speyer und Walter Mehring erhielten, die um des Überlebens willen „filmkünstlerisch“ Beschäftigung fanden. Die Studiochefs und Produzenten waren erfreut darüber, daß Lustig bereits Filmerfahrung besaß und auch englisch sprach. Man begegnete ihm mit Wohlwollen, letztlich war er der einzige der fünf, dessen Notvertrag nach Ablauf des Jahres verlängert wurde.

In der Anfangszeit bestand seine Arbeit darin, Entwürfe für Drehbücher aufzusetzen, die in Zusammenarbeit mit ihm ihre endgültige Form von Broadwayautoren erhielten, deren Namen das Studio kommerziell nutzen wollte. Später schrieb er das eine oder andere Script ohne Mithilfe eines amerikanischen

*F: Dancing on a Dime (Story mit Max Kolpe), 1940; We Were Dancing (Mitarbeit o.c.), Reunion in France (Db mit Marvin Borowsky, Charles Hoffman und Marc Connelly), 1942; The White Cliffs of Dover (Db mit Claudine West und George Froeschel), 1944; They Were Expendable (Mitarbeit o.c.), 1945; Homecoming (Adaption der Story „The Homecoming of Ulysess"), 1948; That Forsythe Woman (Db mit Ivan Tors, James B. Williams und Arthur Wimperis), 1949; Knights of the Round Table (Db mit Noel Langsley und Talbot Jennings), 1953; The Story of Three Loves (Sequenz „Mademoiselle", Db mit George Froeschel; Sequenz „Equilibrium", Adaption mit George Froeschel), Torch Song (Db mit John Michael Hayes), Young Bess (Db mit Arthur Wimperis), 1953; Moonfleet (Db mit Margaret Fitts), 1955; Town Without Pity (Adaption der Novelle „The Verdict" **), 1961; Situation Hopeless-But Not Serious (Db mit Silvia Reinhardt **), 1965. ** In der BRD hergestellt.*

(*) Elisabeth „Liesl" Lustig war zuvor mit Bruno Frank und Leo Mittler verheiratet. Während der Hitlerzeit wurde sie in Hollywood im Rahmen des European Film Fund zum Schutzengel vieler in die USA emigrierter, meist völlig mittelloser Autoren und Schauspieler.

Autors, auch wenn im Titelvorspann sein Name nur selten allein verzeichnet ist. Daneben war er als sogenannter „story doctor" an Bearbeitungen vieler anderer, von ihm nicht verfaßter Drehbücher mitbeteiligt. Anfang der 50er Jahre bekam er von MGM einen großzügigen und unkündbaren Siebenjahresvertrag, der ihn für die mageren Jahre zuvor voll entschädigte. Bis auf „Dancing on a Dime", den Paramount herausbrachte, arbeitete Jan Lustig während seiner Exiljahre nur für MGM, bei der neun Filme unter seiner Mitwirkung entstanden, ehe er 1959 nach Deutschland zurückkehrte.

Ab 1944 lebte er im eigenen Hause am Benedict Canyon Drive in Beverly Hills. Hildegard Knef residierte eine Zeitlang schräg gegenüber. Die Einsamkeit nach dem Tode seiner ersten Frau Lotte veranlaßte ihn, Kalifornien zu verlassen und sich in München niederzulassen. Deutschland war ihm jedoch nach 26 Jahren Abwesenheit fremd geworden, sogar das Zurückfinden in die Sprache fiel ihm schwer. Er verfaßte Drehbücher für den lange bei MGM angestellten Gottfried Reinhardt, der nun mit amerikanischem Geld Filme in der Bundesrepublik produzierte und Regie führte: „Town Without Pity" (United Artists), „Elf Jahre und ein Tag" (Roxy, BRD 1963) und „Situation Hopeless-But Not Serious" (Paramount). Neben einigen Beiträgen für den AUFBAU und Erzählungen („Die Tür"), ließ ihm die Filmarbeit Zeit für Übersetzungen amerikanischer Dramen für deutsche Bühnen, u. a. Werke von Samuel Taylor, Tennessee Williams und Joseph Bologna. In Buchform übersetzte er Daniel Berrigans „The Trial of the Catonsville Nine". Jan Lustig starb drei Wochen nach dem Tode seiner zweiten Gattin Liesl (*), der Tochter Fritzi Massarys, die er nach der Reemigration geheiratet hatte. Seine Urne wurde überführt und im Forest Lawn in Glendale (L.A.) beigesetzt.

Kameramann

Fred (Fritz) Mandl

Fritz Mandl (in USA Fred) begann als Kameramann in der Wochenschaufirma seines Vaters. Ab 1926 arbeitete er bei der UFA in Berlin, zuletzt als Assistent Karl Freunds, der einige Meisterwerke des deutschen Stummfilms schuf. 1928 drehte er für die Wiener Sascha das patriotische Kriegsgemälde „Der Traum eines Reservisten“ (Hans Otto Löwenstein), 1930 ging er als „Second Unit“-Kameramann zu Harry Stradling Sr. zur Paramount nach Paris. 1934 lieferte er 20 Kurzdokumentationen von europäischen Schauplätzen und führte die Kamera bei Billy Wilders Verfilmung von „Mauvaise Graine“. Ab 1936 war er in Madrid tätig, unter seinen Spielfilmen befand sich „Verdena de la Paloma“, die herausragendste spanische Produktion der Dreißiger Jahre. Mandl filmte und photographierte den blutigen Bürgerkrieg, vor allem das berüchtigte Massaker im Alcàtraz von Toledo. Die politische Situation Europas veranlaßte ihn 1937 zur Emigration in die Vereinigten Staaten.

Geb. 1908 Wien
Gest. 21. Feb. 1985 Culver City

Da sich im depressionsverstrickten Hollywood keine Möglichkeiten boten, ging er nach Mexico City, von seinen dortigen Arbeiten fand „Odio“ (1939) internationale Anerkennung. 1941 gelang ihm der Beginn in der kalifornischen Filmmetropole, mit „shorts“ für MGM im Rahmen der damals populären „Pete Smith Specialties“, die alle Themen der amerikanischen Szene umfaßten. Der Service bei der Army ermöglichte ihm die Aufnahme in die A.S.C. (*). Er diente im U.S. Signal Corps als Lehrer für angehende Kameraleute und dokumentierte bei der 166th Signal Photographic Company die militärischen Unternehmungen General Pattons in Frankreich und Deutschland.

Nach dem Kriege assistierte er anderen Kameramännern, Harry Stradling, James Wong Howe, Ray Cory und Franz Planer. Seit den 50er Jahren arbeitete er in erster Linie an der Herstellung von Fernsehfilmen der Reihen „Twilight Zone“, „The Fugitive“, „FBI-Story“, „Leave It to Beaver“, „O Hara, U.S. Treasury“, „A Man Called Shenandoah“, „Medical Center“, „The Munsters“ und „Checkmate“. Für die in Afrika und einem Wildpark nahe Los Angeles entstandene CBS-Abenteuerserie „Daktari“ (1966-1969) stand er allein drei Jahre hinter der Kamera. Exzellente Kameraarbeit leistete er außerdem bei einigen TV-Pilotfilmen, für den Wednesday Movie of the Week „Trapped“ (ABC) erhielt er 1973 eine „Emmy“-Nominierung (**).

Mandl drehte für das Princeton Institute im Dschungel von Venezuela, in arktischen Zonen und bei den Vorarbeiten zu Fred Zinnemanns „The Nun's Story“ (1959) im zentralen Afrika.

F: A Streetcar Named Desire (Ass), 1951; The Caine Mutiny (Ass), 1954; Helen of Troy (Ass), 1955; The Pride and the Passion (Ass), 1956; The Seven Minutes, 1971.

TVM: Tom Sawyer, 1973.

TV: Going My Way (Pilotfilm), 1962; To Rome With Love (Pilotfilm), 1969; Wednesday Movie of the Week: Trapped, 1973; Keeper of the Wild (Pilotfilm), 1977.

(*) American Society of Cinemathographers

(**) Mangels entsprechender Aufzeichnungen können die Einzeltitel aus den Serien nicht angelistet werden.

Fred Mandl

Kameramann

Um bessere Blickwinkel zu erzielen, mußte ihm bei den Aufnahmen zu Stanley Kramers „The Pride and the Passion“ (in Spanien) auf einem Helikopter eine Plattform montiert werden. 1971 realisierte er für den Fox-Produzenten und Regisseur Russ Mayer seinen einzigen Hollywood-Spielfilm „The Seven Minutes“ (nach dem Roman von Irving Wallace) mit Wayne Maunder und Yvonne de Carlo in den Hauptrollen.

Harald Maresch

Schauspieler

Sig Ruman, Otto Preminger und Harald Maresch in Billy Wilders stargespicktem Kinostück „STALAG 17“ (PAR)

Schauspieler/Schauspielerin Harald Maresch/Sari Maritza

Harald Maresch besuchte das Reinhardt-Seminar, studierte Gesang und Tanz und erhielt bald erste Kabarett-und Bühnenengagements. Neben einer winzigen Rolle in Max Neufelds „Der junge Herr aus Oxford", setzte ihn die UFA 1936 in „Savoy-Hotel 217" ein, die Wiener Kongress-Film in „Maria Valewska". Es folgten Verpflichtungen nach Prag, Zürich und als Chansonsänger im „Concert Majo" in Paris. Anfang 1941 kam er auf abenteuerlichen Umwegen nach Amerika, in einer Broadway-Aufführung von Bruckners „Rassen" in New York, unter der Regie Berthold Viertels, entdeckte ihn ein Talentesucher aus dem Filmmekka.

Hollywood gab ihm einen 18monatigen Vertrag für ein „Star-Training", mit festen Wochengagen. Er spielte in drei Filmen, in „Frenchman's Creek" als einer der Partner von Joan Fontaine, in einer United Artists-Produktion und zuletzt bei Paramount in Billy Wilders „STALAG 17". Nachdem er seine Studien über Ballett, Choreographie, Bühnenbild und Regie erweitert hatte, stellte er mit Willy Trenk-Trebitsch (in USA William Trenk) eine eigene Revue, „My L.A.", auf die Beine. 1953 kehrte H. Maresch aus familiären Gründen nach Europa zurück.

Geb. 10. Juni 1916 Wien

F: Frenchman's Creek (Harold Ramond), Song of the Open Road, (o.c.), 1944; STALAG 17 (Harold D. Maresch), 1953; The River Changes (in Deutschland gedreht), 1956.

Schauspielerin Sari Maritza

Sari Maritzas Glück war Charly Chaplin, der sie in London sah und 1932 nach Amerika brachte. Mit richtigem Namen hieß sie Patricia Detering Nathan, ihr Vater war britischer Offizier, die Mutter stammte aus Österreich. In England hatte sie in einigen Filmen gespielt, „Bed and Breakfast", „Greek Street" (USA: Latin Love), „No Lady" und „The Water Gypsies". Chaplins „Entdeckung" wurde in Hollywood mit großen Fanfaren einmal mehr als neue Garbo oder Dietrich angekündigt. Paramount nahm sie unter Vertrag, die hübsche Anglo-Österreicherin, die als Künstlerin den Mädchennamen ihrer Mutter verwendete, blieb jedoch nur eine kurzlebige Sensation. Ihre Aussprache war schlecht und die Stimme zu wenig phonogen. Nach wenigen Filmen, meist im europäischen Milieu angesiedelt, wechselte sie zur RKO, dann zu Mascot. Herausragendster Streifen dort, „Crimson Romance", neben Erich von Stroheim, ein B-Picture mit ersten Antinazitendenzen. Jahre nachdem Sari Maritza Hollywood verließ, bekannte sie, die Schauspielerei aus Mangel an Talent aufgegeben zu haben.

Geb. 17. März 1910 Tientsin
Gest. Juli 1987 Virgin Islands

F: Evenings for Sale, Forgotten Commandments, 1932; Her Secret, International House, A Lady's Profession, Right to Romance, 1933; Crimson Romance, 1934.

Paul Martin

Regisseur

Geb. 08. Feb. 1899 Maiolana (Ungarn)
Gest. 23. Jän. 1967 Berlin-West

Paul Martin, Sohn eines banatdeutschen Notars und 1916–18 freiwilliger k.u.k. Feldjäger im Ersten Weltkrieg, begann nach Studien in Wiener Filmateliers Anfang der 30er Jahre bei der UFA in Berlin. Als Darsteller (Im Namen des Kaisers), im Schneideraum und in der Position eines Regieassistenten Hanns Schwarzs (Bomben auf Monte Carlo) und Erik Charells (Der Kongress tanzt) lernte er die Herstellungsmechanismen von Großproduktionen kennen. 1931 führte er bei dem komödiantisch-musikalischen Hans Albers-Film „Der Sieger" erstmals Regie. Bereits seine zweite Arbeit, „Ein blonder Traum" (1932), mit dem ihm persönlich verbundenen Topstar Lilian Harvey (Drehbuch Billy Wilder und Walter Reisch), erwies sich als Werk eines Vollprofis, das die Aufmerksamkeit Hollywoods erweckte.

Für die 20th Century Fox verfilmte er einen Roman Graham Greenes, der sich darüber jedoch nicht glücklich zeigte. „Orient Express" mit Heather Angel und Norman Foster wurde trotz der ambitionierten Regie ein kommerzieller Mißerfolg und vereitelte Martins USA-Karriere. Nach vergeblichem Bemühen Lilian Harveys, ihn als Regisseur ihrer amerikanischen Filme durchzusetzen, kehrte er Anfang 1935 nach Europa zurück.

Das zweijährige intensive Studium Hollywooder Filmpraktiken kam ihm nun in Deutschland zugute. Fünf anschließende Kassenerfolge, Filme der leichten Muse mit der vielbewunderten und beliebten Harvey, ließen ihn in die Reihe renommierter Filmregisseure aufsteigen. Das Publikum verdankte ihm viele angenehme und amüsante Kinostunden. Immer neue musikselige Komödien, Revuefilme und moderne Operettenadaptionen zeigten allerdings auch den Verfall zur Routine und zum Klischee, aus dem er sich nur selten befreien konnte. Das Schaffen Paul Martins umfaßt über 50 internationale Filme.

F: Orient Express, 1934.

Geb. 21. Jän. 1898 Krakau
Gest. 26. Okt. 1964 Hollywood

Rudolph Maté (Rudolf Matheh) stammte aus Krakau, einem Zentrum übernationaler und europäischer Kultur im damaligen k.u.k. Kronland Galizien. Er besuchte die Kunstakademie in Budapest und wurde 1919 Kameraassistent bei „Kutato Samuel“, (Kf) einem der ersten Filme, die Alexander Korda in Ungarn produzierte. In Berlin arbeitete er 1924 neben Karl Freund an Carl Theodor Dreyers Romanverfilmung „Michael“, in den Wiener Sascha-Ateliers 1932/33 an „König Pausole“ (Ö/F) mit Emil Jannings. In Paris war er zunächst als Cutter und Filmschriftsteller tätig, später als Kameramann bei Dreyers klassischen Stummfilmen „La Passion de Jeannne d Arc“ und „Vampyr“, René Clairs Avantgarde-Film „Le Derniere Milliardaire“ und Fritz Langs „Liliom“, bei denen er mit ungewöhnlichen Kameraeinstellungen und -bewegungen fotografisch neue Wege ging. 1934 folgte er einer Einladung nach Amerika.

In Hollywood, wo er bei der Fox begann, entwickelte sich Maté zum Kameravirtuosen, der versuchte, die Filmgeschichten bildlich zu ihrem größten Vorteil auszuleuchten und auszudeuten. Mit Großaufnahmen, Beleuchtungseffekten und der emotionalen Kraft seiner Fotografie gab er den Filmen eine gnadenlose Schärfe. Zu seinen Spitzenwerken zählen Alfred Hitchcocks Spionagedrama „Foreign Correspondent“, für das er 1940 die erste von vier „Oscar“-Nominierungen für die beste Schwarz-Weiß-Fotografie erhielt, „That Hamilton Woman“ von Alexander Korda, der ihm 22 Jahre zuvor den ersten Kameraauftrag gegeben hatte und „Pride of the Yankees“, die Lebensgeschichte des US-Baseballspielers Lou Gehrig mit Gary Cooper. Außerdem Ernst Lubitschs beschwingte Polit-Satire „To Be Or Not To Be“, „Cover Girl“, der ihm eine „Academy Award“ Nominierung für die beste Farbfotografie einbrachte und der Kultfilm „Gilda“ mit Rita Hayworth, mit der er seit ihrem Debüt (als Rita Cansino) in seinem Erstling „Dante's Inferno“ vier weitere Filme drehte. Darunter „Down to Earth“, nach dem Bühnenstück Henry Segalls „Heaven Can Wait“, bei dem er letztmals hinter einer Kamera stand.

Nach dem Kriege betraute ihn der Columbia-Produktionschef Harry Cohn mit einer Dialogregie (It Had to Be You, neben Don Hartman), bei „Return of October“ versuchte er sich als Produzent. Matés Neigung galt jedoch der Regie und Schauspielerführung. Den ersten Regievertrag schloß er unter seiner üblichen Gage ab, um sich in die neue Tätigkeit einzuführen. 1949 startete er mit drei herausragenden Kriminalfilmen, „The Dark Past“, „D.O.A.“, der zu den Klassikern des „Film Noir“ zählt und

F: Nada mas que una mujer (Span. Version von „Pursued“), 1934; Dante's Inferno, Dressed to Thrill, Metropolitan, Professional Soldier, Navy Wife (Werktitel: Beauty's Daughter), 1935; Charlie Chan's Secret, Come and Get It, Dodsworth, Message to Garcia, Our Relations, 1936; Outcast, Stella Dallas, The Girl from Scotland Yard (Aushilfe, o.c.), 1937; The Adventures of Marco Polo, Trade Winds, Youth Takes a Fling, Blockade, 1938; Love Affair, The Real Glory, The Flying Deuces (Production Adviser), 1939; Foreign Correspondent (*), My Favorite Wife, Seven Sinners, The Western (Zusätzl. Szenen, o.c.), 1940; Flame of New Orleans, It Startet with Eve, That Hamilton Woman (*), 1941; Pride of the Yankees (*), To Be Or Not To Be, 1942; They Got Me Covered, Sahara (*), 1943; Adress Unknown, Cover Girl (*), 1944; Over 21, Tonight and Every Night, 1945; Gilda, 1946; Down to Earth, It Had to Be You (Kamera/Dialogregie), 1947; The Return of October (P), 1948.

Regie: Dark Past, 1948; D.O.A. (**), Union Station, No Sad Songs for Me, 1950; Branded, The Prince Who Was a Thief, When Worlds Collide, 1951; The Green Glove, Paula, Sally and Saint Anne, 1952; Forbidden, Mississippi Gambler, Second Chance, 1953; The Black Shield of Falworth, The Siege at Red River, 1954; The Far Horizons, The Violent Men, 1955; Miracle in the Rain, The Rawhide Years, Three Violent Pepole, 1956; The Deep Six, 1958; For the First

Time (US/D/I), 1959; The Immaculate Road, Rivak the Barbarian (US/I), 1960; Lion of Sparta, 1962; Aliki-My Love (US/GR), 1963.

(*) Academy-Award-Nominierungen

(**) Der Titel ist die amerikanische kriminalistische Formel für den Tatbestand, daß die Polizei nur noch den Tod feststellen konnte - Dead on Arrival.

„Union Station". Die (später absinkende) Reputation als Regisseur beruhte im wesentlichen auf seiner früheren Kameraarbeit, die ihm einen Platz in der Filmhistorie sichert. Er galt als Entdecker vieler neuer Talente, darunter Stars wie Terry Moore, Piper Laurie und Tony Curtis. In den späten 50er Jahren leitete er bei NBC 20 TV-Episoden der „Loretta Young Show", 1959 verlegte er seine Regietätigkeit nach Europa, wo in Italien und Griechenland „Lion of Sparta" für die FOX und drei Gemeinschaftsproduktionen entstanden. „Rudy" Matés Passion war die Fischerei, um dieser ausreichend frönen zu können, baute er sich in Bishop (CA) ein Haus in der Nähe eines größeren Forellengewässers. Ein Jahr vor seinem Tode zog er sich in den Ruhestand zurück.

Jinx Falkenburg, Otto Krueger und Kameramann Rudolf Maté betrachten erste Filmproben zu „Cover Girl"

Kitty Mattern

Kitty Mattern (eigentl. Matfuß) studierte am Wiener Reinhardt-Seminar bei Otto Preminger, einer ihrer Mitschüler war Maximilian Schulz (s. M. Slater). Sie erhielt Tanzunterricht bei Hellerau in Laxenburg, debütierte 1937 an Kleinkunstbühnen in Wien und trat im Kabarett „ABC" gemeinsam mit Leon Askin auf. Nach der Flucht aus Österreich schaffte sie 1939 den Sprung an den New Yorker Broadway, bis 1950 spielte sie auf verschiedenen Bühnen in Stücken wie „From Vienna", „Reunion in New York", „Lady from Paris", „My Dear Public" und „The Captain Walks the Plank". 1944 wirkte sie am Martin Beck-Theatre unter der Regie von Elia Kazan in der legendären Uraufführung von Werfels „Jacobowsky and the Colonel" neben Oskar Karlweis mit, dazwischen ergaben sich künstlerische Möglichkeiten in Nightclubs, Kabaretts und im Vaudeville.

Geb. 28. Dez. 1919 Wien

Nach 11 Jahren Theaterarbeit in New York ging sie nach Los Angeles, um dort bis 1960 auch Film- und Fernsehaufgaben wahrzunehmen. (*) Die Television NBC Hollywood zeichnete sie 1950 als „Beste junge Schauspielerin" aus. 1954 war sie in Franz Molnars „Spiel im Schloß" bei der Eröffnung des Dt. Theaters in New York dabei, Gastspiele führten nach Buenos Aires, 1955 fand sie bei einem ersten Wiederauftreten in Berlin den Weg in den deutschsprachigen Bereich zurück. K. Mattern, in erster Ehe mit Siegfried Arno verheiratet, kehrte mit ihrem zweiten Gatten, dem Produzenten und Autor Borris von Borresholm nach ursprünglich nur sporadischen Auftritten in Hamburg, Wien und München letztlich ganz nach Deutschland zurück. Die Künstlerin lebt heute verwitwet in einem Vorort von München.

TV: Five Fingers: The Judas Goat, 1960.

(*) Persönliches Gespräch mit K.M. am 07.02.1992: Die Schauspielerin wirkte in mehreren Spiel- und Fernsehfilmen unter Henry Koster und Curt Siodmak mit, kann sich jedoch an Titel nicht mehr erinnern. In Unterlagen der Academy in Los Angeles konnte nur die Mitwirkung in einer Episode der TV-Serie „Five Fingers" effektiv belegt werden.

Der deutsche Schauspieler Sigi Arno, seine Gattin Kitty Mattern und der mit dem Ehepaar befreundete „Casablanca"-Star Paul Henreid

Johanna Matz

Schauspielerin

Geb. 05. Okt. 1932 Wien

Johanna Matz absolvierte eine Ballettausbildung und nahm bei Helene Thimig und Alfred Neugebauer Schauspielunterricht. Berthold Viertel holte sie 1950 an das Burgtheater, dem sie bis auf eine kurze Unterbrechung (1952–1954) noch heute angehört. In einer für sie untypischen Rolle gab sie 1951 in Harald Röbbelings „Asphalt" mit Maria Eis und Elisabeth Epp ihr Filmdebüt. Ernst Marischka, der später auch Romy Schneider populär machte, formte sie zu jenem spezifischen Typ des beseelten und schlagfertigen Wiener Mädchens, der seit Paula Wesselys Abgang ins Frauenfach im deutschsprachigen Film fehlte. Mit der Rolle der „Försterchristl" nach der gleichnamigen Operette von Georg Jarno wurde sie 1952 zum Star.

1953 holte sie Otto Preminger nach Hollywood. In seiner ersten unabhängigen Produktion drehte der Wiener für United Artists eine dialogreiche Boulevardkomödie von Frederick Hugh Herbert in zwei Versionen. Die amerikanische, „The Moon is Blue" mit Maggie McNamara und William Holden sowie eine deutsche, „Die Jungfrau auf dem Dach" mit Johanna Matz und Hardy Krüger. Der Kurzauftritt der beiden am Ende der US-Version, eine Szene auf dem Top des Empire State Building, kann als Überleitung zur deutschsprachigen Fassung gesehen werden. Diese geriet filmisch und darstellerisch etwas plumper, ebenso mißlang der Versuch Premingers, „Hannerl" Matz als „Flapper" amerikanischen Zuschnitts aufzubauen. Obwohl sie ein beachtenswertes komödiantisches Talent bewies, favorisierte das Publikum weiterhin ihr zum Klischee gewordenes Rollenbild als „Wienerin".

Das Hollywood-Intermezzo festigte jedoch ihren Filmruhm, bis 1965 wirkte sie in über 40 Produktionen mit. Um schauspielerische Ernsthaftigkeit bemüht, gelang es ihr erst 1956 in Harald Brauns „Regine" nach Motiven Gottfried Kellers, aus der Schablone auszubrechen. Sie wuchs als Künstlerin, zu Beginn der 60er Jahre etablierte sie sich erfolgreich auf der Bühne, 1966 erhielt Johanna Matz den Titel Kammerschauspielerin. 1971 war sie auch in einigen Fernsehspielen zu sehen, im Film tritt sie seitdem nur noch sporadisch auf.

F: The Moon is Blue, Die Jungfrau auf dem Dach (D/US), 1953; They Were so Young/Mannequins für Rio (D/US, in Italien und Berlin gedreht), 1955.

Johanna Matz und Otto Preminger

Sängerin

Margarethe Matzenauer

Margarethe Matzenauer, eine Alt-Sopranistin, kam im ungarischen Temesvár zur Welt, wo ihr Vater Ludwig Matzenauer als Kapellmeister tätig war. Nach der Ausbildung in Graz und Berlin und dem Debüt 1901 in Straßburg trat sie 1904–11 an der Hofoper München und gastweise bei den Bayreuther Festspielen, in Wien, Berlin, Hamburg und Paris auf.

1911 wurde sie an die Metropolitan Oper New York verpflichtet, um dort bis 1930 große Erfolge zu feiern. Gastspiele führten an das Teatro Colón in Buenos Aires und an die Covent Garden Oper in London. Vor allem in Sopran- und Mezzosopran-Rollen Wagnerscher und Verdischer Opern war M. Matzenauer eine begabte dramatische Sängerin. Nach ihrem Bühnenabgang wirkte sie gelegentlich als Rezitatorin und Pädagogin, erst in New York, später in San Fernando, Kalifornien. Frank Capra übertrug ihr 1936 in seinem Oscar-preisgekrönten Lustspiel „Mr. Deeds Goes to Town“ eine kleine Rolle als Operndiva.

Geb. 01. Juni 1881 Temesvár
Gest. 19. Mai 1963 Van Nuys, Kalifornien

F: Mr. Deeds Goes to Town, 1936.

Joe May

Produzent – Regisseur

Geb. 07. Nov. 1880 Wien
Gest. 29. Apr. 1954 Hollywood

Julius Otto Mandl, Sohn eines wohlhabenden Kaufmanns, studierte in Berlin und betätigte sich anschließend in verschiedenen Berufen. 1902 heiratete er die Wiener Sängerin Mia May (Pfleger). Über eine Hamburger Bühnenrevue kam er 1910 mit dem Film in Berührung, unter dem Künstlernamen Joe May drehte er 1911 bei der Berliner CONTINENTAL-Filmkunst eine Serie um den Detektiv Stuart Webb und kreierte damit das Genre als Massenware. Durch den Erfolg ermuntert gründete er 1915 die Joe May-Film, bei der die Joe Deebs-Detektivserie und eine Reihe von Melodramen und Gesellschaftsstücken mit seiner Gattin in den Hauptrollen entstanden.

Als Produzent und Regisseur setzte sich May für neue anspruchsvolle Ziele ein. Er entdeckte und förderte junge Talente, Autoren und Regisseure wie Thea von Harbou, Fritz Lang und E.A. Dupont. Nach dem Ersten Weltkrieg errichtete er in Woltersdorf bei Berlin eine eigene „Filmstadt", in der er mit aufwendigen Produktionen die deutsche Monumentalfilmzeit einleitete. 1918 realisierte er „Veritas Vincit", 1920/21 mit Mia May das achtteilige Kolossalwerk „Die Herrin der Welt" nach dem Roman von Karl Figdor, 1921 die Originalfassung des Zweiteilers „Das indische Grabmal" nach einem Buch von Harbou/Lang, die große Menschenschlangen an die Kinokassen lockten. 1923 gelang ihm mit dem glänzend besetzten vierteiligen Gesellschaftsdrama „Tragödie der Liebe" ein künstlerischer Erfolg, der in der Vollkommenheit alles bot, was der Entwicklungsstand der Kinematographie zu diesem Zeitpunkt forderte. Nach den sozialkritischen, vom Expressionismus beeinflußten Streifen „Heimkehr" und „Asphalt" von 1928, zählte May zu den wichtigsten und erfolgreichsten deutschsprachigen Filmpionieren.
Im gleichen Jahr besuchte er Hollywood, um sich über die Technik des Tonfilms zu informieren. Als Tonfilmregisseur erwies sich May als Spezialist leichter Unterhaltung für den europäischen Markt, der geschickt den in der Stummfilmzeit erworbenen Fundus dramaturgischer und technischer Mittel einsetzte. 1932 kam es zur Auflösung des 1923 umgestalteten Konzerns der May-Film AG. Als man Joe May 1933 in Deutschland seinen bürgerlichen Namen verübelte, emigrierte er nach London. 1934 erhielt er ein Angebot des früheren UFA-Produktionsleiters Erich Pommer, bei der Fox Corp. in den USA einen Film zu inszenieren.

„Music in the Air", als Comeback für Gloria Swanson gedacht, war der erste Hollywoodfilm, der unter maßgeblicher Beteiligung von Emigranten aus Nazi-Deutschland entstand. Joe May

F: Music in the Air (R), 1934; Confession (R), 1937; Society Smugglers (R), The House of Fear (R), 1939; The Invisible Man Returns (R, Idee mit Curt Siodmak), The House of Seven Gables (R), You're Not So Tough (R), The Invisible Woman (Idee mit Curt Siodmak), 1940; Hit the Road (R), 1941; The Strange Death of Adolf Hitler (Idee mit Fritz Kortner),1943; Uncertain Glory (Idee mit Laszlo Vadnay), Johnny Doesn't Live Here Anymore (R),1944; Buccaneer's Girl (Idee mit Samuel R. Golding), 1950.

(*) Mia May, die sich 1924 nach dem Selbstmord der Tochter Eva vom Film zurückzog, starb am 28. Nov. 1980 in Hollywood.

gehörte bereits zu den älteren Filmschaffenden, für einen Neuanfang bedeutete dies ein Handicap. Das amerikanische Studiosystem und die reglementierte Arbeitsteilung blockierten den zuvor selbständigen Produzenten, Autor und Regisseur. Die Mißerfolge der beiden ersten Filme kosteten ihn seinen Kredit und die Reputation der früheren Erfolge. Paul Kohner gelang es, ihn Ende 1938 bei der Universal unterzubringen. Auch die dort gedrehten sechs Filme, die am Produktionsstandard und Budget gemessen, im mittleren bis unteren Bereich der „B"-Movie-Skala angesiedelt waren, kamen über Achtungserfolge nicht hinaus. Mit „The Invisible Man Returns", der heute zu den Klassikern der „special effects" der Universal zählt, leitete er jedoch mit dem Science Fiction-Autor Curt Siodmak mehrere Nachfolgefilme ein, die mit Ironie und visuellen Gags die Figur des „Mad scientist" zum Protagonisten von Suspense-Thrillern und Horror-Grotesken machten. 1943 entwarf May mit Fritz Kortner die Story zu dem Anti-Nazi-Film „The Strange Death of Adolf Hitler", der mit einem Riesenaufgebot an europäischen Exilanten in Szene gesetzt wurde. Joe May, ursprünglich auch für die Regie verpflichtet, mußte die Aufgabe nach zwei Wochen Drehzeit an James Hogan abgeben.

Anfang 1944 führte May bei der Monogram Pictures bei „Jonny Doesn't Live Here Anymore" zum letzten Mal in Hollywood Regie. 1948 realisierte Universal noch eine seiner Storys, „Buccaneer's Girl" mit Yvonne de Carlo kam erst im März 1950 in die Kinos. Zu diesem Zeitpunkt hatte er keine Aussichten mehr, in einem amerikanischen Studio zu arbeiten. Nachdem Freunde bei der Finanzierung halfen, Hedy Lamarr, Otto Preminger, Walter Reisch, Henry Koster und Robert Siodmak, eröffneten Joe und Mia May (*) im März 1949 auf dem South Robertson Boulevard in West Los Angeles das auf „Wiener Küche" spezialisierte Restaurant „Blue Danube". Nur wenige Wochen später mußte es geschlossen werden. Joe May, der einst Filmgeschichte schrieb, blieb bis zu seinem Tod auf die Hilfe von Freunden und Kollegen und die Hilfsorganisation des European Film Fund angewiesen.

Mike Mazurki

Schauspieler

Geb. 25. Dez. 1909 Tarnopol
Gest. 09. Dez. 1990 Glendale, CA.

F: Belle of the Nineties, 1934; Black Fury, 1935; Mr. Moto's Gamble, 1938; Shanghai Gesture, 1941; Dr. Renault's Secret, Gentleman Jim, About Face, That Other Woman, The McGuerin's from Brooklyn, Flying Tigers, 1942; Behind the Rising Sun, Bomber's Moon, Henry Aldrich Haunts a House, It Ain't Hay, Mission to Moscow, Swing Fever, Thank Your Lucky Stars, Taxi-Mister!, 1943; The Canterville Ghost, Lost Angel, The Missing Juror, The Princess and the Pirate, Shine On-Harvest Moon, Summer Storm, Thin Man Goes Home, 1944; Abbott and Costello in Hollywood, Dakota, Dick Tracy - Detective, The Horn Blows at Midnight, Murder My Sweet, Nob Hill, The Spanish Main, The Missing Juror, 1945; The French Key, Ive Wires, The Mysterious Intruder, 1946; Nightmare Alley, Sindbad the Sailor, Unconquered, Killer ill, 1947; I Walk Alone, The Noose Hangs High, Relentless, Two Knights in Brooklyn, 1948; Abandoned, Come to the Stable, Devil's Henchmen, Neptune's Daughter, Rope of Sand, Samson and Delilah, 1949; Dark City, He's a Cockeyed Wonder, Night and the City, 1950; Criminal Lawyer, The Light Touch, My Favorite Spy, Pier 23, Ten Tall Men, Criminal Lawyer, 1951; The Egyptian, 1954; Blood Alley, Davy Crockett - King of the Wild Frontier, Kismet, New Orleans Uncensored, New York Confidential, The Man from Laramie, 1955; Around the World in 80 Days, Comanche, Man in the Vault, 1956; Hell Ship Mutiny, 1957; The Man Who Died Twice, The Buccaneer, 1958; Alias Jesse James, Some Like It Hot, 1959; The Schnook, The Facts of Life, 1960; The Errand Boy, Pocketful of Miracles, 1961; Five Weeks in a Balloon, Zoth! Swinging Along, 1962; Dono-

Mike Mazurki, als Michail Mazurski im k.u.k. galizischen Tarnopol als Sohn ruthenischer Eltern geboren, kam im Alter von sechs Jahren nach Amerika. Er wurde als „Footballer“ am Manhattan College und später als Schwergewichtsringer bekannt, bevor er sich dem Film zuwandte.

1934 hatte er in Mae Wests „Belle of the Nineties“ einen Statistenauftritt, 1941 debütierte er als „Kuli“ in Josef von Sternbergs „Shanghai Gesture“. Hollywood legte ihn in mehr als 100 Nebenrollen weitgehend auf das Fach des derben und schwerfällig-witzigen Gangster-Gefolgsmannes fest, das er nur in den 60er Jahren in einigen Komödien durchbrechen konnte.

Herausragende Parts spielte er 1944 in Edward Dmytryks Klassiker „Murder, My Sweet“ und in einer überraschenden Charakterrolle als „Trapper“ in Tay Garnetts Spätwerk „Challenge to Be Free“, einem Abenteuerfilm in der Wildnis Alaskas mit naiven Zügen eines Märchens. Mike Mazurki wirkte 1966/67 und 1971 in den TV-Serien „It's About Time“ und „The Chicago Teddy Bears“ mit, 1984 in Rod Stewarts Musikvideo „Infatuation“. 1990 stand er neben Warren Beatty in „Dick Tracy“ zum letzten Male vor der Kamera.

Mike Mazurki mit Anne Jeffreys in „Dick Tracy“ (1945)

Mike Mazurki

van's Reef, Four for Texas, It's a Mad, Mad, Mad World, 1963; Cheyenne Autumn, The Disorderly Orderly, 1964; Requiem for a Gunfighter, 1965; Seven Woman, 1966; The Adventures of Bullwhip Griffin, 1967; Which Way to the Front?, 1970; Deliverance, 1972; Challenge to Be Free, The Centerfold Girls, 1974; The Wild Mc Cullochs, 1975; Won Ton Ton – The Dog Who Saved Hollywood, 1976; One Man Jury, The Magic of Lassie, 1978; Gas Pump Girls, 1979; The Man with Bogart's Face, All the Marbles, Cracking Up, Alligator, 1980; Doin Time, 1984; Amazon Woman on the Moon, 1987; Mob Boss, Dick Tracy, 1990. TVM: The Incredible Rocky Mountain Race, 1977; Mad Bull, 1978; The Adventures of Huckleberry Finn, 1981.

TV: The Public Defender: Crash Out, 1954; Disneyland: Davy Crocket, 1954/55; Adventures of Jim Bowie: Outlaw Kingdom, 1956; Have Gun-Will Travel: Ella West, 1958; Milton Berle Special (Special), Land of the Giants: Giants and All That Jazz, 1959; Bachelor Father: Kelly the Matchmaker, 1960; Have Gun – Will Travel: Don't Shoot the Piano Player, 1962; Dick Powell Theatre: The Losers, McKeever and the Colonel: Too Many Sergeants, 1963; The Munsters: Knock Wood – There Comes Charly, 1964; Mr. Ed: Number Oat – Oat Seven, F Troop: Our Hero – What's His Name, 1965: Gilligan's Island: The Friendly Physician, 1966; It's About Time: (Serie), 11. 09. 66–27. 08. 67; Dream of Jeannie: Jeannie and the Great Bank Robbery, Rango: Diamonds Look Better Around Your Neck Than a Rope, Bastman: The Wail of the Siren, 1967: Beverly Hillbillies: The Great Tag-Team Match, 1968; My Three Souns: What Did you do Today, Grandpa?, 1970; Adam -12: Log 144 – Bank Rubbery, 1970; The Chicago Teddy Bears: (Serie), 17. 09. 71–7. 12. 71; Love American Style: Love and the Gangster, 1972; Kung Fu: Superstition, 1973; Bronk: Crackback, 1975; NBC Drama: Revenge of the Cray Gang (Pilotfilm), 1981; Fantasy Island: Naughty Marietta, 1983.

Leo Mittler

Geb. 18. Dez. 1893 Wien
Gest. 16. Mai 1958 Berlin

Leo Mittler studierte an der Akademie für darstellende Kunst und war danach an der Volksbühne Wien als Schauspieler tätig, ehe er über Engagements in Breslau, Dresden und Frankfurt in den 20er Jahren durch seine Regiearbeit an den Berliner Reinhardt- und Barnowsky-Bühnen bekannt wurde. Regie war für ihn gleichbedeutend mit Bekenntnis zum Autor, von den zwei Brennpunkten, um die sich das theatralische bewegt, stand er dem literarischen näher als dem mimischen.

Ab 1926 widmete er sich auch dem Thema Film. Seine Bedeutung in der Filmgeschichte ist stark an die stumme Dirnentragödie „Jenseits der Straße“ (1929) gebunden, einem Beispiel für die Versuche der Arbeiterbewegung in der Weimarer Republik, das neue Medium für ihre Anliegen zu nutzen. Anfangs der Dreißiger wechselte Mittler zur Paramount nach Paris, wo er in den Ateliers in Joinville den spanischsprachigen Streifen „La Incorregible“ (1930) und mehrere deutschsprachige Versionen amerikanischer Filme schuf, u. a. „Sonntage des Lebens“, „Der Sprung ins Nichts“ und „Die Nächte von Port Said“ mit Gustav Diessl und Oskar Homolka. Als Hitler zur Macht kam, entschied er sich für den Verbleib im Exil. In Frankreich drehte er „La voix sans visage“ (1933), „The Last Waltz“ (1936) und „Les Otages“ (1939), in den Londoner Ealing Studios „Honeymoon for Three“ (1935) und „Cheer Up“. (1936).

F: Ghost Ship (o.c.), Song of Russia, 1943.

Vor Kriegsbeginn übersiedelte Mittler nach USA, von 1940 bis 1946 war er als teamgebundener Drehbuchautor in Hollywood tätig (u. a. 1940/41 bei Columbia). Aus der Zusammenarbeit mit Victor Trivas und Guy Endor resultierte die Story „Scorched Earth", die Vorlage für die Joe Pasternak-Produktion der MGM „Song of Russia", die Louis B. Mayer als Beitrag zur Waffenbrüderschaft mit der Sowjetunion verstand und Mittlers einzigen „credit" im Vorspann eines amerikanischen Films darstellt. Zwei weitere verkaufte Treatments, „Thunder over Iran" (Columbia) und „Flowers of Evil" über das Leben Toulouse-Lautrecs (RKO), blieben unrealisiert. Nach einer einjährigen Lehrtätigkeit am Actor's Laboratory verließ der Wiener Hollywood, um als Generaldirektor an Erwin Piscators Dramatic Workshop an der New School for Social Research in New York zu gehen.

1952 kehrte er mit seiner Gattin Liesl, der einzigen Tochter Fritzi Massarys und Witwe des Dichters Bruno Frank, nach Deutschland zurück. Vorwiegend als Gastregisseur brachte er, oft in eigenen Übersetzungen und Bearbeitungen, in Hamburg, Düsseldorf und Berlin vor allem die hier noch unbekannten Werke von Tennessee Williams, Thornton Wilder, William Saroyan und Terence Rattigan heraus.

Rudolf Monter — Produzent

Geb. 06. März 1903 Prag
Gest. 05. Dez. 1953 Hollywood

Rudolf Monter, aus einer deutschsprachigen böhmischen Familie stammend, war ab 1930 Rechtsanwalt der Prager Filmfirmen Slavia und Elektra. Vor der Okkupation der CSR 1939 durch die Nazis ging er nach Hollywood, wo er sich als Produzent betätigte. Neben Kurzfilmen für MGM gehören zwei Spielfilme bei United Artists zu seinen wichtigsten Werken, das im besetzten Protektorat angesiedelte Drama „Voice in the Wind" mit Francis (Franz) Lederer, zu dem Friedrich Torberg das Drehbuch schrieb und „Cloudburst".

1946 gründete er die Monter-Gray Agency, an der sich sein Bruder Richard beteiligte, der ebenfalls im Showbusiness tätig, bereits 1932 als persönlicher Manager Franz Lederers in die USA kam (gest. 1948). Ab 1950 arbeitete Monter auch für die Sovereign Television und Mutual TV Productions. Er war mit der bei Leopold Jessner ausgebildeten Schauspielerin Ruth Oswald, Tochter des Wiener Regisseurs Richard Oswald verheiratet und lebte in Beverly Hills. Die Bestattung erfolgte auf dem Hollywood Cemetery am Santa Monica Boulevard.

F: Voice in the Wind (mit George Ripley), 1944; The Chase, 1946; The Pirates of Capri / I Pirati de Capri (I/US), 1949; Time Running Out (GB/US), 1951; Cloudburst, 1953.

Paul Morgan

Geb. 01. Okt. 1886 Wien
Gest. 10. Dez. 1938 Buchenwald

Paul Morgan (Georg Paul Morgenstern), Sohn einer Rechtsanwaltsfamilie, wurde an der Wiener Theaterakademie von Ferdinand Gregori, einem renommierten Burgtheater-Mitglied ausgebildet. Er spielte 1908 bis 1912 bei Direktor Jarno an der „Josefstadt" in Wien, danach in der Provinz, in Czernowitz, dem östlichen Zipfel der Monarchie und in München. 1914 übernahm er als Nachfolger Fritz Grünbaums die Conférence am Wiener Kabarett „Simplicissimus", 1917 heiratete er die Schauspielerkollegin Josephine (Josa) Lederer, mit der er gleich nach dem Ersten Weltkrieg nach Berlin übersiedelte.

Durch seine Kontakte zu Ernst Lubitsch und Fritz Lang hatte er ein zusätzliches Standbein im Filmgeschäft. Lang setzte ihn in „Halbblut" und im „Spinnen"-Zyklus ein, seine erste Hauptrolle erhielt er in „Die Geheimnisse der Nachtbarn". Künstlerische Bedeutung erlangte er 1924 bis 1933 als Schauspieler, Conférencier, Autor und zusammen mit Kurt Robitschek als Mitbegründer des „Kabaretts der Komiker", dem bedeutendsten literarischen und zeitkritischen Unterhaltungskabarett vor 1933. Morgan trat an den Barnowskybühnen, in Varietés und den großen Revuen der 20er Jahre auf. Als der Film „sprechen" konnte, kamen die Witze des Kabarettsketches auch im kleinsten Provinzkino zur Geltung. 1930 gründete er mit Max Hansen und Carl Jöken die Trio-Film GmbH (Das Kabinett des Dr. Larifari), 1930/31 arbeitete er in Hollywood.

Bevor es die Möglichkeit des Synchronisierens gab, entstanden dort viele Filme in mehreren Sprachversionen, mit eigens dafür importierten Schauspielern. MGM rief 1930 auch Paul Morgan, den Österreicher mit dem englisch klingenden Namen. Der Vertrag verpflichtete ihn für zwei Filme, „Menschen hinter Gittern" (The Big House) mit Heinrich George und Gustav Diessl und „Casanova wider Willen" (Parlor, Bedroom and Bath) mit Buster Keaton. Da er wegen seiner Spielleidenschaft öfter in Geldnöten war, versorgte er von Hollywood aus deutsche Zeitschriften mit USA-Neuigkeiten. Dies führte zur Idee, eine Art Klatschkolumne über das Filmbabel, das er „Filmopolis" nannte, zu drehen. Unter dem Titel „Wir schalten um nach Hollywood" (USA: Hollywood Revue 1929) entstand eine unterhaltsame Revue mit witzigen Dialogen und Interviews mit den dort arbeitenden Künstlern, die einen aufschlußreichen Einblick in das Leben der Filmstadt bot. Nach neunmonatigem Aufenthalt bekamen die Morgans Heimweh, Oscar Straus und Marlene Dietrich bereiteten ihnen ein rauschendes Abschiedsfest.

F: Menschen hinter Gittern (US/D), Wir schalten um nach Hollywood (US/D), Casanova wider Willen (US/D), 1931.

In Deutschland nach dem Machtantritt der Nazis unerwünscht, mußte er sich in Wien mit sporadischen Auftritten und Arbeiten begnügen. Herausragend davon das Libretto für Ralph Benatzkys Operette „Axel an der Himmelstür", mit der Zarah Leander zu Starruhm gelangte. Die meisten jüdischen Kollegen waren bereits emigriert, als Freunde vergeblich versuchten, auch ihn zur Flucht zu bewegen. Der Leidensweg nach der Verhaftung am 22. März 1938 durch die Gestapo führte in das Konzentrationslager Dachau, später nach Buchenwald, wo Paul Morgan, zu dessen persönlichen Bekannten einst der deutsche Außenminister Gustav Stresemann zählte, an Entkräftung starb. Seine Gattin konnte nach England entkommen, ebenso sein Bruder Ernst Morgan, der in Ägypten Unterschlupf fand.

Paul Morgan mit Marlene Dietrich und Hans Heinrich Twardowski am Swimmingpool, Hollywood 1930.

Schauspieler (Friedrich Meyer Weisenfreund) Paul Muni

Geb. 22. Sept. 1895 Lemberg
Gest. 25. Aug. 1967 Montecito

Friedrich Meyer Weisenfreund (Kosename „Muni") war ein Sohn fahrender Schauspieler, die in den östlichen Gebieten Österreich-Ungarns auftraten. 1902 übersiedelte die Familie nach USA und schlug sich als Vaudeville-Truppe in den größeren amerikanischen Städten durch. Über Bühnen in Cleveland, Chicago, Philadelphia und die Molly Picon's Company in Boston kam Weisenfreund an das Yiddish Art Theatre von Maurice Schwartz in New York, an dem er sieben Jahre blieb. Erst im Alter von 31 Jahren gab er in der Rolle eines orthodoxen Juden in „We Americans" sein englischsprachiges Broadwaydebüt. Nach einem Auftritt in dem Stück „Four Walls" neben Clara Langsner und Lee Strasberg veranlaßte ihn Winfield Sheehan, Produktionschef von William Fox, ins Filmgeschäft zu wechseln. Ab 1929 nannte er sich Paul Muni.

Während der 30er Jahre zählte er zu den am stärksten respektierten Namen in Hollywood. Mit seinem Debütfilm „The Valiant" erzielte er auf Anhieb eine „Oscar"-Nominierung als bester Darsteller. Ein Mehrjahresvertrag bei Warner Brothers erlaubte ihm zwischen einzelnen Filmen auch Bühnenauftritte. Nach „Black Fury" wurde er das künstlerische Aushängeschild des Studios, zwei Aufgaben in ausgezeichneten Gangsterfilmen machten ihn zu einem der populärsten Akteure des Genres. „Scarface" (Tony Camonte alias Al Capone) katapultierte ihn zu Starruhm, mit der Rolle in Mervyn LeRoys Gefängnisdrama „I Am a Fugitive from a Chain Gang" leitete er vom traditionellen Gangstertyp der frühen Krisenjahre über zum Typ des „Verlorenen", der seine für Amerika verbindliche Kontur durch Humphrey Bogart gewann. Muni, der begabt genug gewesen wäre, Bogarts Position zu erringen, verzichtete darauf, eine feste Inkarnation und Firmenmarke seiner Gesellschaft zu werden.

F: The Valiant (**), Seven Faces, 1929; I Am a Fugitive from a Chain Gang (**), Scarface, 1932; The World Changes, 1933; Hi, Nellie!", 1934; Black Fury, Bordertown, Dr. Socrates, 1935; The Story of Louis Pasteur (*), 1936; The Good Earth, The Life of Emile Zola, The Woman I Love, 1937; Juarez, We Are not Alone, 1939; Hudson's Bay, 1940; The Commandos Strike at Dawn, 1942; Stage Door Canteen, 1943; Counter-Attack, A Song to Remember, 1945; Angel on My Shoulder, 1946; The Last Angry Man (**), 1959.

(*) Academy Award, (**) Academy Award-Nominierung

TV: Philco Television Playhouse: Counselor-at-Law; Chevrolet Tele-Theater: The Valiant, 1948; Ford Theater: The People vs.Johnston, 1953; G.E.Theater: Letter from the Queen, 1956; Playhouse 90: Last Clear Chance, 1958; Saints and Sinners: A Shame for a Diamond Wedding, 1962.

Sein Gestaltungsdrang regte ihn zu ständig neuen Verwandlungen an, zudem sollte eine genaue Maske die Glaubwürdigkeit seiner Darstellung steigern. Er hatte auf freie Rollenwahl bestanden und feierte nach den Sozialdramen in einer Reihe von biografischen Porträts über Persönlichkeiten der Weltgeschichte seine größten Triumphe. Für die Titelrolle in William Dieterles „The Story of Louis Pasteur" erhielt er 1936 den „Academy Award". Irving Thalberg von MGM bot ihm daraufhin die Rolle des Wang Lung in der Filmversion des Pearls S. Buck-Bestsellers „The Good Earth" an, die er nochmals als Herausforderung betrachtete. Allmählich aber fand Muni die Ausdrucksmöglichkeiten des damaligen Hollywoodsystems zu begrenzt. Einige Filme litten auch bereits unter der von ihm selbst am stärksten vertretenen Meinung, einer der virtuosesten Darsteller des amerikanischen Films zu sein. Seine Manierismen beeinträchtigten seine Leistungen in „Juarez“, „Imbarco a mezzanote“ und in Daniell Manns „The Last Angry Man“, der ihm zwar eine weitere „Oscar“-Nominierung einbrachte, aber zum finanziellen Desaster geriet.

1939 kehrte Muni deswegen zur Bühne zurück, um auf der Leinwand nur noch wenige Male zu gastieren. 1943 beteiligte er sich im New Yorker Madison Square Garden an dem Politstück „We Will Never Die“, einem Aufschrei gegen den Nazihorror in Europa. In dem Streifen „Imbarco a mezzanote“ (Stranger on the Prowl), den der auf der „Blacklist“ stehende Joseph Losey in Italien unter einem Pseudonym inszenierte, stand er 1953 erstmalig außerhalb Amerikas vor der Kamera. Für die Gestaltung des Henry Drummond in „Inherit the Wind“ (nach dem historischen Clarence Darrow-Prozeß) bekam er 1956 den Antoine Perry Award (Tony).

Als Gegner jeder Staranbetung wahrte er über sein Privatleben strengste Diskretion. Nach einer Augenoperation gab er als 64jähriger seine Bühnen- und Filmkarriere auf. In den letzten Jahren lebte er mit Gattin Bella, die er 1921 geheiratet hatte, in seinem Haus in Montecito in der Nähe von Santa Barbara. Paul Muni wurde im Hollywood Memorial Park bestattet.

Henry O'Neill und Paul Muni in der Titelrolle von „The Story of Louis Pasteur“, für die er 1936 mit dem Oscar des besten Hauptdarstellers ausgezeichnet wurde.

Schauspieler

Paul Muni

Glenda Farell und Paul Muni in „I am a Fugitive from a Chain Gang“ von Warner Brothers, basierend auf der Autobiographie von Robert E. Burun.

Schauspieler

John Mylong

John Mylong, Ernest Dorian (Ernst Deutsch), Peter von Eyck und Henry Travers in der Filmversion von John Steinbecks Roman und Theaterstück „The Moon is Down“. Die Handlung spielt in einem kleinen norwegischen Dorf während der deutschen Besetzung im Zweiten Weltkrieg. (FOX)

John Mylong (Jack Mylong-Münz) Schauspieler

Geb. 27. Sept. 1893 Wien
Gest. 08. Sept. 1975 Beverly Hills

F: Overture to Glory (als Jack Mylong-Münz), 1940; The Devil Pays Off, 1941; Crossroads, 1942; For Whom the Bell Tolls (als Mylong), Chetniks, Hostages, They Came to Blow Up America, The Strange Death of Adolf Hitler, 1943; The Hitler Gang, The Master Race, Experiment Perilous, The Mask of Dimitrios, The Story of Dr. Wassel, 1944; The Falcon of San Francisco, Hotel Berlin, I'll Tell the World, 1945; Monsieur Beaucaire, The Searching Wind, Lost City of the Jungle (Serial), 1946; Unconquered, 1947; Oh, You Beautiful Doll, Battleground, 1949; Annie Get Your Gun, Young Daniel Boone, Vendetta, 1950; His Kind of Woman, 1951; Sea Tiger, Robot Monster, 1953; Magnificent Obsession, 1954; The Crooked Web, 1955; Never Say Goodbye, The Eddie Duchin Story, The Beast of Budapest, I, Mobster, 1956; The Mermaids of Tiburon, 1962.

TV: Captain Midnight: Operation Failure, 1954; Alfred Hitchcock Presents: Into Thin Air, 1955; You Are There: Napoleon's Return from Elba, 1955, Hitler Invades Poland, 1956; Millionaire: The Roy Delbridge Story, 1957, The Neal Bowers Story, 1958; Black Saddle: The Freebooters, 1959.

Jack Mylong-Münz ging nach der Matura zum Theater, von 1912–1915 spielte er an verschiedenen Bühnen in Österreich und Deutschland und schon bald nach dem Ersten Weltkrieg stieß er zum Film. Er begann in „Liebe des Satans", einem Werk aus der Serie der Schattenspiele der Münchner Lichtspielkunst, es folgten einige Bavaria-Streifen von Manfred Noa, 1922 filmte er in Berlin unter Peter und Paul Fellner und Rudolf Meinert bei der Ifa. Sein Manuskript, „Tragödie einer Liebesnacht", wurde von Franz Osten für die Emelka verfilmt, die ihn als ersten Liebhaber beschäftigte.

Da er neben Deutsch auch das Englische tadellos beherrschte und einen gut geschulten Bariton besaß, erfüllte er alle Voraussetzungen für Erfolge auch im Tonfilm. Er wurde in österreichischen, deutschen und einigen internationalen Produktionen eingesetzt, darunter „Der Zinker", „Die andere Seite", die in den Pariser Pathé-Studios nach der französischen Originalfassung gedrehte deutsche Version von „Der Herzog von Reichstadt" und die in London von Alfred Hitchcock inszenierte dt.-sprachige Version „Mary" der englischen Originalfassung (Titel „Murder"), 1931; Richard Oswalds „Abenteuer am Lido", „Unser Kaiser" mit Hansi Niese, „Unsichtbare Gegner" mit Raoul Aslan und Peter Lorre, 1933, und seine letzte Arbeit in Europa, „Das Tagebuch der Geliebten", mit Lily Darvas und Hans Jaray (Ö/I), 1935.

Mylong-Münz liebte den deutschsprachigen Film, war aber nicht blind für die Werte des amerikanischen, an dem er besonders schätzte, daß er sich aus ausgefeilten, filmisch konzipierten, nicht aus Roman oder Epos transponierten Manuskripten aufbaute. 1939 emigrierte er nach den USA, wo er 1940 in dem in New York hergestellten jiddischen, englisch untertitelten Streifen „Overture to Glory" begann. Als John Mylong, wie er sich danach nannte, fand er in Hollywood bei Film und Fernsehen sein Betätigungsfeld im Fach des glatten, gepflegten, meist aber gefährlichen Typs. Der Wiener, der in seinem Filmschaffen insgesamt über 100 Rollen verkörperte und nach dem Krieg 1951 in der Curt Goetz-Komödie „Das Haus in Montevideo" noch einmal in Deutschland vor der Kamera stand, starb nach langer Krankheit in seinem Heim in Beverly Hills. Er wurde im Hillside Memorial Park bestattet.

Reggie Nalder

Reggie Nalder (Alfred Reginald Natzler, auch Reggie Riffler), entstammte einer alten Theaterfamilie. Sein Vater und ein Onkel betrieben das Cabaret „Hölle“ im Basement des Theaters an der Wien, seine Mutter sowie die Cousinen Lizzi und Grete Natzler (in USA Della Lind) waren bekannte Filmdarstellerinnen.

Eigentlich Journalist, trat er mit seinem Bruder in einer gemeinsamen Tanznummer, den „Nalder Brothers“ auf. Während des Zweiten Weltkrieges arbeitete er im besetzten Paris. Nach einem Theaterbrand, bei dem der Bruder ums Leben kam, behielt er Narben und eine gewisse Starre im Gesicht, die ihm ein unverkennbares Aussehen gaben.

Hollywood, immer auf der Suche nach speziellen Typen, legte ihn damit als Horrordarsteller fest. Von der unnachahmlichen Schlußsequenz in Alfred Hitchcocks Meisterschocker „The Man Who Knew Too Much“ bis zur TV-Serie „77 Sunset Strip“ spielte er immer den „Killer vom Dienst“ oder einen entsetzlichen Bösewicht. Er fand sich mit seiner Arbeit ab, ohne dabei künstlerische Genugtuung zu erfahren.

Nalder filmte in drei Sprachen, Französisch, Englisch und zuletzt auch in Deutsch. Zu seinen internationalen Filmen außerhalb Amerikas zählen u. a. „Le Signal Rouge“ (F, 1948 in Wien gedreht) mit Erich von Stroheim, „Blaubart“ (F/CH/D, 1951) von Christian-Jaque, „Eschec au Porteur“ (F, 1959) mit Jeanne Moreau, „Le Jour et l'Heure“ (F/I, 1963), „Mark of the Devil“ (D/GB, 1970), „Mark of the Devil II“ (D/GB, 1975) und Fellinis „Casanova“ (I, 1976).

Geb. 04. Sept.1907 Wien
Gest. 19. Nov. 1991 Santa Monica

F: Adventure of Captain Fabian, 1951; Betrayed, 1954; The Man Who Knew Too Much, 1956; Convicts Four, The Manchurian Candidate, The Spiral Road, 1962; The Cat Creature, 1973; Dracula's Dog, 1978; Dracula Sucks, Seven, 1979; The Devil and Max Devlin, 1981.

TVM: The Dead Don't Die, 1975; Salem's Lot, 1979.

TV: 77 Sunset Strip: Hongkong Caper, Out of the Past, 1959; Peter Gunn: The Family Affair, 1959; Surfside Six: The Chase, 1961; Thriller: Terror on Teakwood, Return of Andrew Bentley, 1961; The Rogues: Two of a Kind, 1964; The Man from UNCLE: The Bow-Wow Affair, 1965; Star Trek: Journey to Babel, 1967; Wild Wild West: The Night of the Gruesome Games, 1968; It Take a Thief: Room at the Top, 1969; Search: Goddess of Destruction, 1973; The Hardy Boy Mysteries: The Mystery of the Haunted House, 1977; McCloud: McCloud Meets Dracula, 1977; Fantasy Island: Escape, 1978.

Grete Natzler (Della Lind) Schauspielerin

Geb. 19. Juni 1906 Wien

Grete Natzler, Schauspielerin und Sängerin, Tochter von Leopold Natzler und der Professorin Lilly Meissner, entstammte einer Schauspielerfamilie. Der Vater, ein Onkel, Schwester Lizzi und der Cousin Alfred (in USA Reggie Nalder) waren im Metier tätig. Sie wurde an Privatschulen in Wien und Paris unterrichtet, besuchte die Musikakademie in Wien und arbeitete später als Mannequin.

Auf der Bühne trat sie in Stücken Luigi Pirandellos und in Operetten, wie „Gräfin Mariza", „Der Graf von Luxemburg", „Casanova", „Eva" und „Die lustige Witwe", auf. Sie spielte in einer Reihe deutschsprachiger Filme, darunter „Wien, Du Stadt der Lieder" von Richard Oswald, „Der keusche Joseph", „Dolly macht Karriere" mit Dolly Haas und Oskar Karlweis (1930), in der 1931 in den Pariser Pathé-Studios gedrehten deutsch-französischen Gemeinschaftsproduktion „Der Herzog von Reichstadt, in dem Sängerfilm „Melodie der Liebe" (1932), mit Richard Tauber und Adolf Wohlbrück und zuletzt in dem musikalischen Lustspiel „Eine Nacht im Paradies" von Carl Lamac.

1933 begleitete sie ihren Gatten, den Wiener Komponisten Franz Steininger nach England, später in die USA. In London drehte sie 1935/36 drei Filme, „Going Gay" (USA: Kiss Me Goodbye), in dem unter der Regie von Carmine Gallone auch die Deutsche Magda Schneider mitwirkte, „The Scotland Yard Mystery" (USA: The Living Death) und „The Student's Romance" nach der Operette „Ich hab mein Herz in Heidelberg verloren" von Beda/Heubach.

Hollywood gab ihr 1938 unter dem Namen Della Lind einen komfortablen Starvertrag. Einzige Ausbeute war allerdings nur der Auftritt in der Hal Roach-Komödie „Swiss Miss" der MGM mit dem Komikerduo Stan Laurel und Oliver Hardy. Grete Natzler zog sich ihrem Gatten zuliebe in das Privatleben zurück. F. Steininger starb 1974 bei einem beruflichen Wien-Besuch. Die Künstlerin lebt (wie auch ihre Schwester Litzie Tortosa) in Südkalifornien.

F: Swiss Miss, 1938.

Harry Nestor

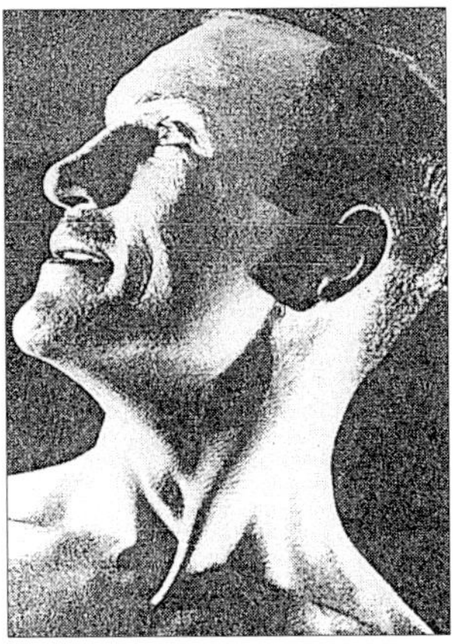

Geb. 11. Mai 1893 Wien
Gest. 11. Nov. 1969 Wien

Harry Nestor (Franz Harry Pridun), Absolvent der Wiener Akademie für Musik und darstellende Kunst, aktiver k.u.k. Marineoffizier und Flieger wandte sich nach dem Ersten Weltkrieg in Berlin dem stark aufkommenden Film zu. 1920 begann er in „Eines großen Mannes Liebe" von Felix Basch und „Der Stier von Olivera", in dem auch Emil Jannings mitwirkte. Er wurde Mitarbeiter von Lupu Pick und Produktionsleiter der Rex-Film, bei der Pick Streifen wie „Scherben", „Grausige Nächte" (1920) und „Zum Paradies der Damen" (1921) inszenierte. 1921 war er Hauptdarsteller der Detektiv-Serie „Nat Pinkerton".

Von Berlin aus führte ihn sein Weg in die Ateliers von Rom, Hollywood, Wien und Paris. Der mehrsprachige Wiener filmte sich durch die Welt. In Kalifornien stand er in Maurice Tourneurs phantastisch-dramatischem Streifen „The Isle of Lost Ships" nach dem Roman von Crittenden Marriott vor der Kamera, in Wien drehte er bei der Sascha „Jedermanns Weib" unter Alexander Korda, „Zirkus Brown" und bei der Pan-Film „Pension Groonen". Große Erfolge erzielte er in Frankreich, u. a. in „Les Chaines", „Le Chant sans Paroles" (1928), in dem Tonfilm „Nuits des Princes" (Balalaika-Nächte, 1929), in dem er (wie später noch mehrmals) den Namen Nestor Ariani verwendete und 1929 bei Paramount in Joinville in der europäisch-amerikanischen Gemeinschaftsproduktion „Die nackte Wahrheit" (Nothing But the Truth).

Wieder in der deutschen Hauptstadt, trat er an verschiedenen ersten Bühnen auf (Tribüne, Künstler-Theater, Volksbühne), daneben verpflichtete ihn der Tonfilm. Er debütierte glücklich in Emerich Hanus „Gigolo" (1930) und spielte mehrmals bei Richard Oswald, Maurice Tourneur, Fedor Ozep sowie bei Jaques Feyder, wobei er zwischen deutschen und französischen Studios hin und her pendelte. Sein Schaffen umfaßt über 45 Filmrollen. Nach dem Kriegsdienst im zweiten Weltkrieg und Gefangenschaft bis 1948 betätigte er sich in Wien als Journalist und Herausgeber des „Österreichischen Filmalmanachs".

F: The Isle of Lost Ships, 1923.

Kurt Neumann (Walter Traun) — Autor–Produzent

Geb. 07. Juli 1902 Judenburg
Gest. 18. März 1984 Tarzana, Kalifornien

Dr. Kurt Neumann scheint in den Grazer Annalen 1932–1934 als Redakteur auf (vermutlich beim sozialdemokratischen „Arbeiterwillen") (*), ab 1938 war er in den USA unter dem Namen Walter Traun für amerik.-österr. Publikationen tätig.

In Hollywood kann er in mehreren Kleinrollen im Bereich des Anti-Nazi-Films belegt werden. Im Mai 1943 gab ihm die Paramount den Auftrag, zusammen mit Hermann Rauschning, einem profunden Kenner des Nationalsozialismus, das Drehbuch für einen Spielfilm über den Aufstieg Hitlers zu schreiben, „The Hitler Gang", in dessen Vorspann schließlich nur das Autorenehepaar Albert Hackett und Frances Goodrich genannt wurde.

1946 heiratete Neumann die jugosl.-amerik. Tänzerin, Choreographin und Pädagogin Mia Slavenska. In den nächsten Jahren organisierte er als Manager u.a. Tourneen für das von seiner Gattin 1947 gegründete Ballett Variante, das 1952 von ihr mitbegründete Slavenska-Franklin-Ballett, die Polnische Dance Compagnie, das Moisejew-Tanzensemble sowie die Israelischen und Französischen Symphoniker.

F: Hostages, Above Suspicion, Action in the North Atlantic, Hangman Also Die, 1943; The Hitler Gang (Buch, o.C.), 1944; Counter-Attack, 1945.

(*) Die Geburtsdaten und die Angaben über die Redakteurstätigkeit stammen vom Stadtarchiv Graz, Brief vom 18. 11. 1992. Kurt Neumann wird in einigen Publikationen und Zeitungsartikeln (z. B. „Fluchtpunkt Hollywood" und in „Aufbau", New York) als Grazer bezeichnet.

(zur nebenstehenden Seite)
In New York lernte Elisabeth Neumann ihren späteren Gatten Berthold Viertel (auf dem Bild am Strand von Malibu, um 1931) kennen

Schauspielerin **Elisabeth Neumann-Viertel**

Elisabeth Neumann nahm bei Otto Falckenberg und Kläre Weisenberg Schauspielunterricht. Sie begann 1921 an den Münchner Kammerspielen, von 1923 bis 1933 spielte sie bei allen großen Regisseuren Berlins, Max Reinhardt (sie war neben Elisabeth Bergner ein grandioser Puck im „Sommernachtstraum"), Leopold Jessner und Viktor Barnowsky. Der Rückkehr nach Wien 1933, wo sie wie fast alle verfolgten Großen des damaligen Theaters am politisch-satirischen Kabarett „Literatur am Naschmarkt" unterkam, folgte 1938 zusammen mit den Eltern die Flucht über England nach den USA.

Geb. 05. Apr. 1900 Wien

In New York fand sie mit anderen Kollegen aus Europa rasch Anschluß und Arbeit, an Viktor Gruens antifaschistischem Revuetheater „Refugee Artists Group", in Produktionen der „Tribüne für die deutsche Literatur und Kunst in Amerika", bei den „Players from Abroad" und am Broadway. Mit dem Stück „Claudia" von Rose Franken ging sie in den Vereinigten Staaten auf Tournee.

Ihre Begegnung mit Hollywood war kurz. Nach Probeaufnahmen wirkte sie in kleineren Rollen bei der Universal in „The Strange Death of Adolf Hitler" (nach einer Story von Fritz Kortner und Joe May) und in dem in New York gedrehten semidokumentarischen Fox-Streifen „The House on the 92nd Street" von Henry Hathaway mit.

Nach dem Krieg kehrte Elisabeth Neumann mit ihrem späteren zweiten Gatten Berthold Viertel (gest. 1953) erst nach Zürich, dann nach Wien zurück. Neben großen Bühnenaufgaben am Burgtheater, der Josefstadt, bei den Salzburger Festspielen, in München, am Düsseldorfer Schauspielhaus und bei Fritz Kortner in Berlin, wurde sie mehrmals für amerikanische Filmproduktionen verpflichtet, die in Wien oder anderen europäischen Drehorten (Berlin, London) entstanden.

*F: The Strange Death of Adolf Hitler, 1943; The House on the 92nd Street, 1945; The Ringer (*), 1946; Town Without Pity (D/US *), 1960; The Secret Ways, 1961; The Wonderful World of the Brothers Grimm, Freud 1962; Heidi (TVM), 1967; Cabaret,1972; Behind the Iron Mask, 1977; American Success Company, 1980; The Little Drummer Girl, 1984. (ab * = in Europa gedreht).*

(*) Der Filmtitel, von Frau Neumann-Viertel in Langen Müller's „Schauspieler Lexikon der Gegenwart", München-Wien 1986, genannt, konnte nicht explizit nachgewiesen werden.

Gerd Oswald

Regisseur

Geb. 09. Juni 1919 Berlin
Gest. 22. Mai 1989 Los Angeles

F: Beasts of Berlin (RA), 1939; I was a Criminal (Passport to Heaven, RA), 1941; Isle of Missing Men (RA), 1942; China (RA), 1943; San Quentin (RA), 1946; California (spec. prod.coordinator), Desert Fury (RA), 1947; A Foreign Affair (2. RA), 1948; The Lovable Cheat (RA), Samson and Delilah (RA), 1949; Sunset Boulevard (2. RA), 1950; A Place in the Sun (2. RA), The Desert Fox (RA), Five Fingers (ass. prod., 2. UnitRegie), Decision Before Dawn (RA), 1951; Diplomatic Courier (RA), Les Misérables (RA), Niagara (RA), 1952; Man on a Tightrope (ass. prod.), White Which Doctor (RA), Night People (ass. prod.), 1953; Prince Valiant (RA), Untamed (ass. prod., 2. Unit-Regie), 1954, (alle ohne „credit").

Regie: A Kiss Before Dying, The Brass Legend, Crime of Passion, Fury at Showdown, 1956; Valerie, Paris Holiday, Screaming Mimi, 1957; Agent for H.A.R.M., 1966; 80 Steps to Jonah, 1969; Bunny O Hare, 1971.

TV: Regie mehrerer Folgen bei den Serien The Ford Theatre Hour, 1958; Behind Closed Doors, 1958/59; Black Saddle, 1959/60; Markham, 1959/60; Playhouse 90, 1960; General Electric Hour, 1960; The Virginian, 1962-70; Blue Light (2 Folgen), 1966; Nichols, 1971/72.

Einzelepisoden:
The 20th Century Fox Hour: The Lynch Mob, 1955; The George Sanders Mystery (Pilotfilm), 1957; Perry Mason: The Case of the Purple Woman, 1958; The Case of the Jaded Joker, The Case of the Lost Act, The Case of the Glittering Goldfish, 1959; Rawhide: Incident of the Deserter, 1960; Adventures in Paradis, Isle of Eden, 1960;

Gerd Oswald, Sohn des Wiener Filmregisseurs Richard Oswald und seiner Gattin, der Schauspielerin Käthe Waldeck, hatte es nicht schwer, in der Theater- und Filmwelt Eingang zu finden. Er war Kinderdarsteller, verbrachte seine Freizeit in den Ateliers und lernte bei seinem Vater früh das Filmhandwerk. Von den Nazis mit der Familie aus Deutschland vertrieben, assistierte er Richard Oswald bei dessen Exilfilmen in Österreich, England, Frankreich und Holland. 1938 ging er nach Amerika.

In Hollywood begann er zunächst eine mehrjährige Lehrzeit als zweiter Regieassistent bei unabhängigen Studios, bevor er 1942 zur Paramount kam. Aufgrund seiner Sprachkenntnisse setzte man ihn wiederholt bei Produktionen ein, die in Europa mit teilweise nichtamerikanischen Mitarbeitern entstanden. So bei Billy Wilders „A Foreign Affair" oder nach dem Wechsel zur FOX 1949 bei Anatole Litvaks „Decision Before Dawn", Elia Kazans „Man on a Tightrope" und Nunnally Johnsons „Night People". Er blieb bei 20th Century Fox, die ihn neben der Regieassistenz auch als Regisseur für Probeaufnahmen und Associate Producer verwendete. 1954 überwachte er die Herstellung der deutsch-französischen Co-Produktion „Oase"/ „Oasis", die außerhalb der USA erstmals in dem von der FOX patentierten Cinemascope-Verfahren aufgenommen wurde.

1956 avancierte er zum „Hausregisseur" für B-Pictures bei United Artists. Für seine erste Regiearbeit „A Kiss Before Dying" mit Robert Wagner standen ihm 24 Drehtage zur Verfügung, die zwei nachfolgenden Streifen brachte er in zehn und zwölf Tagen zu Ende. Mit relativ kleinen Budgets arbeitend, erwies sich Gerd Oswald als routinierter Inszenator von Genrefilmen, in denen er auf- und absteigende Stars einsetzen konnte. Er gehörte zu den Talenten Hollywoods, die sich auch durch miserabelste Produktionsbedingungen nicht entmutigen ließen. Fehlende Mittel kompensierte er durch genaue Zeichnung der Charaktere und mit Kameraarbeit. Sein Markenzeichen war eine lange starre Einstellung zu Beginn des Films, die meist in einen Schwenk überging, wobei Stimmen oder Geräusche aus dem Off wichtige Ereignisse signalisierten.

Sein Hauptbetätigungsfeld war das Fernsehen, bei dem er 1955 sein Regiedebüt gab und zwischen 1962 und 1970 zahllose Serien-Episoden und 1971/72 den größten Teil der NBC-Westernreihe „Nichols" mit James Garner inszenierte. Dabei fiel er weder in die Kategorie der Regisseure, für die das Medium als Sprungbrett zum Film diente, noch in die jener, deren langjährige Filmkarriere damit endete. Als „Vicepresident in charge of Production" der Grayson Inc. Hollywood leitete er die Herstellung der TV-Serien „Starhunt" und „The Inconstant Moon". 1960 und 1975 gestaltete er in Deutschland zwei berühmte literarische Vorlagen für die Leinwand, Stefan Zweigs „Schachnovelle" in prominenter Besetzung und Johannes Mario Simmels „Bis zur bitteren Neige". Gerd („Jerry") Oswald, der niemals den berühmten Namen oder das Prestige seines Vaters ausgenutzt hat, zog sich 1982 aus dem Metier zurück.

Gerd Oswald bei TV-Dreharbeiten

Temple Houston: Toll the Bell Slowly, 1963; The Outer Limits: O.B.I.T., Corpus Earthing, It Crawled Out of the Woodwork, Don't Open Till Doomsday, The Invisibles, 1963; Specimen Unknown, Fun and Games, The Special One, The Chameleon, The Forms of Things Unknown, Soldier, Expanding Human, The Duplicat Man, The Premonition, The Mice, 1964; Voyage to the Bottom of the Sea: Hail to the Chief, 1964; Bonanza: The Deadliest Game, 1964; The Spotlight, Five Sundowns to Sunup, Destiny's Child, 1965; The Legend of Jesse James: The Pursuers, 1965; Rawhide: The Testing Post, 1965; Daniel Boone: Gabriel, Cibola, 1966; Bonanza: The Unwritten Commandment, The Oath, 1966; The Fugitive: Joshua's Kingdom, Wine Is a Traitor, 1966; Shane: Poor Tom's-a-cold, 1966; Star Trek: The Conscience of the King, 1966; The Alternative Factor, 1967; The Unknown (Pilotfilm), 1967; Felony Squad: No Sad Songs for Charlie, 1967; Gentle Ben: Take a Giant Step, Greener Pastures, The Haunted Castle, The Great Mailboat Robbery, Mark of the Arrow, The Prey, Busman's Holiday, 1967; Daniel Boone: The Ballad of Sidewinder & Cherokee, Chief Mingo, 1967; Felony Squad: Time of Trial, 1968; Gentle Ben: Moma Jolie, Fire in the Glades, Survival in the Swamp, Ol Joe's Gotta Go, The Wall That Tom and Mark Built, The Intruders, Star of the Green Bay, 1968; It Takes a Thief: The Second Time Around, The Cold Who Came In From the Spy, Payoff in the Piazza, 1969; Touch of Magic, 1970; The Twilight Zone: The Beacon, The Star, 1986.

Richard Oswald

Regisseur

Geb. 05. Nov. 1880 Wien
Gest. 11. Sept. 1963 Düsseldorf

Richard Oswald (eigentl. Ornstein) war ein Kind der „belle Epoque“, deren Ideal ihn sein ganzes Leben beherrschte. Die „Bretter“ bedeuteten ihm „die Welt“, als die Berufswahl anstand, entschied er sich bedenkenlos für die Schauspielerei. Er verbrachte mehr als dreizehn Lehr- und Wanderjahre an österreichischen und deutschen Bühnen, ehe er 1913 nach Berlin übersiedelte. Wie nur wenige andere begriff er die Dynamik der neuen Zelluloidtechnik. 1911 wirkte er in zwei Filmen der Düsseldorfer Film-Manufaktur, „Halbwelt“ und „Zouza“ mit, anfangs 1914 trat er als Dramaturg und Reklamefachmann in die Deutsche Vitascope ein. Ein Jahr später begann er mit der Regie.
Kunst und Geschäft, das in Wien von Josef Jarno erlernte Prinzip, bewährte sich auch im Berliner Kinemathographenbetrieb. Im Frühjahr 1916 gründete er mit René Durlach die Richard Oswald-Film GmbH, mit der er in ungewöhnlicher Produktivität Milieu- und Unterweltfilme (Das unheimliche Haus, Die Rache der Toten), volkstümliche Aufklärungswerke (Es werde Licht) und ab Mitte der 20er Jahre gegen die wachsende Konkurrenz aus Hollywood aufwendige Ausstattungsfilme (Lady Hamilton, Lucretia Borgia) in die Kinos brachte. In der Tonfilmära realisierte er Operetten (Die Blume von Hawai), musikalische Lustspiele (Wien, Du Stadt der Lieder, Ein Lied geht um die Welt), Remakes erfolgreicher Stummfilme (Alraune), vor allem aber politische Themen, darunter „1914, die letzten Tage vor dem Weltbrand“ und „Dreyfus“. In seiner Berliner Zeit schuf Oswald über hundert Filme, oftmals nur für das reine Unterhaltungsbedürfnis des Publikums, in der Schablone aber immer unterbrochen von originellen und bedeutsamen Aussagen. Zu seinen engsten Mitarbeitern gehörten Lupu Pick und E. A. Dupont, Schauspieler wie Werner Krauß, Conrad Veidt, Reinhold Schünzel, Lya de Putti und die Tänzerin Anita Berber.
Mit der Machtergreifung der Nationalsozialisten mußte auch Oswald Deutschland verlassen. Die Emigration führte ihn in seine Heimatstadt Wien (zwei Filme mit den Sängern Alfred Piccaver und Josef Schmidt), in die Niederlande („Bleeke Beet“, 1934, mit dem frühen Johan(nes) Heesters, nach Großbritannien („My Song Goes Round the World“, 1934, die englische Version seines letzten deutschen Films „Ein Lied geht um die Welt“) und Frankreich, wo er „Tempete sur l'Asie“ mit Conrad Veidt und dem Japaner Sessue Hayakawa drehte. 1938 zog er es vor, Europa zu verlassen und in die USA zu gehen.
Hollywood setzte Oswalds Tatendrang Grenzen, er fand nur schwer Anschluß an die amerikanische Filmindustrie. Von seinen drei Exilfilmen erscheint das Remake des „Hauptmann von Köpenick“ mit Albert Bassermann am bemerkenswertesten.

F: Passport to Heaven (R), 1941; Isle of Missing Men, (P, R, Adaption), 1942; The Lovable Cheat (R, Adaption) 1949.

TV: Last Half Hour: Mayerling (P), 1950.

„I Was a Criminal“, im Herbst 1941 entstanden, kam erst 1945 unter dem Titel „Passport to Heaven“ erfolglos in die Kinos. 1942 drehte er für die Monogramm den spannenden Abenteuerfilm „Isle of Missing Men“, basierend auf der Buchvorlage „White Lady“ von Ladislaus Fodor und Gina Kaus. Mit der eigenen Gesellschaft Skyline Productions versuchte er die gewohnte Unabhängigkeit wieder zu gewinnen. 1948/49 realisierte er aber nur noch „The Lovable Cheat“ nach der Hochstapler-Komödie „Mercadet le faiseur“ von Honoré de Balcac, mit einigen österreichischen Emigranten und Buster Keaton.
In der Stagnationszeit Hollywoods wandte er sich dem Fernsehen zu. Er gründete die Richard Oswald TV-Productions und entwickelte das Konzept einer Fernsehserie, „Last Half Hour“, „dramatische Vignetten der letzten dreißig Minuten im Leben weltbekannter Leute“ (CINEGRAPH), Salome, Ludwig II, Rasputin, die Ermordung Abraham Lincolns usw. Im Rahmen des auf 100 Folgen angelegten Projekts kam jedoch nur die Pilotshow „Mayerling“ auf die Bildschirme. Der Wiener gehörte zu den wagemutigen, phantasiebegabten und spekulativen Naturen, die den Film aus den Schaubuden holten und ihm Rang und Ansehen gaben. Pioniere, ohne die es die Filmindustrie nicht gäbe. Allein mit seinen beiden größten Würfen, „Affäre Dreyfus“ (1930) und „Hauptmann von Köpenick“ (1931), trug er seinen Namen in das Buch der Filmgeschichte ein. Richard Oswald, mit der Schauspielerin Käthe Waldeck verheiratet, starb während eines Europabesuches.

„Isle of Missing Men“: John Howard, Richard Oswald, Gerd Oswald, Louis Berkoft, Alan Mowbray

Georg Wilhelm Pabst

Regisseur

Geb. 27. Aug. 1885 Raudnitz/ Böhmen
Gest. 29. Mai 1967 Wien

G.W. Pabst lernte bei dem Filmpionier Carl Froehlich die technischen und künstlerischen Notwendigkeiten der Filmregie. Porträts und Großaufnahmen neben langen, fließenden Kamerabewegungen, Realismus und das gestalterische Raffinement des Expressionismus prägten den Stil seiner besten Werke in der Zeit von 1925 bis 1933. Die Verfilmung des Zeitschriftenromans des Wiener Journalisten Hugo Bettauer in der Adaption von Willy Haas, „Die freudlose Gasse" (1925) mit Asta Nielsen und der jungen Debütantin Greta Garbo, verhalf ihm zum ersten großen Erfolg.

Mit dem gegen Krieg und Chauvinismus gerichteten Film „Westfront 1918" (1930) und dem zweisprachig gedrehten Bergwerks-Desaster „Kameradschaft" (La tragédie de la mine, 1931), das die Aussöhnung zwischen Frankreich und Deutschland beschwor, gelangte er zu weiteren Höhepunkten seines Schaffens. Die deutsch-amerikanische Tobis-Warner-Produktion „Die Dreigroschen-Oper" nach Bert Brecht und Kurt Weill, mit Rudolf Forster und Lotte Lenya, 1932 in Berlin festlich aufgeführt, fiel 1933 der Zensur der Nazis zum Opfer.

Ende 1933 versuchte Pabst eine Karriere in Hollywood aufzubauen, distanzierte sich aber schon bei der Ankunft von den dortigen Filmtrends. 1933/34 inszenierte er für Warner Bros. „A Modern Hero" nach dem Roman von Louis Bromfield, wobei er offenbar Probleme mit den amerikanischen Produktionsmethoden hatte. Während der drei Jahre in Hollywood erarbeitete er vier Drehbücher, die alle nicht zur Ausführung kamen, darunter das von Paramount angekaufte „War Is Declared". Der Stoff sollte mit Peter Lorre verfilmt werden, wurde aber nach viermonatigen Vorbereitungen auf Einspruch des Hays-Büros wegen seiner politischen Tendenz zurückgezogen.

1936 ging Pabst nach Frankreich, 1939 wollte er endgültig in die Vereinigten Staaten übersiedeln. Bei einem Besuch in Berlin überraschte ihn der Kriegsausbruch, Versuche über Rom in die USA zu gelangen scheiterten. Während des Krieges drehte er zwei aufwendige Historienbilder, „Komödianten" und „Paracelsus". Ausnahmen in der schwachen Nachkriegsproduktion bildeten drei Filme, die sich mit dem Faschismus auseinandersetzten, „Der Prozeß", „Es geschah am 20. Juli" und „Der letzte Akt".

F: A Modern Hero, 1934.

Schauspielerin Maria Perschy

Maria Perschy bestand 1956 die Aufnahmeprüfung am traditionsreichen Wiener Reinhardt-Seminar, an dem Professor Susi Nicoletti ihre Lehrerin war. Nach dem ersten Studienjahr erhielt sie den Kunstförderungspreis der Stadt Wien, verbunden mit einem Stipendium, gegen Ende des zweiten Ausbildungsjahres wurde sie praktisch über Nacht vom Film entdeckt.
Frank Wisbar vertraute ihr 1958 die Hauptrolle in seinem Journalistenfilm „Nasser Asphalt" an, eine weitere Hauptrolle folgte in „Der schwarze Blitz" neben Toni Sailer. Paul May gab ihr einen kleinen, aber profilierten Part in seinem Film „Die Landärztin". Theater und Fernsehen interessierten sich für ihren Typ, 1959 drehte sie bereits in Rom mit Vittorio de Sica in „Il moralista". Bald stand sie neben Partnern wie Amadeo Nazzari, Christopher Lee, Rupert Davies und Klaus Kinski in Streifen wie „I piaceri del sabato notte" (D/I), „Haß ohne Gnade" (D), „The Password is Courage" (GB) und „Ride the High Wind" (SA) vor internationalen Kameras.
Im Trend der Hollywood-Produzenten, das Schauspieler-Reservoir mit europäischen Star-Importen aufzufüllen, fand auch Maria Perschy den Weg zum amerikanischen Film. Howard Hawks nahm sie 1964 unter Vertrag, für die Mitwirkung in seinem sprühenden Lustspiel „Man's Favorite Sport?" (Ein Goldfisch an der Leine) neben Rock Hudson und Paula Prentiss erhielt sie von der American Motion Picture Distributors den „Laurel"-Award als erfolgversprechendster Newcomer. Ein Jahr später bewies sie in dem United Artists-Kriegsdrama „Squadron 633" als Partnerin Cliff Robertsons und George Chakiris erneut ihre Ausstrahlungskraft.
1966 verlegte sie ihren Wohnsitz nach Madrid, wo sie in einer Reihe amerikanisch-spanischer Co-Produktionen sowie in spanischen Filmen mitwirkte. 1977 versuchte sie einen Neubeginn in Hollywood. Sie war Gaststar in den TV-Serien „Hawaii Five 0" und „General Hospital", unter der Leitung Leon Askins stand sie in Marvin Arons „Fever in the Brain" für die American National Theatre and Academy (ANTA) in Los Angeles auf der Bühne. Der zweite Anlauf in den USA endete 1985 durch einen unverschuldeten schweren Unfall. Maria Perschy lebt und arbeitet heute wieder in Wien.

Geb. 23. Sept. 1938 Eisenstadt

*F: Freud (*), 1962; Man's Favorite Sport?, Squadron 633 (US/GB, *), 1964; A Witch Without a Broom (US/Spa, *), 1967; The Desperate Ones (US/Spa, *), 1968; The Last Day of the War (US/I/Spa, *), Murders in the Rue Morgue (US/Spa, *), 1969; Vultures, 1984. (*) In Europa gedreht.*

TV: Hawaii Five 0: The Sleeper, 1978.

Maria Perschy als Isolde „Easy" Müller in ihrem Hollywood-Debut-Film „Man's Favorite Sport"

Rock Hudson, Paula Prentiss und Maria Perschy in „Man's Favorite Sport"

(Johann Piffl) John Piffle

Geb. 22. Nov. 1885 Wien
Gest. 26. Mai 1951 Los Angeles

Johann (Hans) Piffl, ein Verwandter des Wiener Kardinals Friedrich G. Piffl, ging 1938 nach dem Anschluß mit seiner Gattin, der Schauspielerin Gisela Werbezirk und dem Sohn in die Emigration. Der Fluchtweg führte über Abbazia in Italien (Opatija) und Prag nach den USA, als Teil des großen Emigrantenstroms erreichte die Familie 1939 Hollywood.

Während G. Werbezirk an Exilbühnen, später auch beim Film, Arbeit fand, spürte Hans Piffl die Not vieler „refugees". Als früherer Manager seiner Gattin blieb er ohne Job, versuchte sich jedoch in kleinen Unternehmungen. Eines Tages landete auch er auf kuriose Weise im Filmgeschäft. Seine Frau bewarb sich bei Warner Brothers um eine Rolle in dem Anti-Nazi-Film „Underground", ohne diese zu erhalten. Der sie begleitende Gatte aber, klein und etwas dicklich, gefiel dem Regisseur Vincent Sherman. Den störte es nicht, daß Piffl kein Schauspieler war, er benötigte nur den Typ. Der Wiener amerikanisierte seinen Namen und begann als Kleindarsteller, manche Rollenbezeichnungen lauteten einfach nur „Fat Man". Wegen der Ähnlichkeit mit dem bekannten ungarischen Komiker Szöke Szakall, der sich in den USA S.Z. Sakall nannte, wirkte er 1948 auch einmal als dessen Double.

F: Underground, 1941, We Were Dancing, Friendly Enemies, 1942; Background to Danger, The Leopard Man, 1943; The Seventh Cross, 1944; Two Smart People, 1948; The Great Sinner, 1949.

Österreicher-Gipfel in Hollywood: G. W. Pabst, Joseph Schildkraut, Fritz Lang, Peter Lorré, Erich von Stroheim v. l. n. r.

Franz Planer (Frank F. Planer) Kameramann

Geb. 29. März 1894 Karlsbad
Gest. 10. Jän. 1963 Hollywood

F: Holiday, Adventure in Sahara, Girl's School, 1938; North of Shanghai, 1939; Escape to Glory, Glamour For Sale, 1940; Face Behind the Mask, Honolulu Lu, Meet Boston Blackie, Our Wife, Sing For Your Supper, Sweetheart of the Campus, They Dare Not Love, Three Girls About Town, Time Out For Rhythm, 1941; The Adventures of Martin Eden, Canal Zone, The Daring Young Man, Flight Lieutenant, Harvard – Here I Come, Sabotage Squad, The Spirit of Stanford, Submarine Raider, A Wife Takes a Flyer, 1942; Appointment in Berlin, Destroyer, The Heat's On, My Kingdom For a Cook, Something to Shout About, 1943; Once Upon a Time, Secret Command, Strange Affair, Carolina Blues, 1944; I Love a Bandleader, Live It to Blondie, Snafu, 1945; The Chase, Her Sister's Secret, 1946; The Exile, 1947; Letter From an Unknown Woman, One Touch of Venus, 1948; Champion (/**), Criss Cross, Once More My Darling, Take One False Step,1949; Cyrano de Bergerac (**), Three Husbands, Vendetta, 711 Ocean*

Der Weg Franz Planers begann bei der Porträtfotografie. Er war einige Zeit bei der Filmfirma Eclair in Paris als Aufnahmeoperateur Erich Pommers, 1912 entstand in Wien sein erster Spielfilm „Der Todesritt am Riesenrad". Unter Peter Ostermayr, beim Emelka-Konzern und in den Bavaria-Ateliers in München sammelte er Kameraerfahrung bei einer stattlichen Anzahl von Filmen. Ab 1920 arbeitete er in Berlin, ab 1934 bei der Wiener Sascha-Film, drei Jahre später ging er mit seiner Gattin nach Aufenthalten in Frankreich, England und Italien nach Hollywood.

In Deutschland hauptsächlich bei Unterhaltungsfilmen eingesetzt, wurden Planers Qualitäten erst spät erkannt und gefordert. Zu seinen bekanntesten Arbeiten zählen „Alraune" (1928, R: Henrik Galeen), der geschäftlich erfolgreichste UFA-Film „Die Drei von der Tankstelle" (1930, R: Wilhelm Thiele) und Max Ophüls „Liebelei" (1933). In Österreich die Willi Forst-Erfolge „Leise flehen meine Lieder" (1933) und „Maskerade" (1934), bei dem es nicht zuletzt seine Kamerakunst war, die dem Gesicht der Debütantin Paula Wessely Weltgeltung verschaffte. Nach einigen Filmen 1935 in England, u. a. den beiden Toeplitz-Produktionen „The Dictator" und „The Beloved Vagabond", hatte er die Vorstellung, einmal einer der besten Kameraleute Hollywoods zu werden.

Planer bewies, daß man in der Traumfabrik mit Talent, Ehrgeiz und Ausdauer auch hochgesteckte Ziele erreichen kann. Beginnend mit „Holiday", einer entzückenden Komödie im typischen Stil George Cukors mit Katherine Hepburn und Cary Grant, drehte er bis 1946 für die Columbia 36 Streifen im „low budget" und „B-Picture"-Bereich. „The Chase" mit Peter Lorre war bei United Artists sein erster Film als „top line free lancer", dem 35 weitere folgten, häufig in Zusammenarbeit mit deutschsprachigen Emigranten-Regisseuren, Max Ophüls, Robert Siodmak, Edgar Ulmer, Fred Zinnemann und Anatole Litvak. Unter seinen Titeln finden sich mehrere internationale Spitzenwerke, die Stefan Zweig-Verfilmung „Letter From an Unknown Woman", mit der Joan Fontaine ihre Produktionstätigkeit begann, „Champion", das Kirk Douglas über Nacht zum Star erhob und ihm selbst einen „Golden Globe" als bester Kameramann des Jahres und die erste „Oscar"-Nominierung eintrug, „Cyrano de Bergerac", „Decision Before Dawn" mit Oskar Werner und „The Caine Mutiny" nach dem Pulitzerpreis-Roman Herman Wouks. Seine letzte Arbeit bei FOX, „Something's Go to Give", konnte er wegen des Todes von Marilyn Monroe nicht mehr beenden.

Stanley Kramer, mit dem er insgesamt sechs Filme schuf, bezeichnete ihn als „the most creative cameraman in the business". Für Audrey Hepburn war er nach „Roman Holiday", „The Nun's Story", „Breakfast at Tiffany's" und „The Children's Hour" der ausschließlich favorisierte Kameramann. Wie viele andere Europäer war Planer entzückt von den Möglichkeiten und der technischen Kultiviertheit Hollywoods. Darüber hinaus wirkte er bahnbrechend im amerikanischen Film, da er statt der üblichen Studio-Produktion die realistische Exterieurfotografie bevorzugte. Seine herausragendsten Straßenaufnahmen machte er bei Sydney Lumets „Stage Struck" und Blake Edwards „Breakfast at Tiffany's", als Meister der Landschaftsfotografie erwies er sich vor allem in „The Big Country". „Decision Before Dawn", zur Gänze „on location" in Europa gedreht, gilt als der einzige wirklich amerikanische Film im neorealistischen Stil der 40er Jahre.

Seine Arbeit bestand zuletzt darin, ein 30–40köpfiges Kamerateam zu führen. Planer wurde einer der erfolgreichsten Österreicher in Hollywood, der dreimal den „Golden Globe" und fünf „Oscar"-Nominierungen erhielt. 1949 rechnete er nach dem „Globe" der Auslandspresse für „Champion" ganz sicher, daß ihm die 2000 Academy-Mitglieder auch die begehrte goldene Statuette zuerkennen würden. Als er dann doch leer ausging (Gewinner war Paul C. Vogel mit „Battleground"), lud er seine Freunde zu einer großen „Verliererparty".

Drive, 1950; The Blue Veil, Decision Before Dawn, The Scarf, 1951; Death of a Salesman (/**), 1952; The 5000 Fingers of Dr. T., 99 River Street, Roman Holiday (*), 1953; Bad For Each Other, Bullet Is Waiting, The Caine Mutiny, The Long Wait, 20.000 Leagues Under the Sea, 1954; The Left Hand of God, Not As a Stranger, The Montain, 1956; The Big Country, Stage Struck, 1958; The Nun's Story (*), 1959; The Unforgiven, 1960; Breakfast at Tiffany's (*), The Children's Hour, King of Kings, 1961.*

(*) Academy Award-Nominierung
(**) Golden Globe Award

Während der Dreharbeiten in Rom zu „Roman Holiday" mit Audrey Hepburn und Gregory Peck erhielt Kameramann Franz Planer Besuch von seiner Nichte Kammerschauspielerin Jane Tilden (1953).

Eric R. Pleskow (Erich Pleskow) Produzent

Geb. 24. Apr. 1924 Wien

Erich Pleskow (in USA Eric) entstammte einer Wiener Kaufmannsfamilie, die 1938 nach Amerika emigrierte. Er besuchte die High School in New York und absolvierte am dortigen City College ein Ingenieurstudium. Über verschiedene Jobs nach Brauch des Landes kam er mit dem Dokumentarfilm in Berührung, eine Materie, die ihn reizte und der er verbunden blieb.

1945 setzte ihn die Army als Filmoffizier in München ein, nach der Ausmusterung 1946 beriet er das U.S. War Department auf dem Gebiete des Filmwesens, von 1948 bis 1950 war er stellvertretender Generaldirektor der MPEA (Motion Picture Export Association), der damaligen zentralen amerikanischen Verleihorganisation in Westdeutschland. Kurzfristig bei Sol Lesser Productions, trat er 1951 bei United Artists ein und ging für die Firma nach Südafrika. 1953 bis 1958 leitete er die Frankfurter, danach die europäische UA-Zentrale in Paris. 1962 wurde er nach New York berufen, er war Vizepräsident, 1973 kurzfristig Executive Vizepräsident und Chief Operating Officer und schließlich bis 1978 Präsident der Gesellschaft.

Bei seinem Eintritt schrieb United Artists horrende Verlustzahlen. Pleskow etablierte ein neues Management und förderte das freie Produzententum bei Schauspielern und Regisseuren, womit er wohl das bestehende Studiosystem zerbrach, aber einen bald allgemein gültigen neuen Weg aufzeigte. 1976 war UA auch ohne ausgesprochene Kassenschlager die Filmfirma mit dem größten weltweiten Wachstum und Verleiheinkommen. Erst als Warner Brothers „The Exorcist" und Universal „The Sting" (Der Clou) und den Superhit „Jaw" (Der weiße Hai) auf den Markt brachten, konnte UA von der Spitze verdrängt werden. Während der Präsidentschaft Pleskows begann die Partnerschaft mit Woody Allen, der sehr stolz darauf war, mit „such a great filmmaker" assoziiert zu werden. Das Studio brachte drei Oscar-preisgekrönte Filme in Folge heraus, „One Flew Over the Cuckoo's Nest" (1975), der allein in den ersten zwei Jahren 180 Millionen Dollar einspielte, „Rocky" und „Annie Hall". Zum Verleihprogramm aus eigenen und fremden Produktionen gehörten außerdem die James Bond- sowie die Pink-Panther-Serie.

Zusammen mit Arthur Krim, Mike Medavoy, Bill Bernstein und Robert Benjamin sowie einem Joint Venture mit Warner Brothers gründete E. Pleskow 1978 die Orion Pictures International. 1982 wurde er erneut Präsident und CEO (Chief Executive Officer), 1991 Vorsitzender des Aufsichtsrats. Er verstand, daß der Film Stoffe realisieren mußte, an die das Fernsehen nicht herankonnte. Im Rahmen eines riesigen Investitionsprogramms präsentierte Orion dem Kinopublikum eine Schar hochkarätiger Schauspieler, Drehbuchautoren, Regisseure und aufsehenerregende Streifen wie Gene Wilders „The Woman in Red“ (Die Frau in Rot), das Vietnam-Drama „Platoon“, „Amadeus“ mit Tom Hulce, „Little Man Tate“ (Das Wunderkind Tate), bei dem Jody Foster erstmals Regie führte, „The Terminator“ mit Arnold Schwarzenegger und „Dances With Wolves“ (Der mit dem Wolf tanzt). Wie schon 1975 mit „One Flew Over the Cuckoo's Nest“ gewann „The Silence of the Lambs“ (Das Schweigen der Lämmer) bei der Oscar-Vergabe im März 1992 alle fünf Hauptpreise. Der Film machte den Horror endgültig gesellschaftsfähig, Wölfe und Lämmer bildeten zudem das passende Sinnbild für den Existenzkampf und einen gewissen Kannibalismus in Hollywood, dem auch Orion Tribut zollen mußte. Die Gesellschaft geriet in finanzielle Schwierigkeiten, die eine Neuorganisierung und letztlich die Übernahme durch andere Interessenten bedingte.

Eric R. Pleskow schied am 01. Juli 1992 bei Orion aus, er hatte mit 68 Jahren ein Alter erreicht, in dem er sich endlich mit anderen Dingen des Lebens befassen wollte.

Schauspieler–Agent (Werner Pochlatko) Werner Pochath

Werner Pochath (Pochlatko), Sohn des Kulturfilmproduzenten, Regisseurs und Autors Prof. Dr. Erich Pochlatko, absolvierte das Wiener Reinhardt-Seminar. Nach seinem Debüt 1959 am Theater „Die Courage“ in Wien trat er bis 1967 an mehreren deutschen und Schweizer Bühnen in Karlsruhe, Berlin und Basel auf, 1965 am Theater in der Josefstadt. Er arbeitete häufig für das Fernsehen, in Literatur-Verfilmungen, „Stahlnetz“ oder „Kommissar“-Folgen und begann 1966 in Rolf Thieles „Tod eines Doppelgängers“ als Filmdarsteller. Der Streifen legte ihn weitgehend auf das spätere Image des „Bösewichts“ fest.
1968 gelang ihm an seinem neuen Wohnsitz Rom der Einstieg in das internationale Filmgeschäft. In Filmen wie „Il gatto a nove code“ (1971), „Zanna bianca“ (Wolfsblut, 1973), „Treize femmes pour Casanova“ (1976), „Piedoni l'Africano“ (1977) und „Schöner Gigolo – armer Gigolo“ (1979) spielte er neben Karl Malden, Tony Curtis, Franco Nero, Bud Spencer und Maria Schell. Pochath stand in mehreren amerikanischen Produktionen vor der Kamera, die in Europa entstanden. In „Oberndorf Revisited“

Geb. 29. Sept. 1941 Wien
Gest. 18. Apr. 1993 Kempfenhausen

für das US-Fernsehen (CBS, 1977), „Raoul Wallenberg" (1980) und Episoden der TV-Serien „Combat" und „Holocaust". Die in Griechenland und der BRD gedrehten Abenteuer- und Spionagefilme „Sky Riders" mit James Coburn (1977) und „Target" mit Gene Hackman (1985) machten ihn auch in den USA bekannt.
1986 wandte er sich in Hollywood an die wichtigste Adresse, Paul Kohners Agency am Sunset Boulevard. In seiner dritten Karriere begann der Wiener als Assistent des bekannten Künstleragenten, nach dessen Tod 1991 führte er die Geschäfte der Agentur weiter und avancierte damit über Nacht für viele europäische Schauspieler und Produzenten zur Brücke nach Amerika. Pochath agierte als „Casting Director", sichtete Drehbücher, schloß Verträge und suchte nach Talenten. Zu seinen Entdeckungen gehörten Brandon Lee (Sohn des Karatekönigs Bruce Lee), Bentley Mitchum (Enkel von Robert Mitchum) und die Wienerin Rika Hofmann, die in dem Film „War of Roses" neben Michael Douglas debütierte.
Werner Pochath wirkte 1990 in dem zweiteiligen deutschen Dokumentar-Spielfilm „In geheimer Reichssache" (Affäre Fritsch) mit, 1992 übernahm er an der Seite von Marisa Berenson und Derek de Lint die Rolle eines Terroristenjägers in dem Human-Thriller „Sonne über dem Dschungel", der am Amazonas gedreht wurde. Zuletzt besorgte er das „Casting" für den Artur Brauner-Film „Die Wölfe", von Filmarbeiten in Südafrika flog er aus gesundheitlichen Gründen und mit der Hoffnung auf ärztliche Hilfe nach Deutschland zurück, wo er überraschend starb.

APA398 5 KI 0198 19.Apr 93

Film/Theater/Todesfall/Wien/BRD

Schauspieler Werner Pochath gestorben =

Wien (APA) - Der 1941 in Wien geborene Film- und Bühnenschauspieler Werner Pochath ist Sonntag in einer Münchner Klinik einem akuten Leberversagen erlegen. Dies wurde von der Familie des Künstlers heute, Montag, mitgeteilt. ****

Pochath debütierte 1959 am Theater "Die Courage" in Wien, bis 1961 war er Mitglied des Badischen Staatstheaters Karlsruhe. Bis zu seinem Auftreten an der Josefstadt 1965 in "Das Mädchen Irma la Douce" spielte Pochath an Berliner Theatern, unter anderem am Schillertheater. Weitere Stationen waren das Staatstheater Stuttgart und die Münchner Kammerspiele. An 1968 drehte Pochath zahlreiche Kriminal-Spielfilme unter der Regie von Rolf Thiele und Jürgen Roland. Bekannte Streifen sind "Schöner Gigolo, armer Gigolo" mit David Bowie und Marlene Dietrich und "Steiner - das Eiserne Kreuz" mit Richard Burton und Robert Mitchum. Auf der Bühne war Pochath zumeist in Komödien zu sehen, im Fernsehen agierte er in den Serien "Stahlnetz", "Tatort", und "Der Kommissar" vornehmlich als Bösewicht.

Zuletzt drehte Pochath in Wien gemeinsam mit Klaus Löwitsch unter der Regie von Franz Novotny eine Folge der TV-Serie "Peter Strohm". Sein Tod beendet die zweite Karriere als Casting Direktor der legendären Agentur Paul und Walter Kohner in Los Angeles.
(Schluß) gg

APA398 1993-04-19/17:17

Agenturmeldung zum Tod von Werner Pochath

Schauspieler

Anton Pointner

Geb. 08. Dez. 1894 Salzburg
Gest. 08. Sept. 1949 Salzburg

Anton Pointner sollte Kaufmann werden, unterbrach aber das Studium an der Handelsakademie und schloß sich einer bayrischen Wanderbühne an. Nach kleineren Engagements führte ihn sein Weg nach Stuttgart (Städtebundtheater Württemberg), Düsseldorf und in Berlin an das Lessing- und Staatstheater.

Unter den Bühnendarstellern gehörte er zu den ersten, die sich einen Namen im Stummfilm machten. Er begann 1915 in Wien in „Der Todesritt auf dem Riesenrad“ und spielte u. a. in Leopold Jessners „Erdgeist“ (D, 1923), „Der Fluch“ (Ö, 1925), „Die dritte Eskadron“ (Ö/D, 1926) sowie in den deutschen Zweiteilern „Der alte Fritz“ und „Maria Stuart“ (1926). Die Umstellung auf den Tonfilm machte ihm keine Mühe.

In den Ateliers in Hollywood zählte Anton Pointner zu den Arrivierten, als er 1930 bis 1931 in fünf deutschamerikanischen Gemeinschaftsproduktionen bzw. deutschsprachigen Versionen von US-Originalfassungen vor der Kamera stand.

Bei Warner Brothers in „Der Tanz geht weiter“ (Those Who Dance), „Dämon des Meeres“ (Moby Dick) nach dem Roman von Hermann Melville, beide Male mit Lissy Arna und Wilhelm Dieterle und „Die heilige Flamme“ (Sacred Flame), den Berthold Viertel mit Dita Parlo und seiner späteren Gattin Salka Steuermann inszenierte. First National Pictures holte ihn für „Die Maske fällt“ (Way of All Men) nach dem Bühnenstück „Sin Flood“ von Hemming Berger, in den Metrostudios in Culver City wirkte er neben Heinrich George, Gustav Diessl und Paul Morgan in dem Kriminaldrama „Menschen hinter Gittern“ (Big House) mit.

Pointners schauspielerisches Schaffen war vor dem Zweiten Weltkrieg weitgehend auf den Film ausgerichtet, insgesamt stehen über 100 charakteristische Rollen zu Buche. Darunter „Der Raub der Mona Lisa“ (1931), „Nocturno“ (1935), „Lumpazivagabundus“ (1937), „Opernball“ (1939), „Der Postmeister“ (1940) und „Münchhausen“ (1943). Nach dem Kriege drehte er nur noch selten. Bei Außenaufnahmen zu dem Bavaria-Streifen „Die seltsame Geschichte des Brandner Kaspar“ erlitt er einen Herzanfall, dem er wenig später in seiner Heimatstadt Salzburg erlag.

F: Der Tanz geht weiter (US/D), Die Maske fällt (US/D), 1930; Dämon des Meeres (US/D), Die heilige Flamme (US/D), Menschen hinter Gittern (US/D), 1931.

Anton Pointner in „Menschen hinter Gittern“

Autor (Frederick) Friedrich Porges

Geb. 14. Juli 1890 Wien
Gest. 24. Jän. 1978 Los Angeles

Friedrich Porges verschrieb sich bereits in jungen Jahren dem Journalismus. Er studierte viereinhalb Jahre moderne Philologie und war anschließend ständiger Mitarbeiter von Wiener Tageszeitungen und Magazinen des Film- und Theatergebiets sowie Korrespondent der Ullstein-Presse Berlin.
Als Dramaturg der Sascha-Film verfaßte er 1917 die Drehbücher zu den Stummfilmen „Die Liebe eines Blinden“ (zusammen mit Fritz Freisler), „Der neue Tantalus“ und „Das schwindende Herz“. In den 20er Jahren führte er bei einigen Streifen der Sun-Film auch Regie: „Die Macht der Mary Murton“ (1921) mit Anita Berber, „Der Marquis von Bolibar“ (1922, nach einem Roman von Leo Perutz), „Die Tochter des Brigadiers“ (nach Alexander Dumas) mit Nora Gregor und „Alles will zum Film“ (1927). 1925 war er Mitbegründer und bis 1938 Chefredakteur der Wochen-Zeitschrift „Mein Film – Illustrierte Film- und Kinorundschau“, daneben Verfasser zahlreicher Hörspiele für den Rundfunk. 1938 emigrierte er über Zürich nach London.

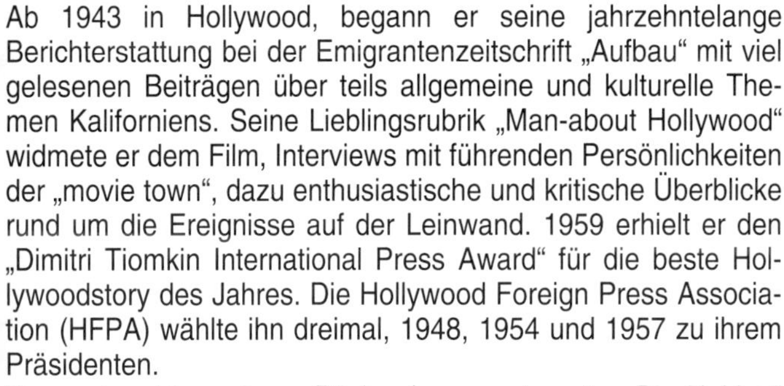

Ab 1943 in Hollywood, begann er seine jahrzehntelange Berichterstattung bei der Emigrantenzeitschrift „Aufbau“ mit viel gelesenen Beiträgen über teils allgemeine und kulturelle Themen Kaliforniens. Seine Lieblingsrubrik „Man-about Hollywood“ widmete er dem Film, Interviews mit führenden Persönlichkeiten der „movie town“, dazu enthusiastische und kritische Überblicke rund um die Ereignisse auf der Leinwand. 1959 erhielt er den „Dimitri Tiomkin International Press Award“ für die beste Hollywoodstory des Jahres. Die Hollywood Foreign Press Association (HFPA) wählte ihn dreimal, 1948, 1954 und 1957 zu ihrem Präsidenten.
Porges brachte mehrere Bücher heraus, darunter „Die Helden“ (Wien, 1910), „Die Liebe des Thomas Jill“ (Wien, 1920) und „Schatten erobern die Welt: Wie Film und Kino wurden“ (Basel, 1946). Seinen vierzehnten Roman, „Fortissimo“ schrieb er neben deutsch erstmals auch in englisch. Während des Krieges arbeitete er für das State Department und die „Voice of America“, 1944 lieferte er im Hinblick auf die Nachkriegsvermarktung die deutschsprachigen Versionen für die Walt Disney-Zeichentrickfilme „Fantasia“, „Saludos Amigos“ und „Bambi“. Nach 1945 war er Hollywood-Korrespondent des Filmmagazins des Österr. Rundfunks und Berichterstatter für österreichische, schweizer und bundesdeutsche Zeitungen. 1975 mußte er wegen eines sich verschlechternden Augenleidens die berufliche Tätigkeit beenden. Friedrich Porges, Mitglied der Austrian Section der Screen Writer's Guild, starb in seinem Heim in Los Angeles, er wurde im Hillside Memorial Park bestattet.

Ingo (Ingwald) Preminger **Produzent**

Geb. 25. Feb. 1911 Cernanti/ Rumänien (*)

Ingo Preminger wuchs in der Steiermark und in Wien auf. Wie sein Vater Dr. Markus Preminger, in der Zwischenkriegszeit einer der Topanwälte Wiens, studierte er Rechtswissenschaften. Die Umstände 1938 nach der „Vereinnahmung" Österreichs führten zu seiner Flucht (mit Gattin und Tochter) über die CSR in die Vereinigten Staaten. Er wurde in New York ein bekannter Agent für Bühne, Film und Fernsehen, „the nice Preminger", 1947 etablierte er sich in Hollywood. Bekannteste Klienten waren Bruder Otto Preminger, neben Billy Wilder der erfolgreichste Austroamerikaner in der Filmmetropole am Pazifik, und der Casablanca-Star Paul Henreid. 1965 war Ingo für ein Jahr Präsident der „literary division" der General Artists Group.

Es war sein Wunsch, als Produzent tätig zu werden, dafür gab er 1968 die Agentur auf. Erfolglos in einigen Projekten involviert, u. a. in Jack Smights „Running Scared", erwarb er 1970 von Richard Hooker die Rechte an dessen im Koreakrieg spielenden Roman „MASH". Dick Zanuck (Darryl F. Zanucks Sohn) schloß für ihn innerhalb einer Woche mit 20th Century Fox ab und engagierte Ring Lardner Jr. für das Drehbuch. „M.A.S.H." (Mobile Army Surgical Hospital), eine zynische und schockierende Satire auf den Krieg mit Elliott Gould und Donald Sutherland, wurde unter der Regie Robert Altmans in neun Wochen abgedreht. Der Film lief in Cannes, geriet zum Kassenerfolg und erzielte einen „Oscar" (Drehbuch) und drei Nominierungen (Regie, Bild und beste Nebendarstellerin). Zwei Jahre später fand das Thema eine Fortsetzung im Rahmen einer CBS-Fernsehserie.

Im Gegensatz zu seinem mit Ressentiments behafteten Bruder liebte Ingo Preminger Österreich, 1970 ließ er sich hier auch häuslich nieder. 1972 produzierte er in Salzburg für Fox die Spionagestory „The Salzburg Connection" mit Klaus Maria Brandauer, 1978 brachte er im Rahmen einer kombinierten Gesellschaft (Mar Vista-Ingo Preminger/Dimension) einen im Truckermilieu spielenden Streifen mit Henry Fonda heraus.

F: M.A.S.H., 1970; The Salzburg Connection (in Österreich gedreht), 1972; The Great Smokey Roadblock, 1978.
(*) Angabe von MA 8, Wiener Stadt- und Landesarchiv

Otto Preminger

Geb. 05. Dez. 1906 Wien
Gest. 23. Apr. 1986 New York

Otto Preminger studierte in Wien Jura, 1925 promovierte er in Rechtswissenschaft und Philosophie, seiner Theaterpassion widmete er sich zunächst nur in den Semesterferien. Er kam noch während der Bummelzeit als Regieassistent zu Max Reinhardt nach Salzburg, bewies künstlerische Zivilcourage und wirtschaftliche Ader, inszenierte als Gast der Berliner Kammerspiele das Hans Moser-Lustspiel „Essig und Öl" und feierte damit einen ersten großen Erfolg. Wenig später ging er in Wien an Rolf Jahns „Komödie" und das „Schauspielhaus". 1928 übernahm er die Nachfolge Emil Geyers als Leiter des „Theaters in der Josefstadt", an dem er als Regisseur in mehr als 50 Inszenierungen mit deutschsprachigen Spitzenkräften (Konstantin, Bergner, Bassermann, Moissi) Amerika auf sich aufmerksam machte. Sein erster Film von 1931, „Die große Liebe" mit Hansi Niese und Attila Hörbiger, ist heute vergessen.

Joseph Schenck unterbreitete ihm in Wien ein Angebot der 20th Century Fox, zuvor kam er Anfang 1936 einem Wunsch Gilbert Millers nach, in New York Schnitzlers „Liebelei" einzustudieren. Schon nach zwei Filmen, dem Musical „Under Your Spell" und der Screwball Komödie „Danger – Love at Work" schien seine Hollywood-Karriere beendet. Darryl Zanuck hatte ihn mit der Regie des Großfilms „Kidnapped" beauftragt, als er eigenmächtig das Drehbuch änderte, wurde er entlassen und auf die „schwarze Liste" gesetzt. Erst 1942 kehrte er nach einer Professur an der Drama School der Yale University und Theaterinszenierungen am Broadway an die Pazifikküste zurück, um als Darsteller in den Anti-Nazi-Filmen „The Pied Piper" und „They Got Me Covered" mitzuwirken, ehe er bei „Margin for Error" wieder Regie führen durfte.

Der Wiener besaß keinen eigentlichen Autorenstil, vermochte aber seine Handschrift dem jeweiligen Stoff anzupassen. Sein erster großer Filmtriumph war „Laura", ein raffiniert angelegter Thriller nach dem gleichnamigen Roman Vera Casparys, der ihn und die Hauptdarstellerin Gene Tierney rund um die Welt bekannt machte. Preminger erkannte 1953, daß er seine Ideen nur als unabhängiger Produzent ohne Beeinflussung verwirklichen konnte. In höchster Professionalität erprobte er alle Genres von der Komödie über den „film noir", vom Kostümfilm über das Musical, vom politischen Drama, der Literaturverfilmung und Kriegsfilm bis zum Western. Der Wechsel der Handlungsplätze brachte ihn jeweils für viele Monate in andere Erdteile oder Länder, Preminger drehte seine Streifen dort, wo sie spielten: „Bonjour Tristesse" an der Cote d Azur, Leon Uris „Exo-

*F: Under Your Spell, 1936; Danger-Love at Work, 1937; Pied Piper (nur Da), 1942; They Got Me Covered (nur Da), Margin for Error (R, Da), 1943; In the Meantime Darling (P), Laura (P, *), 1944; Fallen Angel (P), A Royal Scandal, Where Do We Go from Here?, 1945; Centennial Summer (P), 1946; Daisy Kenyon (P), Forever Amber, 1947; That Lady in Ermine, 1948; The Fan (P), Whirlpool (P), 1949; Where the Sidewalk Ends (P), 1950; The Thirteenth Letter (P), 1951; Angel Face (P), The Moon is Blue (P), STALAG 17 (nur Da), 1953; Carmen Jones (P), River of No Return, 1954; The Court Martial of Billy Mitchell, The Man With the Golden Arm (P), 1955; Saint Joan (P), 1957; Bonjour Tristesse (P), 1958; Anatomy of a Murder (P, *), Porgy and Bess, 1959; Exodus (P), 1960; Advise and Consent (P), 1962; The Cardi-*

Otto Preminger mit seiner Entdeckung Jean Seberg bei den Arbeiten an „Saint Joan". Nach der Sichtung von tausenden Bewerbern in 20 Städten war die Wahl auf die junge Amerikanerin gefallen.

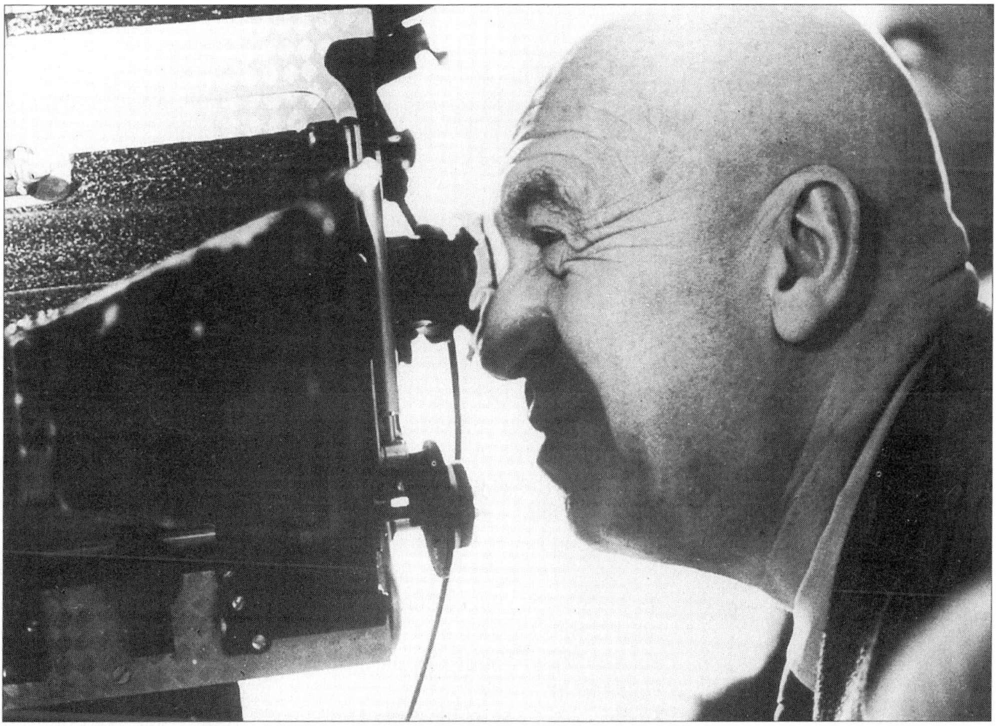

Otto Preminger hinter der Kamera

Otto Preminger (rechts) als Darsteller in „STALAG 17“

nal (P, *), 1963; Bunny Lake Is Missing (P), In Harm s Way (P), 1965; Hurry Sundown (P), 1967; Skidoo (P), 1968; Tell Me That You Love Me Junie Moon (P), 1970; Such Good Friends (P), 1971; Rosebuds (P), 1975.

In Klammer zusätzliche Funktionen zur Regie.

(*) Academy Award Nominierung.

TV: Suspense: Barracuda (Da), 1954; NBC-Special: Tonight at 8:30 (P m. Fred Coe, R m. John Bloch), 1954; Batman: Green Ice (Da), Deep Freeze (Da), 1966.

dus" in Israel, „The Cardinal" in der Heimatstadt Wien und „Harm s Way" auf Hawai. Opus 30, der atmosphärisch dichte Psycho-Thriller „Bunny Lake is Missing", mit dem er den Hitchcock-Reißer früherer Art ablöste, entstand ohne Atelieraufnahmen in London. Einige Filme stempelten ihn zum Rebellen gegen den Production Code des amerikanischen Kinos. Mit „Carmen Jones", der Transponierung einer Oper Bizets in das Milieu der schwarzen Amerikaner, verärgerte er die Erben des französischen Komponisten, für das Buch zu „Porgy and Bess" verpflichtete er den seit zehn Jahren in Hollywood boykottierten Dalton Trumbo.

Im Regiestuhl galt er als „teutonischer" Tyrann. Er war ein Regisseur für Schauspieler, sicher auch, weil er vom Theater kam. Preminger arbeitete lieber mit unbekannten Darstellern als mit Stars. Dana Andrews führte er zu intensiven Rollen, Frank Sinatra wurde unter seiner Führung ein Darsteller von Präzision und Subtilität, zu seinen Entdeckungen zählten u.a Jean Seberg und Paul Newman. In eigenen Schauspielrollen zwang ihn der unverkennbare Akzent in das Rollenklischee des „ugly german", des Nazi oder SS-Offiziers. Deren Darstellung aber betrachtete er als seine persönliche Form der Rache. Gemeinsam mit Billy Wilder stand er an der Spitze der österreichischen Regisseure in Hollywood, mit drei „Oscar"-Nominierungen für Regie und „best picture" als Produzent. In den siebziger Jahren hatte er den Schaffenshöhepunkt überschritten, ließen seine Kräfte nach. In Filmen wie „Rosbaud" oder „The Human Factor" (GB, 1979) konnte auch ein Großaufgebot an Stars offensichtliche Längen nicht mehr überspielen. Der absolute Individualist Preminger brachte 1977 seine „Autobiography" heraus, 1983 zog er sich nach New York zurück.

Otto Preminger mit seiner dritten Gattin Hope und Sohn Marks

Produzent

Arnold Pressburger

Geb. 27. Aug. 1885 Preßburg
Gest. 17. Feb. 1951 Hamburg

Arnold Pressburger trat 1909 mit der Gründung der Verleihfirma „Philip und Pressburger" in die Filmbranche ein. Ab 1913 begann die Gesellschaft auch zu produzieren, „König Menelaus im Kino" (1913), „Charly, der Wunderaffe" (1915), Joe May, „Der Narr des Schicksals" (1916) und „Der Glücksschneider" (1916) mit Rudolf und Josef Schildkraut. 1918 gehörte er zu den Mitbegründern der Sascha Filmindustrie AG Wien des Grafen Alexander („Sascha") Kolowrat, bei der unter seiner Produktionsleitung aufwendige Monumentalfilme entstanden: „Herren der Meere" (1922, Alexander Korda), „Sodom und Gomorrha" (1922) und „Die Sklavenkönigin" (1924, Michael Kertesz), der auch in Amerika unter dem Titel „The Moon of Israel" mit großem Erfolg lief.

Im Sommer 1925 wirkte Pressburger an den Sascha-Produktionen „Fiaker Nr. 13" und „Der goldene Schmetterling" in Berlin mit, danach trennte er sich von Kolowrat. 1926 gründete er mit Hermann Fellner und Joseph Solmo die F.P.S.-Film und 1930 die Allianz-Tonfilm, die anspruchsvolle Streifen wie „Danton" mit Fritz Kortner und „Berlin – Alexanderplatz" nach dem Roman von Alfred Döblin auf die Leinwand brachte. Im April 1932 rief er mit Gregor Rabinowitsch die Cine-Allianz ins Leben, die sich im UFA-Konzern auf Martha Eggerth/Jan Kiepura-Operetten und die Herstellung englischsprachiger Versionen für die Gaumont British in London spezialisierte. 1934 etablierte Pressburger die British Cine-Allianz, 1935 die Alleanza Cinematografica Italiana und 1937 die französische C.I.P.R.A., mit der er u. a. „Prison sans Barreaux" (nach den Gebrüdern Eis und Gina Kaus) herstellte. Die Niederlage Frankreichs veranlaßte ihn zur Flucht in die USA.

An der „coast" zählte er in den 40er Jahren zu den wenigen selbständigen Produzenten, für den Absatz der Produktionen seiner neugegründeten Arnold Productions Inc. stützte er sich auf United Artists. Das von Josef von Sternberg 1941 inszenierte Kriminaldrama „Shanghai Gesture", die letzte große Arbeit des Regisseurs, sicherte ihm seinen Platz in Hollywood. Fritz Langs siebenter US-Film „Hangmen Also Die", bis zum Abschluß der Dreharbeiten unter verschiedenen Titeln, „Silent City", „Never Surrender" und „Unconquered" angekündigt, kam 1943 als „Kriegsbeitrag" gegen das faschistische Deutschland in die Kinos. Pressburger, der bevorzugt Emigranten beschäftigte, hatte für die Musik Hanns Eisler und den Wiener Artur Guttmann als Dirigenten verpflichtet. Für die René Clair-Komödie „It Happened Tomorrow" schrieb Robert Stolz die Musik, für

F: Shanghai Gesture (P), 1941; Hangmen Also Die (P), 1943; It Happened Tomorrow (P), 1944; A Scandal in Paris (P), 1946.

„A Scandal in Paris“ erneut Hanns Eisler. Bei zwei Filmen bezog er seinen Sohn Fred in das Produktionsteam mit ein.

Nach dem Krieg nahm Pressburger seine Kontakte zur britischen Filmindustrie wieder auf. Er ließ sich in London nieder, wo er für „Two Cities“ einige Filme realisierte. Als er die Rückerstattung seines Vermögens aus der Cine-Allianz zu erwarten hatte, reiste er 1950 nach Deutschland. Den erhaltenen Betrag investierte er in die Produktion seines ersten deutschen Nachkriegsfilms „Der Verlorene“, dessen Vorlage von Peter Lorre stammte, der auch die Regie und die Titelrolle übernahm. Arnold Pressburger, einer der Pioniere des Metiers, der in 35 Jahren weit über 200 Filme in Europa und den USA produzierte, starb vor Beendigung der Aufnahmen in einer Hamburger Klinik an den Folgen eines Schlaganfalls. Die Urne wurde in Hollywood beigesetzt.

Fred Pressburger — Regisseur

Geb. 1915 Wien

Fred (Alfred) Pressburger, Sohn des Produzenten Arnold Pressburger, kam 1938 als Emigrant nach Frankreich und 1940 nach Hollywood. Er begann 1941 in der Filmbranche neben Charles Kerr als Regieassistent Josef von Sternbergs bei der Arnold-Produktion „Shanghai Gesture“. Sein Vater brachte ihn bei Fritz Langs „Hangmen Also Die“, Rene Clairs „It Happened Tomorrow“ und als eigenen Produktionsassistenten bei der Verfilmung der Memoiren F. E. Vidocqs „A Scandal in Paris“ unter.

Nach dem plötzlichen Tode seines Vaters in Hamburg 1951, brachte er den noch unvollendeten Peter Lorre-Streifen „Der Verlorene“ zu Ende und brachte ihn nach der Untertitelung in einem amerikanischen Art-Kino heraus. Im gleichen Jahr verfaßte er mit Allesandro Blasetti und Marc Conelly das Drehbuch zu dem italienischen Drama „Fabiola“, das aufgrund seines Erfolgs den Italo-Kostümfilmen in den 50er und 60er Jahren weltweit den Weg ebnete. 1956 folgte sein Regisseur-Debüt, als er in Zusammenarbeit mit dem selbständigen Produzenten Ben Gradus „Crowded Paradise“, einen Film mit klarem sozialen Ansatz drehte, der die Rassenprobleme der puertoricanischen Minderheit in New York zum Hintergrund hatte. 1970 führte er bei dem halbstündigen Film über die Bildhauerin „Louise Nevelson“ Regie.

F: Shanghai Gesture (RA), 1941; Hangmen Also Die (RA), Sahara (RA), 1943; It Happened Tomorrow (Sch), 1944; A Scandal in Paris (PA), 1946; A Woman's Vengeance (PA), 1947; Crowded Paradise (R), 1956; Louise Nevelson (Kf, R), 1970.

Choreographin

Albertina Rasch

Albertina Rasch studierte an der Ballettschule der Hofoper Wien bei Carl Raimund, mit dem sie später eigene Abende gab. Nachdem sie R. H. Burnside 1913 als Primaballerina an das New Yorker Hippodrome engagierte, war sie bis 1920 als Tänzerin und Choreographin an Opernhäusern in New York (Century Opera, Met), Chicago und Los Angeles (American Opera Company) tätig. Sie kehrte danach für zwei Jahre nach Wien zurück und wirkte 1922 in zwei heimischen Stummfilmen mit, „Zigeunerliebe" der Sascha mit Paul Baratoff und im Rahmen ihrer Rasch-Filmproduktion in „Frauenopfer" mit Armin Fränke. Wieder in den USA, gründete sie 1924 eine Ballettschule in Gotham und die Ballett-Truppe „Albertina Rasch Dancers", mit der sie in vielen Tanzeinstudierungen im klassischen und synphonischen Jazzstil beim Paramount Public Prolog Circuit, in Musicals, bei Konzertwerken in der Carnegie Hall und der Hollywoodbowl, bei Shows in London und in Spielfilmen auftrat.

Geb. 19. Jän. 1895 Wien
Gest. 02. Okt. 1967 Woodland Hills

Zu ihren bekanntesten Ballettschöpfungen zählt Paul Whitmans „Rhapsody in Blue", die 1930 auch in den Paul Whitman-Film der Universal „King of Jazz" übernommen wurde. Der Ausschnitt wird noch immer in voller Länge in vielen historischen Filmzusammenstellungen gezeigt. Als Choreographin inszenierte sie am Broadway u.a. George Whites „Scandals of 1925" und für Florence Ziegfeld „Rio Rita" (1927), „The Three Musketeers" (1928), „Show Girl" (1929, mit George Gershwins „An American in Paris") sowie die „Ziegfeld Follies of 1931", in der auch ihre „Dancers" witwirkten. Außerdem die Musicals „The Band Wagon" (1931) mit Fred Astaire und Tilly Losch, „Wonder Bar" (1931), „The Great Waltz" (1935), die revolutionäre „Lady in the Dark" (1941) und zuletzt „Marinka" (1945). Dazu zwischen 1941 und 1947 sieben Editions für den Ringling Brothers and Barnum and Bailey Circus.

Nach der Heirat mit dem aus Rußland gebürtigen Filmkomponisten Timitri Tiomkin (**) ging sie 1929 nach Hollywood, den größten Teil ihrer Karriere widmete sie dort MGM. Sie debütierte in der ersten „Broadway Melody" von Harry Beaumont, mit dem das Genre des „movie musicals" seinen Anfang nahm, leitete das MGM-Ballett und choreographierte eine Reihe bekannter Revue- und Showfilme der frühen Sound-éra. Darunter Howard Hughes „Hell's Angels", die Jeanette McDonald/ Nelson Eddy-Streifen „Naughty Marietta", „The Girl of the Golden West", „Sweethearts" und Eleanor Powells „Rosalie". Eine der Tanznummern in „The Hollywood Revue" wurde bereits in Technicolor aufgenommen. Die zu einem bunten Kaleidoskop

F: Colortone Novelties (MGM), 1929–1933; Broadway Melody, The Hollywood Revue (*), Why Bring That Up?, Devil May Care, 1929; The Rogue Song (*), Our Blushing Brides, Lord Byron of Broadway, Hell's Angels, Free and Easy, Du Barry – Woman of Passion (co-chor. mit Val Raset), New Moon, 1930; East Lynne, 1931; Wir schalten um nach Hollywood (US/D) (*); Going Hollywood, Broadway to Hollywood (*), Stage Mother, 1933; The Merry Widow, Cat and the Fiddle, 1934; After the Dance, Naughty Marietta, Broadway Melody of 1936 (*), 1935; The King Steps Out, 1936; The Firefly (Da), Rosalie, 1937; The Great Waltz, The Girl of Golden West, Marie Antoinette, Sweethearts, 1938; Idiot's Delight, 1939; Broadway Melody of 1940, 1940.

(*) In diesen Filmen wirkten die „Albertina Rasch Dancers" mit.

(**) Dimitri Tiomkin war einer der erfolgreichsten Filmkomponisten Hollywoods. Zu seinen Titeln zählen u. a. „Mr. Smith Goes to Washington" (1939), „Duel in the

Sun" (1947), „Dial M for Murder" (1954) und „Gunfight at the O.K. Corral" (1957). Neben mehreren Nominierungen erhielt er zwei Oscars für Fred Zinnemanns „High Noon" (1952, Musik und Themensong) und weitere für „The High and the Mighty" (1954) und „The Old Man and the Sea" (1958).

aufgefächerte Walzerszene beim Botschaftsball in Ernst Lubitschs „The Merry Widow" gehört zu den extravagantesten und herausragendsten Tanzkreationen der Filmgeschichte. Wie schon zuvor am Broadway war Albertina Rasch auch in Hollywood eine der gefragtesten und innovativsten Tanzregisseure. Trotz ihrer riesigen Popularität scheute sie stets Vergleiche mit anderen Größen des Balletts, sie wollte nur Albertina Rasch sein. Mitte der 40er Jahre gab sie die Choreographie nach einer Erkrankung auf, blieb aber noch viele Jahre „movement coach" der MGM.

Karol Rathaus

Geb. 16. Sept. 1895 Tarnopol
Gest. 21. Nov. 1954 Flushing, N.Y.

Karol Rathaus (auch Karl), Sohn eines Tierarztes, legte bereits im jugendlichen Alter erste Orchesterkompositionen vor. Während seines Studiums an der Wiener Akademie für Musik und darstellende Kunst 1913/14 und unterbrochen durch den Militärdienst im Ersten Weltkrieg 1918/19 war er ein Lieblingsschüler Franz Schrekers. 1920 folgte er ihm an die Hochschule für Musik in Berlin, wo er mit anderen jungen Komponisten wie Ernst Krenek und Alois Hába eine Meisterklasse bildete. 1922 promovierte er an der Universität Wien als Dr. phil., 1921 bis 1932 lehrte er in Berlin, 1932 bis 1934 in Paris und von 1934 bis 1938 in London.

Beginnend 1931 schrieb er zusammen mit Kurt Schröder die Musik zu einigen Filmen, „Der Mörder Dimitri Karamasoff“, „Die Koffer des Herrn O. F.“, 1932: „Hallo! Hallo! Hier spricht Berlin“ der Tobis/RKO und Fedor Ozeps „Großstadtnacht“ (D/ F). 1933 vertonte er die in den Sieveringer Sascha-Ateliers hergestellte Gemeinschaftsproduktion „König Pausole“ (Ö/F), in Frankreich „Amok“ (1934) und „La Dame de pique“ (1937), während seines Aufenthaltes in England „The Dictator“ (D/GB, 1935) und „Broken Blossoms“ (1936).

1938 emigrierte Rathaus nach Amerika. Bei einem nur kurzen Abstecher nach Hollywood schuf er für John Brahms die Partitur zu dem Columbia-Kriminalfilm „Let Us Live“ und übernahm anschließend eine Professur am Music Department des Queens College in Flushing, New York.

Rathaus war ein Komponist spätromantischer Haltung mit starkem Sinn für kontrapunktische Arbeit, sein facettenreiches Werk ist nicht leicht zu klassifizieren. 1927 brachte er in Berlin das Ballett „Der letzte Pierrot“ heraus, 1930 die Oper „Fremde Erde“. 1937 hatte an der Londoner Covent Garden Oper sein russisches Ballett „Le lion amoureux“ Premiere. Dazu schrieb er 3 Symphonien, Kammermusik, Klavierwerke und Lieder, 1953 überarbeitete er die Originalmusik von Mussorgskijs „Boris Godunow“ für die Metropolitan Oper. Nach seinem Tode wurde eine Karol Rathaus Memorial Association gegründet und 1960 das neue Musikgebäude des Queens College nach ihm benannt.

F: Let Us Live, 1939; Jaguas (Df), 1942; Histadruth (Df), 1945; Out of Evil (US/ISR), 1951.

Paul Reif

Komponist

Geb. 23. März 1910 Prag
Gest. 07. Juli 1978 New York

Paul Reif wuchs in Wien auf, studierte 1925 bis 1929 an der Musikakademie bei Bruno Walter und Franz Schalk und nahm außerdem privaten Unterricht bei Richard Strauss. 1929 bis 1931 vervollkommnete er seine Studien an der Pariser Sorbonne, die er mit dem Doktorat für Musikhistorie abschloß. In der Vorkriegszeit war er vor allem als Komponist leichter Musik für Revuen („Straßenmusik", mit dem Lied „Isle of Capri", Wien 1934) und Kabaretts bekannt.
Vor dem „Anschluß" 1938 emigrierte er nach Stockholm, über Norwegen und Haiti gelangte er 1941 nach USA, wo er sich in New York als Liftboy, Kellner und Musiklehrer durchschlagen mußte. 1942 bis 1945 diente er beim Army Intelligence Service, in Nordafrika schrieb er den berühmten Soldatensong „Dirty Gertie from Bizerte", den Josephine Baker im April 1943 erstmals vor den amerikanischen GIs in Algerien sang. Für sein hervorragendes Truppen-Entertainment wurde er von General Patton ausgezeichnet.
Nach dem Kriege arbeitete Paul Reif ein Jahr als Komponist und Arrangeur von Filmmusik bei Republic Pictures und TRA Records in Hollywood, ohne daß hier einzelne Filmtitel genannt werden könnten. Von 1947 bis 1956 war er musikalischer Redakteur des Radiosenders „Voice of America".
Sein klassisches Schaffen umfaßt u. a. die Opern „Mad Hamlet" (1965) und „Portrait in Brownstone" (1966), Orchesterwerke („Valley of Dreams", 1947), Kammermusik („Wind Spectrum", „Monsieur le Pélican" als Tribut an Albert Schweitzer), das „Pentagram" für Piano (1969) sowie mehrere Kantaten („Requiem to War" und „Letter from a Birmingham Jail" nach einem Text von Martin Luther King).

Gottfried Reinhardt

Produzent

Gottfried Reinhardt, der zweite Sohn Max Reinhardts und der Schauspielerin Else Heims-Reinhardt, studierte in Berlin ein Jahr Geschichte und Philosophie. Als Neunzehnjähriger bewies er bei zwei Inszenierungen am Dt. Theater, Ossip Dymows „Europa AG" und Erich Kästners „Pünktchen und Anton", sein Regietalent und eine beachtliche Teilhaberschaft am künstlerischen Erbe seines berühmten Vaters. Um sich aus dessen Schatten zu befreien, ging er 1932 in die Vereinigten Staaten.
Nach vergeblichen Versuchen, im New Yorker Theaterleben Fuß zu fassen, wandte er sich nach Hollywood. Er volontierte bei Ernst Lubitsch Noel Coward-Verfilmung „Design for Living",

war Hilfsregisseur bei Walter Wanger und begann anschließend als Lektor bei MGM. Im Rahmen der Studio-Hierarchie wurde er Produktionsassistent, Mitarbeiter an Drehbüchern und 1938 mit seiner eigenen Story zur soliden musikalischen Strauss-Biographie „The Great Waltz“ eigenverantwortlicher „Producer“. Unter seiner Produktionsleitung entstanden einige der interessantesten Filme der damaligen Zeit, „Comrade X“ mit Clark Gable und Hedy Lamarr, „Rage in Heaven“ mit Robert Montgomery und Ingrid Bergman, „Two-Faced Woman“, mit dem Greta Garbo ihre Karriere beendete, und „The Great Sinner“ mit Gregory Peck und Ava Gardner.
Als sein Vater 1934 im Rahmen der Kalifornischen Festspiele in der Hollywood Bowl Shakespeares „Midsummer Night's Dream“ inszenierte, assistierte er ihm bei der Besetzung. Abseits des Kinos nahm er in den dreißiger Jahren bis zur deutschen Besetzung Frankreichs, in Zusammenarbeit mit Paul Kohner eine Schlüsselstellung bei der Unterstützung des Emigrantenstroms ein, der Hollywood erreichte oder zu erreichen versuchte.
Ab 1942 diente G. R. im SCPC (Signal Corps Photographic Center) der US-Army in Fort Monmouth und später in New York, wo es Berührungen mit dem Broadway und eine zeitweilige Rückkehr zum Theater gab. Mit dem GI-Kollegen John Meehan Jr. schrieb er 1942/43 die englischen Libretti für die von seinem Vater inszenierten Musicals „Rosalinde“ (Fledermaus) und „Helen of Troy“, dessen Aufführung Max Reinhardt nicht mehr erlebte.
Nach zwei Jahrzehnten „Faktotum-Existenz“ (*) verließ Gottfried Reinhardt MGM, die für ihn „Hollywood“ bedeutete. Er beschloß, amerikanische Filme in Europa zu drehen. „Town Without Pity“ mit Kirk Douglas entstand in Wiener Ateliers, „Situation Hopeless But Not Serious“ mit Alec Guiness bei der Bavaria in München. G. R. fand Anschluß an den deutschen Film, die für Arthur Brauners CCC gedrehten Streifen „Vor Sonnenuntergang“ (1956), „Menschen im Hotel“, „Abschied von den Wolken“ (1959) und „Liebling der Götter“ (1960) brachten Lob und Tadel der Kritik. 1961/62 betreute und verfilmte er die Salzburger „Jedermann“-Aufführung und inszenierte am Theater in der Josefstadt in Wien den Urfaust, dem 100. Geburtstag seines Vaters galt der für das ZDF und den ORF 1973 geschaffene Dokumentarfilm „Max Reinhardt – Der große Zauberer“.
1975 gab Gottfried Reinhardt unter dem Titel „Der Liebhaber“ Erinnerungen an den Vater heraus, 1983 lehrte er als Gastprofessor an der University of California in Los Angeles. 1992 folgten weitere Buch-Editionen, „Hollywood, Hollywood“ und die Autobiographie „Der Apfel fiel vom Stamm“.

Geb. 20.März 1913 Berlin

*F: I Live My Life (Story-Entwicklung mit Ethel Borden),1935; The Great Waltz (P, Story), 1938; Bridal Suite (Story mit Virginia Faulkner), 1939; Comrade X (P), 1940; Rage in Heaven (P), 1941; Two-Faced Woman (P), 1942; Homecoming (Ass. P), Command Decision (Ass. P), 1948; The Great Sinner (P), Big Jack (P), 1949; The Red Badge of Courage (P), 1951; Invitation (R), 1952; Young Man With Ideas (P mit William H. Wright), 1952; The Story of Three Loves (Regie der Episoden „The Jealous Lover“ und „Exquilibrum“), 1953; Betrayed (P, R), 1954; Town Without Pity (R,**), 1961; Situation Hopeless But Not Serious (P, R, **), 1963 (**) In Europa gedreht.*

(*) G. Reinhardt: „Der Apfel fiel vom Stamm“, S. 431.

John Reinhardt

Regisseur

Geb. 1901 Wien
Gest. 06. Aug. 1953 Berlin-West

*F: The Climax (Da), Mamba (Db), 1930; Der Tanz geht weiter (US/D, Da), IO-TU-Y-ELLA (R), La Cuidad de Carton (R/Db), 1933; El Dia que me quieras (R *), Grandaderos del amor (R), Dos mas uno dos (R, span. Remake von James Tinlings „Don't Mary", 1928), Nada mas que una Mujer (Db, span. Version von „Pursued"), Two and One Two (R), Un Capitan de Cosacos (R/Db), 1934; De la Sarten al Fuego (R), El Capitan Tormenta (R), Tango Bar (R *), 1935; Captain Calamity (R), The Rest Cure (Da), 1936; Prescription for Romance (P/Db), 1937; Mr. Moto in Danger Island (Db), 1939; For You I Die (P/R), The Guilty (R), High Tide (R), 1947; Open Secret (R), Sofia (P/R), 1948; Chicago Calling (P/R/Db), 1951.*

** In New York hergestellt.*

Silents: Prince of Hearts (Da); Love, Live and Laugh (Da), 1929.

TV: The Assassin (R), 1949.

John Reinhardt, Sohn des Wiener Operettenkomponisten Heinrich Reinhardt (nicht verwandt mit der Theater-Dynastie), nahm nach dem Ingenieurstudium Schauspielunterricht und lernte in Wien und Berlin die Praxis des Films kennen. 1928 wanderte er nach Amerika aus. In New York, wo er seine Schauspielausbildung fortsetzte, wirkte er 1929 in zwei Billigfilmen, „The Prince of Hearts" und „Love, Live and Laugh" mit Georg Jessel mit. Anschließend ging er nach Hollywood.

Der Wiener arbeitete ein Jahr als Architekt für Universal, 20th Century Fox, MGM und Warner Brothers. Er schrieb mit Ferdinand Schumann-Heink die Abenteuerstory „Mamba", die eine kleine Gesellschaft namens Tiffany verfilmte. Daneben vervollkommnete er sich als Produktionsleiter und Cutter bei der Paramount. 1930 spielte er in der deutschsprachigen Warner-Brothers-Version „Der Tanz geht weiter", nach der US-Originalfassung „Those Who Dance" unter der Regie von Wilhelm (William) Dieterle.

1933 erhielt er ein Regieangebot für einen spanischsprachigen Film, am Ende der Dreharbeiten galt er als Spezialist für dieses Fach. Insgesamt drehte er für Fox, Metropolitan Pictures und Exito Corp. Inc/Paramount neun solcher Filme, davon zwei in New York (*) mit dem damals überaus populären Tangointerpreten Carlos Gardel und der Schönheit Rosita Moreno, für einige lieferte er auch das Drehbuch. Ein Dreijahres-Vertrag führte ihn 1941 nach Argentinien, er konnte aber nur „Una Novai En Apuros" vollenden. Der Kriegseintritt Amerikas vereitelte die weitere Vertragserfüllung, John Reinhardt wurde eingezogen. Bei der Navy stieß er auf John Ford, der die Field Photographic Branch der OSS leitete und eine Reihe dokumentarischer Propagandafilme herstellte.

Nach dem Krieg begann er als Regisseur im englischsprachigen Bereich, er arbeitete für das Fernsehen und führte bei Bühnenaufführungen Regie. Sein letzter amerikanischer Film, „Chicago Calling", entstand mit geringsten Mitteln und fast ohne Atelier im Rahmen der eigenen Produktionsgesellschaft Arrowhead, die er 1951 mit Kurt Hirsch und Peter Berneis gegründet hatte. Der im Dekor neoveristische Streifen wurde von der Kritik teilweise gleichrangig neben Vittorio de Sicas berühmte „Fahrraddiebe" gestellt.

„Man nennt es Liebe" der Münchner OSKA war 1953 sein erfolgreiches Regiedebüt in Deutschland. Kurz vor Beendigung des nächsten Films „Briefträger Müller" mit Heinz Rühmann erlag John Reinhardt, der in drei Sprachen gefilmt hatte, einem Herzschlag. Seine Gattin Elizabeth, eine erfolgreiche Drehbuchautorin, starb ein Jahr später in Hollywood.

Max Reinhardt

Geb. 09. Sept. 1873 Baden bei Wien
Gest. 31. 0kt. 1943 New York

Max Reinhardts Vorfahren väterlicherseits, die Familie Goldmann, lebte seit Generationen in Stampfen bei Preßburg, das bis 1918 ungarischer Verwaltung unterstand. Die Heimatberechtigung des Vaters Wilhelm Goldmann galt auch für seine Nachkommen, dies erklärt, warum Max Reinhardt gelegentlich als Ungar bezeichnet wird. Er verbrachte seine Kinder- und Jugendzeit in Wien, die hier wirkende kulturelle Tradition beeinflußte im Wesentlichen seinen künstlerischen Werdegang.

Nach einer Banklehre und dem Schauspielunterricht debütierte er 1890 unter dem Namen Reinhardt im Fürstl. Sulkowsky-Privattheater in Wien. Er studierte bei Emil Bürde und war in Rudolfsheim und Salzburg als Schauspieler tätig, ehe ihn Otto Brahm 1894 an das Deutsche Theater Berlin engagierte. Über die Künstlertruppe „Schall und Rauch" (später „Kleines Theater Unter den Linden") und das Neue Theater am Schiffbauerdamm, kam er 1905 an das Dt. Theater zurück, das bis 1932 seiner Leitung unterstand. In den nächsten Jahren weitete er sein Berliner Theaterimperium aus, ab 1920 erlebten die von ihm mitbegründeten Salzburger Festpiele mit seinen „Jedermann"-Inszenierungen auf dem Domplatz glanzvolle Höhepunkte. 1923 übernahm Reinhardt das Wiener „Theater in der Josefstadt". In der Hoffnung, im dortigen Theater- und Filmgeschäft Fuß zu fassen, begann er 1924 seine regelmäßigen Amerikatourneen, 1929 eröffnete er das Schauspiel- und Regieseminar im Schönbrunner Schloßtheater in Wien.

Schon zu Beginn seiner Intendantenzeit interessierte sich Max Reinhardt für das Kino. 1910 ließ er Friedrich Freksas Pantomime „sumurum" filmisch aufzeichnen, 1914 wurde die „Kinemathographische Reproduktion" seiner Londoner Inszenierung von Karl Vollmöllers Schauspiel „Das Mirakel" in Lichtspielhäusern gezeigt. 1913/14 gestaltete er für den Berliner Produzenten Paul Davidson die Stummfilme „Die Insel der Seligen" und „Eine venezianische Nacht" als einzige Streifen eines ursprünglich geplanten „Reinhardt-Zyklusses". Beide Filme bedeuteten keine Erweiterung der Filmsprache und keine geglückte Annäherung des Kinos an die Dramatik bzw. Literatur.

Kurz nach dem Ersten Weltkrieg versuchte die Paramount, ihn für einige Filmprojekte zu gewinnen. Als Reinhardt 1926 nach Kalifornien reiste, erhoffte er sich vor allem Kontakte zu den Filmgewaltigen Hollywoods. Joseph M. Schenck bot ihm an, einen Film mit Lilian Gish zu drehen, der in Inhalt und Gestaltung ganz auf die persönliche Eigenart und die Aussagekraft der Schauspielerin abgestimmt sein sollte. Die Textvorlage Hugo von Hofmannsthals erfuhr 1928 eine Abänderung durch Schenck und Gish, während der weiteren Ausarbeitung stieß Reinhardt auf theologische Abhandlungen und Aufzeichnungen über Therese Neumann aus Konnersreuth. Im Zuge einer nochmaligen Sujetverlagerung entstand daraus das sogenannte „Konnersreuth-Projekt". 1928 legte er in Hollywood das Drehbuch vor und bekannte sich dabei zum Stummfilm und dessen international verständliche Kunst, die er durch den sprachgebundenen Tonfilm eingeschränkt sah. United Artists war jedoch nicht mehr bereit, in die alte Kunstform zu investieren, das Projekt wurde nicht zu Ende geführt.

Nachdem er 1933 in einem Brief an Joseph Goebbels das Dt. Theater symbolisch dem deutschen Volk übertragen hatte, ging Reinhardt in die USA. In Los Angeles zählte er zu den Mitbegründern der Kalifornischen Festspiele, 1934 brachte er in der Hollywood Bowl die aufwendige Produktion des „Midsummer Night's Dream" heraus. Sein letztes bedeutendes Unternehmen war 1935 die mit William (Wilhelm) Dieterle für Warner Brothers hergestellte Filmversion des Stückes mit James Cagney, Olivia de Havilland und dem damals elfjährigen Mickey Rooney. Die phantastischen, vom Jugendstil beeinflußten Dekorationen und Kostüme sowie viele kleine darstellerische Details verrieten seine Regiehand, der zuweilen auch eine übergroße Theatralik zuzuschreiben war. Der finanzielle Mißerfolg des teuren Werkes verhinderte weitere Filmarbeiten.

In Analogie zu seinen Wiener und Berliner Schauspielseminaren eröffnete er 1938 in Hollywood den „Max Reinhardt Workshop of Stage, Screen and Radio", der bis zum 1. Juli 1942 bestand. zu den herausragenden Lehrkäften gehörten neben seiner zweiten Gattin Helene Thimig, Gert von Gontard, John Huston, Erich Wolfgang Korngold, Rudolph Mate und Paul Muni. Im Mai 1942 übersiedelte Max Reinhardt von Kalifornien in das Hotel Gladstone in New York. Nach seinem Tode schrieb Hans Kafka im AUFBAU unter dem Titel „Hollywood trauert um Reinhardt": „Er ist so legendär, daß in den letzten Jahren nunmehr auch amerikanische Regisseure und Schauspieler einer bisher durch Europäer geübten Praxis nachkamen und sich fälschlich oder richtig – als Reinhardt-Schüler ausgaben, um ihrem „background" mehr Nachdruck zu verleihen". Die Beisetzung der Urne erfolgte in Hastings on Hudson bei New York.

F: A Midsummer Night's Dream (P, R), 1935.

Original-Plakat zu „A Midsummer Night's Dream" von 1935 (Bestand: Österr. Filmmuseum

Max Reinhardts Studio für Bühne, Film und Rundfunk in Hollywood

Wolfgang Reinhardt **Produzent**

Geb. 13. Dez. 1908 Berlin
Gest. 28. Juli 1979 Rom

Wolfgang Reinhardt, der ältere Sohn des Regisseurs und Theaterleiters Max Reinhardt und der Schauspielerin Else Heims, studierte Kunstgeschichte ohne abzuschließen und trat 1929 in die Verwaltung der Berliner Reinhardt-Bühnen ein. Zusammen mit seinem Vater wanderte er 1934 nach Amerika aus, wo sein Bruder Gottfried schon ein Jahr zuvor Fuß gefaßt hatte.

In Hollywood begann er als Assistent Irvin G. Thalbergs, der damals für MGM Pearl S. Bucks Bestseller „The Good Earth" verfilmte. Vertraglich an die Warner Brothers gebunden, konnte er sich zum erfolgreichen Producer entwickeln, der auch in der Lage war, den nicht gerade florierenden Workshop seines Vaters finanziell zu unterstützen. Jack L. Warner bestand darauf, daß seine Mitarbeiter pünktlich um neun Uhr ihren Job begannen. Wolfgang Reinhardt nahm diese Anweisung nicht ernst und wurde, obwohl er dafür öfters bis spät in die Nacht blieb, als notorischer Spätkommer registriert. Jahrelang mißachtete er die Mahnzettel Warners, der daraufhin Reinhardts Vertrag nicht mehr verlängerte. Die gute Publikumsreaktion auf dessen letzte Produktion „The Male Animale" und Fürbitten John Hustons und anderer änderten nichts mehr am Entschluß des Moguls. Erst Jahre später kam Wolfgang Reinhardt wieder ins Geschäft.

In den fünfziger Jahren machte er sich in Europa als selbständiger Produzent einen Namen. Unter seiner Produktionsleitung entstanden u.a. Streifen wie Käutners „Ludwig II", „Die Trapp-Familie" und „Die Trapp-Familie in Amerika". Wolfgang Reinhardt, im Besitz der Rechte an den Memoiren der österreichischen Baronin Maria Trapp, partizipierte an den zwei Volltreffern des deutschen Nachkriegsfilms. Ebenso 1964 an der amerikanischen Neuauflage „The Sound of Music" (Meine Lieder-meine Träume), dem lange Zeit größten Kassenschlager in der Geschichte der Bühne und des Films. Mit John Huston als Regisseur drehte er in Wien und London die noch immer beste Biographie über Sigmund Freud, für das gemeinsam mit Charles Kaufmann verfaßte Drehbuch erhielt er 1962 eine „Oscar"-Nominierung. Die beiden Kinder Freuds nahmen jedoch in einer distanzierenden Mitteilung an die Presse zu der Verfilmung Stellung, die sie als Mißachtung ihrer Gefühle betrachteten.

In den letzten Jahren seines Lebens ließ sich Wolfgang Reinhardt in Rom nieder. Als er nach einer langen Krebserkrankung starb, gaben einige süddeutsche Zeitungen versehentlich den Tod seines Bruders bekannt.

F: The Good Earth (PA), 1937; Juarez (D), 1939; The Story of Dr. Ehrlich's Magic Bullet (P), My Love Came Back (P), 1940; The Male Animal (P), 1942; Three Strangers (P), 1946; Caught (P), 1949; Freud (P/Db), 1962.

Walter Reisch

Geb. 23. Mai 1903 Wien
Gest. 28. März 1983 Los Angeles

Walter Reisch, Sohn eines Buchhändlers, war Theaterstatist und stellte ab 1918 Komparsengruppen für Filmproduktionen zusammen. Für ein längerfristiges Film-Engagement gab er sein Literaturstudium auf. Er wurde Assistent des Produzenten Alexander Korda und überarbeitete Stummfilm-Zwischentitel, als Hilfsregisseur für zahlreiche organisatorische Aufgaben verschaffte er sich Einblicke in alle Sparten der Filmproduktion. Neben Texten für Karikaturen und Feuilletons für das Neue Wiener Tagblatt schrieb er 1921 für die Helios-Film erste eigene Manuskripte, „Miss Hobbs" und „Die Narrenkappe der Liebe". Nach dem Tode des heimischen Filmpioniers Graf Kolowrat 1927 ging er zur Berliner AAFA, das anschließende Engagement bei der Super-Film führte zur intensiven Zusammenarbeit mit dem Regisseur Geza von Bolvary. Dem gemeinsamen Tonfilm-Erfolg des Jahres 1930 „Zwei Herzen im 3/4 Takt" folgten innerhalb eines Jahres sechs weitere brillante musikalische Komödien, in denen zumeist Willi Forst die Hauptrolle spielte. Zu seinen bekanntesten Filmen bei der UFA, der damals größten Filmgesellschaft außerhalb Hollywoods, zählen „Das Flötenkonzert von Sanssouci" (1930), „Ein blonder Traum" mit Lilian Harvey und das Fliegerabenteuer „F.P.1 antwortet nicht" (1932).

Um 1933 zählte Reisch zu den Star-Drehbuchautoren Europas. Seine Filme zeichneten sich durch eine Leichtigkeit aus, die nach seinem Weggang weitgehend aus den deutschen Filmen verschwand. In Wien verfaßte er 1934/35 die vorlagen zu Willi Forsts Schubert-Elegie „Leise flehen meine Lieder" und der eskapistischen Salonkomödie „Maskerade". Bei den beiden Streifen „Episode" mit Paula Wessely und „Silhouette" (1935/36) mit seiner späteren Gattin Lisl Handl, zeigte er auch sein Regietalent mit Gespür für Details. 1936 wurde London zur ersten Etappe auf dem Weg nach Hollywood.

Louis B. Mayer engagierte ihn bei einem seiner jährlichen Europa-Besuche. Bevor Reisch im September 1937 in die Staaten übersiedelte, hatte er bereits 50 Filme geschrieben, von denen einige in drei Sprachen und in drei verschiedenen Besetzungen gedreht wurden. Seine Erlebnisse bei der Einwanderung auf Ellis Island verarbeitete er zu einer Story, die Fox ankaufte und unter dem Titel „Gateway" verfilmte, noch bevor sein MGM-Vertrag in Kraft trat. Bei der Metro lieferte er das Script zu „The Great Waltz", einer freien Filmbiographie Johann Strauß' Sohn, die amerikanische Kritiker als „Sachertorte of pleasure" bezeichneten, dazu Drehbücher oder Storys für die weiblichen Stars des Studios. Für Greta Garbo die erfolgreiche Satire „Ninotchka“ (mit Billy Wilder), für Hedy Lamar, „Comrade X“, für Ingrid Bergman den viktorianischen Thriller „Gaslight“. Alexander Korda verfilmte die Liebesromanze zwischen Admiral Nelson und Lady Hamilton, „That Hamilton Woman“, mit Laurence Olivier und Vivian Leigh.

*F: Gateway (Story „Ellis Island“), The Great Waltz (Db m. Samuel Hoffenstein), 1938; Ninotchka (Db m. Charles Brackett u. Billy Wilder, *), Comrade X (Story, *), 1940; That Uncertain Feeling (Db m. Donald Ogden Stewart), That Hamilton Woman (Db m. R. C. Sheriff), 1941; Seven Sweethearts (Db m. Leo Townsend), Somewhere I'll Find You (Db m. Marguerite Roberts), 1942; The Heavenly Body (Db m. Michael Arlen u. Harry Kurnit), 1943; Gaslight (Db m. John van Druten u. John L. Balderstone, *), Song of Scheherazade (R, Db), 1947; The Fan (Db m. Dorothy Parker u. Ross Evans), 1950; The Mating Season (Db m. Charles Brackett u. Richard Breen = CB/RB), 1950; The Model and the Marriage Broker (Db m. CB/RB), 1951; Niagara (Db m. CB/RB), Titanic (Db m. CB/RB), 1953; The Girl in the Red Velvet Swing (Db m. CB), 1955; The Teenage Rebel (Db m. CB), 1956; Silk Stockings (Remake von „Ninotchka“), Stopover Tokyo (P, Db), 1957; Fraulein (P), 1958; The Remarkable Mr. Pennypacker (Db), Journey to the Center of the Earth (Db m. ChB), 1959 .*

(*) „Oscar“-Nominierung

Als die MGM-Karriere in Routine verfiel, bot ihm Universal die Möglichkeit zu seiner einzigen USA-Regie. „Song of Scheherazade“, inspiriert durch die Musik des Komponisten Rimskij-Korsakov, stieß jedoch bei der Kritik auf Ablehnung. Während seiner zweijährigen Tätigkeit bei der Paramount wirkte Reisch ungenannt in drei Bing Crosby-Streifen mit. Die beiden im Nachkriegsdeutschland gestalteten Filme „Die Mücke“ und „Der Cornet“ nach Rilke (1954/55) fanden ebenfalls keinen Anklang. Bei 20th Century Fox war Reisch bis 1959 an neun Drehbüchern beteiligt, darunter „Niagara“ mit Marylin Monroe und „Titanic“, für den er 1955 nach drei Nominierungen endlich den begehrten „Oscar“ erhielt. Mit der überaus erfolgreichen Jules Verne-Adaption „Journey to the Center of the Earth“ beendete er 1959 seine Hollywood-Karriere. Seine spezielle und unübliche Arbeitsweise bei der Erstellung eines Drehbuchs bestand darin, zuerst das Schlußkapitel festzulegen und dann „nach vorne“ zu schreiben. Reisch kreierte die Originalgeschichte, die Dialoge steuerten meist amerikanische Co-Autoren bei.

Das Ehepaar Reisch bewohnte seit 1941 eine im Schweizer Alpenstil errichtete Villa in Bel Air, in unmittelbarer Nachbarschaft von Ernst Lubitsch. Zu den Freunden des Hauses zählte vor allem Billy Wilder. Nach seinem Abgang blieb Reisch dem Business verbunden, er machte weiter unzählige Filme, ohne Namensnennung, für das Kino und Fernsehen und hielt Vorträge in den USA, Kanada und Japan. Die letzte Arbeit, eine von Volker Schlöndorff erbetene zeitgenössische Komödie blieb durch seinen Tod unvollendet.

Bert Reisfeld

Geb. 12. Dez. 1906 Wien
Gest. 12. Juni 1991 Badenweiler

Bert Reisfeld, Musikstudent am Konservatorium Wien, ein Liebling und Freund der Musen, übte in seinem Leben ein Dutzend Berufe aus. Diplomingenieur (TU Wien), Architekt in Berlin, Schlagerkomponist und Texter („Sag mir Darling“, „Die alte Spieluhr“ usw.), Refrainsänger beim Funk (mit Marek Weber, Dajos Bela, Goodwyn u. a.), Musikschriftsteller („Mein Friseur“, 1933 an der Berliner Komischen Oper aufgeführt), Reisender in eigener Musik (Skandinavien, mit dem musikal. Lustspiel „Fahrt ins Blaue“) und Filmkomponist. Bevor ihn 1933 die braune Aufbruchstimmmung bewog außer Landes zu gehen, hatte er mit Rolf Marbot, Austin Egen, Felix Günther und Artur Guttmann an zehn deutschen Lustspielen mitgearbeitet („Strohwitwer“, Richard Oswalds „Unheimliche Geschichten“, „Kiki“ u. a.)

In Paris gründete er mit Marbot den Musikverlag „Les Editions Méridian“, er schrieb die Musik zu den Filmen „Jeunes filles à marier“ (1936) und „La cité des lumières“ (1938) und war als Revueautor und -komponist für das Casino de Paris und die Folies Bergère tätig. 1938 zog er es vor, nach Amerika zu gehen.
Der Einstieg in den USA war für ihn nicht schwer. Er arbeitete als Arrangeur mit Benny Goodman, Glenn Miller und komponierte Dutzende Songs wie „Call Me Darling“, „You Rhyme with Everything that's Beautiful“ und „The Three Bells“. 1941 siedelte er sich in Hollywood an, der Start an der Westküste verlief jedoch schwieriger. Er begann als technical adviser, assistierte bei verschiedenen Filmmusiken, schrieb Filmsongs, die Texte und die Musik zu dem Volksstück „Lucky Joe“ von Ludwig Stössel (siehe dort). 1956 lieferte er die englischen Dialoge für die Synchronisation des deutschen Maria Schell-Films „Solange Du da bist“ (As Long As You're Near Me). Nach dem Kriege baute sich der Architekt und Komponist eine dritte Existenz auf, die Filmberichterstattung. Der Hunger im Nachkriegs-Europa nach Hollywood-News kam dieser Entwicklung entgegen. Zeitungen und Zeitschriften übernahmen „BR“-Artikel, seine Bänder mit Interviews und Kommentaren liefen im Hörfunk, die neuerstandenen deutschen Filmmagazine bedienten sich seiner Fachkenntnisse. Für „Filmecho“ und die „Filmwoche“ war er mehr als 30 Jahre tätig.
Vielfältig auch die Berater-Funktionen, in denen er sich profilierte. Mitbegründer und viele Jahre Präsident der Hollywood Foreign Press Association, Ehrenmitglied im Auswahlausschuß der Academy für den Auslands-Oscar, von 1954 bis 1972 durch seine ausgezeichneten USA-Kontakte Verbindungsmann zu den Berliner Internationalen Filmfestspielen.

F: Broken Music (Mitarbeit o.C.), Flight to Nowhere (Mitarbeit o.C.), 1946; Concert Magic (Mitarbeit o.C.), 1948; Sealed Cargo (TA), 1951; Man on a Tightrope (Songs, in Deutschland gedreht), 1953; An Affair to Remember (Titelsong), 1957; Circus World, 1963.

TV: Jerry Fairbanks Show, 1949; Last Half Hour: Mayerling, 1950.

Bert Reisfeld — Komponist

„Three Bells" brachte ihm von der National Academy of Recordings Arts and Sciences eine Grammy Award Nominierung ein, der Titelsong zu dem FOX-Film „An Affair to Remember" 1957 eine Oscar Award Nominierung der Academy. Für den Score zu dem Samuel Bronston-Film „Circus World" von 1963 erhielt er den Golden Globe Award.

„BR" lebte mit seiner Gattin Hildegarde, einer in den Zwanziger- und Dreißiger-Jahren bekannten Sängerin (gest. 1987) am South Beverly Glen in Los Angeles. Sein Office befand sich in Beverly Hills. Jedes Jahr zog es ihn für mehrere Monate nach Deutschland. Er verstarb während eines Kuraufenthaltes in Badenweiler im Schwarzwald, die Beisetzung erfolgte neben seiner Gattin in Berlin.

Erika Remberg — Schauspielerin

Geb. 15. Feb. 1933 Medan/ Sumatra

Abbildung aus ihrem einzigen TV-Film „The Killers of Mussolini", 1959

Erika Remberg (eigentl. Crobath) begann an der Exl-Bühne und am Landestheater in Innsbruck, an Trude Kolmans Kabarett „Die kleine Freiheit" in München und beim Film 1950 in Peter Ostermayrs „Der Geigenmacher von Mittenwald". Sie übernahm kleine Rollen in „Drei Kavaliere" (1951), „Schloß Hubertus" (1954), in Fritz Kortners Sarajewo-Verfilmung „Um Thron und Liebe" (1955) und bald auch Hauptrollen bei Willi Forst. Deutschsprachige und internationale Streifen wie „Kaiserjäger" (1956), „Wien, Du Stadt meiner Träume" (1957), „Der Page vom Palast-Hotel" (1958), „Laila" (Schweden/BRD, 1960), „Les Bois des Amants" (F/I, 1960) und „Saturday Night Out" (GB, 1964) sicherten ihr Popularität und Anerkennung der Kritik. Sie wuchs in das Leben eines akkreditierten Stars.

Nach gelungenen Probeaufnahmen erhielt sie 1959 bei Metro-Goldwyn-Mayer einen Vertrag, der allen Künstlern in ihren Karriereträumen vorschwebte. Die große Chance aber erwies sich als Flop, die versprochenen Rollen blieben aus, auf Grund eines der berüchtigten MGM-Verträge landete sie im „Warte-

Schauspielerin

Erika Remberg

zimmer" der Filmindustrie. Der damalige lange Schauspielerstreik erwies sich als zusätzliches Handicap, es kam zur Lösung des Kontrakts und zur finanziellen Entschädigung. Erika Remberg gab in Hollywood letztlich nur in einer einzigen, live ausgestrahlten Fernseh-Episode von Playhouse 90 „The Killers of Mussolini" ein Gastspiel. Der USA-Aufenthalt geriet damit zum Urlaub, ausgleichend stellte sich das private Glück durch die Eheschließung mit dem südamerikanischen Kollegen Gustavo Rojo ein.

Insgesamt stand die Künstlerin mehr als 30 mal erfolgreich vor der Kamera. Als die guten Angebote ausblieben, hängte sie vor 10 Jahren die Schauspielerei an den berühmten Nagel. Erika Remberg lebt mit ihrem jetzigen Gatten, dem TV-Regisseur Sydney Hayers, den sie 1960 bei den Dreharbeiten zu „Circus of Horrors" in England kennengelernt und 1985 nach einem Wiederzusammentreffen geheiratet hat, in Los Angeles.

TV: Playhouse 90: The Killers of Mussolini, 1959.

Schauspieler

Lionel Royce/Leo Reuß

Lionel Royce (3. v. rechts) als Fritz Thyssen in dem Paramountfilm „The Hitler Gang", ein antinazistischer Streifen, der den Aufstieg des Führers zum Inhalt hat.

Leo Reuß

Schauspieler

Geb. 03. März 1891 Dolina
Gest. 01. April 1946 Manila

F: Crime Does Not Pay (Kf), Maria Antoinette, 1938; Confessions of a Nazispy, Espionage Agent, Let Freedom Ring, Nurse Edith Cavell, Pack Up Your Troubles, 6000 Enemies, 1939; Charlie Chan in Panama, Four Sons, The Man I Married, Son of Monte Christo, Victory, 1940; Road to Zanzibar, So Ends our Night, South of Panama, Underground, 1941; Halfway to Shanghai, The Lady Has Plans, My Favorite Blond, My Favorite Spy, Once Upon a Honeymoon, Unseen Enemy, Berlin Korrespondent, 1942; Crash Dive, Above Suspicion, Secret Service in Darkest Africa, Bombers Moon, Hitler's Madman, The Cross of Lorraine, Let's Face It, Mission to Moscow, 1943; Tarzan and the Amazon, The Hitler Gang, The Seventh Cross, Passport to Destiny, 1944; White Pongo, 1945; Gilda, 1946.

(*) Die United Service Organisation (USO) wurde 1941 zur Unterhaltung der amerikanischen Soldaten in der Heimat und an der Front gegründet.

Leo Reuß (Leo Johann Reiss) kam aus Galizien, nach dem Studium an der Akademie für Musik und darstellende Kunst 1913 bis 1914 und vier Jahren Kriegsdienst begann er seine Karriere an Wiener Varietés. Im Berliner Theaterleben galt er nach Engagements an mehreren Bühnen (Dt. Theater, Lessingtheater) als kompetenter und namhafter Charakterdarsteller, der im Begriff war, sich Starruhm zu erwerben, als die Nazis an die Macht kamen. Dem Nichtarier wurden weitere Auftritte verwehrt, Ende 1935 ging er in das heimatliche Österreich zurück. Die Annahme, daß ihm seine Reputation ein berufliches Unterkommen sichern würde, erwies sich als Trugschluß.

Die damaligen 30 Wiener Theater waren bereits von großen und kleinen Schauspielern überflutet, die Hitler vertrieben hatte. Desillusion machte sich breit und Reuß kam auf eine absurde Idee. Unter dem Namen Kaspar Altenburger stellte er sich brieflich bei Max Reinhardt vor, als Tiroler Bauer, der sein Leben lang Klassiker studiert hätte und den sehnlichen Wunsch hegte, Schauspieler zu werden. Reinhardt amüsierte sich über den bärtigen Naturmenschen, war ungläubig, indes zutiefst beeindruckt von dem unausgebildeten, außergewöhnlichen Talent und dessen klarer und kultivierter Stimme. Selbst auf dem Sprung nach Amerika, gab er ihm eine Empfehlung an Ernst Lothar, seinem Nachfolger am Theater in der Josefstadt. Dieser akzeptierte das Wort Reinhardts und übertrug dem angeblichen Neuling neben Rose Stradner die Rolle des Herrn von Dorsday in Schnitzlers „Fräulein Else", änderte aber den Darstellernamen in Kaspar Brandhofer. Die Vorstellung geriet zur Sensation, die liberale und die faschistische Presse würdigten den Schauspieler und kleinen Mann aus den Bergen, der der jüdischen Kaffeehaus-Boheme die genialen Talente des arischen Kulturerbes demonstrierte.

Der Jubel war nur kurzfristig. Mehr und mehr kritische Theaterbesucher erkannten die Täuschung, der Akteur lüftete das Inkognito. Sein Auftreten hatte die Unsinnigkeit der nazistischen Rassentheorie aufgezeigt, die reichsdeutsche Nazipresse schäumte, Reuß fand sich aber in einer kaum besseren Situation wie zuvor. Arthur Hellmer engagierte ihn als Napoleon in „Madame Sans Géne", am einzigen jüdischen Theater Wiens mühte er sich 1936/37 im ungewohnten Jiddisch und gegen schlechte Bezahlung in unliebsamen Schurkenrollen. Felix Bernstein machte ihn eines Tages in Wien mit Louis B. Mayer bekannt. Der mächtige MGM-Boss, gerade auf Talentsuche in Europa und bekannt für seine unbekümmert und massenhaft ausgefertigten Verträge, verpflichtete auch Leo Reuß. Vier Monate vor dem „Anschluß“ verließ dieser mit einem Touristenvisum Österreich in Richtung USA. Bei der Metro wurde er einem Englischlehrer und einem „drama coach“ zugewiesen, um sich Sprachkenntnisse anzueignen, das Publicity Department änderte seinen Namen in Lionel Royce. Seine erste Rolle als italienischer Gangster in dem Kurzfilm „Crimes Does Not Pay“ mißlang ihm völlig. Da der Vertrag nur eine Option auf Verlängerung nach sechs Monaten enthielt, die MGM jedoch nach einiger Zeit nicht mehr wahrnahm, sah er sich bald als „free-lancer“. Mit kleinen Akzentrollen, meist in Filmen mit europäischem Hintergrund oder in der Uniform der verhaßten Naziunterdrücker, fand er keine Möglichkeit, sich in Hollywood auszuzeichnen.

Reuß war sehr populär in der deutschsprachigen Kolonie und gern gesehener Gast bei den Erfolgreichen wie Hedy Lamarr, Josef Schildkraut und Peter Lorre. Ebenso wurde es unter den „refugees“ zur guten Gewohnheit, sich am Sonntag bei dem geselligen Schauspieler zu treffen. Leopold Jessner hatte ihn 1939 an sein Exil-Theaterunternehmen „The Continental Players“ engagiert, er war dessen enger Mitarbeiter im Jewish Club of 1933, für den er 1940 ein umfassendes Kulturprogramm erstellte. Im El Capitan-Theater trat er neben Fay Wray, Lionel Stander und Lisl Valetti in Clare Boothes Komödie „Margin for Error“ auf. 1946 meldete er sich entgegen dem Rat seiner besorgten Ärzte zu einer USO-Camp Show (*), die zur Unterhaltung amerikanischer GIs in den Südpazifik reiste. Während des Auftretens der Truppe in Manila erlag Leo Reuß, den seine dritte Gattin, die Neuseeländerin Esther de Werner begleitete, einer Herzattacke. Es war ihm nicht mehr vergönnt, das wiedererstandene Österreich zu erleben.

Der Wiener Regisseur Wolfgang Glück trägt sich mit der bereits fortgeschrittenen Absicht, die Lebensgeschichte des Schauspielers an Originalschauplätzen zu verfilmen.

Hugo Riesenfeld

Komponist

Geb. 26. Jän. 1879 Wien
Gest. 10. Sept. 1939 Los Angeles

F: Sins of the Fathers, The Woman Disputed, The Cavalier, Revenge, Reputation, Ramona, 1928; Lucky Boy, Molly and Me, Looping the Loop, My Lady's Past, Overture 1812, Midstream, New Orleans, Two Men and a Maid, Three Live Ghosts, Seven Faces, Alibi, The Iron Mask, This is Heaven, 1929; Be Yourself, One Romantic Night, The Bad One, The Lottery Bride (md), Hell's Angel, Puttin on the Ritz, Abraham Lincoln, 1930; White Zombie, 1932; The Doctor (Kf), Peck's Bad Boy, Little Men, 1934; Let's Sing Again, The President Vanishes (md), 1935; Let's Sing Again, Hearts in Bondage, Follow Your Heart (md), Daniel Boone, The President's Mystery, Rainbow on the River (md), The Devil on Horseback, White Legion (md), 1936; Make a Wish (md), Riders of the Whistling Skull, 1937; Tarzan's Revenge (md), Wide Open Faces (md), Hawai Calls, Rose of the Rio Grande, The Sunset Murder Case, 1938;

Silents: Carmen, 1915; Joan the Woman, 1917; The Blue Bird, Humoresque, 1920; The Covered Wagon, The Ten Commandments, 1923; Beggar on Horseback,

Hugo Riesenfeld studierte am Konservatorium der Gesellschaft der Musikfreunde in Wien und war von 1901 bis 1907 Orchester-Mitglied der Wr. Philharmoniker. Gegen Ende des vorigen Jahrhunderts bildete er mit Arnold Schönberg, Arthur Bodanzky und Edward Falck ein Streichquartett. 1907 ging er nach Amerika, wo er bis 1911 in New York als Konzertmeister bei Oscar Hammersteins Manhattan Opera Company, 1911 bis 1915 als Orchesterleiter des Musical-Unternehmens Klaw & Erlanger und ab 1915 als Konzertmeister und Dirigent der Century Opera tätig war.

In den Jahren 1917 bis 1927 leitete er die drei Broadway-Filmtheater Rivoli, Rialto und Criterion der Paramount Organization, an denen er neue Arten der Filmpräsentation wie die Praxis des „long run film“ einführte. Da das überkommene Repertoire bei weitem nicht ausreichte, bestimmte szenische Situationen zufriedenstellend zu illustrieren, begann Riesenfeld das Bedürfnis der Praxis nach Agitatos, Andantes und Furiosos mit eigenen Kompositionen zu befriedigen. Er wurde neben A. W. Ketelbey, William Axt und Ernö Rapée einer der bekanntesten Autoren von Kinomusik und demonstrierte damit die bis dahin kaum wahrgenommene Möglichkeit einer intelligenten Musikbegleitung, wobei er die musikalischen Sequenzen zur Unterstützung des Gesamtfilms sowie jeder einzelnen Szene sorgfältig auswählte. Um in der Klasse des „short subject“ bessere Ergebnisse zu erzielen, vergab er eine Zeitlang jährlich eine Goldmedaille für die besten Arbeiten der Saison.

In Filmmusikkreisen ist der Wiener nur wenig bekannt, obwohl er über 70 Filme vertonte. Seine erste Stummfilmarbeit für Jesse Lasky geht auf das Jahr 1915 zurück, ab 1923 reihte er sich in den Hauptstrom der meistbeschäftigten Hollywood-Komponisten ein, 1928 bis 1930 war er Generalmusikdirektor der United Artists Studios. Als einer der führenden Arrangeure der Stummfilmzeit trug er mit seiner Musiksynchronisation erheblich zu den Prestige Pictures der Paramount und United Artists bei. Zu Riesenfelds herausragenden Werken zählen vor allem die DeMille-Produktionen „Joan the Woman“, „The Ten Commandments“ und „King of Kings“ sowie die Originalpartituren zu den Murnau-Filmen „Sunrise“ und „Tabu“, die durch ihren impressionistischen Geschmack und symphonisch-deskriptive Ausdruckskraft bestechen.1933 adaptierte er die mexikanische Musik zu dem aus Sergej Eisensteins Material montierten Film „Thunder over Mexico“, 1935 vertonte er den britischen Twickenham-Streifen „The Wandering Jew“.

Komponist/Produzent Hugo Riesenfeld/Peter W. Riethof

Neben den Filmarbeiten schuf Hugo Riesenfeld das Ballett „Chopin's Dances" (1905), die komische Oper „Merry Martyr" (1913), die 1921 am Broadway aufgeführte Music Show „Betty Be Good", die „Balkan Rhapsodie", die „American Festival Overture" sowie Orchestermusik und Songs.

Grass, Madame Sans-Gene, Pony Express, The Vanishing American, The Wanderer, 1925; Beau Geste, The Flaming, The Volga Boatman, The Sorrows of Satan, Old Ironsides (mit J.B. Zamecnik), The Prince of Pilsen, The Rough Riders, 1926, Sunrise, The King of Kings, Les Misérables, 1927; Tempest, Two Lovers, The Toilers, The Awakening, Battle of the Sexes, 1928; The Rescue, 1929.

Produzent (Willy Riethoff) Peter W. Riethof

Der Teplitzer leitete 1931 die Riethoff-Film Berlin und schuf 1933 einige Kurzfilme: „Unser täglich Brot", „Ein jeder hat mal Glück" und „Non Stop nach Afrika". 1934 übernahm er die Astoria-Film Wien, 1936 die Meisna-Filma Prag. 1938 emigrierte er nach Frankreich und England, 1939 produzierte er in Belgien den Streifen „Illusion".

Geb. 1905 Teplitz-Turn

In Hollywood betätigte er sich 1943 als Standphotograph, gründete 1946 die Lester L. Wolf Agency und drehte 1948 den Dokumentarfilm „Toulouse-Lautrec". 1950 stellte er im Rahmen seiner American Dubbing Company die US-Fassungen einiger italienischer Filme her, Guiseppe de Santis „Riso Amaro" (Bitter Rice), die Ponti de Laurentiis-Produktion „Anna" mit Silvana Mangano und „Il Diavolo blanco" (White Devil).

1955 war er Produzent der Spyri-Verfilmung „Heidi und Peter" (CH/US), 1959 Mit-Produzent des japanischen Science Fiction-Abenteuers „Chikyu Boelgun" (The Mysterians), 1961 führte er bei der US-Fassung von Aldo Fabrizis religiösem Drama „Il Maestro" (The Teacher and the Miracle) Regie. In der Folge etablierte sich Riethof als internationaler Synchronisierungsfachmann im französischen Filmgeschäft. Mit seiner Peri Productions, Paris und Gotham/USA, spezialisierte er sich auf Co-Produktionen in französisch- und englischsprachigen Versionen, darunter „The Choice" (1975), „The Ideal Wife" (1977), „Stop Calling Me Baby" mit Jody Foster (1977) und „La Passante du Sans-Souci" mit Romy Schneider.

F: Toulouse Lautrec (Df, P), 1948.

Sigmund Romberg **Komponist**

Geb. 29. Juli 1887 Nagykanizca
Gest. 09. Nov. 1951 New York

Sigmund Romberg wurde nach einer Ingenieurausbildung Kompositionsschüler von Richard Heuberger in Wien. Bei einem New York-Besuch 1909 beschloß er in Amerika zu bleiben. Nach Anfängen als Restaurant- und Barmusiker ebnete ihm ein Empfehlungsschreiben Franz Lehárs den Weg bei dem Theatermogul J. J. Shubert, der ihn als Komponist, Arrangeur und Dirigent an seine Bühnen verpflichtete.

Im Rahmen einer vierzigjährigen Karriere schrieb Romberg mehrere Operetten, darunter „Maytime“ (1917), „Blossom Time“ (1921, eine Adaption der Operette „Das Dreimäderlhaus“) und für die Producing Company Schwab & Mandel „The Desert Song“ (1926), dazu Musicals wie „Midnight Girl“ (sein erster Erfolg 1914) oder „The Girl in Pink Tights“ (1954 posthum aufgeführt). Aus seinen annähernd 2000 Songs sind die Titel „Will You Remember“, „Golden Days“, „Only Alone“ und „Lover Come Back To Me“ Welterfolge geworden. Textautoren waren Harold Atteridge, Oscar Hammerstein (II), Otto Harbach und Dorothy Fields.

In Hollywood lieferte Romberg 1920 die Begleitmusik zu Erich von Stroheims Stummfilmklassiker „Foolish Wives“. „Viennese Nights“ war die einzige Filmpartitur, die er ausschließlich für die Leinwand kreierte, ansonsten arbeitete er an Adaptionen eigener Bühnenwerke, „Maytime“, „New Moon“ und „Desert Song“, das von Warner Brothers allein dreimal verfilmt wurde (1929, 1943, zuletzt 1953 in der Adaption Max Steiners).

Elliott Arnold veröffentlichte 1949 eine in Romanform gehaltene Romberg-Biographie, „Deep in My Heart“. Metro-Goldwyn-Mayer nutzte diese 1954 als filmische Vorlage, Jose Ferrer verkörperte den Komponisten, die Musik stammte von Romberg. Die zündenden Songs „You Will Remember Vienna“, „Leg of Mutton“, „Auf Wiedersehn“ und „Road to Paradise“ interpretierten Vic Damone, Jane Powell, Tony Martin und Rosemary Clooney.

Von 1942 bis zu seinem Tode reiste Romberg mit einem eigenen Orchester durch die Vereinigten Staaten. Der letzte des einst großen Triumvirats der amerikanischen Operettenkomponisten (Victor Herbert, Jerome Kern), starb in seinem Appartment im Hotel Ritz Towers, die Bestattung erfolgte auf dem Ferncliff Cemetery in Hartsdale, New York. 1954 brachte MGM die Verfilmung seiner Operette „The Student Prince“ von 1924 in die Kinos.

F: Foolish Wives (Silent), 1920; The Desert Song, 1929; New Moon, Viennese Nights, 1930; Children of Dreams, 1931; The Night is Young, 1935; Maytime, 1937; Girl of the Golden West (Songs, nach Texten von Gus Kahn), 1938; Let Freedom Ring (Song „Where Else But Here“ nach Text von Edward Heyman), 1939; The Desert Song (Adaption mit Heinz Roemheld), 1943; Up in Central Park, 1948.

Komponist – Autor

Fritz Rotter

In den zwanziger Jahren pfiff man auf den Straßen sein Lied „Ich küsse Ihre Hand, Madame", in den Fünfzigern sang man seinen Hit „Ich hab mich so an Dich gewöhnt". Mit 17 hatte er begonnen für den „Simpliccisimus" und Wiener Nachtkabaretts Chanson um Chanson zu schreiben. Fritz Rotters phantastische Karriere begann jedoch erst an der Ufern der Spree, in der Theaterglanzzeit Berlins. Seine von Eleganz, Charme und dem „gewissen Etwas" geprägten Lieder (letzlich weit über 1000), darunter „Liebe war es nie", „Wenn der weiße Flieder wieder blüht" und „Ich glaub nie mehr an eine Frau" gingen um die Welt, verführten zum Träumen und wurden Evergreens. Fanz Lehár, Robert Stolz, Friedrich Holländer und vor allem sein langjähriger Partner Walter Jurmann (den er später in Hollywood wiedertraf), vertonten seine Texte. Fritzi Massary, Martha Eggerth, Jan Kiepura, Greta Keller und der Operettenheros Richard Tauber waren einige seiner Interpreten.

Geb. 03. März 1900 Wien
Gest. 11. Apr. 1984 Zürich

1933 mitten aus den Serienerfolgen beim Film und in der Schlagerindustrie herausgerissen, ging Rotter nach Wien zurück, 1936 nach England und anschließend nach New York und Kalifornien. Er versuchte die Eingleisigkeit seiner beruflichen Vergangenheit zu ändern, wies Verträge als Chansondichter ab und überwand als Autor von Kurzgeschichten allmählich die Crux der fremden Sprache. 1941 brachte ihm das Broadway-Stück „Letters to Lucerne", das sich die amerikanischen Bühnen eroberte und in der Jahresliste der zehn Besten aufschien, die ersehnte literarische Anerkennung. Hollywood kaufte die alten Songs, Fritz Rotter (nicht verwandt mit den Brüdern Rotter), entwarf Treatments, arbeitete an Drehbüchern mit und schrieb die Storys zu drei Spielfilmen. Am bekanntesten davon der von Wilhelm Dieterle inszenierte Paramount-Streifen „September Affair" mit Joan Fontaine und Joseph Cotten. Rotter textete auch wieder Songs, „That's All I Want for You" (4 Mill. Platten) stand 34 Wochen an der Spitze der „Hit Parade" und machte die Sängerin Jaye P. Morgan über Nacht in ganz Amerika berühmt.

Nach dem Kriege holte ihn der ehemalige UFA-Produzent Erich Pommer, damals US-Filmoffizier für Deutschland, in den europäischen Schaffensbereich zurück. „Illusion in Moll" (D), „Ich und meine Frau" (D), „Oase" (D/F dt. Dialog) und „Die Halbzarte" (Ö) hießen die Titel, zu denen er die Drehbücher, Exposés oder Dialoge lieferte. Für „Nachts auf den Strassen", nach seinem Illustriertenroman, dessen Idee auf den amerikanischen Autobahnen entstand, erhielt er 1952 den deutschen Bundesfilmpreis. In den letzten zwei Jahrzehnten lebte Fritz Rotter mit Gattin „Mausi" in Ascona am Lago Maggiore.

F: The Beautiful Cheat (Story), 1945; Strange Illusion (Story), 1950; Something in the Wind (Story), 1947; Luxury Liner (Song „Spring Come Back to Vienna" von Fritz Spielmann, Text mit Janice Torre),The Emperor Waltz (Song „I Kiss Your Hand, Madame", Text), 1948; September Affair (Story, mit Robert Thoeren), 1950.

Greta Rozan (Trude Rosen) Schauspielerin

Geb. 18. Dez. 1912 Wien

Trude Rosen spielte vor der Emigration in einigen Filmen, bei der Tobis in „Die Koffer des Herrn O. F." (1931) neben Hedwig Kiesler (später H. Lamarr), Peter Lorre und Ludwig Stössel, „Es war einmal ein Walzer" (1932) mit Martha Eggerth und Paul Hörbiger, nach einem Drehbuch von Billy Wilder, in der dt.-franz. Gemeinschaftsproduktion „Rund um eine Million" (1933) und dem österreichischen Streifen „Geld regiert die Welt" von 1934. Im gleichen Jahr ging sie nach Mährisch-Ostrau, 1937 nach England und später in die USA. Ihre Hollywood-Tätigkeit beschränkte sich auf mehrere Kleinrollen.

F: Escape, 1940; So Ends Our Night, 1941; The Panther's Claw, Once Upon a Honeymoon, The Moon and Sixpence, 1942; Paris After Dark, 1943; Song of Sheherazade (als Florence Rozen), 1947.

(zur vorhergehenden Seite:)
Fritz Rotter mit Gattin

Christian Rub

Christian Rubs Eltern waren das österreichische Schauspieler-Ehepaar Otto und Paula Rub. Über ihn sind nur spärliche biographische Fakten bekannt. Er stand bereits im Alter von drei Jahren auf den „Brettern, die die Welt bedeuten". Als er Anfang der Dreißiger Jahre nach Hollywood kam, verfügte er bereits über eine langjährige Bühnenerfahrung durch Theaterauftritte in ganz Europa.

In Los Angeles wurde er mit der Rolle des Buchhalters „Otto Kringelein" in Vicki Baums Stück „Grand Hotel" (Menschen im Hotel) bekannt. Seine Filmtätigkeit seit 1932 umfaßt neunzig Rollen als Charakterdarsteller, häufig im Fach des exzentrischen „foreigners" mit Kneifer oder des komischen, sympathischen „German". In Walt Disneys zweiten abendfüllenden Zeichentrickfilm „Pinocchio" von 1940, einer der liebenswertesten und nie mehr übertroffenen Schöpfungen des Genres, lieh er der Figur des Holzschnitzers „Geppetto" seine Stimme. 1952 zog er sich in den Ruhestand zurück.

Geb. 13. Apr.1887 (1886) Passau
Gest. 14. Apr. 1956

Die Abbildung zeigt den Schauspieler in dem Fox-Melodram „Four Sons"

F: Crooked Circle, The Man from Yesterday, Secrets of French Police, Silver Dollar, The Trial of Vivienne Ware, 1932; Humanity, The Kiss Before the Mirror, A Man of Sentiment, Mary Stevens M. D., No Other Woman, Tugboat Annie, 1933; The Fountain, Little Man, What Now?, Man of Two Worlds, The Mighty Barnum, Music in the Air, No Creater Glory, No More Woman, Romance in the Rain, Ctamboul Quest, 1934; A Dog of Flanders, Four Hours to Kill, Ladies Crave Excitement, Let 'Em Have It, The Man Who Broke the Bank at Monte Carlo, Mark of the Vampire, Metropolitan, The Night Is Young, Oil for the Lamps of China, Peter Ibbetson, Romance in Manhattan, Stolen Harmony, No Ransom, 1935; Dracula's Daughter, Fury, Girl's Dormitory, Hitch Hike Lady, The Leathernecks Have Landed, Murder on a Bridle Path, Murder With Pictures, Next Time We Love, Parole, Sins of Man, Suzy, We're Only Human, Mr. Deeds Goes to Town, 1936; Cafe Metropol, Captains Courageous, Heidi, It Could Happen to You, Maytime, Outcast, Prescription for Romance, Thin Ice, Tovarich, When Love Is Young, 100 Men and a Girl, Devil is a Sissy, 1937; The Great Waltz, I'll Give a Million, Mad About Music, Professor Beware, You Can't Take It With You, 1938; Everything Happens at Night, Forget Passport, Hidden Power, Never Say Die, No Place to Go, 1939; All This and Heaven Too, Earthbound, Four Sons, Pinocchio (nur Stimme), Swiss Family Robinson, 1940; Father's Son, Henry Aldrich for President, The Big Store, Come Back Miss Pips (Kf), 1941; Berlin Correspondent, Dangerously They Live, Nazi Agent, Tales of Manhattan, 1942; Bomber's Moon, Princess O'Rourke, 1943; Jungle Woman, Three Is a Family, Once upon a Time, 1944; Rhapsody in Blue, Strange Confession, The Adventures of Mark Twain, 1948; Fall Guy, 1947; Something for the Birds, 1952.

Hans Julius Salter **Komponist**

Geb. 14. Jän. 1896 Wien

Hans Salter wurde nach Abschluß seiner Ausbildung bei Franz Schreker, Alban Berg, Egon Wellesz und anderen Persönlichkeiten Kapellmeister an Provinztheatern und Korrepetitor an der Wiener Volksoper. Seine Filmlaufbahn begann 1920 bei der UFA in Berlin, als Leiter der Musikabteilung, Dirigent in den großen Stummfilmpalästen und Autor von Begleitmusik. In der frühen Tonfilmzeit schrieb er die Musik zu mehreren Komödien, „Die blonde Nachtigall" (mit Walter Kollo), „Mein Freund, der Millionär" und „Gloria". Die Ereignisse des Jahres 1933 erzwangen seine Rückkehr nach Wien, wo er mit Bronislau Kaper, Walter Jurmann, Artur Guttmann und Fritz Spielmann an mehreren heimischen Filmen zusammenarbeitete.1937 entschied sich Salter für den Weggang in die Vereinigten Staaten.

Die Vertonung einer Szene in Henry Kosters „The Rage of Paris" (Hollywood-Start von Danielle Darrieux) führte zum Engagement bei den Universal Pictures. Mit Frank Skinner, dem Musikdirektor Charles Previn und später Joseph Gershenson gehörte er jahrzehntelang zu den Schlüsselfiguren der Sound-Gestaltung des Studios, das jährlich an die 70 Filme in allen Genres herstellte. Der Wiener schrieb Musik, orchestrierte Werke von Kollegen und betreute Playback-Synchronisationen von Deanne Durbin-Musicals. In den 40er Jahren wurde er mit seinen eindrucksvollen Scores zu Horror-Movies zum Vorbild aller in dieser Richtung tätigen Komponisten. Insgesamt verfaßte Salter über 200 Partituren, zu seinen herausragendsten Werken gehören das historische Drama „The Magnificent Doll" mit Ginger Rogers und David Niven, der James Stewart-Western „Bend of the River", „Autumn Leaves", „The Femal Animal" und die pathosreiche Begleitmusik zu Fritz Langs Film-Noir „Scarlet Street". Als Musikdirektor verantwortete er u. a. Henry Kosters „Springparade" (Remake von „Frühjahrsparade"), zu dem Robert Stolz drei Songs beisteuerte und Elisabeth Bergners einzigen Hollywood-Film „Paris Calling". Trotz sechs ehrenvoller Nominierungen zum „Academy Award" blieb ihm die begehrte Auszeichnung versagt.

Gegen Ende der 50er Jahre begann er auch für die Television zu arbeiten, an Serien wie „Laramie", „Wichita Town", „Maya" und „The Virginian". Von seinen Film- und Fernsehkompositionen wurde eine Bibliothek angelegt, in der im Bedarfsfalle auf einzelne „Cues" für die verschiedensten Produktionen zurückgegriffen werden konnte. 1966 zog sich Hans Salter aus dem Filmgeschehen zurück. Es war einst sein Ziel, ein berühmter Opern- und Konzertdirigent wie Felix Weingartner zu werden.

Letztlich gab er sich mit dem zufrieden, was er beim Film erreichte, womit er sich einen bleibenden Platz sichern konnte.

*F: The Rage of Paris (co), Miracle of Main Street, Young Fugitives, 1938; Tower of London (arranger), The Big Guy, Calla Messenger, 1939; Zanzibar, Alias the Deacon, Black Diamonds, Black Friday (md), The Devil's Pipeline, Diamond Frontier, Enemy Agent, First Love (co), Framed (md), Give Us Wings, I Can't Give You Anything But Love, Baby, I'm Nobody's Sweetheart, Law and Order (md), The Invisible Man Returns (co), The Leaderpushers (md), Love-Honor and Oh Baby!, Meet the Wildcat, Margie (md), The Mummy's Hand (md), Private Affairs, Dandy Gets Her Man, Seven Sinners (co), Sky Patrol, Slightly Tempted, South to Karanga, Trail of the Vigilantes, Spring Parade (md), You're Not So Tough, (md), Pony Post (md), Ragtime Cowboy Joe (md), 1940; Arizona Cyclone, Bachelor Daddy, Badlands of Dakota, The Black Cat, Burma Convoy, A Dangerous Game, Dark Streets of Cairo (md), Double Date, Flying Cadets, Hello Sucker (md), Hit the Road (md), Hold That Ghost (co), Horror Island (co), It Started With Eve (*), Lucky Devils, Man-Made Monster (md), The Man Who Lost Himself, Meet the Chump, Men of the Timberland (md m. Maurice Wight), Mr. Dynamite, Model Wife (md), Mutiny in the Arctic, Raiders of the Desert (md), Road Agent (md), San Francisco Docks (md), Sealed Lips, Tight Shoes (md), Where Did You Get That Girl?, The Wolf Man (co), Paris Calling (md), The Great Commandment (co m. Walter Jurmann), Mob Town (md), 1941; Bombay Clipper (md), Danger in the Pacific (md), Deep in the Heart of Texas (md), Drums of the Congo, Fighting Bill Fargo (md), The Ghost of Frankenstein, The GreatImpersonation, (md), Little Joe the Wrangler (md), The Mummy's Tomb (md), Night Monster (md), The Mystery of Marie Roget, North to the Klondike (co), Pittsburgh, The Silver Bullet (md), Sin Town (md), The Spoilers, Spider Woman, Stagecoach Buckaroo (md), The Strange Case of Dr. RX, Timber, There's One Born Every Minute (md), Top Sergeant (md), Toughas They Came (md), Treat 'em Rough, You're Telling Me, Destination Unknown (md), Frisco Lil, Half Way to Shanghai (md), Invisible Agent, The Mad Doctor of Market Street, Madame Spy, Old Chisholm Trail (md), Sherlock Holmes and the Secret Weapon, Who Done It?, Boss of Hangtown Mesa, 1942; The Amazing Mrs. Holliday (co, *), Arizona Trail, Calling Dr. Death, Eyes of the Underworld (md), Frankenstein Meets the Wolf Man (co), Frontier Badmen (md), Son of Dracula (co), Captive Wild Women, Cheyenne Round up, Cowboy in Manhattan, Get Going (md), His Butler's Sister, Hi Ya Chum (md), Hi Ya Sailor (md), The Mad Ghoul (co), Mug Town (md), Never a Dull Moment, Raiders of San Joaquin, Sherlock Holmes Faces Death (md), The Strange Death of Adolf Hitler, Gung Ho! (md), Tenting Tonight on the Old Camp Ground (md), Keep em Slugging (md), Lone Star Trail (md), 1943; Allergic to Love,Boss of Boomtown, Can't Help Singing (*), Christmas Holiday (*), Hi Good Lookin' (md), House of Frankenstein (md), The Invisible Man's Revenge (co), Phantom Lady (md), Marshall of Gunsmoke (md), The Mummy's Ghost (co), Pardon My Rhythm (md), San Diego I Love You (co), Hat Check Honey, House of Fear, Jungle Woman, The Merry Monahans (md, *), The Pearl of Death, The Scarlet Claw, Twilight of the Prairie, Weird Woman, 1944; House of Dracula (co), Pursuit to Algiers, Uncle Harry (md), The Woman in Green, Easy to Look At (md), The Frozen Ghost (md), I'll Tell You the World (md), Patrick the Great, The River Gang, (md), Scarlet Street, See My Lawyer (md), That Night With You (md), That's the Spirit (md), This Love of Ours (*), 1945; The Dark Horse (md), Her Adventurous Night (md), House of Horrors (md), Little Miss Big, Lover Come Back, So Goes My Love (md), The Brute Man, Dressed to Kill, The Magnificent Doll, Terror by Night, 1946; Love from a Stranger, The Michigan Kid, The Web, That's My Man, 1947; Don't Trust Your Husband, Man-Eater of Kumaon, Sign of the Ram, 1948; Cover-Up, The Reckless Moment, The Gal Who Took the West, 1949; Borderline, Frenchie, Woman from Headquarters, Please Believe Me, The Killer That Stalked New York, Shakedown (co), 1950; Abbott and Costello Meet the Invisible Man, The Strange Door, Apache Drums, Finders Keepers, The Golden Horde, The Prince Who Was a Thief (md), Tomahawk, Thunder on the Hill, You Can Never Tell, 1951; Against All Flags, Bend of the River, The Battle of Apache Pass, Fleshand Fury, The Duel at Silver Creek, Untamed Frontier, The Black Castle, The 5.000 Fingers of Dr. T (co), 1952; Abbott and Costello Meet Dr, Jekyll and Mr. Hyde, 1953; Bengal Brigade, Black Horse Canyon (co), The Black Shield of Falsworth, The Far Country, The Creature from the Black Lagoon (co), Four Guns to the Border (co), Johnny Dark, Kiss of Fire, Naked Alibi, The Sign of the Pagan, Tanganyika, Yankee Pasha, The Human Jungle, 1954; The Far Horizons, Wichita, Abbott and Costello Meet the Mummy, Captain*

Lightfoot, Man Without a Star, This Island Earth (co), 1955; Lady Godiva, The Mole People, The Raw Edge, The Rawhide Years, Walk the Proud Land, Autumn Leaves, Hold Back the Night, Navy Wife, Red Sundown, The Creature Walks Among Us (co), 1956; The Oklahomas, The Tall Stranger, Three Brave Men, Joe Dakota, The Incredible Man, The Land Unknown, The Man in the Shadow, The Midnight Story, 1957; Appointment with a Shadow, Summer Love, Day of the Bad Man, The Female Animal, Raw Wind in Eden,1958; The Gunfight at Dodge City, Man in the Net, The Wildand the Innocent, 1959; Come September, 1961; Follow That Dream, Hitler, If a Man Answers, 1962; Showdown, 1963; Bedtime Story, 1964; The War Lord (co), 1965; Beau Geste, Gunpoint, Incident at Phantom Hill, 1966; Return of the Gunfighter (TV-Movie), 1967.

TV: Laramie (Serie, co. m. Richard Sendry u. Cyril Mockridge), 124 Episoden, 1959–1963; Wichita Town (Serie), 24 Episoden, 1959–1960; The Law and Mr. Jones (Serie, co. m. Herschel Burke Gilbert), 45 Episoden, 1960–1962; Wagon Train: The Myra Marshall Story, 1963; Maya (Serie), 18 Episoden,1967–1968; The Dick Powell Show (Serie, co. m. H. B. Gilbertu. Joseph Mullendore); (co) Kompositions-Mitarbeit

(*) Academy Award-Nominierung.

Ludwig Satz **Schauspieler**

Geb. 1891 Lemberg
Gest. 31. Aug. 1944 New York

Schauspieler, begann an Provinzbühnen in Galizien. Trat in London auf und organisierte 1918 das Yiddisch Art Theatre in New York, Star in Stücken wie „The Goslin“, „Rabbi’s Son“ und „Galician Wedding“. Ging später an das deutschsprachige Irving Place Theatre. Spielte neben Lucy Levine und Michael Rosenberg die Hauptrolle im ersten jiddischen Tonfilm-Musical (R: Sydney Goldin).

F: His Wife’s Lover, 1931.

Sängerin

Fritzi Scheff

Geb. 30. Aug. 1876 Wien
Gest. 08. Apr. 1954 New York

Das Talent Fritzi Scheffs, Tochter eines k.u.k. Regimentsarztes und der Opernsängerin Anna Jäger, war vornehmlich auf leichte italienische und französische Opern gerichtet, Temperament und künstlerisches Können in Gesang, Spiel und Tanz prädestinierten sie aber auch als Soubrette. Nach drei Jahren Engagement an der Münchner Hofoper und triumphalen Auftritten an der Coventgarden Oper in London, auch vor der Königin und dem Hofstaat, akzeptierte sie 1900 einen Amerikakontrakt. In den folgenden drei Spielzeiten war die Wienerin in über 30 Rollen an der Metropolitan Oper in New York erfolgreich, gab jedoch 1904 ihre Karriere auf der Opernbühne auf und wandte sich der leichten Muse zu.

Kurz darauf brillierte sie am Broadway als „Fifi“ in Victor Herberts Operette „Mlle. Modiste“, der Song „Kiss Me Again“ geriet ihr dabei zum Hit. Auf einer glanzvollen Amerikatournee avancierte die Sängerin zu einer der gefeiertsten Operettenkünstlerinnen des Landes. Sie gastierte in vielen Shows und Musicals, „The Two Roses“, „Fatinitza“, „Girofe-Girofla“, „Boccacio“ und „Ladies in Retirement“. 1932 zog sie sich zurück.

In den Filmstudios wiederholte sie 1915 bei der Bosworth/ Paramount ihren gleichamigen Broadway-Erfolg „Pretty Mrs. Smith“, 1951 wirkte sie in einer TV-Adaptierung nochmals in „Mlle. Modiste“ mit. Fritzi Scheff, dreimal verheiratet, darunter mit dem Baron Fritz von Bardeleben und dem Schriftsteller John Fox, starb kurz nachdem sie in der TV-Show „This is Your Life“ nochmals einem breiteren Publikum vorgestellt worden war.

F: Pretty Mrs. Smith, 1915; Folies Girls, 1943.

TV: Musical Comedy Time: Mademoiselle Modiste, 1951; Armstrong Circle Theatre: Recording Date, 1952.

(zur vorangehenden Seite)
Filmplakat zu „His Wife's Lover“ mit Ludwig Satz im ersten jiddischen Tonfilm-Musical

Maria Schell

Schauspielerin

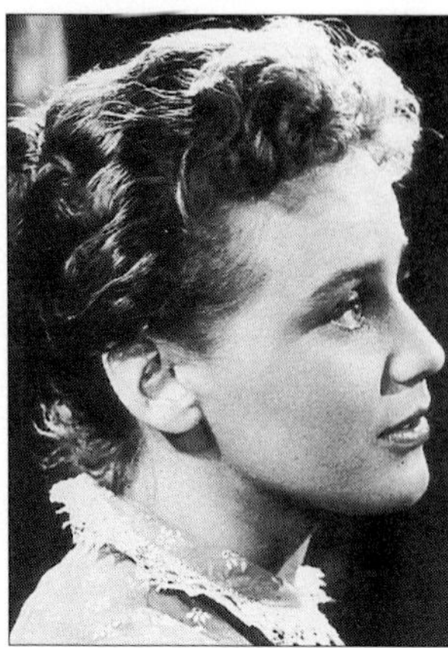

Geb. 05. Feb. 1926 Wien

Maria (Margarethe) Schell, Tochter des Schweizer Schriftstellers Hermann Ferdinand Schell und der Wiener Schauspielerin Margarete Noé-Nordberg, sah wie ihre Geschwister Carl, Maximilian und Immy den Beruf des Schauspielers als lebensbestimmende Aufgabe. Die Kinderjahre verbrachte sie meist in Wien, im März 1938 verließen die Schells Österreich und zogen in die Schweiz. Mit fünfzehn Jahren spielte sie in Sigfrit Steiners „Steinbruch" ihre erste Filmrolle, es folgten Theaterjahre in Österreich, 1948 stand sie in Wien in Karl Hartls Familienchronik „Der Engel mit der Posaune" vor der Kamera. Durch die Übernahme der gleichen Rolle in der englischen Fassung machte sie ein Jahr später auch im außerdeutschsprachigen Raum auf sich aufmerksam. Sie drehte einige Filme bei Alexander Korda, in den 50er Jahren stieg sie mit Spitzenpartnern wie Dieter Borsche und O.W. Fischer zum weiblichen Topstar und Idol des deutschen Films auf. Käutners „Die letzte Brücke" (Ö/YU, „Poslednji most") brachte ihr in Cannes die Auszeichnung als beste Schauspielerin. Robert Siodmak, Wolfgang Staudte, Luchino Visconti und Alexandre Astruce setzten sie in größeren Rollen ein. Ihre milieugeschädigte „Gervaise" (1955, René Clément) war eine seinerzeit viel gelobte schauspielerische Tour de force.

Der Film wurde 1957 für den „Academy Award" nominiert. Hollywood entdeckte Maria Schell, nach der Verpflichtung durch Metro-Goldwyn-Mayer stellte sie das Time-Magazine auf fünf Seiten den Amerikanern vor. MGM bereitete eine aufwendige Verfilmung der „Brüder Karamasow" nach dem Roman Dostojewskis vor, in der Marilyn Monroe die Rolle der „Gruschenka" spielen sollte. Als diese wegen persönlicher Probleme kurzfristig absagen mußte, sprang Maria Schell ein. Der Produzent Pandro S. Berman und sein Regisseur Richard Brooks waren sich nicht sicher, ob sie auch spielen konnte. Eine hastig arrangierte Vorführung von „Gervaise" und eine Lesung überzeugte beide, daß die Befürchtungen unbegründet waren. Brooks inszenierte das Melodram fast ausschließlich in nächtlicher Szenerie, er erfand dafür die sich kreuzende Beleuchtung in der Farbe und machte den Streifen damit zu einem der außergewöhnlichsten Farbfilme der Filmgeschichte.

Maria beeindruckte danach in mehreren amerikanischen Film- und Fernsehproduktionen. Das aparte Zusammenspiel zwischen ihr und Gary Cooper bildete den Mittelpunkt der dramaturgisch ausladenden Leinwandversion „The Hanging Tree" des gleichnamigen Kurzromans der Westernschriftstellerin Dorothy

F: The Brothers Karamazov, 1957; The Hanging Tree, 1958; Cimarron, 1960;

TVM: Who Has Seen the Wind?, 1964; Christmas Lilies in the Field, 1979; Inside the Third Reich (in der BRD gedreht), 1982; Samson and Delilah, 1984.

TV: Playhouse 90: Word from a Sealed-Off Box, 1958; For Whom the Bell Tolls, 1959; Ninotschka (Special), 1959; Assignment: Vienna: So Long, Charlie (in Wien gedreht), 1973; Kojak: The Pride and Princess, 1976. The Martian Chronicles (Miniserie, US/GB, auf Malta gedreht), 1980.

M. Johnson. Reizvoll auch ihre dritte Hollywoodarbeit, Anthony Manns „Cimarron“ nach Edna Ferbers literarischer Vorlage, ein opulentes und buntes Remake des bereits 1931 von Wesley Ruggles verfilmten Stoffes über den berühmten „Oklahoma Land Rush“. In John Frankenheimers TV-Zweiteiler „For Whom the Bell Tolls“ nach Hemingway wiederholte sie die von Ingrid Bergmann verkörperte Rolle der „Maria“ aus dem Paramountstreifen von 1943. Die Medien sagten ihr eine große Hollywood-Karriere voraus, das offizielle Mitteilungsblatt der US-Filmindustrie „Film-Daily“ wählte sie 1958 als eine der fünf besten Schauspielerinnen des Jahres. Für Käutners „Schinderhannes“ (1958) gewährte ihr MGM Urlaub. Als Hollywood kaum mehr interessante Aufgaben bot, kehrte sie in Filmen wie „Das Riesenrad“ (1961) und „Ich bin auch eine Frau“ (1962) zu ihren bundesdeutschen Anfängen zurück.

Maria Schell und Gary Cooper während einer Drehpause zu „The Hanging Tree“ von Delner Daves

Neben der Filmarbeit setzte sie ihre Theaterkarriere in Frankreich, der Schweiz, Österreich (Salzburger Festspiele) und der BRD fort. 1976 feierte sie auf der Bühne des Ethel Barrymore Theatres am Broadway in Pavel Kohuts „Armer Mörder“ Triumphe, Regie führte der emigrierte Wiener Herbert Berghof. Sie spielte in Filmen von Jesus Franco Manera, Philippe de Broca, Ronald Neame, Claude Chabrol und Stuart Rosenberg, als Gaststar in Richard Donners „Superman“ (GB, 1978) bestätigte sie ihren internationalen Marktwert. Seit Anfang der 70er Jahre nahm sie immer häufiger Angebote deutscher und amerikanischer TV-Produktionen an. Sie trat mit Telly Savalas in einer Kojak-Episode in New York auf, 1979 wirkte sie in dem TV-Pilotfilm „Christmas Lilies of the Field“ mit, womit eine Option auf einen sechs- oder dreijährigen Kontrakt für eine NBC-Serie verbunden war. Maria Schell entschloß sich, drei Jahre zu akzeptieren, NBC wollte mindestens fünf, schließlich gab es eine Einigung dazwischen. Der Pilotfilm entstand in Salt Lake City, Utah und wurde ein Erfolg, zur Serie kam es indessen nicht.

Maria Schell als „Grushenka“ und Yul Brynner in den MGM-Streifen „The Brothers Karamasov“

Die Actrice, in zweiter Ehe 16 Jahre mit dem österreichischen Kollegen und Regisseur Veit Relin verheiratet, brachte 1985 unter dem Titel „Die Kostbarkeit des Augenblicks“ ihre Gedanken und Erinnerungen heraus. Zuletzt rundete sie ihre Weltkarriere in französischen und bundesdeutschen Fernsehserien ab. Die meist in Bayern lebende Schweizerin aus Wien wird in Kürze am Wohnort ihrer Mutter in Kärnten ein weiteres Domizil beziehen.

Josef Schildkraut

Geb. 22. März 1895 Wien
Gest. 21. Jän. 1964 New York

F: Mississippi Gambler, Show Boat, 1929; Cock O the Walk, Night Ride, Die Sehnsucht jeder Frau (dt. MGM-Version von „A Lady to Love") 1930; Cleopatra, Sisters Under the Skin, Viva Villa!, 1934; The Crusades, 1935; The Garden of Allah, 1936; Lady Behave, Lancer Spy, The Life of Emile Zola, Slave Ship, Souls at Sea, 1937; The Baroness and the Butler, Marie Antoinette, Mr. Moto Takes a Vacation, Suez, 1938; Idiot's Delight, Lady of the Tropics, The Man in the Iron Mask, Pack Up Your Troubles, The Raines Came, The Three Musketeers, 1939; Meet the Wildcat, Phantom Raiders, Rangers of Fortune, The Shop Around the Corner, The Tell-Tale Heart (Kf), 1940; The Parson of Panamint, 1941; Flame of the Barbary Coast, The Cheaters, 1945; Monsieur Beaucaire, Plainsman and the Lady, 1946; Northwest Outpost, 1947; The Gallant Legion, Old Los Angeles, 1948; The Diary of Anne Frank, 1959; King of the Roaring Twenties – The Story of Arnold Rothstein, 1961; The Greatest Story Ever Told, 1965;

Josef Schildkraut, Sohn des international bekannten Mimen Rudolf Schildkraut, wurde in Deutschland und an der American Academy of Dramatic Arts ausgebildet, an der er zusammen mit William Powell und Edward G. Robinson graduierte. 1910 debütierte er am deutschsprachigen Irving Place Theatre in New York, 1912 bis 1916 war er in Berlin bei Max Reinhardt engagiert, danach bei Alfred Bernau an der Wiener Volksbühne. Dazwischen wirkte er in mehr als 20 deutschen und österreichischen Filmen mit.

1920 folgte er seinem Vater nach Amerika, wobei er nur ein Jahr von Wien wegbleiben wollte. Es wurden zwölf Jahre und als er zurückkam, war er berühmter als sein Vater. In akzentfreiem Englisch avancierte er 1921 am New Yorker Garrick Theatre bereits nach der ersten Aufführung von Franz Molnars „Liliom" neben Eva LaGalienne zum Star. Am Broadway glitzerte sein Name in großen Leuchtbuchstaben. Schildkraut spielte die Rolle 986 mal, anschließend anderthalb Jahre den „Peer Gynt", 1924 verkörperte er Benvenuto Cellini in „Firebrand".

Mit „Orphans of the Storm" begann 1922 bei David W. Griffith seine US-Filmkarriere. Der Film entstand in 18monatiger Arbeit in Mamaroneck, N. Y., letztmalig traten darin die beiden Schwestern, Lillian und Dorothy Gish, zusammen auf. Im Hollywood-Debütfilm „Road to Yesterday" 1923 führte Cecil B. DeMille Regie, der ihn in „Young April" und „King of Kings" zweimal gemeinsam mit seinem Vater verpflichtete. In den „silents" vorwiegend in Hauptrollen eingesetzt, tendierte er nach dem Aufkommen des Tonfilms zum Charakterfach. Vorgeprägt durch die Darstellung des Judas in „King of Kings" und des Generals Pascal in „Viva Villa!", war er für viele Jahre einer der noblen Schurken Hollywoods, zeitweilig auch der verbindliche romantische Typ.

Nach dem plötzlichen Tod seines Vaters wandte er sich nach New York, 1931/32 drehte er zwei Filme in England, „Carnival" und das Remake von „The Blue Danube" mit Brigitte Helm, beide auch in deutschsprachigen Versionen. Von London aus plante er die Heimkehr in das immer noch geliebte Wien, der auch in Österreich aufkommende braune Spuk veranlaßte ihn aber, sich endgültig in Amerika niederzulassen.

1937 erhielt er für die Rolle des zu Unrecht verurteilten und verbannten französischen Offiziers Alfred Dreyfus in der Warner Brothers-Biografie „The Life of Emile Zola" den „Academy

Award" als „Best Supporting Actor". Es gab später keine Rolle mehr für ihn, die ihm mehr Ruhm eingetragen hätte.1941 bis 1945 und von 1948 an ein weiteres Jahrzehnt widmete er sich ausschließlich dem Theater. Ab 1949 arbeitete er auch für das Fernsehen, er war Gastgeber und Star der Serie „Joseph Schildkraut Presents", dazu kamen 80 Auftritte in TV-Liveshows. 1955 bis 1958 stand er 1086 mal in der Frances Goodrich/ Albert Hackett-Adaptierung des „Tagebuchs der Anne Frank" auf der Bühne des Cort Theatres in New York. Mit der Rolle Otto Franks, des Vaters des jungen Mädchens, erreichte er den künstlerischen und menschlichen Höhepunkt seiner Laufbahn. Obwohl die anschließende Verfilmung der 20th Century Fox unter der Fehlbesetzung der Titelrolle mit der unerfahrenen Milli Perkins litt und auch kein Kassenhit wurde, konnte Schildkraut seinen Broadway-Erfolg wiederholen. 1963 gewann er für die TV-Performance in der Sam Benedict-Episode „Hear the Mellow Wedding Bells" eine „Emmy"-Nominierung. „Pepi" Schildkraut, dreimal verheiratet, starb während einer Probe zu dem Musical „Cafe Crown" an einer Herzattacke. Der Leichnam wurde nach Hollywood geflogen und die Asche in der Nähe der Grabstätte seiner Eltern auf dem Beth Olum Cemetery bestattet.

Ralph Morgan und Josef Schildkraut als Cpt. Alfred Dreyfus in den Warner Brothers-Streifen „The Life of Emile Zola"

Silent: Orphans of the Storm, 1922; The Song of Love (Dust of Desire), 1923; The Road to Yesterday, 1925; Meet the Prince, Shepwrecked, Young April, 1926; The King of Kings, The Heart Thief, His Dog, 1927; The Blue Danube, Tenth Avenue, 1928.

TV: Ford Theater Hour: Kind Lady, 1949; The Theater Hour: Uncle Harry; Masterpiece Playhouse: Six Characters in Search of an Author, 1950; Sure as Fate: One in a Million; Somerset Maugham Theater: Appearences and Reality; Cosmopolitan Theater: Be Just and Fear Not; Faith Baldwin Theater: Waiting For Love, 1951; Personal Appearence: The Professor, 1952; Schlitz Playhouse of Stars: Point of Horror; The Web: A Time for Dying; Omnibus: The Last Night of Don Juan; Hallmark of Fame: Hamlet, 1953; Philip Morris Playhouse: The Wager; Armstrong Circle Theater: The Hand of the Hunter, 1954; Joseph Schildkraut Presents: (Serie, Anthologie; host), 28. 10. 1953–21 .01. 1954; Lux Video Theater: So Dark the Night; Hallmark of Fame: The Hammer and the Sword; Cameo Theater: Man from the South, 1955; Twilight Zone: Death's Head Revisited, 1961; Dr. Kildare: The Stepping Stones; Twilight Zone: The Trade-In; Sam Benedict: Hear the Mellow Wedding Bells, 1962; The Untouchable: Jake Dance; 77 Sunset Strip: „5" (3 Folgen); Arrest and Trial: Whose Little Girl Are You?, 1963.

Rudolf Schildkraut

Schauspieler

Geb. 27. Apr. 1862 Konstantinopel
Gest. 15. Juli 1930 Hollywood

Rudolf Schildkraut, Sohn eines spaniolischen Hoteliers und im ungarischen Teil der Monarchie aufgewachsen, wurde in Wien von Friedrich Mitterwurzer unterrichtet. Seine Theaterlaufbahn begann in Ödenburg, lange Jahre spielte er an Provinz- und Wanderbühnen, bis sich am Raimundtheater in Wien sein Talent Bahn brach. Über Hamburg (1900–1905) kam er an das Dt. Theater Max Reinhardts in Berlin, dem er bis 1920 angehörte. Der schwere ungefüge Mann war ein tragischer Lear und der vielleicht beste Shylock auf deutschsprachigen Bühnen. Mehrmals wirkte er in deutschen und österreichischen Stummfilmen mit (Dämon und Mensch, Schlehmil, Der Fluch, Theodor Herzl u. a.).

1910 schon einmal kurzzeitig in den USA, zog es ihn 1920 endgültig in die Neue Welt, nachdem ihn Maurice Schwartz für 40 Wochen an sein Theater in New York verpflichtete. Seine große amerikanische Zeit waren die frühen Zwanziger Jahre, als er an den damals blühenden jiddischen Theatern in der Zweiten Avenue und am Broadway tätig war. 1925 gründete er ein eigenes Theater.

Paul Kohner brachte Carl Laemmle dazu, ihn nach Hollywood zu holen, wo er eine regelmäßige Tätigkeit als Haupt- und Nebendarsteller begann. Herausragendste Filme waren „Proud Heart" für die Universal (später „His People") sowie zwei Streifen, für die Cecil B. DeMille beide Schildkrauts engagierte, „King of Kings" und „Young April". In „Christina" mit Janet Gaynor spielte er erstmals auch in einem Tonfilm, es war zugleich seine letzte Arbeit in einem Studio. Während der eben begonnenen Dreharbeiten zur deutschen MGM-Version von „Anna Christie" ereilte ihn ein Kollaps. Er starb wenig später im Hause seines Sohnes, der unerwartete Tod des lebenslustigen Schauspielers schockierte die Filmmetropole. Dem Begräbnis, von DeMille ausgerichtet, wohnten viele Stars bei, darunter Greta Garbo. Ebenso das komplette Ensemble des Jewish Art Theatre, das damals in Los Angeles gastierte. Rudolf Schildkraut ruht auf dem Beth Olum Cemetery an der Gower Street.

1933 ließ Propagandaminister Josef Goebbels das im Vestibül des Berliner Max Reinhardt-Theaters hängende lebensgroße Porträt des Schauspielers öffentlich verbrennen.

F: Christina, 1929.

Silents: His People, 1925; Pals in Paradise, Young April, 1926; King of Kings, The Country Doctor, The Main Event, A Harp in Hock, Turkish Delight, 1927; A Ship Comes In, 1928.

Fred Schiller

Fred Schiller, Sohn eines Wiener Advokaten, kam 1921 für drei Monate zu einem Verwandtenbesuch nach New York. Amerika gefiel ihm, er blieb und setzte sein Journalismus-Studium an der Columbia-Universität fort. Als Reporter lieferte er viele Jahre „Human interest Stories" für die United Press, seine Berichte wurden in fast 20 Zeitungen und Magazinen veröffentlicht. Er war Chefkorrespondent für europäische Blätter, arbeitete am Rundfunk und erhielt eines Tages eine Einladung von MGM, nach Hollywood zu kommen.

Geb. 06. Jän. 1904 Wien

Seine Karriere begann jedoch bei RKO. Produzent Boris Morros benötigte einen guten Filmstoff für das Komikerduo Laurel-Hardy, das nach dreijähriger Trennung wieder zusammen arbeiten wollte. Der Wiener, damals noch „Alfred" Schiller, ließ sich die Chance nicht entgehen. Mit Ralph Spence (und zwei Co-Autoren für spezielle Gags) schrieb er 1939 das Drehbuch zu „The Flying Deuces" und faßte damit in der Branche Fuß. 1940 verkaufte er ein weiteres Buch an Harry (Henry) Sokal, das dieser in Frankreich erfolgreich verfilmte (Le grand élan, in USA: They Met on Skis). Der damals noch wenig bekannte Sam Spiegel bat ihn 1942 um eine Story für seinen geplanten Episodenfilm „Tales of Manhattan". Fred Schiller verfaßte die Sequenz „C" mit Edward G. Robinson und Elsa Lancaster, wurde aber im Vorspann nicht genannt. Bei der Columbia entstanden u. a. die Musicals „Something To Shout About" mit Don Ameche und Janet Blair sowie der May West-Film „The Heat's On". 1947 lieferte er dem inzwischen nach USA emigrierten Sokal die Idee zu „Winter Wonderland".

Für das Fernsehen schrieb Schiller 53 Shows für alle großen Networks, Pilotfilme, Specials und Episoden für Serien wie „Charlie Chan", „Desilu Playhouse", „Manhunt", „The Islanders", „The Millionaire" und „The Veil". 1955 erhielt er nach einer Abstimmung der Mitglieder des George Bernard Shaw Estate in London die Rechte, Shaws Theaterstück „The Inca of Perusalem" für eine NBC Television Show zu adaptieren. Er ist sehr stolz darauf, als einziger Amerikaner (und gebürtiger Österreicher) den „credit" mit Shaw zu teilen.

Seine Theaterstücke und Komödien, „Come On Up", von May West zum Bühnenerfolg geführt, „Anything Can Happen Tonight", „Demandez Vicky", „Finder Please Return" (in Wien: Finder bitte melden), „Via Angelica", „The Prize Catch", „The Love Trap" und zuletzt „A Welcome Seduction" bewiesen auch in London, Paris, Berlin und anderen europäischen Städten

F: The Flying Deuces (Buch mit Ralph Spence), 1939; Tales of Manhattan (Sequenz, o.c.), 1942; Something To Shout About (Story), The Heat's On (Buch mit Fitzroy Davis und George S. George), Pistol Packin Mama (Buch mit Edward Dein), 1943; Boston Blackie's Rendezvous (Story), 1945; Winter Wonderland (Idee), 1947.

*TV: Four Star Playhouse: The Book (Story), 1954; Cameo Theatre: The Inca of Perusalem (Adaption), 1955. The Millionaire: The Dan Larsen Story, 1957. **

** Fred Schillers Fernseharbeit kann im Einzelnen nicht komplett vorgestellt werden, da kaum Aufzeichnungen der Titel amerikanischer TV-Scripter existieren. Auch ein persönliches Gespräch mit dem Autor half hier nicht weiter.*

Zugkraft. Für die im McCall Magazine erschienene Novelle „Ten Men and a Prayer“ erhielt er den „New York Inter-Cultural Literary Prize“, die University of Wyoming ehrte ihn mit der Einrichtung einer speziellen „Fred Schiller Collection“.

In seinem Haus am South Wetherly Drive in Los Angeles künden Wände voller Fotos von früheren Freundschaften mit Frederick Loewe (dem er den Karrierebeginn in Hollywood ermöglichte), Irving Berlin, Cole Porter, Jerome Kern, Rudolf Friml, Walter Jurmann, Bronislaw Kaper und Franz Steininger. Plakate und anderes verweisen auf viele seiner Meilensteine. Mit seinem besten Freund Billy Wilder und Fred Zinnemann gehört Schiller zum letzten großen Dreigestirn der Goldenen Aera österreichischer Filmschaffender in Hollywood. Er ist weit davon entfernt, sich auf Lorbeeren auszuruhen. Bühnenlesungen, ein neues Theaterstück für London und Umarbeitungen von Stücken zu Filmdrehbüchern stehen an. Wenn es die schriftstellerische Tätigkeit erlaubt, widmet er sich dem liebsten Hobby, der Malerei, in der er es bereits zur Ausstellungsreife brachte. Fred Schiller, 1989 mit dem Silbernen Ehrenzeichen der Republik Österreich für seine Verdienste um Brücken der Freundschaft zwischen der alten und neuen Heimat ausgezeichnet, ist seit 1947 mit Betty Scott verheiratet, die früher im Modegeschäft tätig war und sich seit langem im sozialen Bereich engagiert.

Josef v. Sternberg und Fred Schiller

Arnold Schwarzenegger, Fred Schiller und seine Gattin Betty (1992)

Norbert Schiller

Geb. 24. Nov. 1899 Wien
Gest. 08. Jän. 1988 Santa Barbara

Norbert Schiller besuchte ein Jahr die Hochschule für Welthandel in Wien, wandte sich dann aber der Bühne zu. Sein Theaterweg führte über das Burgtheater nach Lübeck, an das Frankfurter Schauspielhaus, das Staats- und Renaissancetheater Berlin und nach München. Den braunen Machthabern entzog er sich, indem er 1933 einem Ruf als Spielleiter nach Bern folgte. Neben der Schauspielerei verfaßte er seine bekannten kleinen „Dramen“, geniale Miniaturen von bezauberndem Reiz, für literarische Zeitschriften, Radiosender und Kabaretts.

1938 ging Schiller nach Amerika. In Hollywood wirkte er bei Film und Fernsehen als vielbeschäftigter Nebendarsteller. In den Fünfzigern war er über ein Jahr lang Star der Drama-Serie „Hollywood Career“ von Betty Mears (R: Richard DeMille), die wöchentlich einmal über eine der sechs örtlichen TV-Stationen in Los Angeles zur Ausstrahlung kam. Norbert Schiller, der Santa Barbara als Wohnort bevorzugte, betätigte sich außerdem als Autor und Regisseur von Mysterienspielen, die in den großen Kirchen von Hollywood aufgeführt wurden (u. a. „Night Piece“, 1941, Congregational Church). Der Nachlaß des Wieners wird von der UCLA Theater Arts Library, Los Angeles, betreut.

Norbert Schiller als Reporter Dehlgreen neben Kirk Douglas in Henry Hathaways „The Racers“

F: Escape to Glory, 1940; Submarine Zone, Underground, 1941; The Exile, Sindbad the Sailor, Riff-Raff, The Emperor Waltz, Berlin Express, 1947; Sealed Verdict, 1948; Thieves Highway, 1949; My Favorite Spy, The Thing, 1951; Deep in My Heart, Magnificent Obsession, 1954; The Racers, 1955; The Girl in the Kremlin, Witness for the Prosecution, 1957; Frankenstein 1970, Outcasts of the City, The Young Lions, The Return of Dracula, 1958; Imitation of Life, 1959; Operation Eichmann, Judgement at Nuremberg, 1961; Hitler, 1962; Morituri, 36 Hours, 1965; Torn Curtain, 1966; In Enemy Country, 1968; Young Frankenstein, 1974; The Man in the Glass Booth, 1975; The World's Greatest Lover, 1977.

TVM: The Second Hundred Years, 1968; Wake Me When the War is Over, 1969; Nightmare, 1974; James A. Micheners Dynasty, 1976.

Norbert Schiller

Schauspieler – Autor

TV: Four Star Playhouse: Red Wine, 1955; The Millionaire: Millionaire Mark Fleming, 1959; One Step Beyond: The Peter Hurkos Story; 77 Sunset Strip: Spark of Freedom, 1960; Peter Gunn: Voodoo, 1961; 77 Sunset Strip: Escape to Freedom, 1963; Man from UNCLE: The Adriatic Express Affair, 1965; High Chaparal: Our Lady of Guadalupe, 1968; Six Million Dollar Man: Dr. Wells is Missing, 1974.

Rock Hudson, Barbara Rush und Norbert Schiller in „Magnificent Obsession"

Romy Schneider

Schauspielerin

Romy Schneider als Janet Lagerlot und Edward G. Robinson in dem Columbia-Film „Good Neighbor Sam" (1964)

Romy Schneider

Geb. 23. Sept. 1938 Wien
Gest. 29. Mai 1982 Paris

Romy Schneider (Rosemarie Magdalena Albach), Tochter des Schauspielerpaares Magda Schneider und Wolf Albach-Retty, begann mit 14 Jahren an der Seite ihrer Mutter in dem Berolina-Film „Wenn der weiße Flieder wieder blüht“ als regelrechtes „Wunderkind“. In „Mädchenjahre einer Königin“ spielte sie 1954 die junge Victoria von England und erzielte damit den ersten Publikumserfolg. Ernst Marischkas „Sissi“-Trilogie von 1955–1957, die romantisierende Geschichte der Kaiserin Elisabeth von Österreich, machte sie vollends bekannt und löste eine Welle der Vergötterung aus. Romy demonstrierte innerhalb von drei Jahren den beispiellosen Aufstieg einer jungen Künstlerin zum beliebten und weit über die deutschsprachigen Grenzen hinaus bekannten Filmstar.

Während einer kurzen Vergnügungsreise 1956 nach Hollywood umwarb sie neben MGM auch die Paramount, die sie unter Vertrag nehmen wollte. Romy fühlte sich indes noch nicht reif genug für ein solches Angebot. Walt Disney, der sie als das schönste Mädchen der Welt bezeichnete, wollte sie an der Seite Michael Rennies zur Heldin seines nächsten Films „Third Man on the Montain“ machen. Er lud sie zu Probeaufnahmen ein und vergab dann die Rolle an Janet Munro.
1961 trat Romy unter der Regie Luchino Viscontis am Théatre de Paris in der französischen Fassung von John Fords „This Pitty She's A Whore“ erstmals auf einer Bühne auf und gewann damit die ungeteilte Anerkennung bei Kritik und Publikum. Mit dem Politfilm „Le combat dans L'ile“, dem Erstling von Alain Cavalier, auf einer Theatertournee als Nina in Tschechows „Die Möve“, in Viscontis „Boccaccio 70“ und in Orson Welles Kafka-Verfilmung „Le procés“ fand sie als „neue Romy“ außerhalb deutschsprachiger Lande begeisterte Aufnahme. Französische Kritiker bezeichneten sie als Österreichs besten Export nach dem Walzer.
Die Amerikaner kannten Romy Schneider aus der einteiligen Paramountfassung der „Sissi“-Filme, „Forever my Love“ und anderen Streifen als nettes, junges Mädchen. Nun sahen sie die Wienerin in „Boccaccio 70“ als Vamp und fanden sie mehr sexy als Sophia Loren und Anita Ekberg. Im Februar 1963 reiste Romy auf Einladung amerikanischer Produzenten in die USA. Columbia bot ihr die Möglichkeit, in zwei Hollywoodproduktionen mitzuwirken, die in Europa (London und Wien) realisiert wurden. Carl Foremans Episodenfilm „The Victors“ nach dem zum Teil autobiographischen Buch von Alexander Baron und Otto Premingers Bestseller-Verfilmung „The Cardinal“ nach dem Roman von Henry Morton Robinson. Foreman bedauerte

F: The Victors (in London gedreht), The Cardinal (in Wien gedreht), 1963; Good Neighbor Sam, What's New Pussycat?, (US/F, in Paris gedreht), 1964; 10:30 P. M. Summer (US/Spa, in Spanien gedreht), 1966; Bloodline (US/D, in der BRD und Österreich gedreht), 1979.

nachträglich, Romy nicht mehr Aufmerksamkeit geschenkt zu haben, Preminger, wie Visconti berühmt und berüchtigt für die hohen qualitativen Ansprüche an seine Schauspieler, war mit ihr sehr zufrieden.
Der Weltruhm lag damit zum Greifen nahe. Columbia offerierte ihr einen Siebenjahresvertrag mit der Möglichkeit der Verlängerung, jeder Film hätte eine Millionengage bedeutet. Im Herbst 1963 bezog sie mit mehreren Angestellten eine Luxusvilla in Beverly Hills, dem feudalen Wohnviertel Hollywoods. Wunderbarerweise waren auch die gestrengen und meinungsmachenden Klatschkolumnistinnen Louella Parsons und Hedda Hopper über ihren Umzug entzückt. Der nächste Streifen „Good Neighbor Sam" (Leih mir deinen Mann), eine verrückte, mit Gags gefüllte Komödie, machte Romy zum „Star made in USA". Ihr liebenswürdiger Partner Jack Lemmon gab ihr zu Ehren einen Cocktailempfang, zu dem Otto Preminger, William Wyler, Charlton Heston und Edward G. Robinson erschienen. Nach Abschluß der Dreharbeiten kehrte Romy jedoch nach Europa zurück. „Good Neighbor Sam" war ein Flop geworden, wie anderen Stars zuvor, brachte ihr der Aufenthalt in Hollywood keinen Popularitätsgewinn.

In Paris entwickelte sie sich zur berühmtesten deutschsprachigen Schauspielerin nach dem Kriege und zu einem neuen Stern an Frankreichs Filmhimmel. 1969 begann die Zusammenarbeit mit dem Regisseur Claude Sautet, der sie u.a. mit „Les choses de la vie" und „César et Rosalie" neben Michel Piccoli zu neuen Höhepunkten ihrer Karriere führte. Unter Viscontis Regie wagte sie 1972 als Elisabeth in „Ludwig", das ihr anhaftende „Sissi"-Image zu zerstören. In der Folge bevorzugte sie Rollen selbständiger, moderner und emanzipierter Frauen. Für „L'important c'est d'aimer" von Andzrej Zulawski erhielt sie 1976 den „César", für die Darstellung des Mädchens Leni in der deutsch-französischen Co-Produktion „Gruppenbild mit Dame" nach Heinrich Böll, das deutsche Filmband in Gold. Die Presse feierte sie als Weltstar. Selbstkritisch meinte sie, von über 60 Filmen „keine zehn wirklich guten gemacht zu haben". Sie war mit dem Kollegen Harry Mayen und ihrem Sekretär Daniel Biasini verheiratet, während ihre Karriere kaum von Mißerfolgen beeinträchtigt wurde, hatte sie privat weniger Glück. 1981 entwickelte sich zu einem Jahr persönlicher Krisen und nicht verkraftbarer Schicksalsschläge, ihr früher Tod durch Herzversagen steht damit im Zusammenhang. Die Beisetzung erfolgte in Bois-sans-Avoir nahe Paris, wo sie sich nach dem Kauf eines kleinen Landhauses niederlassen wollte.

Sängerin – Schauspielerin Ernestine Schumann-Heink

Geb. 15. Juni 1861 Lieben bei Prag
Gest. 17. Nov. 1936 Hollywood

Ernestine (Tini) Rößler, Tochter eines k.u.k. Majors und der Konzertsängerin Carlotta Goldman, wurde in Graz im Opernfach ausgebildet und debütierte 1878 in Dresden. 1882 heiratete sie Ernst Heink, den Sekretär der Dresdner Hofoper, in zweiter Ehe 1894 Paul Schumann, den Leiter des Hamburger Thalia-Theaters (gest. 1904). Nach Engagements in Hamburg, Berlin und Bayreuth verpflichtete sie die Metropolitan Oper 1899 nach New York. In Amerika erreichte ihre Karriere den Höhepunkt. Gastspiele und Konzerte brachten ihr in den Zentren des internationalen Musiklebens großartige Triumphe, sie war zweifellos die bedeutendste Altistin der damaligen Zeit. Ab 1910 mußte sie zur Schonung der angegriffenen Stimme die Auftritte limitieren, 1932 trat sie von der Bühne ab.

Die letzten zehn Lebensjahre verbrachte sie in Kalifornien. In Hollywood fand sie Arbeit in Kurzfilmen, Jesse L. Lasky gab ihr 1927 in dem Stroheim-Stummfilm der Paramount „The Wedding March“ eine kleine Rolle. Als sie Edwin Carewe 1929 für drei Filme unter Vertrag nahm, sah sie ihre Ambitionen auf Filmarbeit erfüllt, finanzielle Schwierigkeiten des Produzenten verhinderten jedoch die Realisierung. Erst 1935 fand sie erneut bei Lasky (inzwischen zur FOX gewechselt) die Möglichkeit, sich filmisch zu betätigen. In der musikalischen Komödie „Here's to Romance“ spielte sie sich selbst, die New York Times widmete ihr ausgezeichnete Kritiken. Mehrere Studios bemühten sich nun, sie zu engagieren. MGM wollte sie neben May Robson in „Grand Old Girl“ herausstellen, die Diva starb jedoch kurz vor Drehbeginn.

Der Leichnam wurde von Hollywood nach San Diego, ihrem langjährigen Wohnsitz überführt und mit militärischen Ehren auf dem Greenwood Cemetery bestattet. Bei den Begräbnisfeierlichkeiten spielte die US-Marine Band, Angehörige der amerikanichen Legion, der Veteranenverbände und die Army sandten Abordnungen. Im Ersten Weltkrieg hatten ihre zwei jüngsten Söhne in den amerikanischen Streitkräften, die beiden anderen im deutsch-österreichischen Heer gedient. Ernestine Schumann-Heink, seit 1908 US-Bürgerin, bat Amerika, dem ihre Loyalität galt, dafür um Vergebung. Von San Diego aus besuchte sie alle US-Trainingscamps, nach dem Kriege stieg sie zur „Mother to War Vets“ auf. NBC verfilmte Ihr Leben im Rahmen der Fernsehserie „Hallmark of Fame“, die Episode kam 1955 unter dem Titel „Cradle Song“ zur Ausstrahlung.

F: Danny Boy (Kf), By the Waters of Minnetonka (Kf), Der Erlkönig (Kf), The Wedding March (Silent), 1927; Here's to Romance, 1935.

Arnold Schwarzenegger Schauspieler

Geb. 30. Juli 1947 Graz

Im Foto als „Terminator" im gleichnamigen Film

F: Hercules in New York (*), 1970; The Long Goodbye (*), 1973; Stay Hungry, 1976; Pumping Iron (Df), 1977; The Villain, 1979; Conan the Barbarian, 1982; Conan the Destroyer, The Terminator, 1984; Commando, Red Sonja, 1985; Raw Deal, 1986; Predator, The Running Man, 1987; Red Heat, Twins, 1988; Total Recall, Kindergarten Cop, 1990; Terminator 2Judgement Day, 1991; The Last Action Hero, 1993.

(*) Unter dem Namen Arnold Strong

TVM: The Jane Mansfield Story, 1980.

TV: Happy Anniversary and Goodbye, 1974; The Streets of San Fancisco: Dead Lift, 1977; NBC-Special: A Bachelor Party for Arnold Schwarzenegger (aus Hyannisport, vom Vorabend seiner Hochzeit mit Mary Shriver), 25.04.1986; Tales from the Crypt: The Switch (Regiedebüt), 1990; Christmas in Connecticut (Videofilm, Regie), 1992.

Arnold Schwarzenegger, Sohn eines ehemaligen Offiziers, gewann mit achtzehn Jahren seinen ersten Titel im Bodybuilding, 1967 wurde er in London zum „Mr. Universum" gekürt. Es war sein Ziel, zum größten und reichsten Bodybuilder der Welt aufzusteigen, in den USA zu leben und Filmstar zu werden. 1968 ging er in die Vereinigten Staaten, ein Jahr später begann er unter dem Namen Arnold Strong mit den Dreharbeiten zu seinem ersten Film „Hercules in New York". Die Gelegenheit dazu verschaffte ihm sein sportlicher Mentor Joe Weider, Herrscher des IFBB-Imperiums. Der Steirer machte sich keine Illusionen über die Qualität des neomystischen Streifens, für ihn erfüllte sich aber ein Kindheitstraum. Für Bob Rafelsons Film „Stay Hungry" bekam er im Studio Boris Morris' mehrere Monate Schauspielunterricht, sein „Best Acting Debut" brachte ihm 1976 den „Golden Globe" Award ein. Bis dahin holte er vier weitere „Mr. Universum"-Titel, den „Mr. World" und siebenmal die Krone des „Mr. Olympia". Als der Reiz der Meisterschaften versiegte, beackerte er das Feld des Bodybuildings auf dem Gebiet der Promotion und in Fernsehtalkshows, zudem stellten ihn Georg Butler und Robert Fiore in dem Dokumentarfilm „Pumping Iron" heraus.

„Stay Hungry" verdeutlichte, daß es ihm zuzutrauen war, auch andere Rollen als nur sich selbst zu spielen. In der satirischen Westernballade „The Villain" stand er bereits neben Kirk Douglas vor der Kamera. Von nun an bemühte er sich um eine neue Identifikation außerhalb bloßer Bodybuilding-Assoziationen. 1980 erkannte er das Potential des nächsten ihm angetragenen Stoffes „Conan the Barbarian". Das im „hyborischen" Zeitalter angesiedelte und in Spanien entstandene Spektakel kam im Februar 1982 nach einem enormen Werbeaufwand in die Kinos. Schwarzenegger machte in dem Film die Monotonie des Ausdrucks zum Zeichen eines neuen Körperbewußtseins, seine Filmkarriere erfuhr den lange vergeblich gesuchten Anstoß. Das Drehbuch zu Richard Fleischers „Conan the Destroyer" erlaubte ihm bereits eine größere Bandbreite an Emotionen, die Vielzahl seiner Dialoge offenbarte erstmals auch jene Seite seines Images, die im englischsprachigen Bereich mittlerweile zu seinem Markenzeichen gehört, den berühmten Schwarzenegger-Akzent. James Camerons fulminantes Actionwerk „The Terminator", eine Mahnung vor der Maschinenzukunft, wurde zum Welthit des Jahres 1984, die Rolle des "Cyborg" im ersten Film des NBF-Genres (New Bad Future) bedeutete für Arnold Schwarzenegger den Durchbruch zum Megastar.

„Raw Deal" baute seinen Ruf als Actionheld weiter aus, der erstaunliche Kassenerfolg des in Mexico gedrehten und auf den Vietnamkrieg anspielenden Horror-Abenteuers „Predator" bewies die nunmehrige Zugkraft seines Namens. Am Ende des Jahres 1987 hatte der Film bereits 31 Millionen Dollar eingespielt, die National Association of Theater Owners zeichnete ihn dafür mit dem Preis des „Star of the Year" aus. Bei den Dreharbeiten 1988 in Moskau zu „Red Heat" sah er sich von russischen Fans umlagert, der Part des „Ivan Danko" befreite ihn vom Stigma des Solohelden und zeigte Wege auf, sein Image in einem Buddy-Picture oder einem Ensemble-Film so auszunutzen, daß seine noch immer nicht ausgereiften darstellerischen Fähigkeiten nicht zu kraß hervorstachen. „Twins" mit Danny deVito brachte im Rahmen klassischer Hollywood-Konventionen die Emanzipation vom Genre des Körperhelden, für die Fachjournalisten wurde der SF-Thriller „Total Recall" der letzte Beweis für den neuen Status Arnold Schwarzeneggers.

Der bekannteste Auslandsösterreicher ist seit 1983 auch US-Staatsbürger und seit 1986 mit der CBS-Fernsehmoderatorin Mary Shriver aus der Familie der Kennedys verheiratet. „Terminator 2" war mit rund 90 Millionen Dollar Produktionskosten der teuerste Film aller Zeiten und mit einem prognostizierten Einspielergebnis von einer halben Milliarde das bisher profitabelste Unternehmen der Traumfabrik. Schwarzenegger bekam dafür eine Gage von 15 Millionen, danach galt er als zehntmächtigster Mann Hollywoods. Das Honorar seines letzten Streifens „The Last Action Hero" von 22,5 Millionen bedeutet aktuellen Weltrekord.

Filmplakat zu „Conan the Barbarian" (Conan der Barbar), 1982

James Belushi und Arnold Schwarzenegger in der Schlußszene von „Red Heat"

Irene Seidner

Schauspielerin

Geb. 10. Dez. 1880 Wien
Gest. 17. Nov. 1959 Los Angeles

Die Wienerin studierte am Neuen Konservatorium. Ihre Begabung in der Darstellung von Charaktertypen wurde von Fritz Grünbaum entdeckt. Nach einem Sensationserfolg an seinem Boulevard-Theater reihten sich Engagements an den Kammerspielen, der Komödie, am Neuen Wiener Schauspielhaus, Dt. Volkstheater und an Max Reinhardts „Josefstadt". Irene Seidners Fach waren ernste, aber auch komische Charaktere. Der „Anschluß" brachte auch für sie den Abbruch der heimischen Karriere und den Zwang zur Emigration.

Ab 1938 in den USA, konnte sie am Pasadena Playhouse Theatre spielen, wobei sie es ungewohnt fand, Rollen über den Weg einer Audition zu erhalten. Der amerikanische Film bot ihr ein eher bescheidenes Wirkungsfeld. Nach der Rolle eines Naziflüchtlings in Vincent Shermans Spionagedrama „All Trough the Night" wurde sie weitgehend auf diesen Typ festgelegt. Von ihren mehr als 30 Hollywood-Filmen können nur knapp 20 Titel belegt werden.

Bei einem Wien-Besuch 1951 nach 13jähriger Abwesenheit, vermißte sie die Leichtigkeit und „Gemütlichkeit", die die Stadt einst berühmt machte. Sie zog es vor, als US-Bürgerin weiterhin in den Vereinigten Staaten zu bleiben.

F: We Who are Young, 1940; Joan of Paris, 1941; Allthrough the Night, 1942; Background to Danger, The Purple V, Above Suspicion, The Strange Death of Adolf Hitler, 1943; The Seventh Cross, The Three Musketeers, Action in Arabia, The Great Sinner, 1948; Act of Violence, 1949; Daughter of Rosie O'Grady, 1950; People Will Talk, 1951; Vicki, 1953; Miracle in the Rain, 1956; The Garment Jungle, 1957; 10 North Frederick, Wink of an Eye, 1958.

TV: Personal Appearence Theatre, 1952.

(zur vorhergehenden Seite)
Der unermüdliche Österreich-Werber Arnold Schwarzenegger mit der rot-weiß-roten Flagge

Gustav von Seyffertitz

Gustav von Seyffertitz hatte bereits eine lange Bühnenerfahrung als Regisseur und Schauspieler in Wien und London, bevor er für einige Jahre an das deutschsprachige Irving Place Theatre nach New York ging. Er inszenierte „The Little Minister", „L'Aiglon" oder „Quality Street" und führte dabei Stars wie Maude Adams, John Drew und Ethel Barrymore zum Erfolg. In der Titelrolle von Wilton Lackayes „The Monster" löste er 1922 einen Ansturm auf das Theater aus.

Bei seinem Filmdebüt 1917 in dem Douglas Fairbanks-Streifen „Down to Earth" stand er bereits im sechsten Lebensjahrzehnt. Seine hagere aristokratische Erscheinung prädestinierte ihn, steife höhere Offiziere zu spielen. Mehr als zwanzig Jahre war er zudem einer der klassischen Erzschurken und Finsterlinge Hollywoods. Die Porträtierung seiner Typen brachte ihm enthusiastische Kritiken ein, vor allem in den Filmen neben John Barrymore, „Sherlock Holmes" und „Don Juan", in „Sparrows" mit Mary Pickford, als einer der frühen Partner Greta Garbos in „Mysterious Lady" und in Werken seines Wiener Freundes Josef von Sternberg.

Während des Ersten Weltkriegs, in der Zeit der größten Antipathie gegen alles Deutsche, änderte er kurzfristig den zu teutonisch klingenden Namen. Als G. Butler Clonebough realisierte er „Till I Come Back To You" (R: Cecil B. DeMille) und „The Secret Garden", bei dem er selbst Regie führte. In Liberty Bond Filmen warb er in der Rolle Uncle Sams, 1921 schuf er für die Vitagraph drei Filme: „Closed Doors", „Princess Jones" und „Peggy Puts It Over". Er setzte sich auch im Tonfilm durch und spielte beachtenswerte Parts mit Paul Muni in „Seven Faces" von Berthold Viertel, neben Marlene Dietrich in Sternbergs „Dishonored" und „Shanghai Express", in Luis Trenkers „Doomed Battalion" und erneut mit Greta Garbo in „Queen Christina". Insgesamt stand er über hundertmal vor der Kamera. Nach Herbert Wilcox „Nurse Edith Clavell" 1939 beendete er seine Karriere.

Geb. 4. Aug. 1863 Wien
Gest. 25. Dez. 1943 Woodland Hills/Californien

F: The CanarY Murder Case, His Glorious Night, Seven Faces, Come Across, Chasing Through Europe, 1929; Are You There, The Bat Whispers, Dangerous Paradise, The Case of sergeant Grischa, 1930; Ambassador Bill, Dishonored, Safe in Hell, 1931; Afraid to Talk, The Penguin Pool Murder, The Roadhouse Murder, Shanghai Express, Rasputin and the Empress, The Doomed Battalion, 1932; Queen Christina, Silver Cord, When Strangers Marry, 1933; Change of Heart, The Moonstone, Murder on the Blackboard, Mystery Liner, 1934; Little Men, Remember Last Night, She, Little Lord Fountlerov, 1935; Mad Holiday, Mr. Deeds Goes to Town, Murder on a Bridle Path, 1936; Cipher Bureau, In Old Chicago, King of Alcatraz, Marie Antoinette, Paradise For Three, Swiss Miss, 1938; Hotel Imperial, Never Say Die, Son of Frankenstein, Nurse Edith Clavell, 1939; The Mad Empress (auch: Juarez and Maximilian), 1940.

Silents: Down to Earth, The Devil Stone, Countess Charming, 1917;

Less Than Kiss, The Widow's Might, Till I Come Back To You, Rimrock Jones, The Whispering Chorus, 1918; The secret Garden (R), Vengeance of Durand, 1919; Old Wives for New, Madonnas and Men, Dead Men Tell No Tales, The Sporting Duchess, 1920; Amazing Lovers, Princess Jones (R), Closed Doors (R), Peggy Puts It Over (R), 1921; The Inner Man, Sherlock Holmes, When Knighthood was in Flower, The Face in the Fog, 1922; The Mark of Beast, Under the Red Robe, Unseeing Eyes, Yolanda, 1 923; The Bandolero, 1924; The Eagle, The Goose Woman, A Regular Fellow, Moriarity, 1925; The Danger Girl, Going Crooked, The Lone Wolf Returns, Don Juan, Private Izzy Murphy, Red Dice, Sparrows, The Bells, Diplomacy, The Unknown Treasures, 1926; Barbed Wire, Birds of Prey, The Dice Woman, The Magic Flame, The Price of Honor, The Student Prince in Old Heidelberg, The Wizard, My Best Girl, Rose of the Golden West, 1927; The Yellow Lily, The Gaucho, The Mysterious Lady, The Red Mark, Vamping Venus, The Docks of New York, Me Gangster, Little Shepherd of Kingdom Come, It's All Greek to Me, War in the Dark, Woman Disputed, The Case of Lena Smith, 1929.

Gustav von Seyffertitz und Marlene Dietrich in „Dishonored" (PAR)

Greta Garbo und Gustav von Seyffertitz in dem MGM-Stummfilm „The Mysterious Lady" (Der Krieg im Dunkeln)

Eugen Sharin

Geb. 21. Aug. 1904 Brod
Gest. 16. Feb. 1969 New York

Die Biographie Eugen Sharins, der aus einer deutschsprachigen Familie Slavoniens stammte, wird nur stichwortartig vorgestellt:

1924 Assistent Friedrich W. Murnaus bei der Regie des filmhistorischen UFA-Stummfilmdramas „Der letzte Mann". 1930 von Berlin aus Leitung der Public Relation-Arbeit von MGM in Jugoslawien, Ungarn und später ganz Zentraleuropas. 1935 in New York Organisation des Auslands-Verleihs der 20th Century Fox. Bis 1938 Leiter des New Yorker Büros von Trans-Atlantik Films, danach der PR-Abteilung von RKO Radio Pictures in Paris.

In den 40er Jahren in Hollywood Mitarbeit an Drehbüchern und Technical Adviser bei RKO und Fox. 1944 drehte er Filme für das OWI. 1946 bis 1948 in Wien als Films Officer im HQ. ISB der USFA (United States Army Forces in Austria). Anschließend Präsident der Ambassador Film New York, Produktion musikalischer Kurzfilme mit den Wiener Philharmonikern für die Television. 1952 Vizepräsident der Trans-Atlantik Production, 1957 Herstellung von Reisefilmen in Ultra-Scope.

F: Journey Into Fear (TA), Hitler's Children (TA), Once upon a Honeymoon (TA), 1942; Lifeboat (TA), 1944; Egmont (*), Emperor Waltz (*), Orpheus in Hades (*), Tales from the Vienna Woods (*), Merry Christmas (*), 1948; Unfinished Symphony (*), Vienna Blood (*), Tschaikovsky's Fourth Symphony (*), 1950; Arabesques (Kf), Visit to Madrid (Kf), Fiesta in Sevilla (Kf), Bullfight Today! (Kf), 1957
(*) Ö/US, Kf, P

(zur nachfolgenden Seite)
Rudolf Sieber mit Josef von Sternberg während den Dreharbeiten „The Devil is a Woman", 1935

Rudolf Sieber

Regieassistent

Geb. 20. Feb. 1897 Aussig
Gest. 24. Juni 1976 Sylmar/ Kalifornien

Rudolph Emilian Sieber, aus dem böhmischen Aussig stammend, war in Berlin Regieassistent bei Joe May, als er 1922 die Schauspielschülerin Marlene Dietrich für eine kleine, aber effektvolle Rolle in dem vieraktigen Stummfilm „Tragödie einer Liebe" auswählte. Die beiden heirateten im Mai 1923 in Berlin-Friedenau, 1924 kam die gemeinsame Tochter Maria zur Welt (Maria Riva).

Nachdem seine Gattin in Josef von Sternbergs UFA-Film „Der blaue Engel" zum Star geworden war, ging sie 1930 nach Amerika. Rudolph Sieber blieb in Europa zurück, in den dreißiger Jahren arbeitete er in den Paramount-Studios in Joinville in der Nähe von Paris.

Sein Auftreten und Wirken in Hollywood war sporadisch, bedingt durch Besuche bei seiner meist von ihm getrennt lebenden Familie. 1931 wirkte er am Drehbuch von Frank Borzages „Bad Girl" mit, 1935 assistierte er Sternberg bei den Arbeiten zu „The Devil is a Woman", dem siebten und letzten Film, den der Regisseur mit der von ihm zu Starruhm geführten Marlene Dietrich drehte.

Wenige Tage vor Kriegsausbruch 1939 ging Sieber von Frankreich aus nach New York. Er war in der Ostküsten-Niederlassung der Paramount tätig und ließ sich Anfang der Fünfziger Jahre als Farmer im San Fernando Valley in Kalifornien nieder, wo er bis zu seinem Tode lebte.

F: Bad Girl (Db mit Edwin Burke u. David Howard), 1932; The Devil is a Woman (RA), 1935.

Rudolf Sieber mit seiner Frau Marlene Dietrich an Bord der „Berengaria" auf dem Weg nach New York

Lilia Skala, in Wien geboren (*), wollte immer Schauspielerin werden, nahm jedoch den Eltern zuliebe ein Studium auf, ohne das eigentliche Ziel aus den Augen zu verlieren. Nach dem Erwerb des Ingenieurdiploms an der Universität Dresden war sie das erste weibliche Mitglied der österreichischen Ingenieur- und Architektenkammer. Über eine Audition bei Max Reinhardt kam sie zur Bühne, zum Film (Mädchenpensionat, 1936) und nach dem „Anschluß" 1938 mit ihrem Gatten und zwei Söhnen auf dem üblichen Umweg über Belgien in die USA.

Sprachschwierigkeiten verzögerten den New Yorker Theaterstart, nach kleinen Tätigkeiten beim Day Time Radio und Children's World Theatre begann sie 1941 im Cort in „Letters of Lucerne". In einer bis in die Achtzigerjahre anhaltenden Bühnenkarriere spielte sie u. a. in „Diary of Anne Frank" (1958), neben Francoise Rosay in „Once There Was a Russian" (1961) und unter der Regie des aus Wien angereisten Burgtheaterdirektors Adolf Rott die Mrs. Peachum in der „Dreigroschen Oper".

20th Century FOX holte sie 1953 nach Hollywood. In der Rolle der Grand Duchess wiederholte sie in dem Irving Berlin-Musical „Call Me Madam" zusammen mit Ethel Merman ihren Broadway-Erfolg von 1950. Die warmherzige und sympatische Darstellung einer Nonne in „Lillies of the Field" mit Sydney Poitier brachte ihr 1963 eine Academy Award-Nominierung für die beste Nebenrolle ein. Um den Part in Ralph Nelsons preisgekrönter (Oscar) low budget-Produktion übernehmen zu können, gab sie eine mehrmonatige Theatertournee auf. 1965 wirkte sie mit Maria Schell in dem von den Vereinten Nationen produzierten TV-Special „Who Has Seen the Wind" mit. Besonders beim Fernsehen fand sie reichlich Beschäftigung. Wenn aber Rollenangebote ausblieben, arbeitete „Lilia" gelegentlich auch in der Theaterkasse des New York City Centers, um Phasen der Untätigkeit zu vermeiden.

(*) Lilia Skala hat es vorgezogen, ihr Geburtsdatum nie bekannt zu geben. Dies wird hier ebenfalls berücksichtigt.

(*) Die Schauspielerin hat außerdem in den Fernsehserien „I Remember Mama" (unter der Regie Ralph Nelsons, der sie später für „Lillies of the Field" verpflichtete) und „The Goldbergs" mitgewirkt. Außerdem bei Philco Playhouse, All Star Revue, Climax, Alcoa Theatre, Goodyear, Playhouse 90, General Electric und Studio One, ohne daß hier die Titel der einzelnen Episoden genannt werden könnten.

F: Call Me Madam, 1953; Lillies of the Field, 1963; Ship of Fools, 1965; Caprice, 1967; Charly, 1968; Deadly Hero, 1976; Roseland, 1977; Heartland, 1980; The End of August, 1982; Flashdance, Testament, 1983; House of Games, 1987; Men of Respect, 1991.

TVM: Who Has Seen the Wind?, 1965; Ironside, 1967; The Sunshine Patriot, 1968; Sooner or Later, 1979.

TV: Claudia, the Story of Marriage, (Dramaserie), 01.–06. 1952, Summer Studio: The Paris Feeling, 1953; Kraft Theatre: A Cup of Kindness,1953; The Light Is Cold, Papa Was a Sport, Camille, 1954; Justice: The Fugitive, 1954; Kraft Theatre: The King's Bounty, Once a Genius, 1955; Front Row Center: Finlay's Fan Club; Omnibus: With Liberty and Justice for All, One Nation; Robert Montgomery Presents: Honored Guest, 1956; Phil Silvers Show: A.W.O.L.; Lux Video Theatre: The Last Act, 1957; Moment of Fear: The Accomplice, 1960; U.S. Steel Hour: The Love of Claire Ambler; Naked City: Economy of Death, 1961; And If Any Are Frozen, 1962; Defenders: The Trial of Twenty-Two, 1963 Suspense: Christopher Bell, Kraft Suspense Theatre: Their Own Executioner, 1964; Alfred Hitchcock Theatre: One of the Family, 1965; 12 O' Clock High: Duel at Mont Sainte Marie, 1966; I Spy: Get Thee to a Nunnery; Ironside: Split Second to an Epitaph (Pilotfilm), 1967, Forefront, 1968; Name of the Game: The White Birch, 1968; Green Acres: Episode vom 04. 10. 1969 (Titel nicht bekannt); McCloud: Fifth Man in a String; Search: Probe (Pilotfilm), 1972; Fay: Episode vom 18. 09. 1975 (Titel nicht bekannt); ABC Theatre: Eleanor and Franklin, 1976; Trapper John: South Side Story, 1983; As the World Turns (Serie, 3 Wochen), 1985 (*).

Lilia Skala als Mother Maria und Sydney Portier in „Lillies of the Field“

Lilia Skala, Vivian Leigh und der Ungar Charles Korvin in Stanley Kramers „Ship of Fools“ (COL)

Regieassistent (Maximilian Schulz) Maximilian Slater

Geb. 19. Dez. 1912 Wien
Gest. 03. Nov. 1975 Los Angeles

Maximilian Schulz (in USA Slater) besuchte das Wiener Reinhardt-Seminar, an dem Kitty Mattern seine Mitschülerin und Otto Preminger sein Lehrer waren. Er begann als Regieassistent am Theater an der Josefstadt (bis 1934 unter Preminger), der „Anschluß" Österreichs 1938 zerstörte seine Karriere und zwang ihn zur Emigration.

Das angestrebte Fluchtziel Vereinigte Staaten erreichte er erst nach Jahren, auf Umwegen über die Schweiz (1938 Mitarbeit an „Füsilier Wipf", RA o.c.), Frankreich (Internierungslager Marolle, zusammen mit den Brüdern Otto und Egon Eis) und Marokko, wo er sich nach der Landung der Alliierten 1942 als Entertainer in amerikanischen Clubs durchbrachte.

1946 gelang ihm der Sprung über den Atlantik, nach der vorangegangenen totalen Entwurzelung blieb die weitere künstlerische Betätigung jedoch nur Stückwerk. 1947 trat er bei der Emigrantentruppe „Players of Abroad" auf, Erwin Piscator beschäftigte ihn an seinem Dramatic Workshop, Anfang der 50er Jahre brachte er am Broadway die englischsprachige Premiere von Fritz Hochwälders Drama „Das Heilige Experiment" heraus. In den nächsten Jahren arbeitete er als Regieassistent Otto Premingers, erstmals 1951 bei dessen Bühnen-Inszenierung „The Moon is Blue" im Henry Miller's Theatre in New York, bei der Verfilmung des Stückes und einigen der großen Hollywood-Produktionen wie „Carmen Jones", und „The Man with the Golden Arm". Zuletzt bei der Verfilmung des Leon Uris-Bestsellers „Exodus" in Israel, an dem auch seine Gattin Margo im Bereich Garderobendesign mitwirkte.

Die Zusammenarbeit mit dem als schwierig bekannten Starregisseur verlief nicht problemlos. Max Slater suchte und fand den Ausstieg. Er übernahm Fernsehrollen, 1962 spielte er in Alfred Faraus „Schatten sind des Lebens Güter" an der Brandeis University in Boston, danach beendete der Wiener seine Laufbahn zugunsten einer weniger aufreibenden bürgerlichen Existenz. 1973 ist er als Empfangschef des großen und bekannten Ambassador Hotels in Los Angeles nachweisbar.

F: The Moon is Blue (US/D, DR, Casting), 1953; Carmen Jones (RA), 1954; The Man with the Golden Arm (RA), 1955; Saint Joan (RA), 1957; Bonjour Tristesse (RA), 1958; Anatomy of a Murder (RA), 1959; Exodus (RA), 1960.

TV (Da): Have Gun-Will Travel: Tiger, 1959; Armstrong Circle Theatre: The Spy Next Door, 1961.

Walter Slezak

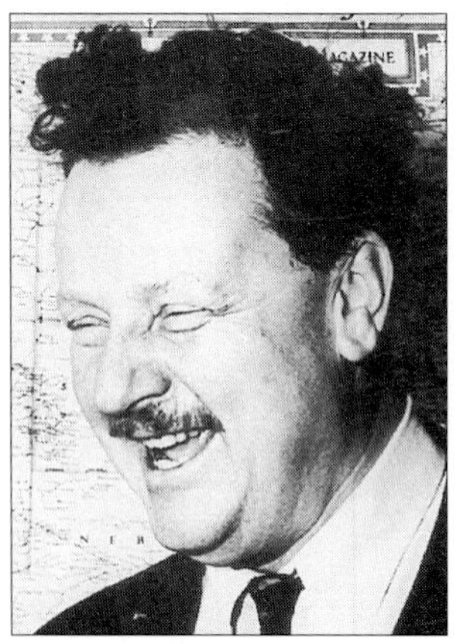

Geb. 03. Mai 1902 Wien
Gest. 22. Apr. 1982 Flower Hill, New York

Walter Slezak, Sohn des k.k. Kammersängers und später beliebten Filmkomikers Leo Slezak lebte stets im Umkreis künstlerischer Persönlichkeiten, Schauspieler, Sänger, Regisseure und Produzenten. Er studierte mißmutig Medizin, war kurzzeitig Bankangestellter und wurde in der Wiener Sacher-Bar per Zufall von Michael Kertecz (später Curtiz) für das zweiteilige Monumentalspektakel der Sascha-Film „Sodom und Gomorrha" (1922) engagiert. Wilhelm Dieterle holte ihn 1923 für „Madonna" nach Berlin, Carl Theodor Dreyer setzte ihn 1924 in der Titelrolle des UFA-Stummfilms „Michael" als Partner Nora Gregors ein. Für die letzten Filme in Deutschland, „Eine Frau, die weiß was sie will" mit Fritzi Massary und Friedrich Zelniks „Spione im Savoy-Hotel" kehrte er 1932 aus den USA zurück.

Im Sommer 1930 hatte ihn J. J. Shubert an sein Theater in New York verpflichtet. Slezak kannte die Stadt schon aus der Zeit, als der Vater der Metropolitan Opera angehörte. Amerika wurde ihm zum Schicksal, er errang dort seine größten Erfolge als Schauspieler, Maler, Musiker und Schriftsteller. Ein Jahrzehnt konnte er am Broadway reüssieren, in „Meet My Sister" und anderen „long runners", „Music on the Air", „Pursuit Happiness", „A Doll's House" mit Ruth Gordon, „May Wine" und „I Married an Angel" mit Vera Zorina.

F: Once Upon a Honeymoon, 1942; The Fallen Sparrow, This Land is Mine, 1943; Lifeboat, The Princess and the Pirate, Step Lively, Till We Meet Again, And Now Tomorrow, 1944; Cornered, Salome – Where She Danced, The Spanish Man, 1945; Born to Kill, Riff-Raff, Sindbad the Sailor, 1947; The Pirate, 1948; The Inspector General, 1949; Abbott and Costello in the Foreign Legion, Spy Hunt, The Yellow Cab Man, 1950; Bedtime for Bonzo, People Will Talk, 1951; Call Me Madam, Confidential Conny, White Witch Doctor, 1953; The Steel Cage, 1954; Ten Thousand Bedrooms, 1957; The Miracle, 1959; Come September, 1961; The Wonderful World of the Brothers Grimm, 1962; Emil and the Detectives, 1964; A Very Special Favor, 1965; The Caper of the Golden Bull, 1967; Dr. Coppelius (US/Span), 1968; The Mysterious House of Mr. C.,1976.

Eine Agentur bot ihm 1941 eine Rolle in dem RKO-Streifen „Once Upon a Honeymoon", neben den Stars Ginger Rogers und Cary Grant. Dahinter stand der Regisseur Leo McCarey, der ihm Jahre zuvor in New York eine entsprechende Zusage gab. Slezak blieb in Kalifornien, um in „Fallen Sparrow" und Jean Renoirs „This Land is Mine" zu spielen, sein Wiener Akzent stand einer jahrelangen Hollywood-Karriere nicht im Wege. 1944 erzielte er als deutscher U-Bootkommandant in Alfred Hitchcocks sensitivem Überlebensthriller „Lifeboat" einen seiner größten Filmerfolge. Während der Dreharbeiten mußte er allerdings erleben, daß ihn die Hauptdarstellerin Tallulah Bankhead als „goodamned Nazi" beschimpfte. Dafür wurde Leo Slezak in Deutschland wegen der Mitwirkung seines Sohnes in den beiden letztgenannten Filmen mit einer Strafe von 100.000 Reichsmark belegt, die Hitler persönlich diktierte, nachdem er die Filme sah (*).

Auf Dauer empfand Slezak Los Angeles kulturell als Wüste, Hollywood als langweilige Fabrikstadt. Nach zwölfjährigem Aufenthalt orientierte er sich, wenn auch etwas wehmütig, nach New York zurück. Er spielte wieder Theater, trat in über 60

Fernsehfilmen und -shows, 200 Radiodramen und zwischendurch in Las Vegas auch als Sänger und Showmaster auf. Für seine Darstellung in dem Broadway-Musical „Fanny", nach den Marcel Pagnol-Storys, erhielt er 1955 den „Antoinette Perry (Tony) Award" und den „New York Critics Award". Slezak lebte zeitweilig in der Schweiz, 1959 erfüllte er einen Lieblingswunsch seines Vaters, als er an der Metropolitan Opera den Szupan in „Gypsy Baron", in der Oper von San Francisco 1973 den „Frosch" in der „Fledermaus" und 1975 in Philadelphia in „Perichole" sang („I'm the only actor doing opera without a voice"). Von 1965 bis 1972 wirkte er in einigen deutschsprachigen und englischen Filmen mit.

Trotz der Berühmtheit in Amerika betrachtete er Europa und vor allem Wien noch immer als seine eigentliche Heimat. Er war seit 1934 mit der Sängerin Johanna van Rijn verheiratet, Tochter Erika war als Schauspielerin durch ihre Mitwirkung in der langjährigen ABC-Fernsehserie „One Life to Live" bekannt geworden, Sohn Leo arbeitete als Regieassistent (auch an einem Wiener Theater). Walter Slezak, der 1962 unter dem Titel „Wann geht der nächste Schwan?" seine Memoiren veröffentlichte, starb 1980 in seinem Haus in Flower Hill im Bundesstaat New York durch Freitod. Die Urne wurde im Grab des Vaters im oberbayrischen Rottach-Egern am Tegernsee beigesetzt.

TV: Suspense: The Mallet, 1950; Suspense: The Three of Silence, De Mortus, The Greatest Crime, Dr. Anonymus, 1951; Studio One: Collector's Item, The Innocence of Pastor Muller, 1951; Danger: Footfalls, The Undefeated, Mad Man of Midville, The Knave of Diamonds; 1951; Danger: The Hanging Judge, King of the Cons, 1952; Studio One: The Vintage Years; Schlitz Playhouse: The White Cream Pitcher, 1952; Omnibus: Arms and the Man, Toine, 1953; U.S. Steel Hour: Papa Is All, 1954; Hallmark of Fame: The Good Fairy; Robert Montgomery Presents: Honored Guest; 20th Century-Fox Hour: The Last Patriarch; Studio One: Portrait of a Citizen, 1956; Goodyear Playhouse: The Best Wine, Pinnocchio (Special), 1957; Playhouse 90: The Gentleman from Seventh Avenue; Telephone Time: Recipe for Success; U.S. Steel Hour: Beaver Patrol, The Public Prosecutor, 1958; Alcoa Theatre: The Slightly Fallen Angel; Ford Startime: My Three Angels; Loretta Young Show: Alien Love; Hallmark of Fame: The Borrowed Christmas, 1959; Dow Hour of Great Mysteries: The Woman in White; Chevy Mystery Show: (Serie, W.S. als „host"), 29. 05. – 04. 09. 1960; Chevy Mystery Show: The Inspector Vanishes; Slezak and Son (Pilotfilm, mit Sohn Leo), 1960; Way Out: 20/20; Outlaws: Masterpiece, 1961; Cain's Hundred: The Cost of Living, 1962; Rawhide: Incident of the Black Ace; 77 Sunset Strip: „5", Reunion at Balboa; Hallmark of Fame: A Cry of Angels, 1963; Dr. Kildare: Never in a Long Day, 1964; The Man Who Bought Paradise (Special), 1965; Batman: The Clock King's Crimes, The Clock King Get's Crowned, 1966; I Spy: Let's Kill Karlovassi, 1967; The Legend of Robin Hood (Special), Heidi (TVM), 1968; Assignment-Vienna: A Deadly Shade od Green, 1973.

Walter Slezak wirkte noch in den folgenden TV-Shows mit: This Is Show Business, 1956; Mr. Big, 1956/57; High Low, Person to Person, The Big Record, 1957; The Patrice Munsel Show, Art Linkletter's House, 1958; The Big Party, 1959; Here's Hollywood, 1961/62; The Jack Paar Program, Play Your Hunch, 1962; The Merv Griffin Show, Stump the Stars, 1963; Made in America, 1964.

(*) „Variety" vom 05. Juni 1946.

Douglas Fairbanks, Jr. (Sindbad), Walter Slezak als der Schurke Melik und Anthony Quinn (Emir) in dem Abenteuerfilm „Sindbad the Sailor“ (RKO)

Walter Slezak als Major Erich von Keller und Thurston Hall in dem RKO-Streifen „This Land is Mine“ von Jean Renoir

Produzent

Harry R. Sokal

Geb. 20. Feb. 1898 Craiova
Gest. 07. März 1979 München

Harry R. Sokal (auch Henry) kam über das Bankwesen zur Filmproduktion. 1925 bat ihn ein Produzent um einen Kredit für die Fertigstellung eines zu zwei Dritteln abgedrehten Films. Er stieg gegen eine 50-Prozent-Beteiligung an den Einnahmen privat ein. Der Streifen wurde ein Mißerfolg, aber Sokal blieb im Geschäft und gründete in Berlin eine eigene Filmgesellschaft.

Nach zwei Filmen, die er im Auftrag der UFA herstellte, gelang ihm 1926 mit der Neufassung der legendenhaft-skurillen Bildphantasie „Der Student von Prag" mit Conrad Veidt und Werner Krauß in den Hauptrollen der eigene Durchbruch. Aus der Zusammenarbeit mit Dr. Arnold Fanck entstanden mehrere heute noch modellhaft-vorbildliche Bergfilme, die Kunst- und Naturerlebnis mit Elementen der Spannung verbanden. „Die weiße Hölle vom Piz Palü" (1929), „Stürme über dem Montblanc" (1930), „Der weiße Rausch" (1931) und „Das blaue Licht" (1932), mit denen Leni Riefenstahl zum Star aufstieg. Die Jahre des Dritten Reiches verbrachte Sokal im Ausland. 1936 produzierte er in England „Dusty Ermine", 1939 brachte ihn Fritz Rotter in Los Angeles mit dem aus Wien stammenden Autor Fred Schiller zusammen, von dem er das Drehbuch für den Film „Le Grand élan" kaufte. Das Melodram, in den Vogesischen Alpen gedreht, geriet nach wochenlangen Laufzeiten in den Kinos von Paris, New York (USA: They Met the Skis) und Südamerika zu einem seiner größten finanziellen Erfolge. Die Hollywood-Arbeit umfaßt zwei Filmwerke. „The Face of Marble" der Monogram, nach einer Story Wilhelm Thieles und „Winter Wonderland" der Republic, zu dem erneut Fred Schiller die Idee geliefert hatte.

1949 ließ sich Sokal in München nieder. Er veranlaßte 1950 das Filmdebüt Liselotte Pulvers in der Wiederverfilmung der „Weißen Hölle vom Piz Palü", sein bekanntester Nachkriegserfolg wurde 1958 der Bavaria-Streifen „Helden" nach G. B. Shaw mit O. W. Fischer, für den er den deutschen Bundesfilmpreis erhielt. Harry R. Sokal, einer der letzten großen Filmproduzenten in Deutschland, war mit der Schauspielerin Charlotte Kerr verheiratet.

F: The Face of Marble, 1946; Winter Wonderland, 1947.

Sam Spiegel

Produzent

Geb. 11. Nov. 1903 Jaroslau (Galizien)
Gest. 31. Dez. 1985 St. Martin (Karibik)

Unter den internationalen Filmproduzenten seiner Zeit nahm Sam Spiegel eine besondere Stellung ein. Sein Wirken stand völlig im Zeichen echten Kunstanspruchs und weltweiter Erfolge, die er vornehmlich mit außergewöhnlichen Themen errang. Er war ein Titan, beseelt von dem Wunsch, höchste ästhetische Ansprüche zu erfüllen. Die Wahl seiner Sujets und die Verfilmung erfolgsträchtiger Literatur galt letztlich auch der Verwirklichung dessen, was Hollywood immer zu sein bemüht war, eine Traumfabrik.

Nach dem Studium an der Wiener Akademie reiste Spiegel nach Amerika, um an der Universität von Kalifornien Vorlesungen zu halten. Der damalige MGM-Produzent Paul Bern engagierte ihn als Lektor ausländischer Filmstoffe, die Welt des Films wurde Sam Spiegel damit zur Leidenschaft. Zurück in Europa, arbeitete er für Carl Laemmles Universal, die ihn 1929 zum Leiter ihres europäischen Hauptquartiers in Berlin berief. Einer der damals von ihm in die Kinos gebrachten Filme war Lewis Milestones „Im Westen nichts Neues" („All quiet on the Western Front"). Die Genfer Abrüstungskonferenz sah ihn 1932, in Deutschland fiel der pazifistische Remarque-Streifen durch die Ausweitung des Nationalsozialismus dagegen unter ein Aufführungsverbot.

Spiegel ging 1933 nach Wien, später über Paris, London und Mexico wieder nach Hollywood. Auf seinem Weg entstanden überall Filme, in Wien „Ehe m.b.H." (1933), in London „The Invader" mit Buster Keaton (1936), in Paris „Derniere la facade" (1939). Unter dem Pseudonym S. P. Eagle begann er 1942 als Co-Produzent bei der Fox mit „Tales of Manhattan", einem hervorragend besetzten und inszenierten Episodenfilm, mit geschlossenen und zugleich fortlaufend miteinander verknüpften Teilen. Eine geistreiche Auseinandersetzung des Regisseurs Julien Duvivier und seiner Autoren mit der Wechselhaftigkeit menschlichen Glücks. 1947 gründeten Sam Spiegel und John Huston die Horizon Pictures, zum herausragendsten Werk der Gesellschaft wurde die „Oscar"-preisgekrönte Verfilmung des satirischen Romans von C. S. Forester „African Queen" mit Katherine Hepburn und Humphrey Bogart.

Nachdem er sich mit weiteren Streifen wie „We were Strangers" (John Huston), „The Prowler" (Joseph Losey) und „When I Grow Up" (Michael Kanin) als eigenwilliger Filmschöpfer erwies, gelang ihm 1954 mit Elia Kazans „On the Waterfront" aus dem Milieu des New Yorker Hafenviertels der weltweite Durchbruch.

Der mit acht „Oscars“ ausgezeichnete Film, nach einem auf einen Tatsachenbericht zurückgehenden Drehbuch Budd Schulbergs, machte Schule im Kino des Realismus.

Spiegel setzte fortan auf ein risikoreiches Erfolskonzept, aufwendige Großproduktionen mit profilierten Regisseuren und erstklassigen Schauspielern. Auf einem Flug über den Atlantik las er einen Roman Pierre Boulles, 1957 realisierte er danach den im harten Dokumentarstil in Ceylon gedrehten machtvollen Antikriegsfilm „The Bridge on the River Kwai“ mit Alec Guiness, der ein sensationelles Presseecho auslöste und in den Metropolen London, Paris, Tokio und New York alle Kassenrekorde brach. Aber auch weniger investitionsstarke Streifen wurden in aller Welt berühmt, „The Chase“ mit Marlon Brando oder die dramatische Farbfilm-Komödie „The Happening“, mit ihrem schockierenden Blick auf eine Jugend, für die man den Ausdruck Jet-Generation prägte.

Als erster unabhängiger Produzent drehte Sam Spiegel außerhalb Hollywoods. Mit Filmen wie „Suddenly Last Summer“ (GB, J. L. Mankiewicz, 1959), Anatole Litvaks „Night of the Generals“ (GB/F, 1967) und Franklin Schaffers „Nicholas and Alexandra“ (GB, 1971) löste er große Diskussionen aus. In Zusammenarbeit mit David Lean, der schon seine Produktion „The Bridge on the River Kwai“ zu einem Triumph ohnegleichen machte, schuf er den britischen Columbia-Großfarbfilm (in Super-Panavision 70) und weiteren Filmklassiker „Lawrence of Arabia“ mit Peter O'Toole, Alec Guiness, Claude Rains und José Ferrer.

Die Unabhängigkeit sicherte ihm die wünschenswerte schöpferische Freiheit. Spiegels Name in Verbindung mit einem Filmwerk gilt heute in der ganzen Welt als Qualitätsgarantie. Er war neben den jungen Erfolgs-Filmemachern George Lucas und Steven Spielberg eine der letzten Figuren, in denen sich die amerikanische Filmindustrie und Hollywood in ihrer einstigen Größe wiedererkannten. Eine filmhistorische Leistung lag auch im Nachweis der Entbehrlichkeit des Starsystems, unbekannte Schauspieler, die in seinen Filmen mitwirkten, erreichten durch ihn allerdings vielfach den Gipfel des Ruhms. Seine Produktionen erzielten insgesamt 23 „Oscars“ für Drehbücher, Filmmusiken und Darsteller, dazu mehr als 50 renommierte internationale Preise. Der Austroamerikaner wurde 1963 mit dem Irving G. Thalberg Memorial Award augezeichnet. Sam Spiegels letzter Hollywood-Film trug bezeichnenderweise den Titel „The Last Tycoon“.

F: Tales of Manhattan, 1942; The Stranger, 1946; We Were Strangers, 1949; African Queen (US/GB), The Prowler, When I Grow Up, 1951; On the Waterfront, 1954; The Bridge on the River Kwai, The Stranger One, 1957; The Chase, 1966; The Happening, l967; The Last Tycoon, 1976.

Sam Spiegel und Anthony Quinn bei den Dreharbeiten „The Happening“ (Die Meute), 1967

Szenenausschnitt mit Katherine Hepburn und Humphrey Bogart aus Spiegels Erfolgsfilm „African Queen“, 1951

Fritz Spielmann, Sohn eines Elektro-Ingenieurs, studierte von 1918 bis 1927 bei Joseph Marx und an der Musikakademie Komposition und Klavier. Er debütierte 1931 als Pianist beim Wiener Konzerthausverein, als Komponist gab er eigene Lieder im Kabarett „Der liebe Augustin“ und 1935 bis 1938 im Nachtklub „Fiaker“ zum Besten. Das musikalische Lustspiel „Pam-Pam“ wurde im Theater an der Wien aufgeführt, „Achtung Großaufnahme“ in den Kamerspielen und „Herzklopfen“ im Scala-Theater. Für den in den Sieveringer Ateliers und in Monte Carlo gedrehten Opus-Film „Fräulein Lilli“ mit Franziska Gaal und Hans Jaray schrieb er 1936 seine erste Filmmusik.

Nach der Emigration 1938 etablierte er sich in New York. Sein kompositorisches Schaffen in Amerika umfaßt an die 900 Songs, darunter die Titel „Shepherd's Serenade“ (1 Million Platten), „Magic Boy“, „What is Time“ und „One Finger Melody“. „Paper Roses“, gesungen von Marie Osmond, brachte ihm 1973 den begehrten „Grammy“ sowie zwei weitere Awards ein und stand 20 Wochen an der Spitze der „hit parade“. „It Only Hurts For a Little While“ befand sich gleichfalls mehrere Male ganz oben, „You Won't Forget Me“, interpretiert von Shirley Horn, lag 1992 monatelang im Spitzenfeld der internationalen Jazz-Hitlisten. Zu den weiteren Interpreten gehörten Bing Crosby, Frank Sinatra, Dean Martin, Lena Horne, Doris Day, Sarah Vaughn und Nat King Cole. Neben dem Broadway-Musical „A Lady Says Yes“ (1944) entstanden die musikalischen Geschichten „Peter Rabitt and Benjamin Bunny“ und „Rip van Winkle“. Das TV-Special „The Stingiest Man in Town“ (nach Charles Dickens „Scrooge“) mit Walter Matthau als Erzähler lief Weihnachten 1978 landesweit über die Bildschirme.
Musik war stets ein Lebenselixier Fritz Spielmanns. Nach 1945 arbeitete er als „song writer“ auch für Hollywood Studios, meist für Metro-Goldwyn-Mayer, wobei seine langjährigen Partner Janice Torre und Kermit Goell die Texte lieferten. Einige der Lieder wurden von Judy Garland, Jane Powell und Elvis Presley popularisiert.
Der Komponist erhielt 1975 durch den österreichischen Bundespräsidenten den Professorentitel und 1986 das Silberne Ehrenzeichen der Landesregierung Wien. Er verbringt mehrere Monate des Jahres in seinem Sommerhaus in East Jewitt, in den Catskill Montains (N. Y.), die ihn sehr an die Gegend um den Wienerwald erinnern. Ansonsten ist er an der Westend Avenue in New York zu Hause. Das letzte dort entstandene Musical „Set the Music Free“ wird 1993 das Licht der großen Bühnenwelt erblicken.

Geb. 20. Nov. 1906 Wien

F: Hold Back the Dawn (mit Frank Loesser), 1941; Swingtime Johnny (Song: You Better Give Me Lots of Loving, Text Kermit Goell), 1944; Abilene Town (Songs: Every Time I Give My Heart, All You Gotta Do, I Love It Out Here in the West, Texte Kermit Goell), The Bachelor's Daughters (Song: Where's My Heart, Text Kermit Goell), 1946; Night Song (Song: Who Killed Er, mit Hoagy Carmichael, gesungen von Carmichael, Text Janice Torre), Song of My Heart (Liedtexte Janice Torre), 1947; Luxury Liner (Song: Spring Come Back to Vienna, gesungen von Jane Powell, Text Fritz Rotter und Janice Torre), Big City (Song: I'm Gonna See a Lot of You, Text Janice Torre),1948; In the Good Old Summertime (Song: Merry Christmas, gesungen von Judy Garland, Text Janice Torre), The Big Wheel (Song: Que Buena), 1949; Nancy Goes to Rio (Song: Time and Time Again, gesungen von Jane Powell, Text Earl Brent),

The Great Rupert (mit Buddy Kaye), 1950; Torch Song (Song: You Won't Forget Me, Text Kermit Goell), 1953; Tom Thumb (Songs mit Peggy Lee: Tom Thumb's Tune, Are You a Dream, The Yamning Song, Talented Shoes, After All These Years, Texte Janice Torre und Kermit Goell), 1958; Girls! Girls! Girls! (Song: I Don't Want To, gesungen von Elvis Presley, Text Janice Torre), 1962.

TV: The Stingiest Man in Town (Special), 1979.

Paul L. Stein

Regisseur

Geb. 04. Feb. 1892 Wien
Gest. Mai 1951 London

Paul Ludwig Stein, Sohn eines Wiener Gastwirts, gehörte zu den Veteranen der deutsch- und englischsprachigen Filmindustrie. 1910 kam er erstmals in die Vereinigten Staaten, war Bühnenmanager am Broadway und schrieb Drehbücher für verschiedene kleine East Coast-Studios. Wieder in Europa, machte er sich in Wien und Berlin als Schauspieler in komischen Rollen einen Namen. Gemeinsam mit Ernst Lubitsch und Ernst Matray stellte er 1914 den Streifen „Zucker und Zimt" mit Max Colani und Alice Hechy her. Nach dem Weltkrieg wandte er sich ganz dem Film zu, 1919 führte er bei dem 4-Akter „Die schwarze Fahne" der Wiener Filmag mit Grete Lundt und Josef Schildkraut Regie, in Berlin besaß er kurzfristig eine eigene Produktionsgesellschaft. 1920 drehte er im Rahmen einer Maria Widal-Serie mit „Das Martyrium" und „Arme Violetta" die ersten Pola Negri-Filme.

1926 verpflichteten ihn Warner Brothers nach Hollywood, wo er später auch für Pathé und andere Studios eine Reihe erfolgreicher und unterhaltender Filme schuf. Meist romantische Komödien oder auf Theaterstücke von A.C. Gunter, Edwin Burke und Franz Molnar zurückgehende Themen mit Darstellern wie Constance Bennett, Lilian Gish, Jeanette McDonald, John Loder, Joel McCrea und in „A Woman Commands" erneut mit seinem früheren Stummfilmstar Pola Negri. Stein war ein routinierter und äußerst tüchtiger Regisseur, prädestiniert für Filme mit würdevollem, kommerziellen Touch. Die Atmosphäre in Kalifornien sagte ihm jedoch nicht zu, er kehrte 1932 nach Wien zurück und ließ sich anschließend in England nieder.

Bis zu seinem Tode drehte er in London mehrere Musikfilme mit dem Tenor Richard Tauber, „Blossom Time" (1934), „Heart's Desire" (1935), „Waltz Time" (1945) und „The Lisbon Story" (1946), dazu Abenteuer- und Kriminalfilme. Der britische war ein neuer, wenn auch entschieden unbedeutenderer Abschnitt in seinem langjährigen Wirken. Insgesamt umfaßt sein Schaffen an die 60 Filmwerke. „Lulu" Stein, wie ihn seine Freunde nannten, war mit Olga Schroeder-Devrient verheiratet.

F: Show Folks, 1928; Her Private Affair, The Office Scandal, This Thing Called Love, 1929; One Romantic Night (mit George Fitzmaurice), Sin Takes a Holiday, The Lottery Bride, 1930; Born to Love, The Common Law, 1931; A Woman Commands, 1932.

Silents: My Official Wife, 1926; Don't Tell the Wife, The Climbers, The Forbidden Woman, 1927; Man-Made Woman, 1928.

Max Steiner

Geb. 10. Mai 1888 Wien
Gest. 28. Dez. 1971 Hollywood

Maximilian Raoul Steiner stammte aus einer Wiener Familie, in der die Musik und der vertraute Umgang mit Musikern das Klima bestimmten. sein Großvater war Direktor des Theaters an der Wien, seine Eltern zählten Johann Strauß, Jacques Offenbach und Richard Strauß zu ihren Freunden. Als der junge Steiner an der Wiener Musikakademie bei Robert Fuchs (Komposition) und bei Gustav Mahler (Dirigieren) studierte, unternahm das moderne Lichtspiel von Paris und Berlin aus erste zaghafte Schritte. Im Alter von 16 Jahren brachte er in Wien das Vaudevillestück „Die schöne Griechin" heraus, 1906 ging er als Theaterdirigent und Komponist nach London, 1911 nach Paris. 1914 holte ihn Ned Wayburn zu den Ziegfeld Follies in New York, in den nächsten 15 Jahren leitete er das Orchester in Broadwayshows von Victor Herbert, Jerome Kern, George White und Vincent Youmans.

Zu Beginn des Tonfilms etablierten die großen Hollywood-Studios eigene Musik-Departments. Der Wiener begann 1929 bei RKO (Radio-Keith-Orpheum) als Orchestrator und Dirigent der Musik zu dem Musical „Rio Rita", im Oktober 1930 war er bereits Generalmusikdirektor. Steiner verhalf der dramaturgisch angelegten Filmmusik zum Durchbruch. Er arbeitete von Anfang an mit der Leitmotivtechnik, Personen, Orte und Gegenstände bekamen musikalische Pendants, die sich auf der Leinwand ineinander verflochten. Bewegungen sowie Licht- und Raumwirkungen wurden prägnant und synchron in Musik umgesetzt, Schauplätze und Epochen durch Volkstümliches und deren Nachahmung angedeutet. 1933 hatte er großen Anteil am spektakulären Kassenerfolg des tricktechnisch brillanten Monsterfims „King Kong". Während damals die Studios noch viele Filmwerke nach der Manier der Stummfilm-Kinotheken mit einem Flickwerk aus Stücken verschiedenster Komponisten versahen, schuf Max Steiner für den Streifen eine aufrüttelnde, expressive Partitur. Zwei Jahre später trat er mit der Musik zu John Fords Klassiker „The Informer" an die Spitze der Hollywood-Komponisten. Seine Art, folkloristisches Material zur Identifikation des lokalen Kolorits zu nutzen (hier irische Balladen), machte Schule und führte zur Weiterentwicklung der Musiksprache Hollywoods. Zum ersten Mal vergab die Academy bei diesem Meisterwerk die Auszeichnung des "Oscar" auch an eine Filmpartitur.

Neben den dramatischen Arbeiten betreute Steiner als Musikdirektor die ersten fünf großen Erfolge Fred Astaires und Ginger Rogers', „Flying Down to Rio", „The Gay Divorcee", „Top Hat",

F: Rio Rita (arranger, md), The Bondman (arranger, md), 1929; Dixiana (orch), Half Shot at Sunrise (md), 1930; Cimarron, Beau Ideal, Kepts Husbands, Consolation Marriage, Friends and Lovers, Westwärts Passage (md), A Bill of Divorcement, Transgression, Traveling Husbands, The Gay Diplomat, Are These Our Children?, 1931; The Lost Squadron, Carnival Boat, Bird of Paradise, Conquerors, Westward Passage, Is My Face Red?, Roar of the Dragon, Thirteen Women, Little Orphan Annie, The Sport Parade, Hold 'em Jail, The Most Dangerous Game, Rockabye (md), Secrets of the French Police, Symphony of Six Million, Way Back Home, What Price Hollywood?, The Half Naked Truths, The Animal Kingdom, 1932; Ace of Aces (md), After Tonight (md), Aggie Appleby-Maker of Men (md), Ann Vickers (md), Bed of Roses (md), Before Dawn (md), Blind Adventure,

Chance at Heaven (md), Christopher Strong, Diplomaniacs, Double Harness (md), Flying Down to Rio (md), King Kong, Little Woman, The Monkey's Paw (md), Morning Glory, No Other Woman, Our Betters (md), Professional Sweetheart (md), Silver Cord, Son of Kong, Sweepings, Topaze, Cheyenne Kid, Lucky Devils, The Great Jasper, So This is Harris (Kf), Emergency Call, Melody Cruise, Flying Devils, Headline Shooter, No Marriage Ties, One Man's Journey, Midshipman Jack, Chance at Heaven, The Right to Romance, If I Were Free, 1933; Anne of Green Gables (m, md), Bachelor Bait (md), Down to Their Last Yacht (md), Finishing School (md), The Fountain, The Gay Divorcee (md), Hips Hips Hooray (md), Let's Try Again, Life of Vergie Winters, Little Minister, The Lost Patrol (*), Man of Two Worlds (md), Meanest Gal in Town (md), Murder on the Blackbord (md), Of Human Bondage, Rafter Romance (md), Richest Girl in the World (md), Spitfire, Stingaree (md), This Man is Mine (m, md), The World Moves On, Long Lost Father, Two Alone, Success at Any Price, Sing and Like it, The Crime Doctor, Where Sinners Meet, Srictly Dynamite, We're Rich Again, His Greatest Gamble, Their Big Moment, Hat-Coat and Glove, The Age of Innocence, Dangerous Corner, Wednesday's Child, By Your Live, The Silver Streak, 1934; Alice Adams, Break of Hearts, Griridon Flash, I Dream Too Much (md), The Informer, Roberta (md), She, Top Hat (md), West of the Pecos, Star of Midnight, The Three Musketeers, 1935; The Charge of the Light Brigade (*), Follow the Fleet (md), The Garden of Allah (*), Little Lord Fauntleroy, Mary of Ccotland, 1936; Green Light, Kid Galahad, The Life of Emile Zola (*), Lost Horizon (md), Slim, A Star is Born, Submarine D-1, That Certain Woman, Tovarich, God's Country

„Roberta" und „Follow the Fleet", seine letzte Arbeit bei RKO. Nach 111 Filmen wechselte er zu David O. Selznick und als dieser ihn nicht auszulasten vermochte, 1936 zu Warner Brothers. Zusammen mit Erich Wolfgang Korngold begründete er den Musikstil des Studios, für das er auch die Trade Mark-Fanfare komponierte. 1939 verlieh ihn WB an Selznick für die Vertonung des Kino-Meilensteins „Gone With the Wind", für den er die längste Partitur der Filmgeschichte schrieb. Das mit kraftvoller Klanggestik aufrauschende und weit ausholende Thema mit den melodischen Würfen der Melanie- und Scarlett-Themen wurde sein bekanntestes Werk und für viele Cineasten in aller Welt zum Inbegriff amerikanischer Filmmusik. 1942 erhielt Max Steiner für den Bette Davis-Film „Now Voyager" einen zweiten „Oscar", die „Main melody" stand unter dem Titel "It Can't Be Wrong" (Text Kim Gannon) sechs Monate an der Spitze der US-Hitparade und fand in „Mildred Pierce" nochmals Verwendung.

Im Rahmen der zehnten Zusammenarbeit mit Selznick folgte 1944 der dritte „Academy Award" für „Since You Went Away". zu Steiners Kultfilmen gehören die Humphrey Bogart-Streifen „Casablanca", „The Treasure of the Sierra Madre" und „The Caine Mutiny", zu herausragenden Spätwerken zählen die Partituren zu „The Glass Menagerie" und „A Summer Place", aus der die Leitmelodie in der Instrumentalversion von Percy Faith zu einem millionenfach verkauften Welthit in der Rock'n Roll Ära wurde. Als Steiner 1965 sein letztes Werk „Two on a Guillotine" vertonte, befand sich Hollywood bereits in der Durchgangsphase zu einem tiefgreifenden filmmusikalischen Stilwandel, die elektro-akustisch verstärkte Popmusik verdrängte die an romantischen Standards orientierte Kinosymphonik.

In 35 Jahren komponierte, orchestrierte oder dirigierte Max Steiner die Scores zu fast 300 Filmen, für die er außer den drei Statuetten 22 weitere „Oscar"-Nominierungen und für „Live With Father" den „Golden Globe Award" erhielt. Durch mehrere Augenoperationen geschwächt, gab er 1965 das Filmgeschäft auf. Den letzten Lebensabschnitt verbrachte er zurückgezogen mit Gattin Leonette in seinem Haus in Beverly Hills. Aus der ganzen Welt erreichte ihn Fanpost, nur nicht aus Österreich. 1965 gründete Albert K. Bender in Bridgeport die weltweite „Max Steiner Music Society", die es sich zum Ziel setzte, mit Hilfe von Schallplatten, Verbalpublikatioen und sporadischen Wiederaufführungen seiner Filme, das Werk des Komponisten fortwirken zu lassen.

and the Woman, First Lady, 1937; The Adventures of Tom Sawyer, The Amazing Dr. Clitterhouse, Angels with Dirty Faces, Crime school, The Dawn Patrol, Four Daughters, Gold is Where You Find It, Jezebel (*), The Sisters, White Banners, 1938; Dark victory (*), Daughters Courageous, Dodge City, Each Dawn I Die, Four Wives, Gone With the wind (*), Oklahoma Kid, The Old Maid, They Made Me a Criminal, We Are Not Alone, Confessions of a Nazi Spy, Dust Be Me Destiny, 1939; All This and Heaven Too, Dispatch from Reuters, Dr. Ehrlich's Magic Bullet, The Letter (*), Santa Fee Trail, Tugboat Annie Sails Again, Virginia City, City for Conquest, 1940; Bride Game C.O.D., Dive Bomber, The Great Lie, One Foot in Heaven, Shining Victory, Sergeant York (*), 1941; Captains of the Clouds, Desperate Journey, The Gay sisters, In This Our Life, Now Voyager, They Died With Their Boots On, 1942; Casablanca (*), Mission to Moscow, Watch on the Rhine, 1943; Adventures of Mark Twain (*), Arsenic and Old Lace, The Conspirators, Passage to Marseille, Since You Went Away, 1944; The Corn is Green, Mildred Pierce, San Antonio, Saratoga Trunk, Roughly Speaking, Rhapsody in Blue (*), 1945; The Beast with Five Fingers, The Big Sleep, Cloak and Dagger, The Man I Love, My Reputations, Night and Day (*), One More Tomorrow, Stolen Life, Tomorrow is Forever, 1946; Cheyenne, Deep Valley, Life with Father (/**), Love and Learn, My Wild Irish Rose (*), Pursued, The Unfaithful, Voice of the Turtle, 1947; Decision of Christopher Blake, Fighter Squadron, Johnny Belinda (*), Key Largo, My Girl Tisa, Silver River, Treasure of the Sierra Madre, Winter Meeting, Woman in White, 1948; Adventures of Don Juan, Beyond the Forrest (*), Flamingo Road, The Fountainhead, Kiss in the Dark, The Lady Takes a Sailor, South of St. Louis, White Head, Without Honor (m, md), Mrs. Mike, 1949; Caged, Dallas, The Flame and the Arrow (*), The Glass Menagerie, Rocky Mountain, 1950; Close to My Heart, Distant Drums, Force of Arms, Jim Thorpe – All American, Lightning Strikes Twice, On Moonlight Bay, Operation Pacific, Raton Pass, Sugarfoot, The Jazzsinger (*), 1951; The Iron Mistress, The Lion and the Horse, Mara Maru, The Miracle of the Lady of Fatima (*), Room for one More, Springfield Rifle, 1952; By the Light of the Silvery Moon, Charge at Feather River, The Desert Song, So Big, So This is Love, Trouble Along the Way, 1953; Boy from Oklahoma, The Caine Mutiny (*), King Richard and the Crusaders, 1954; Battle Cry, Illegal, The Last Command (m, md), The McConnel Story, The Violent Men, Bad Day at Black Rock (*), 1955; Bandido, Come Next spring, Death of a Scoundrel, Hell on Frisco Bay, The Searchers, 1956; All Mine to Give, Band of Angels, China Gate, Escaped in Japan, 1957; Darby's Ranger, Fort Dobbs, Marjorie Morningstar, 1958; FBI Story, John Paul Jones, Summer Place, The Hanging Tree, Majority of One, 1959; Cash McCall, Dark at the Top of the Stairs, Ice Palace, Sins of Rachel Cade, 1960; Parrish, Portrait of a Mobster, Susan Slade, 1961; Rome Adventure, 1962; Spencer's Mountain, 1963; Distant Trumpet, FBI Code 98, Those Calloways, Youngbloode Hawke, 1964; Two on a Guillotine, 1965.*

**) Academy Award Nominierung,*
***) Golden Globe Award*

Regisseur und Produzent Frank Capra (links), Musikdirektor Max Steiner (2. v. r. stehend) und Komponist Dimitri Tiomkin beim Einspielen des Scores „Lost Horizon" (1937) in den Columbia-Studios

Franz Steininger

Komponist

Geb. 12. Juni 1906 Wien
Gest. 28. Dez.1974 Wien

Franz Steininger (in den USA auch Frank), Sohn des legendären artistischen Sekretärs Emil Steininger des Theaters an der Wien um die Jahrhundertwende, erhielt den ersten Musikunterricht von seinem Taufpaten Franz Lehar. Er war nach dem Studium bei Prof. Joseph Marx Theaterdirigent in Wien, Berlin und London und ab 1935 in den USA.

Bei der Weltausstellung in New York inszenierte er Billy Roses Musical „Arquade", an der Westküste dirigierte er am Curran Theatre San Francisco, bei der Civic Light Opera und am Greek Theatre in Los Angeles sowie bei Henry Duffy Productions am alten El Capitan Theatre und bei NBC in Hollywood.

1947 brachte er am Broadway die aus Melodien Peter Iljitsch Tschaikowskijs zusammengestellte Operette „Music In My Heart" heraus, die eine Liebesgeschichte des russischen Komponisten mit einer Pariser Opernsängerin zum Inhalt hatte. Daneben lieferte er das „Centennial Spectacle" zur Jahrhundertfeier von Topeka, der Hauptstadt des US-Staates Kansas.

Außerdem schrieb Franz Steininger die Musik und Songs mehrerer Hollywood-Filmen, teilweise in Zusammenarbeit mit dem Texter Edward Pola, darunter das Kurt Weill-Musical der United Artists „Knickerbocker Holiday". Bei den Filmen „Hit and Run", „Born to Beloved" und „Paradise Alley" kooperierte er eng mit dem Prager Producer-Director Hugo Haas, der für alle drei Streifen auch das Drehbuch schrieb.

F: Knickerbocker Holiday (Song „Sing Out" nach Text von Furman Brown), 1944; Hit and Run (Musik und Songtext zu „What Good Il It Do Me), 1957; Born to Be Loved, 1959; Operation Eichmann (Song „The Right Must Come Along" nach Text von Gustav Heimo), 1961; The Paradise Alley, Stagecoach to Dancer's Park, 1962.

1970 dirigierte Steininger bei den Salzburger Festspielen das Gedenkkonzert zu Franz Lehárs 100. Geburtstag. Vor seinem Tode nahm er noch ein Album mit zwölf Songs Rudolf Frimls auf, eine musikalische Story über die Frühzeit von Los Angeles befand sich in Vorbereitung. Franz Steininger, mit der Wiener Schauspielerin Grete Natzler (in den USA MGM-Diva Della Lind) verheiratet, starb 1974 in Wien, wo er die Uraufführung seiner Operette „Ein besonderer Tag" vereinbaren wollte. Sein Tod wurde erst ein halbes Jahr später in Hollywood bekannt.

(Karel) Karl Stepanek

Geb. 29. Okt. 1899 Brünn
Gest. 05. Jän. 1981 Los Angeles

Karl Stepanek (später Karel), aus dem mährischen Brünn, wuchs zweisprachig auf und besuchte alternierend deutschsprachige und tschechische Schulen. Nach dem Schauspielstudium in Prag und Wien spielte er 1921-1923 am Wiener Raimundtheater und danach vier Jahre an kleineren Bühnen in der Provinz. Bis 1939 war er am Kurfürstendamm in Berlin und Wien in vielen Operetten, Lustspielen und Revuen auch als Sänger und Tänzer ein geschätzter Allround-Darsteller, der zudem in zwei Dutzend deutscher Filme mitwirkte.

Anfang 1940 übersiedelte er mit seiner Gattin, der Wiener Schauspierlerin Wanda Rotha nach London, wo ihn die BBC als politischen Kommentator in deutscher Sprache beim European Service verwendete. Inzwischen ausreichend englisch sprechend, debütierte er 1941 an Londoner Bühnen, ab 1942 konnte er in Neben- und Charakterrollen u.a. in „Escape to Danger“ (1943), in Carol Reeds Meisterwerk „Fallen Idol“ (1949), „Cairo Road“ (1950) und „Sink the Bismarck!“ (1960) wieder einer geregelten Filmtätigkeit nachgehen.

Seit 1951 scheint sein Name auch in amerikanischen Filmen auf. Columbia Pictures bot ihm eine erste Rolle in dem in Neu-England unter Mitwirkung des FBI nach einem Readers Digest Artikel von John E. Hoover gedrehten pseudo-dokumentarischen Spionagedrama „Walk East on Beacon“. K. Stepanek wechselte nun zwischen London, Hollywood und Broadway, 1956 machte er Amerika ganz zu seinem neuen Domizil. Er galt als abwechslungsreicher, geschmeidiger und vielseitiger Schauspieler, der mit Geschmack und Eindringlichkeit die verschiedendsten Rollen spielte und dabei stets Würde, Intelligenz und künstlerische Bildung einsetzte.

*F: Walk East on Beacon, 1952; Affair in Trinidad, City Beneath the Sea, 1953; Never Let me Go (US/GB, *), 1953; The Cockleshell Heroes, A Prize of Gold (US/GB, *), 1955; Anastasia (*),1956; I Am at the Stars/Wernher von Braun (D/US, *), 1959; Operation Crossbow (auch: The Great Spy Mission, US/I, *), 1965; The Games, 1970.*
(*) = in Europa gedreht.

TV: Lili Palmer Theatre: The Suicide Club, 1956; Hallmark of Fame: There Shall Be No Night, 1957.

(zur vorvorgehenden Seite)
Erinnerungstafel am Geburtshaus Max Steiners in der Praterstraße 72 in Wien-Leopoldstadt

Josef von Sternberg

Regisseur

Geb. 29. Mai 1894 Wien
Gest. 22. Dez. 1969 Hollywood

*F: Thunderbolt (R), 1929; Morocco (R**), 1930; An American Tragedy (R), Dishonored (R, Db m. Daniel N. Rubin, Musik m. Karl Hajos), 1931; Blonde Venus (R, Story), Shanghai Express (P**), 1932; The Scarlet Empress (R, zusätzliche Musik, Sch), 1934; Crime and Punishment (R), The Devil Is a Woman (R, Ka), 1935; The King Steps out (R), 1936; The Great Waltz (R, o.c.), 1938; Sergeant Madden (R), 1939; I Take This Woman (Anfangsregie, o.c., von Frank Borzage und W. S. Van Dyke beendet), 1940; The Shanghai Gesture (R, Db m. Karl Vollmoeller, Geza Herczeg u. Jules Furthman), 1941; The Town (Df), 1944; Duel in the Sun (Mitarbeit Regie, Farbberatung), 1946; Jet Pilot (R), 1951 (Erstaufführung 1957); Macao (R), 1952.*

(**) Academy Award Nominierung

Josef (Jonas) Sternberg verbrachte seine frühe Kindheit in Wien, das nach eigenem Bekenntnis lebenslang die Stadt seiner Träume blieb. Er kam 1908 mit den Eltern nach Amerika, wo er in New York in verschiedenen Funktionen bei der World Film Corporation William A. Bradys tätig war. Nach dem Ersten Weltkrieg wurde er Mitarbeiter des französischen Emigranten Emile Chautard, der ihn bei den Dreharbeiten zu „The Mystery of the Yellow Room" in den Studios von Fort Lee, N. J. in den Grundbegriffen des Filmhandwerks unterwies. 1922 arbeitete er für die Alliance Production London und übersetzte Karl Adolphs Roman „Die Töchter von Wien" ins Englische, 1923 ging er nach Hollywood. Als Regieassistent Roy William Neals schien er im Titelvorspann des Stummfilms „By Divine Right" auf Veranlassung des Produzenten erstmals als „Josef von Sternberg" auf.

Mitte 1924 drehte er mit Hilfe des englischen Schauspielers George K. Arthur im Hafen von San Pedro, in Chinatown und im San Fernando Valley „The Salvation Hunters". Sein Regiedebüt, aus heutiger Sicht ein Beitrag zur amerikanischen Avantgarde, machte ihn über Nacht zu einer Berühmtheit. Auf Anregung Charly Chaplins wurde der Streifen für den Vertrieb der United Artists übernommen. Nachfolgende Filmpläne mit Mary Pickford zerschlugen sich, zwei Titel bei der MGM 1925, „The Exqisite Sinner" und „The Masked Bride" (den er nicht zu Ende führte) bedeuteten nur ein Zwischenspiel auf demWege Sternbergs, der entschlossen war, Filme auf seine eigene Art zu machen.

Chaplins Regieauftrag zu „The Sea Gull" 1926 galt dem Comeback des früheren Chaplin-Stars Edna Purviance. Der Film kam im beiderseitigen Einvernehmen (vermutlich aus Rücksichtnahme auf die an Alkoholproblemen leidende Hauptdarstellerin) nicht zur Aufführung. Mit „Underworld", nach einer Story des damaligen Journalisten Ben Hecht etablierte Sternberg 1927 das Genre des Gangsterfilms. Tagelang belagerte eine riesige Menschenmenge das Erstaufführungskino am New Yorker Times Square, während der langen Laufzeit begann die Ära der Lichtspielhäuser, die rund um die Uhr geöffnet waren. Der künstlerische und ökonomische Erfolg des Films bildete das Fundament für die bis 1935 dauernde Verpflichtung bei der Paramount. 1928 gestaltete er „The Docks of New York" zu einem weiteren Meisterwerk und anregenden Vorbild für spätere Filme wie Howard Hawks „Scarface" (1932) oder Henry Hathaways „Kiss of Death" (1947).

1929 wurde die UFA-Verfilmung des Romans von Heinrich Mann“ Professor Unrat“ mit Emil Jannings zu einem Höhepunkt seiner Karriere. Gegen den Widerstand aller Beteiligten stellte er im „Blauen Engel“ die bis dahin unbekannte Schauspielerin Marlene Dietrich heraus. Im Rahmen einer sieben Filme umfassenden Zusammenarbeit des Duos entstand u. a. „Morocco“, indem seine Entdeckung zum Star des amerikanischen Kinos aufstieg, „Shanghai Express“, der größte Publikumserfolg aller Sternberg-Filme und „The Scarlet Empress“, der trotz ästhetischer Extravaganzen und optischer Raffinessen beim amerikanischen Publikum der Depressionszeit auf Ablehnung stieß.

1935/36 drehte der Wiener zwei Filme für Columbia, „Crime and Punishment“ und „The King Steps Out“. Ende 1936 wirkte er in England an Alexander Kordas „I, Claudius“ mit, wobei die Arbeiten nach unüberwindbaren Schwierigkeiten seitens aller Beteiligten abgebrochen wurden. Das Fiasko führte im weitesten Sinne zu einem Karrierebruch, Sternbergs nachfolgende Filme erreichten nie mehr die Bedeutung früherer Werke. 1939 drehte er „Sergeant Madden“, 1942 für seinen Freund Arnold Pressburger „The Shanghai Gesture“, 1943/44 den dokumentarischen Kurzfilm „The Town“ für das United States War Office sowie 1951/52 „Jet Pilot“ (sein einziger Farbfilm) und „Macao“. 1953 realisierte J. v. St. in Japan „The Saga of Anatahan“, ein aufwendiges und kühnes Spätwerk gegen den Krieg, das er für sein bestes Leinwand-Opus hielt.

Die österreichische Regierung bot ihm 1938 die Stelle eines Filmbeauftragten an, der Anschluß Österreichs an das Dritte Reich machte die Pläne zunichte. 1947 gab er erstmals Unterricht am Cinema Department der UCLA, der amerikanische Filmhistoriker Andrew Sarris nahm ihn neben Flaherty, Murnau, Lubitsch, Renoir und Ophüls in die geheiligten Bezirke des Filmpantheons auf. Die 1963 veröffentlichte kunstphilosophische Autobiographie „Fun in a Chinese Laundry“ (*, deutsch: Das Blau des Engels, 1991) ist eine bittere Reflektion seiner Arbeit und eine Abrechnung mit Stars und dem Metier.

Silents: The Mystery of the Yellow Room (RA), 1919; By Divine Right (RA, Mitarbeit Db), 1921; The Salvation Hunters (R, Db), The Masked Bride (Teilregie), 1925; The Sea Gull (A Woman of the Sea, Db, nicht aufgeführt), The Exquisite Sinner (R, Db m. Alice D. G. Miller), 1926; Underworld (R), The Wedding March (Sch), It (R m. Clarence Badger), 1927; The Docks of New York (R), The Last Command (R), The Dragnet (R); The Street of Sin (R m. Mauritz Stiller, Story m. Benjamin Glazer), 1928; The Case of Lena Smith (R), 1929.

(*) Der symbolische Titel stammt von einem Film Thomas A. Edisons aus dem Jahr 1894, dem Geburtsjahr Sternbergs.

Josef von Sternberg mit Peter Lorre und Edward Arnold bei den Dreharbeiten zum Columbia-Film „Crime and Punishment" nach F. M. Dostojewskij

Regisseur

Josef von Sternberg

Komponist

Robert Stolz

Academy of Motion Picture Arts and Sciences

CERTIFICATE OF NOMINATION FOR AWARD

Be it known that

Robert Stolz

was nominated for an Academy Board of Merit for Outstanding Achievement

Song "Waltzing in the Clouds" for "Spring Parade"

This judgment being rendered with reference to Motion Pictures First Regularly Exhibited in the Los Angeles district during the year ending January 11th 1941

Zertifikat für die Nominierung zum Academy Award des Robert Stolz-Liedes „Waltzing in the Cloud“ aus dem Film „Springparade“

Robert Stolz

Komponist

Geb. 25. Aug. 1880 Graz
Gest. 27. Juni 1975 Berlin

Robert Stolz war der letzte gewichtige Protagonist der „Silbernen Ära" der Wiener Operette und der wohl populärste Komponist der Unterhaltungsmusik des 20. Jahrhunderts. Sein Schaffen umfaßt über 90 Bühnenwerke, Operetten, Musicals, Singspiele und Ballett-Musik, dazu 2500 Schlager, Chansons und Konzertstücke. Mit dem Walzerchanson „Servus Du!" begann er jene stattliche Erfolgsreihe von Schlagerliedern, die auch die Quintessenz seiner 290 Melodien in fast 100 österreichischen, deutschen, englischen und amerikanischen Filmen bilden.

Bereits 1913 lieferte er in Wien die Premierenmusik für die von Sascha Kolowrat in Szene gesetzte Rollenparade Alexander Girardis „Der Millionenonkel". 1918 ging er nach Berlin, seine erste Tonfilmarbeit, „Zwei Herzen im Dreivierteltakt" von 1930, brachte ihm den Welterfolg des leitmotivisch eingesetzten Titelwalzers. Der Streifen lief allein in der heißesten Theaterstraße der Welt, am New Yorker Broadway fast ein volles Jahr in der deutschen Originalversion. Die Operettenverfilmung „Frühjahrsparade" wurde 1934 in Venedig mit der Goldenen Medaille als bester Musikfilm ausgezeichnet. In den Jahren 1930 bis 1937 schrieb Robert Stolz die Musik zu vierzig Tonfilmen, er war international bekannt und erfolgreich. Hollywood machte phantastische Angebote, Stolz aber, der Deutschland 1936 aus Abscheu vor dem Naziregime verlassen hatte, liebte seine Wahlheimatstadt Wien.

Der „Anschluß" und das Wüten der Nazis vertrieb ihn auch aus Österreich. 1938 landete er in Paris, 1940 in New York, die Abreise aus Europa geschah in letzter Stunde. Sein früherer Produzent Joe Pasternak plante in Hollywood ein Remake der „Frühjahrsparade", der Film kam im September 1940 in die Kinos. Henry Koster alias Kosterlitz aus der alten Berliner Filmgarde erwies sich als ausgezeichneter Regisseur, Deanne Durbin und Robert Cummings waren zwei sichere Stars und der Robert Stolz-Walzer „Waltzing in the Clouds" wurde zum überdurchschnittlichen Erfolg. Die Academy of Motion Pictures Arts and Sciences honorierte dies mit einer „Oscar"-Nominierung.

Ohne sich mit seiner Musik assimilieren zu müssen, konnte er seine Karriere als Komponist fortsetzen. Schon 1941 kam die Operette „Night of Love" bei den Shubert Brothers am Broadway heraus. Als Stolz in Vertretung Bruno Walters ein Johann-Strauß-Konzert der New Yorker Philharmoniker in der Carnegie Hall leitete, bewies er, daß er hinsichtlich der Interpretation Wiener Musik zur Weltspitze zählte. Der Abend mit „A Night in

F: Spring Parade (Song „Waltzing in the Clouds", Text von Gus Kahn), 1940; It Happened Tomorrow (Musik und musikalische Leitung), 1944; Breath of Scandal (I/US, Titelsong), 1960.

Vienna" wurde sein Triumph, der Aufträge von Schallplattenfirmen, Rundfunkstationen, für Filmmusik, Bühnenaufführungen und weitere Konzerte brachte. Aus den Konzerten wurde eine Reihe von Großveranstaltungen in fast allen amerikanischen Großstädten, in der Hollywood Bowl sorgten die Gastspiele mit „Nacht in Wien" alljährlich für neue Besucherrekorde. Die Tourneen blieben nicht nur auf die USA beschränkt, sie führten schließlich auch durch Lateinamerika. Das Bedeutendste an den Erfolgen war der politische Aspekt, wo Robert Stolz dirigierte, stand er als Botschafter für Österreich.

Über einen Freund erhielt er 1943 den Vertrag für die Kompositionen und die musikalische Leitung des Films „It Happened Tomorrow", den der französische Regisseur Rene Clair für Arnold Pressburger drehte. Die amüsante Komödie aus dem Zeitungsmilieu wurde ein amerikanischer Sensationserfolg, der Stolz die zweite „Oscar"-Nominierung einbrachte. Daß es nur bei den Nominierungen blieb, war ein Schicksal, das er mit vielen der Größten in der Filmmetropole teilte.

Mit den österreichischen Visa Nr. 1 und 2 kehrte der 66jährige Robert Stolz mit seiner in der Emigration geheirateten Gattin „Einzi" (Yvonne Louise Ulrich) nach Wien zurück. Er dirigierte weiter seine Konzerte „Nacht in Wien", komponierte Wienerlieder, Operetten und Filmpartituren, es gab keinen Abbruch der Aktivitäten. Als Michael Curtiz 1960 die italienisch-amerikanische Gemeinschafsproduktion „A Breath of Scandal" inszenierte, wünschte er, daß ein Teil der Musik von Robert Stolz stammen müßte. Den von ihm beigesteuerten Titelschlager sang Maurice Chevalier. Eine Wiener Zeitung schrieb wehmütig „Solang's den Stolz noch gibt ...". Die Nachricht von seinem Tode ging um den Erdball. Die Stadt Wien widmete dem schon zu Lebzeiten zur Legende gewordenen ein Ehrengrab auf dem Zentralfriedhof, im Umkreis von Johann Strauß, Brahms und Beethoven.

Ludwig Stössel

Schauspieler

Geb. 10. Feb. 1883 Lockenhaus
Gest. 29. Jän. 1973 Beverly Hills

F: Dance, Girl, Dance, Four Sons, The Man I Married, 1940; Down in San Diego, Jennie, Great Guns, Man Hunt, Marry the Boss Daughter, Underground, 1941; All Trough the Night, Casablanca, The Great Impersonation, Iceland, I Married an Angel, Kings Row, Pittsburgh, The Pride of the Yankees, Who Done it?, Woman of the Year, 1942; Above Suspicion, Action in the North Atlantic, Her's to Hold, Hitler's Madman, The Strange Death of Adolf Hitler, They Came to Blow Up America, 1943; Bluebeard, The Climax, Lake Placid Serenade, 1944; Dillinger, Her Highness and the Bellboy, House of Dracula, Miss Susie Slagle's, Yolanda and the Thief, 1945; Cloak and Dagger, Girl on the Spot, Temptation, 1946; The Beginning or the End, Escape Me Never, Song of Love, This Time for Keeps, 1947; A Song is Born, The Great Sinner, 1949; As Young As You Feel, Corky of Gasoline Alley, Too Young to Kiss, 1951; The Merry Widow, No Time for Flowers, Somebody Loves Me, 1952; Call Me Madam, Geraldine, The Sun Shines Bright, White Goddess, 1953; Deep in My Heart, 1954; From the Earth to the Moon, Me and the Colonel, 1958; The Blue Angel, 1959; GI Blues, 1960.

TV: Last Half Hour: Mayerling, 1950; Perry Mason: The Case of the Shattered Dream, 1952; Public Defender: Destiny, The Case of the Parolee; Hallmark of Fame: Lady in the Wings, 1954; December Bride: The Sentimentalist; Big Town: The Grand Almost; Science Fiction Theatre: Spider Incorporated, 1955; Casablanca (Serie), 27. 09. 55–24. 04. 56; Reader's Digest: A Bell for Okinawa; The Crusader: Man of Medicine; Science Fiction

Ludwig Stössel (in USA Stossel), Regisseur, Sänger und Schauspieler mit einer urwüchsigen Komik, prägte viele unvergeßliche Typen der Operettenwelt, spielte aber auch in ernsten Stücken: in Czernowitz, Breslau, von 1925–1933 bei Max Reinhardt, Jessner und Barnowsky in Berlin, bis 1938 am Josefstädter Theater in Wien unter Preminger und Lothar, bei den Salzburger Festspielen und in ungefähr 30 Filmrollen in Österreich und Deutschland.

Die Josefstädter Jahre betrachtete er als Höhepunkt seines Wirkens. Der Einzug der Nazis in Wien bedeutete für ihn Schikanen, Arbeitsverbot und „Schutzhaft", später den Verlust von Familienangehörigen. Mit der allgemeinen Fluchtwelle kam er mit seiner Gattin Lore Birn, einer früheren Kollegin, nach London, wo sich ihm Arbeit in einigen britischen Filmen bot, „Dead Man's Shoes", „The Flying Squad" und „Return to Yesterday". Ende des Jahres 1939 gingen die Stössels nach Amerika.

Sein Filmschaffen in Hollywood enthält Parts und Charakterrollen in mehr als 70 Spiel- und Fernsehfilmen, durch seinen Akzent allerdings fast ausschließlich im Genre des bösen oder liebenswürdigen Deutschen. Anerkennung fand er als „Pop" Gehring in Sam Woods „The Pride of the Yankees", mit einer intellektuellen Spitzenleistung in der Darstellung Albert Einsteins in Norman Taurogs „The Beginning or the End" (der Story über die Entwicklung der Atombombe) und abweichend vom ungeliebten Fach in der Rolle des amerikanischen Showpioniers D. J. Graumann in „Somebody Love Me" mit Betty Hutton. Der Regisseur dieses Streifens, Irving Brecher, hatte Stössel 1952 in dem englischen Film „Return to Yesterday" gesehen und war davon so angetan, daß er ihn aus Wien, wo der Schauspieler gerade bei Aufnahmen zu „No Time for Flowers" weilte, telegrafisch nach Hollywood zurückbeorderte.

Landesweit bekannt wurde Stössel vor allem aber mit einem einfachen TV-Commercial für eine kalifornische Weinfirma. Als lederhosenbekleideter Winzer und sich vorstellend mit dem berühmten Werbespruch „Little old Winemaker-Me" schaffte er in einer 10 Jahre währenden Serie das nie wieder erreichte Faktum, daß ein Werbespot bei über 200 Millionen Zuschauern beliebter war, als das unterbrochene Fernsehprogramm.

Bei der ersten Rückkehr in die alte Heimat 1950 brachte er das von ihm ins deutsche übersetzte amerikanische Volksstück „Glücksbringer Joe" (Lucky Joe) mit, das in Wien und Berlin mit zusätzlichen Texten und Musik eines anderen österreichischen Emigranten, Bert Reisfeld, zur Aufführung kam. Ludwig Stössel, der einzige Burgenländer in der Traumfabrik, starb hochbetagt im Hollywood Presbyterian Hospital, wenige Tage nachdem er sich bei einem Sturz die Schulter brach.

Theatre: The Sound That Kills; Father Knows Best: The Angel's Sweater, 1956; Perry Mason: The Case of the Black Eyed Blonde, Man with a Camera: Six Faces of Satan, Lady on the Loe, 1958; Man with a Camera: The Big Squeeze, 1959; Donna Reed Show: Variations on a Theme, 1961; Window on Main Street: Episode vom 18. 12. 61 (Titel nicht bekannt).

Ludwig Stössel, Francis (Franz) Lederer und Joan Bernett in dem Anti-Nazi-Film „The Man I Married", der nach einer Magazin-Serie von Oscar Schispoll gedreht wurde (Zanuck/FOX)

Ludwig Stössel

Schauspieler

Ludwig Stössel, Danny Kaye, Curd Jürgens und Akim Tomiroff in der Columbia-Verfilmung des Romans von Franz Werfel „Me and the Colonel“ (Jakobowsky und der Oberst)

Rose Stradner

Schauspielerin

Gregory Peck und Rose Stradner in ihrer letzten Spielfilm-Rolle „The Keys of the Kingdom“ (FOX)

(Rosa) Rose Stradner

Geb. 31. Juli 1913 Wien
Gest. 27. Sept. 1958 Bedford Village/N. Y.

Rose Stradner gehörte in den 30er Jahren zu den bekanntesten Wiener Darstellerinnen des Salonfachs. Sie spielte in Zürich, Brünn und am Dt. Volkstheater sowie an der „Josefstadt" in Wien. Daneben wirkte sie in einigen Filmen mit, darunter „Ein gewisser Herr Gran" (D, 1933) mit Hans Albers, „So endete eine Liebe" mit Paula Wessely und Willy Forst (D, 1934), die deutsch-italienische Gemeinschaftsproduktion „Hundert Tage" nach dem Schauspiel von Benito Mussolini (1935) und „Der Postillion von Lonjoumeau" (Ö, 1936) mit Willy Eichberger. Die nationalsozialistische Ära zwang die 25jährige auf dem Höhepunkt ihrer Karriere zur Emigration.

Hollywood, das sich damals den Zustrom vertriebener deutschsprachiger Schauspieler zunutze machte, gab ihr einen Vertrag. Sie lernte Englisch, trat zunächst in Nebenrollen auf und hatte schließlich als Partnerin James Stewarts und Edward J. Robinsons in „The Last Gangster" den ersten größeren Erfolg. Bevor sie jedoch ein Star werden konnte, heiratete die hübsche Wienerin 1939 den Produzenten, Regisseur und Drehbuchautor Joseph L. Mankiewicz, einen der intelligentesten Filmleute Hollywoods. Rose Stradner zog sich vom Film weitgehend zurück. 1944 übernahm sie in der Fox-Verfilmung „The Keys of the Kingdom", nach A. J. Cronin, die Rolle einer Missionsschwester neben Gregory Peck, da ihrem Produzenten-Gatten keine andere Darstellerin geeignet schien. In einer Episode der TV-Reihe „Suspense" stand sie 1953 letztmalig vor der Kamera.

Die Schauspielerin starb 1958 in ihrem Landhaus in Betton Village im Bundesstaat New York durch Freitod. Sie hinterließ zwei Söhne.

F: The Last Gangster, 1937; Blind Alley, 1939; The Keys of the Kingdom, 1944.

TV: Suspense: Reign of Terror, 1953.

Lee Strasberg

Schauspiellehrer – Schauspieler

Geb. 17. Nov. 1901 Budzanow/ Galizien
Gest. 17. Feb. 1982 New York

Lee Strasberg, Sohn von Baruch Meyer Strasberg und seiner Frau Ida, stammte aus dem „alten Österreich“, kam aber früh in die USA. Von Richard Boleslawsky und Maria Ouspenskaya am New Yorker American Laboratory Theatre in der naturalistischen Technik Stanislawskijs ausgebildet, begann seine Karriere bei der erfolgreichen Theater Guild. Er sah schon in den 20er Jahren, daß das amerikanische Theater, das neben der Music Hall einen kleinbürgerlichen und illusionistischen Realismus pflegte, neue Energien benötigte, um den Anschluß an die Entwicklungen an europäischen Bühnen zu finden. 1931 gründete er mit Harold Clurman und Cheryl Crawford das experimentelle „Group Theatre“, das sich in sozialen Fragen engagierte und Talente wie Clifford Odets, Elia Kazan und Orson Welles förderte. Zu seinen herausragenden Inszenierungen gehörten „Men in White“ (1933), „Gentlewoman“, „Gold Eagle Guy“ von M. Levy (1934) und „Jonny Johnson“, ein Musical von Paul Green und Kurt Weill (1936). 1937 ging er nach Hollywood, um das Filmgeschäft zu lernen, mußte aber bald erkennen, daß der Film nicht sein Medium war. Er bildete Zanucks Darsteller aus und arbeitete 1946 am Drehbuch des 20th Century Fox-Streifens „Somewhere in the Night“ von Joseph L. Mankiewicz mit.

Kazan holte ihn 1948 an das ein Jahr zuvor gegründete „Actor's Studio“, an dem er als Leiter und Schauspiellehrer seine Lebensaufgabe fand. Das Institut diente der Fortbildung etablierter Darsteller, entwickelte sich jedoch schnell zur Eliteschmiede heimischer Schauspieltalente. Strasberg gilt als Schöpfer des „Method Acting“, einer Einfühlungsdramaturgie, die in der Schlußfolgerung gipfelt, daß ein Schauspieler für alle seine Emotionen und Handlungen die richtige Motivierung braucht. Strasbergs Trainingsmethoden beeinflußten die Schauspielerausbildung in Westeuropa, die Erfolge der Schule erhoben ihn zu einer Legende. Aus dem Studio gingen Weltstars wie James Dean, Montgomery Clift, Rod Steiger, Shelley Winters, Jane Fonda, Dustin Hoffmann, Paul Newman, Al Pacino und viele andere hervor. Marilyn Monroe zählte zu den Schülern, ebenso seine Tochter Susan. Lee Strasberg war stolz darauf, sein Leben der Entwicklung und Förderung von Talenten gewidmet zu haben. 1975 gründete er zusätzlich das „Lee Strasberg Theatre Institute“ mit je 500 Studenten in Hollywood und New York.

Als ihm Francis Ford Coppola 1974 den Part des Mafia-Bosses Hyman Roth im „Paten II“ anbot (den erst Kazan spielen sollte),

F: Somewhere in the Night (Buch mit Howard Dismdale und Joseph L. Mankiewicz), 1946; The Godfather-Part II, 1974; Cassandra Crossing, 1977; And Justice for All, Bordwalk, Going in Style, 1979.

TVM: The Last Tenant, 1978; Skokie, 1981.

bewies er bei seinem Filmdebüt im Alter von 75 Jahren, daß er auch als Schauspieler noch zählte. Der enorme Erfolg auf der Leinwand brachte ihm eine Oscar-Nominierung und weitere Rollen ein, zuletzt in der Bankräuberkomödie der Warner Brothers „Going in Style“ neben George Burns und Art Carney. Für die TV-Serie „Winds of War“ (ABC) stand er 1981 in Rom bereits vor der Kamera, als er erfuhr, daß die Dreharbeiten wahrscheinlich über ein Jahr dauern würden. Da er nicht garantieren konnte, „noch so lange zu leben“, bat er um Vertragsauflösung. An seinem Todestag im darauffolgenden Februar verkündete die riesige Leuchtschrift auf dem Times Square, dem Herzen des New Yorker Theaterviertels, „das Ableben eines der Großen dieser Welt“.

Lee Strasberg und Al Pacino in „The Godfather – Part II“

Oscar Straus

Komponist

Geb. 06. März 1870 Wien
Gest. 11. Jän. 1954 Bad Ischl

Oscar Nathan Straus studierte in Wien und Berlin ernste Musik und begann als Kapellmeister an Provinzbühnen in Brünn, Teplitz und Mainz. 1893 entstand sein erster Bühneneinakter, 1900 kam er in Berlin an Ernst von Wolzogens „Überbrettl", für das er einige berühmt gewordene musikalische Farcen schrieb. Nachdem ihm Johann Strauß zum „feschen Walzern" riet, überraschte er 1904 nach anfänglichen kleineren Versuchen mit der Parodie „Die lustigen Nibelungen", die 1907 vorgestellte Operette „Ein Walzertraum" brachte es im Wiener Carltheater auf über 1000 Aufführungen. Mit seinem unglaublich melodischen Einfallsreichtum voll Geist, Charme und Originalität lenkte er die Aufmerksamkeit der Welt auf sich. Sein Gesamtwerk mit drei Dutzend Operettentiteln sicherte ihm neben Lehár, Fall und Kalman einen Platz in der „Silbernen Epoche" der Operette.
Straus, unermüdlich tätig, die Walzerstadt Wien populär und Wienerisch international zu machen, erweckte auch die Aufmerksamkeit Hollywoods. 1929 engagierten ihn die Warner Brothers für drei Monate. Noch vor seiner Ankunft in Amerika erhielt er auf dem Schiff ein Begrüßungstelegramm, das von Jerome Kern, George Gershwin, Irving Berlin, Cole Porter, Rudolf Friml und Sigmund Romberg unterzeichnet war, die Gebrüder Warner standen in persona am Eingangstor des Studios, um ihn zu empfangen. Bei einem Galadiner erwiesen ihm Charlie Chaplin, Greta Garbo, Marlene Dietrich, Cecil B. DeMille und viele andere Hollywood-Größen ihre Referenz. Dennoch war seinem Auftreten bei WB kein Erfolg beschieden, nach vergeblichen Bemühungen wurde die Arbeit wegen künstlerischer Meinungsverschiedenheiten abgebrochen.

Dafür ging es bei anderen Studios besser. Straus vertonte die FOX-Produktion „Married in Hollywood", das angeblich erste Hollywood-Musical, das die Filmstadt als aktuellen Schauplatz und Ort der Handlung herausstellte. Bei den MGM-Filmen „Daybreak" und „The Guardsman" nach Bühnenstücken von Arthur Schnitzler und Franz Molnár konnte er sich in gewohnt europäischem Rahmen bewegen. Der zum „Academy Award" nominierte Paramount-Streifen „The Smiling Lieutenant", den Ernst Lubitsch mit Maurice Chevalier und Claudette Colbert nach seinem „Walzertraum" inszenierte, machte als erster internationaler Erfolg einer Filmoperette Filmgeschichte. Zu Lubitsch „One Hour with You" mit Chevalier und Jeanette McDonald gab es auch eine französische Version, „Une heure près de toi", in fast gleicher Besetzung. Schließlich hatte Straus das Vergnügen, in der witzigen deutschsprachigen MGM-Revue „Wir schalten um nach Hollywood" sich selbst zu verkörpern.

F: Married in Hollywood, 1929; A Lady's Moral (Songs nach Texten von Clifford Grey), 1930; Daybreak, The Guardsman, The Smiling Lieutenant (Score und Songs nach Texten von Clifford Grey), Wir schalten um nach Hollywood (Da), 1931; One Hour with You (Score und Songs nach Texten von Leo Robin), 1932; Make a Wish (Score und Songs nach Texten von Louis Alter und Paul E. Webster), 1937; The Chocolate Soldier (Score und Songs nach Texten von Stanislaus Stange und Gus Kahn), 1941.

TV: Musical Comedy Time: The Chocolate Soldier (Adaption), 1950.

Komponist

Oscar Straus

Von seinem Librettisten Alfred Grünwald erhielt er die Idee zu einer Operette mit Fritzi Massary, der damaligen Königin der Berliner Operettenbühnen. Straus begann „Eine Frau, die weiß was sie will" noch in Amerika und vollendete das Stück in Berlin, die Premiere im Metropoltheater wurde ein großes Ereignis und gleichzeitig der Schwanengesang für das Zeitalter der heiteren Muse. Als Hitler zur Macht kam, ging Straus nach Frankreich, wo man ihn mit der „Ehrenlegion" auszeichnete und anschließend zum zweiten Male nach Hollywood. 1941 verfilmte Metro-Goldwyn-Mayer seine 1908 im Theater an der Wien uraufgeführte und in Europa nie richtig erfolgreiche Operette „Der tapfere Soldat", die in den USA unter dem Titel „The Chocolate Soldier" zu den bis heute meistgespielten Operettenwerken gehört.

Straus war längst zum Weltbürger geworden, ehe ihn der Zwang der Ereignisse dazu machte. In der Emigration schrieb er noch sieben große musikalische Werke, nach der Heimkehr nach Österreich die Musik für zwölf Filme und 1950 die letzte unvergeßliche Melodie seines Lebens, den „Valse" für Max Ophüls „La Ronde" nach Schnitzlers Bühnenstück „Der Reigen". Er unterstrich damit den musikalischen Charakter der Dramaturgie und bewies, daß er als Komponist auch den Anforderungen des modernen Films entsprach.

Regisseur

Erich von Stroheim

Geb. 22. Sept. 1885 Wien
Gest. 12. Mai 1957 Maurepas

F: Captain Macklin (Sta), Ghosts (Sta), Social Secretary (Da), Old Heidelberg (Sta), The Birth of a Nation (Stunt), 1915; Intolerance (RA, Da), 1916; Macbeth (Da), His Picture in the Papers (Da), Less Than Dust (RA), Panthea (Da), Sylvia of the Secret Service (Ra, Da), For France (Da), In Again-Out Again (Da), Reaching for the Moon (Da), 1917; The Unbeliever (TA, Da), Hearts of the World (Da), The Hun Within (Da), The Heart of Humanity (Da, Militärberater), 1918; Blind Husbands (R, DA, Story, Db, art dir), 1919; The Devil's Passkey (R, Story, Db, art

Der offizielle Biograph Erich von Stroheims, der Londoner Kritiker Peter Noble, hat den Künstler in seiner Biographie „Hollywood Scapegoat" (London 1950) als „Erich Oswald Hans Carl Marie Stroheim von Nordenwall", Sohn eines Dragoner-Obersten und einer Kammerfrau der Kaiserin Elisabeth identifiziert. Das biographische Jahrbuch „Who's Who in France" brachte in der Ausgabe 1955/56 den Eintrag: E. v. St., Pseudonym von Erich Stroheim von Norden Wall. Die im Umfeld der aufstrebenden Traumfabrik vollzogene Selbstadelung, Legenden und der persönlich inkarnierte Mythos vereitelten lange Zeit die genaue Bestimmung seiner Herkunft. Erich Oswald Stroheim war der Sohn eines Kaufmanns und wanderte 1908 in die Vereinigten Staaten aus, wo er über ein halbes Dutzend Gelegenheitsberufe 1914 nach Südkalifornien kam.

Seine Laufbahn begann in der unwiederholbaren Goldgräberzeit Hollywoods, in Universal City, der Studiostadt des Württembergers Carl Laemmle. Stroheim arbeitete als Statist in Filmen

dir, Sch), 1920; Foolish Wives (R, Da, Db), 1921; Merry-Go-Round (R, abgelöst von Rupert Julian), 1922; Souls for Sale (cameo), Greed (P, R, Db m. June Mathis), 1923; The Merry Widow (R, Db m. Benjamin Glazer, Kostüme m. Richard Day), 1925; The Wedding March (R, Da, Db m. Harry Carr, art dir), Tempest (Db u. Bearbeitung), 1927; Queen Kelly (R, unvollendet), 1928.

*Tonfilme: The Great Gabbo, 1929; Three Faces East, 1930; Friends and Lovers, 1931; As You Desire Me, The Lost Squaon, 1932; Hello Sister (R, *), 1933; Crimson Romance, Fugitive Road, 1934; The Crime of Dr. Crespi, Anna Karenina (Mitärberater), 1935; San Francisco (Dialoge in Zusammenarbeit mit Anita Loos), The Devil Doll (Dialoge), Between Two Woman (Story), The Emperor's Candlestick (Bearbeitung), 1936; I Was an Adventuress, 1940; So Ends Our Night, 1941; Five Graves to Cairo, The North Star, 1943; The Lady and the Monster, Storm Over Lisbon, 1944; The Mask of Dijon, 1946; Sunset Boulevard, 1950.*

(*) Der Film stellt die einzige Tonfilmregie Stroheims dar. Seine Version kam nie in die Kinos. In einem Studiokrieg veranlaßte Fox-Produzent Sol Wurtzel einen Umschnitt und eine teilweise Neufassung unter dem o. a. Titel.

wie „Captain Macklin", „Ghosts" und „Old Heidelberg", übernahm Stuntaufgaben in „Birth of a Nation" und assistierte D. W. Griffith während der zwanzigmonatigen Dreharbeiten an „Intolerance", dem ersten Monumentalwerk der Filmgeschichte. Wesley Ruggles setzte ihn in „For France" in einer größeren Rolle ein, man beschäftigte ihn als Ausstatter, Technical Adviser und Militärberater. 1919 erhielt er seinen ersten Regieauftrag.

„Blind Husbands" nach seiner Story „The Pinnacle", in dem er auch Hauptdarsteller war, markierte noch nicht die brillante und kontroverse Karriere des großen Erich von Stroheim, der als Nachfolger Griffiths Hollywood erschütterte. Er war ein König der Regisseure, von seinen neun Stummfilmen sind „Blind Husbands", „The Devil's Passkey", „Foolish Wives", "Greed" und „The Merry Widow" unbestreitbare, mit Avantgardismen durchsetzte Meisterwerke. Der Naturalismus seiner Beobachtung führte ihn zur Erkenntnis der gesellschaftlichen Kräfte. Mit Dekadenz bis zur Neige und obsessiver Atmosphäre, rauschhafter Sucht nach Lust und einer überschäumenden Erotik stellte er die Herrschenden und die puritanische Moral bloß, verschmolz er seine Stoffe in die Perspektive seines Lebensverständnisses. In einem wilden Umsturz führte er Hollywood weg vom einfachen Bilderalbum zu seiner eigentlichen Bestimmung. Universal stieg mit ihm in den auserwählten Kreis der großen Produktionsgesellschaften auf.

In all seiner Brillanz, in der Gestaltung von Charakteren, sozialen Gefügen und geschickter Wahl der Dekors, war er jedoch unfähig, seine Vorstellungen auf kommerzielle Maßstäbe zuzuschneiden. Er kam in den nicht unbegründeten Ruf, der teuerste Regisseur Hollywoods zu sein. Obwohl die damals gerade entstehende Filmkritik spürte, in ihm mit einem bedeutenden Künstler konfrontiert zu sein, wurde Stroheim mitten im Welterfolg von den Produzenten auf die Schwarze Liste gesetzt. Filme mit unspielbarer Länge mußten unter seinem Protest um die Hälfte oder bis zu zwei Drittel gekürzt werden, bevor sie in die Kinos kamen, in denen sogar die Torsi Sensationen waren. Als er 1928 seinen letzten Streifen „Queen Kelly", den er für und mit Gloria Swanson drehte, nicht mehr beenden durfte, zog er sich verbittert von der Filmregie zurück. Seitdem arbeitete er nur mehr als Schauspieler, ab November 1936 meist in Frankreich, nachdem er das „undankbare" Hollywood verließ. Vom großen Triumphirat der Gründerfiguren des amerikanischen Kinos, Stroheim, Griffith und Chaplin war der Wiener wohl der legendärste. Sein Werk hat nur in Fragmenten, in deformierten und teilweise grotesk verstümmelten Fassungen überlebt.

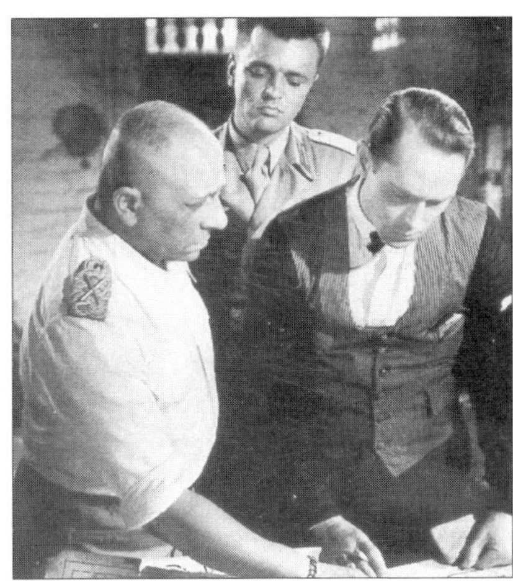

Erich von Strohberg als Feldmarschall Rommel neben Peter van Eyck und Franchot Tone in Billy Wilders „Five Graves to Cairo"

Der Wiener bei den Arbeiten an seinem Meisterwerk „Greed", das unter den besten Filmen aller Zeiten mit an vorderster Stelle steht

Der gebürtige Wiener Erich von Stroheim bei den Arbeiten an seinem Meisterwerk „Greed", einen der besten Filme aller Zeiten

Walter Szurovy (Walter Molnar) Schauspieler

Geb. 28. Mai 1910 Wien

F: To Have and Have Not, 1944.

Der Wiener spielte an Bühnen in Karlsbad, Iglau, Mährisch-Ostrau und 1937 am Dt. Theater Prag. Beim Film war er in „Kein Wort von Liebe“ (D/CSR, 1937) und „Hotel Sacher“ (Ö, 1939) beschäftigt. Bei den Außenaufnahmen zu der Vienna Filmproduktion „Spiegel des Lebens“ im März 1938 in Tirol hörte er vom Einmarsch der deutschen Truppen in Österreich (*). Als Nazi-Flüchtling emigrierte er kurz danach über Italien in die Vereinigten Staaten.

In Hollywood gründete er 1941 die Polk-Szurovy Agency (**), 1944 wirkte er unter dem Namen Walter Molnar bei Warner Brothers in Howard Hawks Hemingway-Verfilmung „To Have and Have Not“ neben Humphrey Bogart und Lauren Bacall mit. Ab 1947 fungierte er als persönlicher Manager seiner Gattin Risë Stevens, einer glänzenden Mezzosopranistin der Metropolitan Oper New York. 1950 übernahm Szurovy eine kleine Rolle in dem bundesdeutschen Nachkriegsfilm „Fall 7A9“. Sein 1946 in Los Angeles geborener Sohn Nicolas Szurovy ist in den USA ein bekannter Bühnen-, Film- und Fernsehdarsteller.

(*) Wiedergabe von Kammerschauspielerin Jane Tilden, die in dem Film ebenfalls beschäftigt war und mit Walter Szurovy am 13. März 1938 das bereits mit Hakenkreuzflaggen übersäte Innsbruck erlebte.

(**) Aus „Fluchtpunkt Hollywood“ von Jan-Christopher Horak.

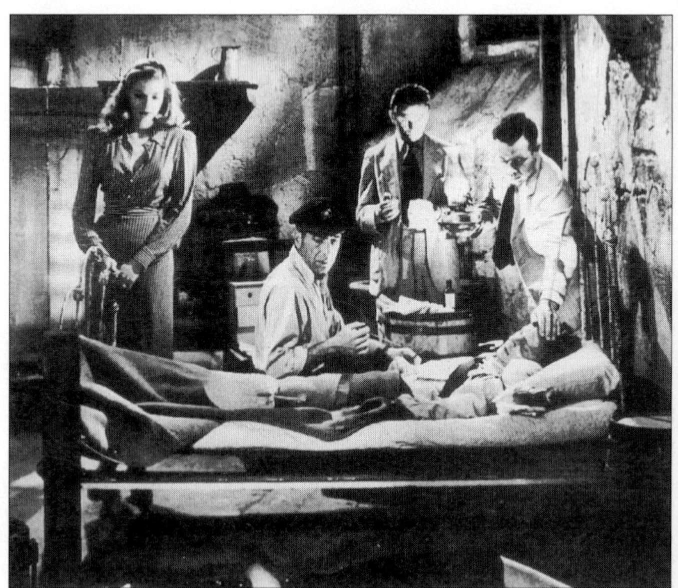

Lauren Bacall, Humphrey Bogart, Marcel Dalio, Walter Molnar (Szurovy, liegend) und Paul Marion in Howard Hawks Hemingway-Verfilmung „To Have and Have Not“

Josef Than

Geb. 26. Juli 1903 Wien
Gest. 02. Dez. 1985 Hollywood

Josef Than war Filmproduzent und Schriftsteller. Zu seinen literarischen Werken zählen die Romane „Der Gaunerpräsident" und „Die Republik der Mörder". In der Vor-Hitlerzeit schrieb er allein oder mit anderen die Drehbücher der Filme „Schön ist die Manöverzeit" (mit Johannes Brandt), „Der Draufgänger" (mit Richard Eichberg), „Fürst Seppl", „Die Zwei imSüdexpreß" und für das Spionage-Abenteuer „Unter falscher Flagge" (mit J. Brand und Max Kimmich).

1931 gründete er in Berlin die ABC-Film GmbH, die im Jahr der Machtübernahme die Komödie „Heimkehr ins Glück" mit Luise Ullrich fertigstellte. Than durfte den Film weder als Produzent noch als Autor zeichnen. Das gleiche widerfuhr ihm1934/35 in Wien mit den weitgehend aus Deutschland finanzierten Streifen „Hohe Schule" und „Nur ein Komödiant". Angesichts der abzusehenden düsteren Zukunft ging er 1936 entmutigt nach England. Nach Filmarbeiten in Paris, der Internierung und dem Übertritt in das unbesetzte Frankreich, gelangte er unter unglaublichen Schwierigkeiten in die Vereinigten Staaten.

In Hollywood gehörte er zu einer Gruppe Autoren, die einen Vertrag über 20 Wochen mit 75 Dollar Wochengage erhielten, um das Überleben zu sichern. Zusammen mit Alfred Neumann lieferte er die von der Academy zum „Oscar" nominierte Story für den Columbiafilm „None Shall Escape", der anhand der Geschichte eines an der deutsch-polnischen Grenze lebenden Weltkrieg I-Teilnehmers Ursachen aufzeigte, die zum Zweiten Weltkrieg führten. Darüber hinaus erhielt er „credits" für die Mitarbeit an den Drehbüchern des Warner Brothers-Remakes „Deception" mit Paul Henreid und an Richard Oswalds TV-Produktion „Mayerling".

1951 sondierte er in Westberlin Möglichkeiten, dort wieder Filme zu produzieren. 1954/55 verfaßte er mit Jacques Companéez die Scripts zu den Streifen „Jeunes Mariés" (F) und „Meine Schwester und ich" (BRD) nach dem gleichnamigen musikalischen Lustspiel Ralph Benatzkys. Bei der deutsch-französischen Co-Produktion „Zwischenlandung in Paris"/„Escale a Orly" führte er mit Jean Dreville auch Regie. 1965–1968 arbeitete er als Autor an der an internationalen Orten spielenden US-Fernsehserie „I Spy" mit. Josef Than war mit der Schauspielerin Grit Haid (Schwester Liane Haids, 1938 bei einem Flugzeugabsturz ums Leben gekommen) und der Tänzerin Marina Novikowa verheiratet.

F: None Shall Escape (Story m. Alfred Neumann), 1944; Deception (Db m. John Collier), 1946; The Pirate (Db-Mitarbeit, o.c.), 1948.
TV: The Last Hour: Mayerling (Db m. Stephan Longstreet), 1950; I Spy (Einzeltitel nicht bekannt), 1965–1968.

Wilhelm (William) Thiele **Regisseur**

Geb. 10. Mai 1890 Wien
Gest. 07. Sept. 1975 Woodland Hills

F: Lottery Lover, 1935; Don't Get Personal (Story mit Edmund Hartman), The King Steps Out (RA), The Jungle Princess, 1936; Beg, Borrow or Steal, London by Night, Carnival in Paris (Kf), 1937; Stablemates (Story mit Reginald Owen), 1938; Bridal Suite, Bad Little Angel, 1939; The Ghost Comes Home, 1940; Tarzan's Triumph, Tarzan's Desert Mystery, 1943; She Wouldn't Say Yes (Story mit Laszlo Gorog), 1945; The Face of Marble (Story mit Edmund Hartmann), Madonna's Secret (R, Db mit Bradbury Foote), 1946; This Is Nylon (Kf, R, Buch mit Francis P. Scannell), 1948; The Price of Freedom (Kf, R, Buch mit David P. Sheppard), U.C.L.A. (Kf), 1949; The Story of the Duponts (Df), 1950.

TV: Cavalcade of America: No Greater Love, 1952; Mightier Than the Sword, Indomitable Blacksmith, Slater's Dream, The Pirate's Choice, John Yankee, The Tenderfoot, Time to Grow, The Betrayal,

Wilhelm Thiele (Thiele-Isersohn) sollte Chemie studieren, zog aber die Bühnenlaufbahn vor. Er erhielt ein Burgtheaterstipendium durch Professor Ferdinand Gregory und begann als Schauspieler in Karlsbad und Stuttgart. Nach dem Ersten Weltkrieg ging er als Regisseur an das Volkstheater in München, anfangs der 20er Jahre kam er in Wien mit dem Film in Berührung. Debütarbeiten waren die Musiker-Biographien „Carl Michael Ziehrers Märchen aus Alt-Wien" mit Hans und Hugo Thimig, „Franz Lehár" und der Farbfilmversuch von Emil Leyde „Fiat Lux" (1923). Bei der UFA in Berlin verfaßte er Szenarien zu „Zwei Kinder" (1924), „Die Kleine vom Varieté" (1926) und „Die selige Exzellenz" (1927), Streifen wie „Orientexpreß" (1927) und „Adieu Mascotte" (1929) wiesen ihn als geschickten Inszenator leichter Stoffe aus.

Mit den Lilian Harvey-Filmen „Liebeswalzer" und „Die Drei von der Tankstelle" (1930) mit Willy Fritsch, Heinz Rühmann und Oskar Karlweis sowie „Die Privatsekretärin" mit Renate Müller begründete er das Genre der Tonfilmoperette, in der die Musik als Bestandteil der Dramaturgie integriert war. Lieder und Tanzszenen entwickelten sich direkt aus der Handlung, womit Thiele ein wichtiges Element späterer Hollywood-Musicals vorwegnahm und einen herausragenden Beitrag zur Filmgeschichte lieferte. 1932 drehte er in Frankreich „Le Bal", wofür er unter 200 Mädchen Danielle Darrieux für die Hauptrolle auswählte und „L'Aventure amoureuse". Bevor er nach Amerika fuhr, realisierte er 1933 in England „Waltz Time" und in Wien „Großfürstin Alexandra" mit Maria Jeritza und Leo Slezak. In den USA begann er mit einer Theater-Inszenierung für Gabriel Pascal, in New York und Chicago brachte er die Operette „Annina" auf die Bühne.

In Hollywood erreichte Thiele zu keiner Zeit die künstlerische Bedeutung, die er in Deutschland genoß. Das Debüt bei 20th Century Fox war durch eine vom Geldgeber aufgezwungene Fehlbesetzung nur wenig erfolgreich. Nach „Don't Get Personal" bei Universal und der Regieassistenz bei Josef von Sternbergs Operettenverfilmung „The King Steps Out" (Fritz Kreislers „Sissy") brachte ihm erst der Paramountfilm „Jungle Princess" mit Ray Milland trotz Verwendung eines Tabus, dem Thema der Liebe zwischen Menschen verschiedener Hautfarbe, einen Erfolg, aber nicht den Durchbruch. Von Europa her gewohnt, als Regisseur Arbeitszeit und das Arbeitstempo zu bestimmen, stieß er vor allem auf den Widerstand der gewerkschaftlich organisierten Kleindarsteller und des technischen Personals.

Als er gegen die Vorgaben der Produktion den Song „Moonlight and Shadow“ von Friedrich Holländer in den Streifen einfügte, machte er damit zumindest die kleine Sängerin und exotische Schönheit Dorothy Lamour zum Star. Aufgrund einiger Kurzfilme, die Louis B. Mayer gefielen, gab ihm MGM einen Siebenjahresvertrag. Mayer hatte von seinen Mißgeschicken gehört, sein Aufgabengebiet blieb daher auf den Bereich von B-Pictures beschränkt, handwerklich routiniert gemachte und kommerziell ergiebige Lustspiele und Dramen. Bei RKO kamen zwei Tarzan-Filme mit Johnny Weißmüller hinzu, er führte Regie bei kleinen Studios und verkaufte einige Storys. Danach folgten Dokumentar- und Werbefilme für das State Department, die University of Southern California und die Industrie (Dupont). In den 50er Jahren arbeitete Thiele nur mehr für die Television, er drehte menschlich anrührende Episoden aus der amerikanischen Geschichte im Rahmen der Reihe „Cavalcade of America“ und bei der beliebten ABC-Show „The Lone Ranger“ nach Frank Strikers klassischen Radiohörspielen von 1933.

Nach fast drei Jahrzehnten trieb ihn die Sehnsucht in den früheren Wirkunsbereich zurück. Es gelang ihm, wieder in Deutschland zu filmen, mit den zwei Komödien „Der letzte Fußgänger“ mit Heinz Erhardt und „Sabine und die 100 Männer“ (1960) mit Sabine Sinjen und Yehudi Menuhin (ein Remake des Henry Koster-Musicals „One Hundred Men and a Girl“ von 1937) konnte er jedoch an die großen Vorkriegserfolge nicht mehr anknüpfen. Wilhelm Thiele war darüber nicht verbittert, sah vielmehr in seinem Heim in Bel Air zufrieden auf sein Gesamtwerk zurück. Er hatte österreichische, deutsche, englische, französische und amerikanische Filme gemacht und dabei stets versucht, Frohsinn zu vermitteln. Zuletzt frönte er seinem Hobby, kleine Geschichten zu schreiben. Die Filmarbeit wurde von seinem Schwiegersohn, dem Regisseur Richard Rush fortgesetzt.

One Nation Indivisible, Mr. Pearce's Dinosaur, 1953; GIs for Goldberger, Man of Glass, Duel at the O.K. Corral, The Splendid Dream, Riddle of the Seas, The Paper Sword, Gentle Conquerer, Moonlight School, The Skipper's Lady, Courage in Connecticut, The Great Gamble, The Forge, Ordeal in Burma, 1954; Message from Garcia, Petticoat Doctor, Man on the Beat, Stay On – Stranger, Sunrise on a Dirty Face, The Swamp Fox, Crisis in Paris, Postmark: Danger, 1955; Star and Shield, 1956.
The Lone Ranger: Ex-Marshall, Message to Fort Apache, Dan Reid's Fight for Life, Tenderfoot, A Broken Match, Homer with a High Hat, Two for Juan Ringo, 1954; Code of the Pioneers, The Too Perfect Signature, The Tell-Tale Bullett, The Woman in the White Mask, The Bounty Hunter, Showdown at Sand Creek, The Sheriff's Wife, 1955.

Helene Thimig — Schauspielerin

Geb. 05. Juni 1889 Wien
Gest. 07. Nov. 1974 Wien

Helene Thimig, Tochter des Schauspielers, Hofrats und zeitweiligen Burgtheaterdirektors Hugo Thimig, begann nach dem Unterricht bei Hedwig Bleibtreu am Hoftheater Meinigen und wechselte 1911 an das Königl. Schauspielhaus in Berlin, wo die Begegnung mit Max Reinhardt für sie lebensbestimmend wurde. An seinem Dt. Theater ging sie den Weg vieler Schauspielerinnen, denen das Schicksal Erfüllung und Vollendung gewährte. Sie spielte alle großen Rollen der Bühnenliteratur, von den Mädchen und den Müttern bis zur Schar der sorgenden und leidenden Greisinnen und errang dabei den Beifall des Publikums und der Kritik.

1932 heiratete sie Max Reinhardt, den bedeutenden Erneuerer des modernen Theaters. Als ihr Gatte in Berlin verfemt war, fand ihre dortige Karriere ein jähes Ende. Fortan trat sie an der Josefstädter Bühne in Wien, am neuen Dt. Theater in Prag und als „Glaube" bei den Salzburger Festspielen auf. Die politischen Umstände und das Bedürfnis nach künstlerischer Freiheit trieb das Ehepaar 1937 in die Emigration.

In Hollywood übernahm Helene Thimig Lehraufgaben am bekannten Theater-Workshop ihres Gatten und nach dessen Tod 1943 auch Episodenrollen in Filmen. In John Farrows „The Hitler Gang" verkörperte sie Angela Raubal, die Halbschwester Hitlers, in der Vicki Baum-Verfilmung „Hotel Berlin" eine jüdische Forscherin. Sie spielte in Fritz Langs Spionagedrama „Cloak and Dagger" und 1947 als Partnerin Errol Flynns in „Cry Wolf" nach dem gleichnamigen Roman von Marjorie Carleton. Zwei Tage nach Drehschluß dieses Warner Brothers-Streifens flog sie nonstop zurück über den Atlantik.

Wieder in Wien, verpflichtete sie sich dem Josefstädter Theater, daneben leitete sie einige Jahre das Reinhardt-Seminar. Sie inszenierte in Salzburg den „Jedermann" und hielt auf deutschen Bühnen mit ihrer Kunst und Persönlichkeit die Erinnerung an Max Reinhardt wach. Helene Thimig, die zuletzt mit dem Wiener Schauspieler Anton Edthofer ein neues Glück fand, wurde zur Grand Old Lady und eine der großen Persönlichkeiten der beinahe schon ins Legendäre entrückten Zeit des deutschsprachigen Theaters.

F: The Gay Sisters, 1942; The Moon Is Down, Edge of Darkness, 1943; The Hitler Gang, None But the Lonely Heart, Strangers in the Night, 1944; Hotel Berlin, Isle of the Dead, This Love of Ours, Roughly Speaking, 1945; Cloak and Dagger, 1946; The Locket, Escape Me Never, Cry Wolf, High Conquest (*), 1947; Decision Before Dawn (**), 1952.
(*) In der Schweiz, (**) in Deutschland gedreht.

Helene Thimig (rechts außen) in „The Moon is Down", vierter von links Ernst Deutsch, sechster von rechts John Banner

Helene Thimig, Andrea King und Peter Whitney in dem Warner Brothers-Film „Hotel Berlin" nach einem Roman von Vicki Baum.

Robert Thoeren

Autor

Geb. 21. Apr. 1903 Brünn
Gest. 13. Juli 1957 München

Robert Thoeren wollte zur Bühne, seine Stationen waren Wien, München (bei Falckenberg), nochmals Wien (bei Reinhardt) und Berlin. Bald spielte er auch auf der Leinwand eine Rolle, in Filmen wie „Der Schuß im Tonfilmatelier" (1930), „Weib im Dschungel" (D/F/US, 1930), „Der Zinker" (1931), „Er und sein Diener" (D/U, 1931) und „Tropennächte" (D/F, 1931). Erkennend, daß er trotz des guten Aussehens als Darsteller die erste Garnitur nicht erreichen würde, sattelte er um. In Friedrich Holländers Kabarett „Tingeltangel" war er ein Conferencier mit viel Charme, Witz und Geschicklichkeit, seine eigentliche Karriere begann jedoch in der Emigration in Paris als Filmautor.
Das Manuskript zu Viktor Tourjanskys „Les Yeux Noirs" (1935) machte ihn bald in der Branche bekannt. Seine Drehbücher zu „Fanfares d'amour" (1935), „Vingt-Sept rue de la Paix" (1936), „Nuits de feu" (1937), „Le Dompteur" und „Alerte en Mediterranee" mit Pierre Fresnay (1938) verkauften sich gut. In Paris heiratete er Marina Tischler, die Tochter des Wiener Malers und Grafikers Viktor Tischler, gemeinsam gingen sie über London nach Hollywood. Obwohl er nicht englisch konnte, führte sich Thoeren dort mit dem Satz „Me English Writer" ein. Der an Polgar und Peter Altenberg geschulte Meister der Feder verstand es, sich in kurzer Zeit einen Namen zu machen und erfolgreich in die Scriptarbeit der amerikanischen Filmindustrie einzufügen, ohne daß er seinen Beruf überschätzte oder zu ernst nahm.

Nach zwölf Jahren USA kehrte Thoeren nach Europa zurück. Als die NDF 1951 in München einen seiner früheren Filme unter dem Titel „Fanfaren der Liebe" als Remake produzierte und einen Kassenerfolg daraus machte, schrieb er auf Anraten seines alten Freundes Fritz Rotter die Fortsetzung, „Fanfaren der Ehe". Neben anderen folgten 1955 die Drehbücher zu Geza von Cziffras „Banditen der Autobahn", Fritz Kortners „Sarajewo" und in Kooperation mit Erika Mann „Die Bekenntnisse des Hochstaplers Felix Krull".

Sein letzter Auftrag war das Buch für einen Lilli Palmer-Film nach Oscar Straus. Ende März 1957 hatte Robert Thoeren einen schweren Autounfall, bald darauf erlag er einem Herzschlag. Er erlebte es nicht mehr, daß Billy Wilder die Remake-Rechte von „Fanfaren der Liebe" erwarb und daraus den legendären Klassiker „Some Like it Hot" (Manche mögen's heiß) schuf. Der Autor, der sich selbst als Snob und Kosmopoliten bezeichnete, war zuletzt mit der Schauspielerin Erica Beer verheiratet. Seine Beisetzung erfolgte wunschgemäß im Familiengrab unter den Platanen des Döblinger Friedhofs in Wien.

F: Hotel Imperial (mit Gilbert Gabriel), 1939; Rage in Heaven (mit Christopher Isherwood), 1941; Mrs. Parkington (mit Polly James), Summer Storm (mit Douglas Sirk und Rowland Leigh), 1944; Temptation, 1946; Singapore (mit Seton I. Miller), 1947; An Act of Murder (mit Michael Blankfort), 1948; Big Jack (Story), The Fighting O'Flynn (mit Douglas Fairbanks, Jr.), 1949; Captain Carey U.S.A., September Affair, 1950; The Prowler (Story), 1951; Some Like it Hot (Story mit M. Logan), 1959.

Regisseur Alexis Thurn Taxis (Cliff Wheeler)

Alexis Thurn-Taxis, der sich auch Prinz Sascha Thurn-Taxis nannte, studierte in den USA in Syracuse und an der Yale University. 1916 kam er durch den aus Irland stammenden Regisseur Rex Ingram bei Universal/Bluebird mit dem Film in Berührung, 1927 bis 1929 drehte er für Excellent unter dem Namen Cliff Wheeler mehrere Stummfilme. Ab 1930 arbeitete er in Europa u.a. bei der Wiener Sascha-Film und in römischen Studios, 1937 kehrte er nach Hollywood zurück.

Während der vierziger Jahre führte er bei PRC (Production Releasing Corporation), Universal und der Columbia Regie oder leitete die Produktion. Thurn-Taxis war achtzehn Monate in New York als TV-Regisseur bei CBS für Serien wie „The Stork Club" tätig, er war einige Jahre Story-Consultant bei MGM und Assistent des MGM-Moguls Louis B. Mayer. 1953 wechselte er in die Geschäftsleitung der Cinerama Production Corp. Alexis Thurn-Taxis lebte in Beverly Hills mit seiner Gattin Lillie in einem Haus namens „The Hearthstone" (El Hogar), das als Replik eines mexikanischen Gasthofes errichtet wurde. In seinem Wohnzimmer stand das Modell einer Postkutsche, mit der seine Vorfahren (siehe Index!) 1491 den Postverkehr in den habsburgischen Ländern aufgenommen hatten.

Geb. 27. Mai 1891 (*)
Gest. 26. Juli 1979 Woodland Hills

F: A Night for Crime (R), The Yanks Are Coming (P), 1942; Man of Courage (R), 1943: Slightly Terrific (P), 1944; Boston-Blackie's Rendezvous (P), The Girl of the Limberlost (P), Hollywood and Vine (R), Prison Ship (P), Rough, Tough and Ready (P), 1945; The Gentleman Misbehaves (P), 1946.

Silents (Regie, als Cliff Wheeler): The Love Wager, 1927; One Splendid Hour, Comrades, Into No Man's Land, Making the Varsity, Bit of Heaven, Havana Shadows, 1928; Prince of Hearts, 1929.

(*) Der Geburtsort konnte bis zur Drucklegung des Buches nicht ermittelt werden. Nach Auskunft des Fürstlichen Regensburger Hausarchivs und adäquater Wiener Stellen schmückte sich Alexis Thurn-Taxis unberechtigt mit diesem Namen und gehörte keiner Linie des Hauses an. Da ihn die amerikanische Filmpresse stets als geborenen Österreicher bezeichnete, ist seine Aufnahme in dieses Werk (mit entsprechendem Vorbehalt) gerechtfertigt.

(zur nebenstehenden Seite)
Robert Thoeren mit Fred MacMurray und seiner Tochter aus der Ehe mit Marina Tischler, Nina Thoeren

Ernst Toch

Komponist

Geb. 07. Dez. 1887 Wien
Gest. 01. Okt. 1954 Los Angeles

Ernst Toch machte sich in den 20er Jahren als antiromantischer Komponist mit einer klaren, hart geschnittenen Musik voll kühner Harmonik einen Namen, der in einem Atemzug mit Paul Hindemith und Kurt Weill genannt wurde. Nach seiner Emigration 1933 in die USA galt er im ganzen Einflußbereich der Nazis als entartet und verfemt. Ab 1934 lehrte er an der New School of Social Research in New York, ab 1936 an der University of Southern California in Los Angeles. Zu seinen Schülern gehörten die bekannten Filmkomponisten Alex North und Hugo Friedhofer. Er schuf vier Opern, Symphonien, Liederzyklen, Orchesterwerke, Hörspiel- und Bühnenmusik sowie 12 komplette Filmmusikpartituren. Bevor er nach Amerika ging, blieb er ein Jahr (1934) in England, wo er die Musik zu drei Filmen schrieb, Alexander Kordas „Catherine the Great", „The Privatlife of Don Juan" (beide ohne Namensnennung im Vorspann) und für die Michael Balcon-Produktion der Gaumont British „Little Friend" (*) unter der Regie Berthold Viertels.

Als Toch in New York eintraf, machte er die Bekanntschaft George Gershwins, der ihm einen Auftrag der Warner Brothers verschaffte. Das Projekt zerschlug sich, stattdessen folgte Toch einem Angebot der Paramount, bei der er 1935 die Romanverfilmung „Peter Ibbetson" vertonte. Die eigenwillige polyphone Arbeit brachte ihm die erste „Oscar"-Nominierung ein, wenngleich die Auszeichnung nach damaligem Brauch nicht der Komponist, sondern der Leiter des „Music Department" Irvin Talbot erhielt, der auch die Musik dirigierte. 1936 verlangte Paramount seine Mitarbeit an Lewis Milestones „The General Died at Dawn" nach einem Drehbuch Clifford Odets. Der eigentliche Komponist des Films war Werner Janssen, Toch überarbeitete die Partitur und richtete sie bildsynchron ein, die „Oscar"-Nominierung für eine der besten Filmkompositionen der 30er Jahre verbuchte Janssen. Die Untermalung des komödienhaften Gespensterthrillers „The Cat and the Canary" mit Bob Hope und Paulette Goddard war insofern entscheidend, als sie seinen Status in Hollywood als Spezialist für Spuk- und Horrormusik festlegte.

Bei der 20th Century Fox arbeitete er wieder anonym, schrieb Teile zu dem Shirley Temple-Streifen „Heidi" und die Titelmusik zu John Fords „Four Men and a Prayer" und Irving Cummings „The Story of Alexander Graham Bell". Beide Ouvertüren kamen noch in anderen Filmen der Fox zum Einsatz, in „Suez" (1938), „Everythings Happens at Night" (1939) und „The Three Musceteers" (1939). Für RKO arrangierte er auf Bitten Alfred

(*) Der Film gilt heute nahezu als verschollen.

Komponist

Ernst Toch

Newmans dessen „Hallelujah“ im Finale von William Dieterles „The Hunchback of Notre Dame“, das in der gleichen Fassung auch in späteren Arbeiten Newmans, „Song of Bernadette“ (1943) und „The Robe“ (1953), Verwendung fand. 1941 trat Toch mit der Columbia in Verbindung. Die phantasievolle Musik zu Charles Vidors Schocker „Ladies in Retirement“ brachte ihm die zweite „Oscar“-Nominierung ein, die düster-dramatische Partitur zu dem Kriegsepos „Adress Unknown“ mit Mady Christians und Carl Esmond war der „Academy“ eine weitere „Oscar“-Nominierung wert. Tochs zehn Jahre als Filmkomponist endeten 1945 bei der Paramount, der letzte Film „The Unseen“ geriet jedoch zum Kassenflop.

Aus der Gruppe der erstrangigen Filmkomponisten Hollywoods ist Toch heute vielleicht der unbekannteste. Einige seiner Filmmusiken halten aber dem Vergleich mit den besten Werken Erich W. Korngolds, Max Steiners oder Miklos Roszas stand. Toch verachtete die Filmindustrie und betrachtete letztlich das ausschließliche Komponieren für den Film als Prostitution seines Talents, zur Unterstützung von Verwandten war er jedoch auf die Einnahmequelle angewiesen. Ernst Toch, viermaliger Träger des Österr. Staatspreises in Folge, lebte 1949 bis 1952 wieder in Europa, ohne seinen Bekanntheitsgrad aus der vornazistischen Zeit wieder zu erreichen. 1956 wurde er für seine Symphonie Nr. 3 mit dem Pulitzerpreis ausgezeichnet.

F: Menschen hinter Gittern (US/D), Wir schalten um nach Hollywood (US/D), Casanova wider Willen (US/D), 1931; Peter Ibbetson (*), 1935; The General Died at Dawn (zusätzliche Musik und musikalische Adaptionen), 1936; On Such a Night, Heidi (mit Charles Maxwell und Cyril J. Mockridge), 1937; Four Men and a Prayer (Titelmusik), 1938; The Story of Alexander Graham Bell (Titelmusik), The Cat and the Canary, Dr. Cyclops (mit Gerard Carbonara und Albert Haye Malotte), The Hunchback of Notre Dame (Arrangement des Hallelujah-Themas), 1939; The Ghost Breakers, 1940; Ladies in Retirement (*), 1941, First Comes Courage, 1943; Adress Unknown (*), None Shall Escape, 1944; The Unseen, 1945.

(*) Academy Award Nominierung

Autor

Friedrich Torberg

Friedrich Torberg wurde durch Romane wie „Der Schüler Gerber“ (1930), „Die Mannschaft“ (1935) und „Abschied“ (1937) sowie durch Kritiken, Essays und Feuilletons in Wiener, Prager und deutschen Zeitungen bekannt. Karl Kraus nannte er als Vorbild und Lehrmeister, er bemühte sich, dessen Purismus weiterzuführen. Von 1928 bis 1938 war er abwechselnd in Wien und Prag zu Hause, als Korrespondent reiste er zudem durch Europa. 1938 fiel er der Verfemung anheim, über die CSR, die Schweiz, Frankreich und Iberien erreichte er sein Fluchtziel Amerika.

Friedrich Torberg

Autor

Geb. 16. Sept. 1908 Wien
Gest. 10. Sept. 1979 Wien

In den Jahren 1940 bis 1944 lebte er in Hollywood. Warner Brothers hatten ihm nach Portugal einen Einjahresvertrag übermittelt, der European Film Fund ermöglichte mit einem Affidavit die Einreise. Die Filmstudios bezahlten in der Regel nach dem schriftstellerischen Namen, den sich ein Emigrant in der Heimat erworben hatte. Die größere Zahl der exilierten Autoren mußte mit relativ kleinen Wochenschecks Vorlieb nehmen, Friedrich Torberg hatte es damit schwerer als berühmtere Freunde. Hauptsächlich als „free lancer" verfaßte er nie verfilmte Manuskripte und Treatments (Night Warning, April in October, Zora Pasha), dazu Artikel in deutschsprachigen Exilzeitungen, im „Aufbau" und in der „Pazifischen Presse" von Felix Guggenheim und Ernst Gottlieb. Adviserdienste bei widerwilligen Regisseuren von Anti-Nazi-Filmen erlaubten zu überleben. Alma und Franz Werfel, die in Beverly Hills residierten, zählten ihn zu ihrem engeren Bekanntenkreis, Franz Molnár zeichnete ihn aus, indem er ihn zum Mitglied seiner Stammtischrunde machte.

1944 stellte sich der erhoffte Erfolg ein. Nach einer Story des irisch-amerikanischen Produzenten Arthur Ripley schrieb Torberg das Drehbuch zu „Voice in the Wind", eine Exilgeschichte, in der Franz Lederer, Sigrid Gurie und der kurz darauf verstorbene Alexander Granach die Hauptrollen spielten. Der mit geringfügigen Mitteln gedrehte und für Hollywood-Begriffe fast avantgardistische Film, ein sogenannter „sleeper" (*), wurde von United Artists angekauft und erlebte eine feierliche Premiere in einem großen Broadwaykino. Neben dem künstlerischen war der finanzielle Erfolg groß genug, daß der Wiener einige glänzende Hollywood-Angebote ausschlagen und nach New York gehen konnte, wo er das mehr europäische Großstadtleben anziehender fand.

1951 nach Wien zurückgekehrt, brachte er weitere Romane heraus, in den zwei Bänden der „Tante Jolesch" beschwor er die versunkene Welt des Wiener und Prager Judentums mit ihrem Witz und allen Skurrilitäten. Er arbeitete als Theaterkritiker, übersetzte Karl Capek, Franz Molnar und den ungarisch-israelischen Satiriker Ephraim Kishon, 1954 bis 1965 redigierte er die Monatszeitschrift „Forum". Seine Sprache war deutsch, österreichisch hingegen die literarische Tradition, an die er immer wieder anknüpfte.

F: Underground (TA), 1941; All Trough the Night (TA), 1942; Background to Danger (TA, Buch o.c.), The Song of Bernadette (Buch o.c.), 1943; A Voice in the Wind (Buch), 1944.

(*) „sleeper" waren sehr billige, von einer kleinen Produktionsgesellschaft „auf Verdacht" hergestellte Filme, die bei vorhandenen Erfolgschancen von einem großen Verleih angekauft wurden.

Willy Trenk-Trebitsch (William Trenk)

Willy Trenk-Trebitsch sollte Musiker werden, entschied sich jedoch für den Schauspielberuf. Er begann 1927 in Prag mit Rollen von Bert Brecht, auf der historischen „Dreigroschenoper“-Schallplatte der Berliner Ultraphon sprach er den Mackie Messer und machte damit Theaterfurore. Bekannt wurde der Wiener Komödiant auf den Operetten- und Schauspielbühnen der deutschen Hauptstadt zu den Zeiten Max Reinhardts, Leopold Jessners und bei Agnes Straub. Daneben spielte er großes Theater, trat am Kabarett auf, sang und spielte in Revuen Rosa Valettis sowie beim Film (Rasputin, Die andere Seite, 1932). Seine Lieder in der Berlin-Revue „Von A(lex) bis Z(oo)“, „Herr Goebbels macht es mit der Fresse“ sang er solange, bis der braune Spuk seine Karriere beendete. Fünf Jahre später vertrieben ihn die Nazis auch aus Wien, auf abenteuerlichen Wegen erreichte er über Prag, die Schweiz und Frankreich das rettende Amerika.

In Hollywood halfen ihm prominente Mitemigranten, Fritz Kortner, Conrad Veidt und sein Freund Max Ophüls. Neben einem Dutzend Filmrollen arrangierte er unter dem neuen Namen William Trenk Shows und Revuen und arbeitete gelegentlich in Kurt Robitscheks Exil-Kabarett. In seiner New Yorker Radiosendung „I was There“, die er dem damaligen Bürgermeister La Guardia verdankte, war die Emigrantenprominenz zu Gast. 1952 kehrte er nach Österreich zurück, arbeitete u. a. beim Sender Rot-Weiß-Rot und war einige Jahre ohne Engagement, bis neue Aufgaben bei Bühne, Film und Fernsehen sowie zu Beginn der 70er-Jahre auch im Regiefach auf ihn zukamen. Ab 1969 lebte Willy Trenk-Trebitsch in Berlin.

Geb. 11. März 1902 Wien
Gest. 21. Sept. 1983 Berlin

F: The Strange Death of Adolf Hitler, 1943; Days of Glory, 1944; Hitchhike to Happiness (als Willy Trenk), 1945; The Searching Wind, White Tie and Tails, 1946; The Exile, The Guilt of Janet Ames, I'll Be Yours, The Corpse Came C.O.D., Cass Timberlane, 1947; Letter From an Unknown Woman, 1948; They Were So Young/Mannequin für Rio, (D/US, in Berlin und Italien in dt. und engl. Version gedreht), 1955; Question Seven/ Frage Sieben (D/US, in Deutschland gedreht), 1961.

Willy Trenk-Trebitsch

Schauspieler

William Trenk und Joan Fontaine in der Max Ophüls-Verfilmung eines Stefan Zweig-Romans „Letters from an Unknown Woman“ (Brief einer Unbekannten)

Luis Trenker

Schauspieler – Regisseur

Luis Trenker, Sohn eines Schnitzers und Bildhauers, studierte in Wien und Graz Architektur. Im Ersten Weltkrieg kämpfte er als Offizier an der Dolomitenfront, 1922 bis 1927 war er in einem gemeinsamen Büro mit Clemens Holzmeister als selbständiger Architekt in Bozen tätig. Arnold Fanck entdeckte ihn 1924 für den Film, 1926 spielte er in dem UFA-Streifen „Der heilige Berg“ neben Leni Riefenstahl, 1928 führte er bei dem historischen Bergsteigerfilm „Der Kampf ums Matterhorn“ erstmals Regie.

Als Berufsschauspieler bildeten Berge, Schnee und Eis sein Terrain, als Regisseur wählte er hauptsächlich Themen seiner Tiroler Heimat. Trenker, ein ausgesprochenes Allroundtalent, machte sich zum Produzenten, um Hauptdarsteller bleiben zu können, der sich auch die Drehbücher meist selbst schrieb. Er zwang den Bergfilm aus den Ateliers ins Freie und nutzte die Möglichkeit, die Urbilder vom Lebenskampf, sowie der Herausforderung und der Bezwingung der Natur zu reproduzieren. In Filmen wie „Der verlorene Sohn“ (1934), „Der Berg ruft“ (1937) und „Der Feuerteufel“ (1940) propagierte er einen individuellen Heroismus und eine leidenschaftliche Bodenhaftigkeit und Liebe zur Heimat.

Carl Laemmle verhalf ihm zur Möglichkeit, auch in Hollywood zu arbeiten. 1931 und 1932 drehte Trenker für Universal „The Doo-

med Battalion", das amerikanische Remake von „Berge in Flammen", in dem er mit dem scheußlichen Dolomitenkrieg abrechnete. 1932 und 1933 entstand „The Rebel", dem die deutsche Fassung „Der Rebell" zugrunde lag. Beide Streifen entsprachen nicht den Erwartungen des Studios und des Publikums. Von „The Doomed Battalion" hatte man sich einen Antikriegsfilm im Stile von „All Quiet on the Western Front" erhofft, „The Rebel" war dagegen zu stark in Stummfilmmanier gehalten. Überdies störten die verschiedenen Akzente der meist europäischen Darsteller. Universal, das urspünglich eine Serie von 16 deutschsprachigen Filmen plante, gab das Vorhaben nach den beiden Mißerfolgen und den veränderten politischen Verhältnissen in Deutschland auf.
Als Trenker seine Arbeitsmöglichkeiten unter den Nazis eingeschränkt sah, ging er 1942 nach Italien. Nach dem Kriege versuchte er die Welt der Berge mit dem Unterhaltungsbedürfnis des westdeutschen Kinos der 50er Jahre zu verbinden. Seine Spielfilme erreichten jedoch nicht mehr die bildliche Ausdruckskraft oder die dramaturgische Seriösität früherer Zeiten. Aus dem Filmemacher wurde ein überaus erfolgreicher Publizist und beredter Erzähler in mehrteiligen Serien des deutschen und österreichischen Fernsehens. Sein Ruf beruht auf dem Umfang seines Oevres, fast 20 Filme, 50 Dokumentationen und zwei Dutzend Bücher, sowie dem liebenswürdigen Charme seiner Persönlichkeit.

Geb. 04. Okt. 1892 St. Ulrich
Gest. 13. April 1990 Bozen

F: The Doomed Battalion (D/US), 1932; The Rebel (D/US), 1933.

Regisseur — Edgar George Ulmer

Die ersten Lebensjahre Edgar G. Ulmers liegen etwas im dunkeln. Ulmer selbst nannte in Interviews abweichende Geburtsdaten. Er studierte an der Wiener Akademie der bildenden Künste mit dem Ziel, Bühnenbildner zu werden, und arbeitete simultan als Dekorateur am Burgtheater sowie 1920 bis 1923 bei verschiedenen Filmen in Berlin, bei der Sascha in Wien und in Stockholm. Ende 1923 begleitete er Max Reinhardt zu dessen „Mirakel"-Inszenierung nach New York.
Vom Sommer 1925 an war er ein Jahr bei Carl Laemmles Universal als Ausstattungs- und Regieassistent an serienmäßigen Western tätig. Für die Mitarbeit an Friedrich Murnaus „Sunrise" als „ass. art director" wurde Ulmer erstmals in einemTitelvorspann genannt. Die Produktionsleitung und Ausstattung zweier Filme in Berlin 1929, „Flucht in die Fremdenlegion" und „Spiel um den Mann" sind weitere verbürgte Credits. Ebenso die Co-

F: Mr. Broadway, 1932; Damaged Lives (Story m. Donald Davis), 1933; The Black Cat (Db m. Peter Ruric), Little Man What Now? (Ausstattung, o.c.), 1934; Thunder Over Texas (Ps. John Warner), From Mine to Nine (Ps. J. W.), 1935; Natalka Poltavka (The Girl from Poltava, Ukrainisch, prod. ass., Co-R.), 1936; Griene Felder (Green Fields, Jiddisch, P, Co-R.), 1937; Yankel der Schmied (The Singing Blacksmith, Jiddisch, P), Saporoschets Sa Dunayem (Cossacks in Exile, Ukrainisch), Moon Over Harlem, Let My People Live (P), 1938; Di Kliatsche (The Light Ahead, Jiddisch, P), 1939; Amerikaner Schad-

Edgar George Ulmer

Regisseur

Geb. 17. Sept. 1900 (oder 1904) Wien
Gest. 30. Sept. 1975 Woodland Hills

chen (American Matchmaker, Jiddisch, P), Cloud in the Sky (Kf), 1940; Another to Conquer (Kf), 1941; Prisoner of Japan (Story), Tomorrow We Live, My Son the Hero (Db m. Doris Malloy), 1942; Corregidor (Db m. Doris Malloy), Girls in Chains (Story), Isle of Forgotten Sins (auch „Monsoon", Story), Danger! Woman at Work (Story m. Gertrude Walker), Jive Junction, 1943; Bluebeard, The Minstrel Man (P), 1944; Club Havana, Strange Illusion (auch „Out of the Night"), Detour, 1945; The Wife of Monte Christo (Story m. Franz Rosenwald, art dir. o.c.), Her Sister's Secret, The Strange Woan, 1946; Carnegie Hall, 1947; Ruthless, 1948; The Pirates of Capri (US/I, in Italien gedreht), St. Benny the Dip, The Man from Planet X, 1951; Babes in Bagdad, 1953; The Naked Dawn, 1954; Murder is my Beat, 1955; Daughter of Dr. Jekyll, 1957; The Amazing Transparent Man, Beyond the Time Barrier, Hannibal (I, Regie US-Fassung), 1960.
Silent: Sunrise (ass. art dir.), 1927.
In Klammer zusätzliche Tätigkeiten neben der Regie.

Regie an der halbdokumentarischen Collage „Menschen am Sonntag", die als Gemeinschaftswerk Robert Siodmaks (Regie), Billy Wilders (Buch) und Fred Zinnemanns (Kameraassistenz) entstand. An der Kamera stand Eugen Schüfftan.
1930 erneut in Hollywood, hatte Ulmer mit der Fertigstellung von Murnaus „Tabu" zu tun. Nach dessen Tod wirkte er als Bühnenbildner der Philadelphia Grand Opera Company und als Art Director der MGM, ehe er 1932 in New York mit dem Ed Sullivan-Film „Mr. Broadway" seine amerikanische Regielaufbahn begann. Auch mit dem nächsten Streifen „Damaged Lives" für Weldon Pictures begab er sich in das Metier des billig hergestellten B-Films, das er eigentlich nicht mehr verließ. Sein Kultstatus als der große und richtungsweisende Stilist dieser Gattung beruht auf einem halben Dutzend Filmen, die alle in kürzester Zeit entstanden und durch geschickte Ausnutzung der Möglichkeiten im visuellen und atmosphärischen Bereich bestechen. „The Black Cat" (nach E. A. Poe), in dem die beiden Superstars Boris Karloff und Bela Lugosi erstmals gemeinsam vor der Kamera standen, „Bluebeard", ein weiteres Meisterstück des Horrorgenres mit John Carradine, der Trivialthriller „Detour", „Ruthless", eine von Orson Welles' „Citizen Cane" inspirierte Psychostudie eines rücksichtslosen Magnaten, „The Naked Dawn", ein unterspielter Kriminalfilm und der stark stilisierte Science Fiction-Streifen „The Time Barrier".
Während seiner Karriere arbeitete der Wiener meist mit schmalsten Budgets, häufig mit unmöglichen Scripts und für zweitklassige Studios mit hektischer Termingestaltung. Er drehte in den USA und Mexiko, in den 30er Jahren an der Ostküste auch für ethnische Gruppen in deren Sprachen. Für ukrainische Einwanderer, Raritäten in Jiddisch und das Musical „Moon Over Harlem" für die schwarze Gemeinde New Yorks. In den Mittdreißigern schuf er eine Anzahl low-budget-Western unter dem Pseudonym John Warner, 1940/41 machte er Dokumentarfilme für die Ford-Motor-Filmabteilung und 1942 bis 1944 13 Filme für PRC (Producers Releasing Corporation), davon einige mit Anspruch auf A-Feature Status. Zu diesen zählt auch der für Hunt Stromberg gedrehte Hedy Lamarr-Film „The Strange Woman". In den letzten zehn Jahren produzierte Ulmer häufig in Europa.
Die meisten seiner Arbeiten wurden von den amerikanischen Kritikern ignoriert, bis ihn Luc Moullet 1956 in „Cahiers du Cinéma" als vernachlässigten „auteur" und „le plus mauditdes cinéastes" bezeichnete. Er führte nach eigenen Angaben bei 128 Filmen Regie, obwohl die meisten Filmographien höchstens 40 Titel anlisten. Edgar G. Ulmer war mit der Autorin Shirley Castle verheiratet.

Schauspieler

Hans Unterkircher

Hans Unterkircher, ein Grandseigneur der Bühne, begann nach dem Studium am Konservatorium Wien in der Provinz und an Max Reinhardts Dt. Theater in Berlin. Auf Empfehlung Reinhardts kam er 1914 an das Irving Place Theatre in New York.

Der Deutsche Carl Laemmle nahm ihn 1916 für die Universal International unter Vertrag. In Hollywood machte er in der Glanzepoche des Stummfilms neben damaligen Stars wie Edith Roberts, Mae Murray und Theda Bara rasch Karriere. Gegen den Wunsch seines Protektors kehrte er jedoch 1918 nach Europa zurück. Zuvor empfahl er ersatzweise einen jungen, gut aussehenden und geldknappen Italiener, der später zu Starruhm aufstieg, Rudolph Valentino.

Daß Hans Unterkircher einst in Hollywood Rudolph Valentinos Vorgänger als Flimmerheld war, blieb bis ins hohe Alter glaubhaft. Der groß gewachsene Schauspieler mit dem markanten Profil bewegte sich zwischen Wien und Berlin, bei Reinhardt und Hilpert, auf Sprech- und Operettenbühnen, in Erich Charells Ausstattungsrevuen, in der berühmten „Wunderbar" mit Zarah Leander, im Film und später auch im Fernsehen stets mit Haltung, Charme und Eleganz.

Geb. 22. Aug. 1895 Graz
Gest. 27. Mai 1971 Wien

F: Turn about Elenor, The Last Man, 1916; The Dying Town, The Tiger Woman, 1917; The Deciding Kiss, 1918; Song Without End (in Europa gedreht), 1960.

Regisseur

Berthold Viertel

Berthold Viertel war 1912 Mitbegründer, Dramaturg und Leiter der Freien Volksbühne Wien, Redakteur und Kritiker am „Prager Tagblatt" sowie 1918–1922 Regisseur am Dresdner Staatstheater und 1922/23 an Reinhardts Dt. Theater in Berlin. 1923 gründete er dort das expressionistische Ensemble „Die Truppe", 1926–1927 inszenierte er am Düsseldorfer Schauspielhaus Louise Dumonts. Neben vielfältigen Publikationen verfaßte Viertel 1922 für die UFA das Drehbuch zu dem Film „Nora" nach Ibsen, bei dem er auch Regie führte. In Zusammenarbeit mit dem Kameramann Karl Freund realisierte er 1926 ein Thema Bela Balázs', „Die Abenteuer eines Zehnmarkscheines", der als erster deutscher Montagefilm angesehen wird.

Friedrich Wilhelm Murnau betraute ihn 1927 mit der Adaption des Romans „De Fire Diaevle" von Hermann Joachim Bang für den Film „Four Devils". Darüber hinaus vermittelte er ihm einen Dreiiahresvertrag als Filmscripter und Regisseur bei der Fox Corporation. Noch vor der nazistischen Sintflut verließen

Berthold Viertel

Regisseur

Geb. 28. Juni 1885 Wien
Gest. 24. Sept. 1953 Wien

Berthold und seine Gattin Salka Viertel-Steuermann mit ihren Kindern im Februar 1928 Deutschland. In Hollywood gaben Emil und Gussy Jannings einen Begrüßungsempfang, an dem u.a. Max Reinhardt, Ernst Lubitsch und Conrad Veidt teilnahmen. Viertel schrieb das Drehbuch für den Stummfilm „Our Daily Bread“ (Später „City Girl“), die „Abenteuer eines Zehnmarkscheines“ wurden nachsynchronisiert und unter dem Titel „Uneasy Money“ herausgebracht. 1929 entstanden zwei Filme unter seiner Regie, „The One Woman Idea“ mit Rod La Rocque, Marceline Day und Shirley Dorman sowie „Seven Faces“ mit Paul Muni, Marguerite Churchill und Gustav von Seyffertitz. 1930 folgte das Musical „Man Trouble“, dem der Screen Analysis Service Hollywood eine „excellent direction“ attestierte. Der Streifen „The Spy“ mit Kay Johnson war Viertels letzte Arbeit für die Fox.

1931 drehte er für Warner Brothers „Die heilige Flamme“ nach Somerset Maugham, als deutschsprachige Version der US-Originalfassung „The Sacred Flame“ von Archie L. Mayo. Dem folgte ein Vertrag bei der Paramount über vier Produktionen, „The Magnificent Lie“ mit Francois Rosay, das in New York gedrehte Remake von Hector Turnbulls „The Cheat“ mit Tallulah Bankhead und Franchot Tone, „The Wiser Sex“ mit Claudette Colbert und „The Man from Yesterday“, erneut mit der Colbert und Charles Boyer. Auseinandersetzungen mit B. P. Schulberg, dem „executive“ und General-Manager des Studios beeinträchtigten seine Arbeit, zudem blieb der finanzielle Erfolg der Produktionen aus. Im Juli 1932 ging er allein nach Europa zurück.

Im Oktober 1933 begann er mit Dreharbeiten in London, wo 1934 bis 1936 drei Titel für die Gaumont British entstanden: „Little Friend“, nach einem Roman von Ernst Lothar, „Passing of the Third Floor Back“ und „Rhodes of Africa“ mit Walter Huston und Oscar Homolka. Ab 1936 widmete er sich wieder Bühneninszenierungen und literarischen Aufgaben. Als Europa noch hoffte den Krieg vermeiden zu können, warnte er vor der Gefährlichkeit Hitlers. 1939 bis 1946 lebte er in New York. Nach dem Kriege wurden ihm Direktionen, Intendanzen und Mitarbeit in Berlin, München, Hamburg und Tel Aviv angeboten. Berthold Viertel entschied sich für Wien. 1949 heiratete er in zweiter Ehe die mit ihm seit 1940 verbundene Schauspielerin Elisabeth Neumann. 1950 übernahm er die Direktion des Burgtheaters und des Akademietheaters, seine legendären Inszenierungen der Dramen Tennessee Williams nach eigenen Übersetzungen waren echte Ereignisse.

F: Four Devils (Adaption mit Marion Orth), Seven Faces (R), 1929; Man Trouble (R), 1930; The Spy (R), God is My Witness (P, R), Die heilige Flamme (US/D, Db mit Heinrich Fraenkel), The Magnificent Lie (P, R), 1931; The Cheat (P, R), The Wiser Sex (P, R), The Man from Yesterday (P, R), 1932.

Silents: The One Woman Idea (R), 1929; City Girl (Db mit Marion Orth), 1930.

Peter Viertel

Geb. 16. Nov. 1920 Dresden

Peter Viertel kam in Dresden zur Welt, wo seine Eltern Berthold und Salomea (Salka) Viertel am Königlich-Sächsischen Theater engagiert waren. Nachdem sich sein Vater für drei Jahre der Fox-Corporation verpflichtete, ging die Familie 1928 nach Hollywood. Durch seine Eltern kannte er die Größen der europäischen Emigration, Franz Werfel, Thomas Mann und Bertolt Brecht, dazu Stars des Filmgeschäfts wie Greta Garbo. Bereits als 19jähriger erwies er sich mit seinem ersten Roman „Canyon" als große literarische Hoffnung.

1941 stand er bei David Selznick unter Vertrag, der ihn für die Drehbuch-Mitarbeit an dem Film „The Hard Way" nach einer Story des Produzenten Jerry Wald an Warner Brothers verlieh. 1942 schrieb er mit Joan Harrison und Dorothy Parker das Buch zu Alfred Hitchcocks „Saboteur", der mit dem Spionagethriller einen Beitrag zur gerade einsetzenden amerikanischen Kriegspropaganda leisten wollte. Nach dem Militärdienst im U.S. Marine Corps und bei der OSS in Deutschland begann Peter Viertel eine sporadische, jedoch ziemlich angesehene Tätigkeit als freischaffender Autor. Dem Roman „Line of Departure" (1947) folgte umgehend das mit Irwin Shaw verfaßte und von der Fernsehreihe „Studio One" 1950 adaptierte Bühnenstück „The Survivors".

Im gleichen Jahr ließ sich Viertel in dem Schweizer Bergdorf Klosters nieder. Von dort aus lieferte er das Drehbuch zu Anatole Litvaks im Nachkriegs-Deutschland gedrehten Streifen „Decision Before Dawn" mit Oskar Werner, 1951 holte ihn John Huston zur Überarbeitung des Scripts zu „African Queen" nach Afrika. Die Geschichte der Entstehung des berühmten Films inspirierte ihn zu dem 1953 veröffentlichten Roman „White Hunter, Black Heart", den Clint Eastwood Jahrzehnte später als eine weitere Selbstreflektion Hollywoods filmisch umsetzte. Von Viertel stammt die Drehbuch-Bearbeitung des vitalen Hemingway-Kurzromans „The Old Man and the Sea", wofür er die einfache Texteinfügung mit dem Ton aus dem Off einer eigenen Filmsprache vorzog. Für das Buch wurde er mit dem Christopher-Award ausgezeichnet.

1960 heiratete er in zweiter Ehe den englischen Hollywood-Star Deborah Kerr, das Ehepaar lebt heute abwechselnd in der Schweiz und im spanischen Marbella. Neben drei weiteren Romanen brachte Peter Viertel 1991 seine Betrachtungen über „Dangerous Friends" heraus, womit er besonders auf John Huston, Ernest Hemingway und Orson Welles abhob.

F: The Hard Way (Db m. Daniel Fuchs), Saboteur (Db m. Joan Harrison u. Dorothy Parker), 1942; Roughshoud (Story), We Were Strangers (Db m. John Huston), 1949; Decision Before Dawn, 1951; The Sun Also Rises, 1957; The Old Man and the Sea, 1958; Five Miles to Midnight (US/F/I, Db m. Hugh Whee Ler), 1963; White Hunter, Black Heart (Vorlage, Db m. James Bridges u. Burt Kennedy), 1990.

Salka Viertel (Salomé Steuermann) **Autorin**

Geb. 15. Juni 1889 Sambor
Gest. 20. Okt. 1978 Klosters

Salomé (Salka) Steuermann, auf dem elterlichen Landgut im damals österreichischen Galizien geboren, nahm bei dem Burgtheater-Regisseur Alexander Römpler (der erste Gatte Hedwig Bleibtreus) Schauspielunterricht. Ihre Karriere begann an Provinzbühnen in Teplitz-Schönau, Baden, Preßburg und Ischl. Nach einem glücklosen Engagement bei Max Reinhardt in Berlin ging die Elevin an die „Neue Freie Bühne" Wien. 1918 heiratete sie den Autor und Regisseur Berthold Viertel, der sich an das Königlich-Sächsische Theater in Dresden verpflichtete und später in Berlin und Düsseldorf inszenierte. 1928 folgten die Viertels einem Rufe Friedrich W. Murnaus nach Hollywood.
Als Berthold Viertel für die Fox „Seven Faces" drehte, bestand der Produzent Georg Middleton darauf, daß auch Salka eine der Rollen übernahm. Unter ihrem Mädchennamen spielte sie in der deutschen MGM-Fassung des ersten Greta Garbo-Tonfilms „Anna Christie". Bei First National stand Salomé Steuermann in William Dieterles „Die Maske fällt" (US-Original: Way of All Men), bei Warner Brothers in Berthold Viertels „Die heilige Flamme" (US-Original: The Sacred Flame) vor der Kamera. Von ihr stammte die Idee für den Garbo-Film „Queen Christina". Mit vier weiteren Drehbüchern, „The Painted Veil", „Anna Karenina", „Conquest" (Maria Walewska) und zuletzt „Two-Faced Woman" galt sie bei Metro-Goldwyn Mayer als „Garbo-Spezialistin" und künstlerische Beraterin der Schwedin. Der Abtritt des Stars markierte 1943 das Ende der Tätigkeit Salka Viertels bei der Metro.
Nach dem Anschluß Österreichs und dem Fall von Paris bemühte sie sich im Rahmen der „League of American Writers" und des „European Film Fund" um „Affidavits" und Hilfe für Freunde und deutschsprachige Intellektuelle, die in das freie Frankreich geflohen waren. In ihrem berühmten Heim an der Marbery Road in Santa Monica traf sich ein Kreis eindruckvollster Persönlichkeiten aus der Welt des Films, des Theaters und der Künste. Von Albert Einstein, Sergej Eisenstein über Bertolt Brecht, Chaplin, Hemingway bis zu Arnold Schönberg. Im Mai 1941 gestaltete sie das legendäre Geburtstagsdinner für Heinrich Mann. Die Geschichte Hollywoods wäre ohne Würdigung der Leistungen Salka Viertels und ihrer Begabung für menschliche Beziehungen unvollständig.
Als der Koreakrieg und die Untersuchungen des McCarthy-Komitees eine radikale Änderung des politischen Klimas in den USA bewirkten, flog im Dezember 1953 auch Salka Viertel nach Europa zurück. 1969 kamen ihre Memoiren „The Kindness of Strangers" (deutsch: Das unbelehrbar Herz) heraus. Die letzten Lebensjahre verbrachte die Autorin in der Schweiz bei ihrem Sohn Peter Viertel und seiner Gattin Deborah Kerr.

F: Seven Faces (Da), 1929; Anna Christie (US/D, Da), Die Maske fällt (US/D, Da), 1930; Die heilige Flamme (US/D, Da), 1931; Queen Christina (Story, Db m. H. M. Harwood u. S. N. Behrman), 1933; The Painted Veil (Db m. John Meehan u. Edith Fitzgerald), 1934; Anna Karenina (Db mit Clarence Dane u. S. N. Behrman), 1935; Conquest (Db m. Sam Hoffenstein u. S. N. Behrman), 1937; Two-Faced Woman (Db m. S. N. Behrman u. George Oppenheimer), 1941; Deep Valley (Db m. S. M. Avery), 1947; Thief of Venice (I/US, engl. Synchronisationstext, o.c.), The River (Drehbuch-Umarbeitung, o.c.), 1951.

Geb. 20. Mai 1901 Wien
Gest. 25. März 1974 Hollywood

Otto Waldis war 1930 bis 1933 Schauspieler und Theaterdirektor in Wien, Berlin und Frankfurt am Main. Im Bereich des Films stehen zwei Titel zu Buche: „Kinder vor Gericht“ und die Zeitsatire „Die Koffer des Herrn O.F.“ (1931). Im Jahr der „Machtergreifung“ ging er in die CSR, zuletzt trat er am Stadttheater Bielitz auf. Der Wiener kam 1937 in die Vereinigten Staaten, arbeitete als Photograph in Alabama und begann 1947 seine Filmtätigkeit an der Pazifikküste.

Hollywood setzte ihn in Charakterrollen im Fach des „foreigners“, meist teutonischer oder mitteleuropäischer Herkunft ein. Sein für die Darstellung zweideutiger Typen und Heuchlern passendes Aussehen eignete sich auch für den komischen Sektor, wie er in den Lustspielen „Knock on Wood“ mit Danny Kaye oder Frank Tashlins „Artists and Models“ mit Jerry Lewis bewies. Neben mehr als 30 Filmrollen fand Waldis Aufgaben beim Fernsehen, in Serien wie „The Girl from UNCLE“, „Matinee Theatre“, „Damon Runyon“, „Climax“, „Waterfront“, „Walter Winchell File“ sowie bei der „Shirley Temple“- und „David Niven Show“.

In der Nachkriegszeit spielte er gastweise an bundesdeutschen Bühnen in Bonn, Konstanz, Hamburg und München, dazu in der Edgar Wallace-Verfilmung „Das Phantom von Soho“ (1963) und in einem Freddie Quinn-Streifen. Otto Waldis hatte für zwei weitere Filmrollen abgeschlossen, „The Young Frankenstein“ und „The Harrad Summer“, als ihn der Tod durch eine Herzattacke ereilte. Seine Leiche wurde eingeäschert und die Asche über dem Meer verstreut.

F: The Exile, 1947; Berlin Express, Call Northside 777, Letter from an Unknown Woman, A Foreign Affair, 1948; Bagdad, Border Incident, The Fighting O'Flynn, The Lovable Cheat, Love Happy, 1949; Dark City, Spy Hunt, Woman from Headquarters, 1950; Bird of Paradise, Night into Morning, Secrets of Monte Carlo, The Whip Hand, 1951; Anything Can Happen, The Black Castle, Five Fingers, Rogue's March, 1952; Flight to Tangier, Rebel City, 1953; The Iron Glove, Knock on Wood, Prince Valiant, 1954; Desert Sands, Port of Hell, Running Wild, Sincerely Yours, 1955; Man from Del Rio, Ride the High Iron, 1956; Attack on the 50 Foot Woman, 1958; Pier 5-Havana, 1959; Judgement at Nuremberg, 1961; Move, 1969.

TV: Cavalcade of America: The Gingerbread Man; General Electric Theatre: The Eye of the Beholder, 1953; Reader's Digest: Top Secret; Four Star Playhouse: Trudy, 1955; Maverick: Diamond in the Rough; Perry Mason: The Case of the Pint-Sized Client; 77 Sunset Strip: The Iron Courton Caper, 1958; Peter Gunn: The Lederer Story, 1959; Playhouse 90: In the Presence of Mine Enemies; Tall Man: Bud Company; Wagon Train: The Horace Best Story, 1960; 77 Sunset Strip: The Space Caper; Have Gun-Will Travel: My Brother's Keeper, 1961; Surfside Six: Pawn's Gambit, 1962.

Paul Croset, Maria Montez, William Trenk, Otto Waldis (mit Bart) und Douglas Fairbanks Jr. (der den Film auch produzierte) in „The Exile“ nach dem Roman „His Majesty, The King“ von Cosmo Hamilton.

Margarethe Wallmann **Choreographin**

Geb. 22. Juni 1904 Wien
Gest. 02. Mai 1992 Monaco

F: Anna Karenina, 1935.

Margarethe (Margherita) Wallmann, Tänzerin und nach einem Bühnenunfall Choreographin, war die erste und jahrzehntelang einzige Opernregisseurin der Welt. In der Emigration ab 1938 schuf sie in Buenos Aires glanzvolle Inszenierungen der „Medea" und „Norma", die den Weltruhm der jungen Maria Meneghini Callas begründeten. Nach dem Kriege feierte sie an den großen Weltbühnen, der „Met" in New York, in London, Rom und Mailand große Erfolge, in den 50er und 60er Jahren prägte sie die Wiener Oper.

Was sich viele Künstler ersehnen, fiel ihr in den Schoß, ein Engagement nach Hollywood. 1935 übernahm sie die Balletteinstudierung des Greta Garbo-Films „Anna Karenina", den David O. Selznick für die MGM produzierte. Es blieb ihre einzige Filmarbeit in den USA, da sie das Metier nicht mochte. Erst 1954 war sie bei einer italienischen Verfilmung von „Aida" mit Sophia Loren in der Titelrolle unter der Regie von Clemente Fracassi ein weiteres Mal choreographisch tätig.

Helene Weigel **Schauspielerin**

Helene Weigel, aus großbürgerlichem Hause stammend, erhielt ihre Schauspielausbildung bei Arthur Holz in Wien. 1919 bis 1921 spielte sie am Neuen Theater in Frankfurt am Main, ab 1922 in Berlin am Staatlichen Schauspielhaus bei Leopold Jessner, an Max Reinhardts Dt. Theater und anderen Bühnen (Renaissancetheater, Volksbühne, Großes Schauspielhaus). 1929 heiratete sie den Dichter Bertolt Brecht, als Interpretin seiner plebejisch-proletarischen Frauengestalten, vor allem der „Mutter Courage" (ab 1949), ging sie in die Theatergeschichte ein.

Seit 1934 in der Emigration, durchwanderten die Brechts den ganzen Kreis der Zufluchtsstätten, bis sie in einem Bungalow an der 26. Straße im kalifornischen Santa Monica landeten. In der Nachbarschaft Hollywoods blieben beide allerdings erfolglos. Brecht, in Amerika noch weitgehend unbekannt, versuchte vergeblich seine Exposés und Filmideen unterzubringen. Für die mit Fritz Lang verfaßte Story über das Attentat auf Heydrich,

„Hangmen Also Die“ (Auch Henker sterben), erhielt er wohl einige tausend Dollar, durch die Mitarbeit des professionellen Drehbuchschreibers John Wexley ergab sich letztlich aber ein Streit um die Autorenschaft, bei dem die Playwriters Guild zugunsten des Amerikaners entschied. Eine zweite mit Lion Feuchtwanger entstandene Geschichte wurde verkauft, jedoch nicht realisiert. Auch Helene Weigel war den Studiobossen nicht mehr wert, als eine stumme Rolle in der Verfilmung des Anna Seghers-Romans „Das siebte Kreuz“. Hume Cronyn, einer der Darsteller des Films, erinnert sich in seinem Buch „A Terrible Liar“ an die beeindruckende Begegnung mit der Mimin: „Helene Weigel? There she stood, the Original Mother Courage, the wife of Bertolt Brecht, ...“ (S.167). Amerikanische Schauspielerinnen waren oft erstaunt zu hören, daß sie in Helene Weigel, die im Exil kochte, wusch, den Garten versorgte und Überzüge für die erstandenen Gebrauchtmöbel anfertigte, eine berühmte Kollegin vor sich hatten.

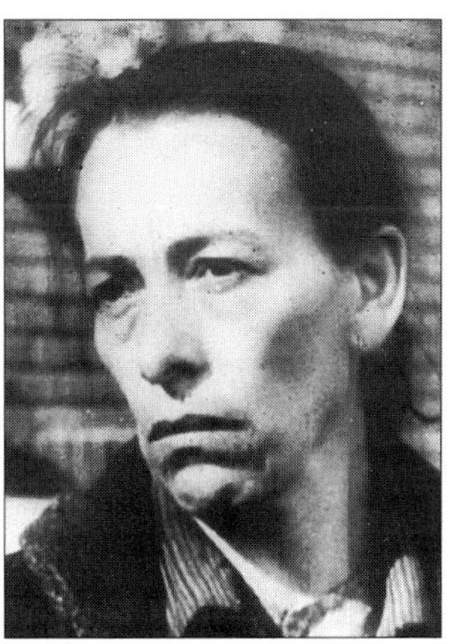

Geb. 12. Mai 1900 Wien
Gest. 06. Mai 1971 Berlin-Ost

Abbildung aus dem Film „The Seventh Cross“

1947 ging das Ehepaar nach Europa zurück, 1949 gründeten sie das „Berliner Ensemble“ im früheren Theater am Schiffbauerdamm. Helene Weigels Name als Schauspielerin und nach dem Tode des Gatten bis ins hohe Alter als Prinzipalin, steht untrennbar von Bertolt Brecht für das epochale Ereignis des Brecht'schen Theaters und für den Weltruhm des Ensembles. Die Staatsschauspielerin der DDR ruht neben Brecht und im Umkreis anderer Weggefährten (Hanns Eisler, Arnold Zweig) auf dem alten Gräberfeld des 1762 angelegten Dorotheenstädtischen Friedhofs im östlichen Berlin, den sie von den Räumlichkeiten ihres letzten Domizils aus täglich sehen konnte.

F: The Seventh Cross, 1944.

Regieassistent (Felix Wayne) Felix Weinheber

Sekretär und Aufnahmeleiter in der Filmbranche, 1934 Assistent bei Willi Forst. Ab 1938 in den USA, dort Felix Wayne. Mitarbeiter bei der Paul Kohner Agency in Hollywood. Zeitweilig Assistent von Gregor Rabinovitch.

Geb. 19. Aug. 1896 Wien
Gest. ?

F: The Unfinished Dance (TA), 1947.

John E. Wengraf (Hans Wengraf) — Schauspieler

Geb. 23. April 1897 Wien
Gest. 04. Mai 1974 Santa Barbara

Hans Wengraf (eigentl. Wenngraft), Sohn eines Schriftstellers und prominenten Theaterkritikers, absolvierte die Akademie für Musik und darstellende Kunst in Wien. Er begann seine Theaterlaufbahn an der Kellerbühne im Wiener Kolosseum, spielte am Volkstheater, in Berlin, Frankfurt und Hamburg und gehörte von 1930–1937 dem Burgtheater an. Filmaufgaben nahm er nur sporadisch wahr, in „Homo Sum“, „Die Menschen nennen es Liebe“ (1922), „Bretter, die die Welt bedeuten“ (1935, Ö.) 1937 flüchtete er vor den Nazis nach England, in London spielte er in den ersten live ausgestrahlten TV-Produktionen der BBC, auf der Bühne u. a. in G. B. Shaws „Doctor's Dilemma“ und mit Elisabeth Bergner in „Saint Joan“, dazu in den Filmen „Three Sailors“ und „Night Train to Munich“. Beim Kriegsausbruch 1939 stellte er sich der „Austrian Voice“ der BBC zur Verfügung, ging aber noch im gleichen Jahr nach Amerika, wo er sich John Wengraf nannte.

Nach dem Debüt in New York, 1941, in Maxwell Andersons „Candle in the Wind“ an der Seite Helen Hayes, konnte er in weiteren Broadway-Erfolgen reüssieren, in Joseph Fields Komödie „The French Touch“, in Herman Wouks „The Traitor“ und mit Silvia Sydney in „Flight to the West“ von Elmer Rice. Daneben wirkte er mit anderen Wiener Künstlern an besonders gestalteten Abenden der Austrian-American League mit, die österreichische Atmosphäre verbreiteten und in der Zeit des Leidens der Emigrantenkolonie Trost gaben.

In Hollywood zählte Wengraf zu den von Europa in die Filmmetropole verschlagenen Schauspielern, die sich in Star- und Charakterrollen in die vordersten Reihen spielen konnten. Ursprünglich ebenfalls stark auf Nazirollen festgelegt, eröffneten ihm die guten Kritiken seiner Darstellung des deutschen Botschafters in der Türkei, Franz von Papen, in dem Agentendrama „Five Fingers“ (Der Fall Cicero) bessere Aufgaben in distinguierteren Rollenbereichen. Insgesamt spielte er in fast 60 Filmen. Er starb in seinem Heim in Santa Barbara, seine Asche wurde zur Bestattung nach Wien gebracht.

F: Convoy (als Hans Wengraf), 1940; All Hands (Kurzfilm), 1941; Lucky Jordan, 1942; Mission to Moscow, Paris After Dark, Sahara, Song of Russia, 1943; The Seventh Cross (R: F. Zinnemann), Strange Affair, Thin Man Goes Home, Till We Meet Again, U-Boat Prisoner, 1944; Weekend at the Waldorf, 1945; Razor's Edge, Tomorrow is Forever, 1946; T-Men, 1947; Sofia, 1948; The Lovable Cheat, Wake Up of the Red Witch, 1949; Five Fingers, 1952; Call Me Madam, The Desserts Rats, Flight to Tangier, Tropic Zone, 1953; The French Line, The Gambler from Natchez, Gog, Hell and High Water, Paris Playboys, 1954; The Racers, 1955; Never Say Goodbye, 1956; The Disembodied, Oh, Men! Oh, Woman!, The Pride and the Passion, Valerie, 1957; The Return of Dracula,1958; Portrait in Black, Twelve to the Moon, 1960; Judgment in Nuremberg,1961; Hitler, 1962; The Prize, 1963, The Ship of Fools, 1965.

TV: Magnavox: The Tale of the Wolf, 1950; Cavalcade of America: Smyrna Incident, 1954; The Millionaire: The Story of Charles Lamar; Four Star Playhouse: Madeira, Madeira; You Are There: The Final Performance of Sarah Bernhardt, The Secret That Plunged America into World War I, 1955, Hitler Invades Poland, 1956; Walter Winchell File: Cup Cake, 1957; Alcoa Presents: Image of Death, 1959, The Explorer, 1960; Shirley Temple Theatre: The Terrible Clockman, 1961; Jericho: A Jug of Wine, a Loaf of Bread-and POW!; Man from UNCLE: The Monks of St. Thomas Affair; Time Tunnel: Invasion, 1966.

Schauspieler/in John E. Wengraf/Gisela Werbezirk

H. Berghof, D. Karlweis und John Wengraf in „Five Fingers" (Der Fall Cicero) (FOX)

Schauspielerin (Werbiseck) Gisela Werbezirk

Gisela Werbezirk debütierte 1905 in Preßburg neben Max Pallenberg, 1906 holte sie Josef Jarno an das Josefstädter Theater in Wien, wo sie auch an den Kabaretts „Simpl" und „Chat Noir" arbeitete. Ab 1912 wirkte sie in Filmen mit, u. a. in „Das vierte Gebot" der Wiener Kunstfilm nach dem Drama von Anzengruber (1916), „Der Viererzug" der Sascha-Meßter-Film neben Paul Morgan (1917), in „Das Kind des Nächsten", einem Propagandafilm für die Fürsorge kriegsgeschädigter Kinder mit der Kaiserin Zita, „Die Stadt ohne Juden" nach dem Roman von Hugo Bettauer (1924) und 1932 in dem UFA-Streifen „Wenn die Liebe Mode macht" mit Renate Müller und Georg Alexander.

Gisela Werbezirk

Schauspielerin

Geb. 8. April 1875 Preßburg
Gest. 15. April 1956 Hollywood

Vor 1933 war sie an Berliner Bühnen eine vielbeschäftigte Künstlerpersönlichkeit. Gleichermaßen prädestiniert für tragische wie für komische Rollen erntete sie Erfolge in allen Sparten der Branche. 1927 spielte sie am Metropoltheater in der Operette „Glück in der Liebe", 1929 in Wedekinds „Marquis von Keith", daneben trat sie im „Kabarett der Komiker" auf. Die Ursprünglichkeit ihrer Komik zeigte sich in dem für sie ins Deutsche übersetzten Volksschwank „Dreimal Hochzeit" im gemeinsamen Spiel mit Hans Moser als Ehepaar Cohen, mit mehr als 2000 Aufführungen. Rudolph Schildkraut prophezeite ihr einst, daß sie eines Tages nach Amerika gehen würde. Im März 1938 floh sie in Begleitung ihres Gatten und Managers Johann (Hans) Piffl und einem Sohn vor den Nazis. In Wien blieben ein schönes altes Haus zurück und ihre Ersparnisse aus Gagen, die sie sich zuvor meist in Dollars hatte ausbezahlen lassen. Nach einem fünfmonatigen Aufenthalt im damals italienischen Abbazia gelangte die Familie über die CSR nach New York, 1939 landete sie in Hollywood.

Gisela Werbezirk (in USA: Werbiseck, auch Werbesik) fand Arbeit an Walter Wicclairs Exilbühne „Freie Bühne", bei Max Reinhardt, im Emigrantenensemble „The Players from Abroad" und in Kurt Robitscheks wiedergegründetem „Kabarett der Komiker". Auch der Film holte sie, wenngleich die Leute in der „movietown" noch nie von ihr gehört hatten. Es waren meist frühere europäische Freunde, die sie in kleinen, aber guten Rollen beschäftigten: die Regisseure John (Hans) Brahm, Robert Siodmak und William Dieterle, mit dem sie bereits in Wien aufgetreten war. In Amerika schätzte man ihre von schwerem Akzent geprägte Darstellung europäischer Charaktere, Kritiker verglichen sie mit Marie Dressler, eine der führenden Komödiantinnen des Landes. Gisela Werbiseck Piffl (die von ihr bevorzugte Anrede) mochte die leichte, unkonventionelle amerikanische Lebensart. Und in Hollywood, fand sie, war sie niemals zu weit weg von der Profession, die ihr so viel bedeutete und der sie selbst soviel gegeben hatte.

F: Girls Under 21, So Ends Our Night, That Uncertain Feeling, 1941; Tough as They Come, 1942; Woman in Bondage, Bomber's Moon, 1943; The Hairy Ape, 1944; Lost Weekend, Wonder Man, 1945; The Dark Corner, Scandal in Paris, 1946; Thieves Holiday, Golden Earrings, Brasher Doubloon, 1947 Cry of the City, 1948; The Great Sinner, 1949; Vendetta, The Bride of the Gorilla, 1950.

TV: General Eletric Theatre: The Wedding Day, 1953.

Oskar Werner

Geb. 13. Nov. 1922 Wien
Gest. 23. Okt. 1984 Marburg a. d. Lahn

Das Foto zeigt Oskar Werner in der Rolle des jungen Theologen Telemond im MGM-Film „In den Schuhen des Fischers".

Oskar Werner (Bschließmayer) legte den Weg zum Ruhm in ungewöhnlich schneller Weise zurück. Von Lothar Müthel entdeckt, debütierte er nach nur viermonatigem Privatunterricht bei dem Burgschauspieler Helmuth Kraus 1941 am Burgtheater an der Seite Ewald Balsers und Raoul Aslans. Seine Erfolge in mehr als 50 Rollen an der Burg, anderen deutschsprachigen Bühnen und mit dem 1956 nach Jean Louis Barraults Vorbild gegründeten Theaterunternehmen Stratford Company (Oskar-Werner-Ensemble) sind nahezu legendär. Er galt neben Laurence Olivier und John Gielgud als bester Hamlet-Interpret, die Theaterbesucher der 50er und 60er Jahre waren beinahe süchtig nach dem blonden, mittelgroßen Wiener, dessen Stimme ein unnachahmlich faszinierendes Timbre besaß.

Filmarbeit bedeutete für ihn stets weniger als Theater. 1948 spielte er in Karl Hartls „Der Engel mit der Posaune", einem der herausragendsten Nachkriegserfolge des österreichischen Kinos, erstmals einen größeren Part. Seine Mitwirkung in dem von Alexander Korda in London hergestellten englischen Remake „The Angel with the Trumpet" ohne Erlaubnis des Burgtheaters hatte die fristlose Kündigung des Hauses am Ring zur Folge. Nach „The Wonder Kid" (GB/Ö, 1950), und „Un Sourire dans la tempéte" (F/Ö, 1950) mit Curd Jürgens, wurde er dem internationalen Filmpublikum durch die Hauptrolle in Anatole Litvaks Meisterwerk „Decision Before Dawn" (Entscheidung vor Morgengrauen) bekannt. Von allen Filmen, die der selbstkritische Schauspieler drehte, war dies der einzige, den er ohne Einschränkung gelten ließ.

Am amerikanischen Filmgeschäft fesselte ihn die perfekte Technik und Organisation. Twentieth Century Fox bot ihm 1951 einen Siebenjahresvertrag mit zwei Filmen pro Jahr, womit er an der Schwelle zu einer Weltkarriere stand. Der Vertrag blieb Makulatur, da Werner sich bereits zum Idealisten entwickelte und mehrere Projekte als „Verrat am guten Geschmack" ablehnte. Vor den Augen der Studiobosse zerriß er 1953 den Kontrakt. Zusammen mit Montgomery Clift war er damit einer der Vorreiter des rebellischen, kompromißlosen neuen Schauspielertyps, der sich später mit Marlon Brando und James Dean an der Spitze etablierte. Das Ende wäre ohnedies vorhersehbar gewesen, da sich die Gewaltigen Hollywoods nie lange auf „Schwierige" aus Europa einließen.

Nach seiner Rückkehr fand er in Triesen in Liechtenstein das gewünschte Refugium. 1954 heiratete er in zweiter Ehe Anne

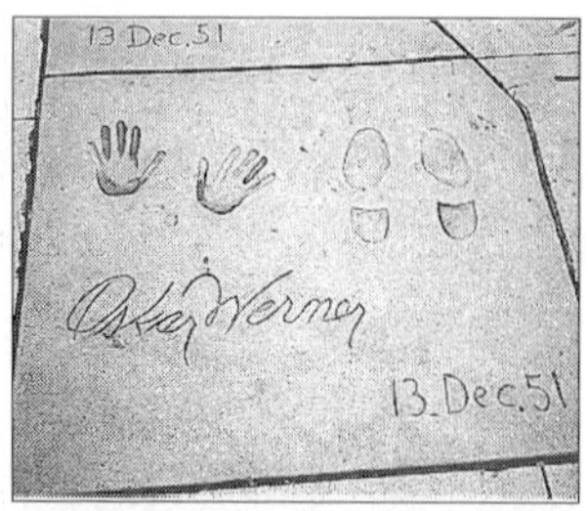

Als einziger Österreicher durfte sich bislang Oskar Werner vor Sid Grauman's Chinese Theatre am Hollywood Boulevard verewigen, und zwar nach einer Vorführung des Fox Films „Decision Before Dawn"

Power, Tochter der französischen Schauspielerin Annabella und Adoptivtochter des US-Filmstars Tyronne Power (1968 geschieden). 1958 übernahm er beim Südwestfunk Baden-Baden unter einem Pseudonym die Regie des Fernsehfilms „Ein gewisser Judas", bei dem er auch als Mitautor und Darsteller mitwirkte.

Die sensitive Rollengestaltung in Francois Truffauts Klassiker „Jules et Jim" (1961) kam einer Wiederentdeckung für den Film gleich. 1963 traf er Stanley Kramer in Paris, der ihn für die Verfilmung von Katherine Anne Porters Roman „The Ship of Fools" (Das Narrenschiff) gewann. Mit der Rolle des charmanten, nach wahren Werten suchenden Schiffsarztes, für die er den New York Critics Award und eine Oscar-Nominierung erhielt, erreichte er den Höhepunkt seiner Karriere. Werner spielte in mehreren erfolgreichen englischen Produktionen, in dem Thriller „The Spy Who Came in From the Cold" (1965) nach John Le Carré, der ihm den „Golden Globe" einbrachte, in Truffauts „Fahrenheit 451" (1966) und Kevin Billigtons „Interlude" (1968), in dem er als Dirigent das Royal Philharmonic Orchestra leiten durfte. Michael Andersons utopische, in Rom gedrehte Vatikangeschichte „The Shoes of the Fisherman" (In den Schuhen des Fischers) geriet dagegen zum gigantischen Flop, der die MGM an den Rand des Ruins trieb.

Immer häufiger lehnten Produzenten und Regisseure eine Zusammenarbeit mit ihm ab. Er selbst sprach von 300 Filmrollen, die er aus künstlerischen Gründen, als Konsumware und nicht spielenswert ausgeschlagen hat. In den 70er Jahren filmte er nur zweimal: Peter Falk bekniete ihn, den Part eines Bösewichts in der Columbofolge „Playback" zu übernehmen, 1976 stand er in Stuart Rosenbergs Flüchtlingsepos „Voyage of the Damned" (Reise der Verdammten) zum letzten Male vor der Kamera. Ab 1980 lebte er wieder weitgehend in Wien. Als Alkoholprobleme immer akuter wurden, trat er nur noch sporadisch mit Rezitationsabenden und Matineen in Erscheinung. Kurz vor einer Lesung in Marburg an der Lahn fand man Oskar Werner in seinem Hotelzimmer tot auf. Die Nachrufe bezeichneten ihn als einen gefährdeten Gratwanderer, aber auch als eine der größten Schauspielerpersönlichkeiten des Jahrhunderts.

F: Decision Before Dawn (*), 1951; Ship of Fools, 1964; The Shoes of the Fisherman (*), 1968; Voyage of the Damned (US/ GB), 1976; (= in Europa gedreht).*

TV: Columbo: Playback, 1972.

Regisseur

Beinhard Wicki

Geb. 28. Okt. 1919 St. Pölten

Bernhard Wickis Vater war Schweizer Ingenieur und Teilhaber großer Papier- und Maschinenfabriken, die Mutter Melanie, geb. Kleinhapl, stammte aus Österreich. Nach dem Besuch von Schulen und Lehranstalten in Gmunden, Mauer bei Wien und Salzburg, absolvierte er ab 1939 unter Gustav Gründgens in Berlin und am Reinhardt-Seminar in Wien eine Schauspielausbildung. 1940 debütierte er am Schloßtheater Schönbrunn, 1941 begann er als Schauspieler und Spielleiter am Stadttheater Freiberg in Sachsen.

Weitere Bühnenstationen waren Bremen, München, Basel und Salzburg. In Helmut Käutners zeitgeschichtlichem Streifen „Die letzte Brücke" schaffte er 1953 den Durchbruch beim Film. G. W. Pabst, Staudte, Liebeneiner, Antonioni, Gottfried Reinhardt und Fassbinder holten ihn vor die Kamera, insgesamt spielte er über vierzig Rollen, meist als charmanter Liebhaber und Verführer. Er war 1957 Regie-Volontär bei Käutners Love-Story „Monpti", mit dem mit Preisen überhäuften bitteren Antikriegsfilm „Die Brücke" brach er 1959 vital und virtuos in die Phalanx der Regisseure ein. Darryl F. Zanuck engagierte ihn neben Andrew Marton und Ken Annakin für die Gestaltung der deutschen Episoden des Fox-Großfilms über die Landung der Alliierten in der Normandie, „The Longest Day". 1964 inszenierte er in den Studios der Cinnecitta in Rom die europäisch-amerikanische Co-Produktion „The Visit" (Der Besuch) nach dem inhaltlich und atmosphärisch veränderten Theaterstück Friedrich Dürrenmatts.

Für das Kriegs- und Agentenspektakel „Morituri" der Arcola-Colony/Fox, das Menschlich-Tragisches und Kriegsgetümmel in einer spannenden Handlung vereinigt, ging Bernhard Wicki nach Hollywood. Im Gegensatz zu den mit kleinerem Personalaufwand hergestellten deutschsprachigen Produktionen, sah er sich mit der geballten Macht des kalifornischen Filmgeschäftes konfrontiert. Ungeachtet dessen, daß der Produzent Aaron Rosenberg eine dreimonatige Drehzeit vorsah, verlangten die „studio executives" eine weitaus frühere Fertigstellung. Die Überschreitung des Budgets und der Drehzeit verursachten Probleme, ebenso der Hauptdarsteller Marlon Brando. Auch er bevorzugte eine pedantische und zeitgerechte Einstudierung der einzelnen Szenen, letztlich fand er aber Wickis Methode der vielen Aufnahme-Wiederholungen für übertrieben. Der Film gedieh zur handwerklich perfekten, guten Kinoware, deren Erfolg in erster Linie am Einspielergebnis zu messen war. Verärgert über grobe nachträgliche Änderungen der amerikani-

*F: The Longest Day (Episoden, *), 1962; The Visit (D/F/I/US, *), 1964, Morituri, 1965.*
(*) In Europa gedreht.

schen Produzenten an „The Visit", kehrte Wicki wieder nach Europa zurück. Seine folgenden Filme entstanden meist in Zusammenarbeit mit dem Fernsehen, darunter „Das falsche Gewicht" (1971) und „Die Eroberung der Zitadelle" (1976). Dazwischen inszenierte er für das Theater und führte Synchron-Regie bei William Friedkins „The Exorcist", seit 1975 besitzt er eigene Filmproduktion in München. 1989 stellte Wicki sein letztes Opus, die aufwendige Joseph Roth-Verfilmung „Das Spinnennetz" mit Klaus Maria Brandauer vor. Ein hochgelobtes Alterswerk, daß erst nach jahrelangen Dreharbeiten, unterbrochen durch gesundheitliche Schwierigkeiten fertiggestellt werden konnte.

Bernhard Wicki bei den Dreharbeiten an „Morituri"

Billy Wilder

Noch 1932 meinte Frank Arnau in seinem „Universal Filmlexikon": „Es gibt nicht viele Namen, die mit dem deutschen Tonfilm so eng verbunden erscheinen, wie der Billie Wilders". Nur knapp ein Jahr später befand sich der so Geehrte als mittelloser Flüchtling in Paris. Der im galizischen Zipfel des alten Österreich geborene und in Wien aufgewachsene Reporter kam 1926 nach Berlin, schrieb für mehrere Zeitungen und als Ghostwriter für bekannte Stummfilmautoren. Mit dem Script des Dokumentarfilmexperiments „Menschen am Sonntag" (1930) empfahl er sich der UFA. Seine offizielle Phase in der deutschen Filmindustrie war kurz, aber ungemein produktiv, zehn Drehbücher (Der Mann, der seinen Mörder sucht, Emil und die Detektive, Scampalo, Ein blonder Traum) in etwas mehr als zwei Jahren sprechen für seinen Ideenreichtum. Die Weltmetropole des Films war schon damals sein Traumziel, die Ereignisse der heraufdämmernden Nazi-Herrschaft beschleunigten sein Vorhaben. Im Februar 1933 verließ er Deutschland.

Geb. 22. Juni 1906 Sucha

In Paris realisierte er gemeinsam mit anderen Emigranten „Mauvaise Graine" mit Danielle Darrieux, der Ankauf eines Drehbuchentwurfs durch die Columbia Pictures finanzierte ihm 1934 die Weiterreise nach Hollywood. Unter den politischen Emigranten gab es viele, die darauf warteten, wieder nach Europa zurückzukehren. Wilder, nun Billy, gehörte zu der Gruppe, die im Lande seßhaft und erfolgreich werden wollte. Joe May vermittelte ihn an die Fox Film Corporation, für die er zwei Drehbücher entwarf und anonym an der Vorbereitung weiterer Projekte mitwirkte. 1936 wechselte er zu Paramount, mit dem Lubitsch-Streifen „Bluebeards Eight Wife" begann 1938 die fruchtbare und fünfzehn Jahre dauernde Zusammenarbeit mit Charles Brackett. Das Autorenduo, bald als Hollywoods beste Ideenfabrik bezeichnet, feierte ein Jahr später mit der Greta Garbo-Komödie „Ninotchka" (mit Walter Reisch) einen weiteren großen Erfolg. Wie viele andere Filmautoren litten sie unter dem willkürlichen Despotismus des Produktionsprozesses, 1942 erkämpften sie sich das zuvor nie dagewesene Recht, die Regie ihrer Filme selbst zu führen. Ab 1951 übernahm Billy Wilder fast immer auch die Produktion, seit „Love in the Afternoon" datierte die Autoren-Partnerschaft mit I.A.L. Diamond, seit dem Ende der 50er Jahre war er an seinen Filmen meist finanziell beteiligt.

Im Gegensatz zu deutschstämmigen Hollywood-Regisseuren wie Fritz Lang, Dieterle, Preminger und selbst Lubitsch, die immer etwas von der heimatlichen Aura behielten, wirkte Wilder

*F: Adorable (Story m. Paul Frank), 1933; Music in the Air (Db m. Howard I. Young), 1934; Lottery Lover (Db m. Franz Schulz u. Sam Hellman), One Exciting Adventure (Story m. Franz Schulz), 1935; Bluebeards Eight Wife (Db m. Charles Brackett = CB), That Certain Age (Db m. CH u. Bruce Manning *), 1938; Midnight (Db m. CH), Ninotchka (Db m. CH u. Walter Reisch), What a Life (Db . CH), 1939; Arise My Love (Db m. CH), Rhythm on the River (Story m. Jacques Thery), 1940; Ball of Fire (Story „From A to Z" m. Thomas Monroe *, Db m. CH), Hold Back the Dawn (Db m. CH *), 1941; The Major and the Minor (R, Db m. CH), 1942; Five Graves to Cairo (R, Db m. Ch), 1943; Double Indemnity (R, Db m. Raymond Chandler, *), The Lost Weekend (R **, Db m. CH **), 1945; The Emperor Waltz (R *, Db m. CH), A Foreign Affair (R, Db m. CH *), 1945; A Song is Born (Remake von „Ball of Fire", Story „From A to Z" m. Thomas Monroe), 1948; Sunset Boulevard (R *, Db m. CH **), 1950; Big Carnival (P,*

*R, Db m. Lesser Samuels u. Walter Newman *), 1951; STALAG 17 (P, R *, Db m. Edwin Blum), 1953; Sabrina (P, R *, Db m. Sam Taylor u. Ernest Lehman *), 1954; The Seven Year Itch (Co-P, R, Db m. George Axelrod), 1955; Love in the Afternoon (P, R, Db m. I. A. L. Diamond = ID), 1957; Silk Stockings (Remake von „Ninotchka), The Spirit of Saint Louis (R, Db m. Wendell Mayes u. Charles Lederer), Witness for the Prosecution (R *, Db m. Harry Kurnitz u. Larry Marcus), 1957; Some Like It Hot (P, R *, Db m. ID *), 1959; The Apartment (P **, R **, Db m. ID **), 1960; One Two Three (P, R, Db m. ID), 1961; Irma la Douce (P, R, Db m. ID), 1963; Kiss Me Stupid (P, R, Db m. ID), 1964; The Fortune Cookie (P *, R *, Db m. ID), 1966; The Private Life of Sherlock Holmes (P, R, Db m. ID), 1970; Avanti! (P, R, Db m. ID), 1972; The Front Page (R, Db m. ID), 1974; Buddy, Buddy (R, Db), 1981.*

(*) Academy Award Nominierung, (**) Academy Award

absolut amerikanisch. Er hat sich nie angepaßt oder auf eine Gattung spezialisiert. In seinen turbulenten Komödien, Romanzen, Kriminalfilmen und psychologischen Charakterstudien standen die Schauspieler im Vordergrund. Stets suchte er lange und intensiv nach der jeweiligen Idealbesetzung, Marilyn Monroe in „Some Like It Hot" (Manche mögen's heiß), Marlene Dietrich in „Witness for the Prosecution" oder Jack Lemmon in „The Apartment". 1954 fand er Audrey Hepburn für „Sabrina", 1963 Shirley McLaine für seinen größten Kassenhit „Irma la Douce". Zu seinen Markenzeichen gehören Witz, satirische Attacken, oft gepaart mit publikumswirksamer Sentimentalität und mitreißender Komik. Dazu rasches Tempo, ereignisreiche Storys ohne Leerlauf und spritzige Dialoge. Die Traumfabrik ehrte das Talent des großen Regisseurs aus Österreich schon früh mit hohen Auszeichnungen. Für die Trinkertragödie „The Lost Weekend" erhielt er je einen „Oscar" für Buch und Regie, einen Award gab es für „Sunset Boulevard" und drei für „The Apartment". Billy Wilder gehört noch zu den letzten Monumenten des alten Hollywood, das sich selbst überlebte. Die alles überdeckende Technisierung und lautstarke, grelle Action-Effekte waren niemals seine Sache. Sein Anliegen war es, mit Menschen Unterhaltung für Menschen zu machen. 1986 wurde er mit dem selten vergebenen „Life Achievement Award", 1992 mit dem europäischen Filmpreis „Felix" für sein fünf Jahrzehnte umfassendes Lebenswerk ausgezeichnet.

Billy Wilder mit Samuel Goldwyn

Als Drehbuchautor, Regisseur und Produzent wurde Billy Wilder mit sechs „Oscar“ ausgezeichnet

Billy Wilder mit Pamela Tiffin, James Cagney und Horst Buchholz bei Außenaufnahmen an der Westberliner Sektorengrenze zu „One, Two, Three“, einer der rasantesten Filmkomödien des Kalten Krieges

(Wilhelm Wilder) W. Lee Wilder **Produzent**

Geb. 22. Aug. 1904 Sucha
Gest. 1982 in Los Angeles

Wilhelm Wilder (in USA W. Lee) ging nach dem Besuch der Universität in Wien in die Vereinigten Staaten, wo er ca. zwanzig Jahre in einem Industriebetrieb in New York tätig war. Er lebte auf Long Island, 1934 konnte er am Hafen seinen Bruder Billie (später Billy) begrüßen, der auf dem Wege nach Hollywood per Schiff angekommen war. Dessen Beispiel folgend, wechselte er nach dem Ende des Zweiten Weltkrieges in die Filmbranche. Er begann bei der Republic, bei den beiden ersten Streifen nannte er sich William Wilder. Sein Debütfilm als „producer“ in Zusammenarbeit mit Anthony Mann war „The Great Flamarion“ mit Erich von Stroheim in der Titelrolle.

1948 machte er sich als Prodzent und Regisseur von Spiel-Kurzfilmen selbständig. Im Spielfilmbereich brachte er „The Vicious Circle“ mit Fritz Kortner heraus, eine Episode aus dem frühen Leben Tomas Masaryks, der bei einem antisemitischen Ritualmordprozeß 1882 in Ungarn eine ähnlich Rolle wie später Emile Zola in der Dreyfus-Affäre übernahm. Mit einem seiner Kurzfilme aus der „Songs of America“-Serie, „Spiritual Songs“, gewann er 1950 bei der Dokumentarfilmschau in Venedig einen Preis für den besten Musikfilm. Im gleichen Jahr trat er bei United Artists ein, das erste Werk „Once a Thief“ mit June Havoc und Cesar Romero wurde ebenfalls auf der Biennale in Venedig vorgestellt.

Bei seinen letzten Arbeiten übernahm Wilder neben der Produktion auch die Regie, ab 1951 handelte es sich hauptsächlich um „Horror“- oder „Science fiction“-Filme. 1975 produzierte er in England „The Man Without a Body“, 1960 gelang ihm bei der Regie des britischen Streifens „Bluebeard's Ten Honneymoons“ eine gute Milieuschilderung und Darstellung der Gestalt des Massenmörders Landru. 1960 geriet er mit Allied Artists in einen Rechtsstreit um die Urheberrechte an Drehbüchern zu einem Spielfilm und 39 Fernsehfolgen zum Thema „Marco Polo“. W. Lee Wilder, dessen Dilemma es war, meist nur als der „ältere Bruder Billy Wilders“ angekündigt zu werden, beendete 1968 seine Laufbahn.

F: The Great Flamarion (P), 1945; Strange Impersonation (P), The Glass Alibi (P, R), 1946; The Pretender (P, R), Yankee Fakir (P, R), 1947; The Vicious Circle (P, R), 1948; Once a Thief (P, R, Db), 1950; Three Steps North (P, R, in Italien gedreht), 1951; Phantom from Space (P, R), 1953; Killers from Space (P, R), The Snow Creature (P, R), 1954; The Big Bluff (P, R), 1955; Manfish (P, R), Spell of the Hypyptist (P, R),1956; Fright (P, R), 1957; Spy in the Sky, 1958; The Omegans (R), 1968.

Kurzfilme aus der Serie Songs of America:
Visions and Voices, Cherished Melodies, 1947; Treasured Ballads, Melodious Sketches, Melodies Reborn, Symphonic Shades, 1949; Memorable Gems, Tunes That Live, The Tradition, Mighlights of Long Age, Folklore, Glory Filled Spirituals, Long Remembrance, The Moods, Design in Melody, The Tradition, Melodious Patterns, Spiritual Songs, 1950.

Encyclopaedia Britannica Films:
The Golden Axe, Rumpelstilzkyn, Sleeping Beauty, 1952.

Max Willenz

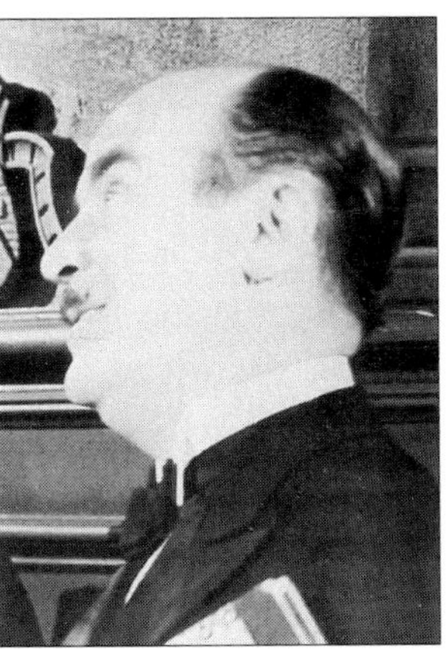

Geb. 22. Sept. 1888 Wien
Gest. 10. Nov. 1954 Hollywood

F: When Ladies Meet, 1941; I Married an Angel, The Pridc of the Yankees, Tonight We Raid Calais, The Cross of Lorraine, Pierre of the Plains, 1942; The Heavenly Body, Three Hearts for Julia, Two Senoritas from Chicago, 1943; In Our Time, Mademoiselle Fifi, Pin Up Girl, 1944; Yolanda and the Thief, 1945; Desire Me, It Happened on 5th Avenue, A Likely Story, Northwest Outpost, The Perils of Pauline, 1947; The Saxon Charme, 1948; Dancing in the Dark, The Great Sinner, 1949; Gentlemen Prefer Blondes, Scandal at Scourie, STALAG 17, 1953.

Durch die Ereignisse rund um den „Anschluß" mußte auch Max Willenz 1938 Österreich verlassen.

In seinem Lebensbericht „Was ich erträumen konnte" schreibt Hans Jaray, der ihn 1941 in Hollywood traf: „Freischaffende Kleindarsteller haben es nirgends leicht, auch nicht in Hollywood. Sie wandern täglich von einer Filmgesellschaft zur anderen auf der Suche nach einer kleinen Rolle, die sie hin und wieder ergattern, oder sie nehmen eine untergeordnete Stelle an, in einem Laden, Hotel oder einer Tankstelle. Einer dieser Leidtragenden war mein Kollege Max Willenz, in Wien ein gern gesehener Operettenbuffo. Er war dem Griff des Führers rechtzeitig entkommen und hielt sich hier mühsam mit winzigen Rollen über Wasser (S 171)."

Jaray filmte gerade bei Alexander Korda (Lydia) und Willenz sah in ihm einen der „kommenden Stars", der einen Sekretär benötigte. Mit einem Dreijahresvertrag ausgestattet, ließ Jaray „seinen Kollegen der heiteren Muse, die ihn verlassen hatte, nicht im Stich" (S 172). Er gab ihm ein wöchentliches Honorar dafür, daß er ihn „in der Pension morgens weckte, ihm das Frühstück machte, im Atelier Gesellschaft leistete und seine Rollen abhörte" (S 172).

Im Juli 1947 ist Max Willenz am Broadway in einer Produktion der Theatre Guild in der Rolle des Hausierers Ali Hakim in Richard Rodgers und Oscar Hammersteins Musical „Oklahoma" nachweisbar. 1954 meldete die New Yorker Filmzeitschrift „Variety" in drei kargen Zeilen seinen durch eine Herzattacke verursachten Tod in Hollywood.

Robert Wilmot (Robert Wohlmuth) Autor – Regisseur

Geb. 28. Mai 1902 Wien

Robert Wohlmuth schrieb Drehbücher und führte Regie bei einigen Stummfilmen (u. a. „Die Launen einer Künstlerin", 1927, „Das Mädchenschiff", „Wenn der weiße Flieder wieder blüht", 1929) sowie den Tonfilmen „Das Kabinett des Dr. Larifari" (D, 1930) mit Max Hansen und Paul Morgan, „In einer kleinen Konditorei" (D, auch Buch, 1930), „Das Wolgamädchen" (D/Ö, 1930), „Die zwei vom Südexpreß" (D, Buch Josef Than, 1932), „Die Nacht der Versuchung" (D, mit Leo Lasko, auch Buch, 1932), „Nocturno" (Ö, 1934) und „Fräulein Lilli" (Ö, 1936).

Wohlmuth kam 1939 in die USA (hier Wilmot), in Hollywood scheint er als Regisseur von „short films" und zweifacher Autor auf. Während der Drehbucharbeiten zu dem Columbia-Streifen „The Unwritten Code" mußte er wegen Krankheit abgelöst werden, erhielt jedoch einen „credit" für die Story. 1949 gründete er die Pathescope Productions of America, Inc., 1951 wurde er Vizepräsident der Henry Stauss Production, die Dokumentar- und Fernsehfilme drehte.

F: It's a Dog's Life (R, Kf), 1942; Dog House (R, Kf), 1943; Adress Unknown (Buch o.c.), 1944; The Unwritten Code (Story mit Charles Kenyon), 1944; Hollywood and Vine (Story mit Edith Watkins und Charles Williams), 1945; Broken Music (R), 1946.

Wolfgang Glück gehört als einziger Österreicher, der nicht auch amerikanischer Staatsbürger ist, als Mitglied der „Academy of Motion Picture, Arts and Sciences", an, die jährlich die „Academy Awards" (Oscars) vergibt

Regieassistent (John H. Winge) Hans Winge

Geb. 26. Dez. 1903 Wien
Gest. 13. Apr. 1968 Wien

Hans Winge (eigtl. Ornstein) strebte nach der Gymnasialzeit dem Theater zu und verdingte sich als Volontär an die Schaubühne und Kammerspiele in München. 1922 führte er in Bayreuth, 1924 in Breslau Regie, ab 1925 erregte er in Berlin mit avantgardistischen Inszenierungen die Aufmerksamkeit des Theaterpublikums. 1933 mußte er das Erreichte in Deutschland aufgeben, die nächsten fünf Jahre verbrachte er als Filmkritiker der „Neuen Freien Presse" in Wien. In feuilletonistischen Essays behandelte er neben usuellen Rezensionen erstmals auch künstlerische Probleme des Films. Hans Winge fand damit seinen eigentlichen und richtigen Beruf, in dem er zu den Besten des Faches zählte. Nach dem Anschluß auch aus Wien vertrieben, bedeutete Amerika für ihn einen weiteren Neubeginn.

Über ein Jahrzehnt wirkte er in Hollywood als Assistent und Producer-Editor bei Universal Pictures und Metro-Goldwyn-Mayer an über 30 Filmen mit und erlernte dabei das Handwerk von Grund auf. Im Verlauf der Tätigkeit traf er viele Filmgrößen, Clark Gable, Greta Garbo, Charles Laughton und Fred Zinnemann. Eine intensive Zusammenarbeit ergab sich mit der Sängerin Lena Horne und mehrmals mit Fred Astaire, der den Schnitt seiner Filme durch ihn bevorzugte (*). Nach Kriegsende nahm er die redaktionelle Tätigkeit bei Wiener Zeitungen wieder auf, englischen, holländischen und westdeutschen Fachblättern lieferte er filmtheoretische und -kritische Beiträge. Er brachte die deutsche Ausgabe von George Sadouls „Geschichte des Films" heraus, war Mitherausgeber des „Film Forum" von Sergej M. Eisenstein und redigierte die Beiträge für die deutschsprachigen Gebiete des „Filmlexicon degli autori e delle opere", einem Standardwerk der Filmlexikographie.

In der Erwartung, die künstlerische Beratung bei der Verfilmung von Bert Brecht-Stücken durch die Ostberliner DEFA übernehmen zu können, kehrte er 1949 mit seiner Gattin Margot nach Europa zurück. Aus der DDR ausgewiesen, erschwerte ihm das Faktum, für das „Berliner Ensemble" Brechts gearbeitet zu haben, den Neubeginn in Wien. Hans Winge fand Aufnahahme im Besetzungsbüro der WIEN FILM, daneben war er erneut ein amüsanter Filmkritiker verschiedener Zeitungen in Wien, Zürich und Hamburg. Als Leiter und Dozent des von Caspar Neher und ihm 1961 an der Akademie gegründeten Seminars für Film und Fernsehen wurde er in Wien zur Instanz für alles was die flimmernde Kunst betraf.

(*) Music cutter wurden zur damaligen Zeit im Filmvorspann nicht genannt. Hans Winge, der über die Tätigkeit der Emigranten in Hollywood ein umfangreiches Archiv zusammentrug (heute im Besitz des Österreichischen Filmmuseums), hinterließ leider keine Aufzeichnungen, an welchen Filmen er mitgearbeitet hatte.

Adolf Wohlbrück (Anton Walbrook) Schauspieler

Geb. 19. Nov. 1896 Wien
Gest. 09. Aug. 1967 Garatshausen

Wilhelm Anton Adolf Wohlbrück entstammte einer Künstlerfamilie. Er wurde als Stipendiat an der Schauspielschule Max Reinhardts ausgebildet, hatte Bühnenengagements in Berlin (Barnowsky, Dt. Theater), München (Kammerspiele) und Dresden (Komödie) und gab sein Filmdebüt 1915 in Wien in dem Stummfilm „Marionetten". In den 30er-Jahren entwickelte er sich in den Komödien Willi Forsts („Maskerade") und Reinhard Schünzels („Viktor und Viktoria", „Walzerkrieg") zum geistreichen und gewandten Gentleman des deutschsprachigen Films. 1936 folgte er einer Einladung nach Amerika. Der Produzent Pandro S. Berman hatte von seinem französischen Kollegen Joseph Ermolieff die Verfilmungsrechte des Jules Verne-Romans „Michael Strogoff" erworben. Ein Stoff, der zuvor bereits in einer deutschen (Kurier des Zaren) und französischen (Michael Strogoff) Version mit Adolf Wohlbrück in der Hauptrolle über die Leinwand gegangen war. Für das US-Remake der RKO „The Soldier and the Lady" mit Elisabeth Allan sicherte sich Berman erneut die Mitwirkung des Wieners, der damit seine einzige Hollywood-Arbeit realisierte.

Er blieb in England in der Emigration, unter der englischsprachigen Namensform Anton Walbrook trat er in Bühnenrollen auf und behauptete sich auch als Star in niveauvollen Unterhaltungsfilmen („Victoria the Great", „Gaslight", „The Man from Morocco" und „The Red Shoes"), ohne das Fach wechseln zu müssen. Von London aus verhalf er vielen jüdischen Künstlern zur Flucht aus Deutschland.

Der weltmännisch elegante Schauspieler spielte im Nachkriegsfilm in mehreren internationalen Produktionen, „La Ronde" (F), „Lola Montez" (D/F), „Wien tanzt" (Ö). 1957 reihte ihn Otto Preminger in das Star-Ensemble des amerikanischen Streifens „Saint Joan" (Die heilige Johanna) der United Artists ein, dessen Aufnahmen in britischen Studios entstanden. Adolf Wohlbrück starb während eines Besuchs bei der Albers-Witwe Hansi Burg am Starnberger See. Er wurde nach England überführt und auf dem vornehmen Hampstead Cemetary in Nord-London beigesetzt.

Regisseur – Choreograph

Wilhelm von Wymetal (William Wymetal)

Wilhelm von Wymetal, Sohn des gleichnamigen Barons und Direktors der Wiener Staatsoper, arbeitete nach dem Militärdienst im Ersten Weltkrieg zunächst als Bankbeamter. 1927 wanderte er nach Amerika aus. Er hatte zunächst einen Vertrag an der Metropolitan Oper New York bei Fritz Reiner und leitete anschließend das Opera Department des Curtis Institutes of Music in Philadelphia. In seiner siebenjährigen Amtszeit brachte er u. a. die amerikanische Erstaufführung des „Wozzeck" mit Bühnenbildern von Alfred Roller heraus.

Geb. 18. Apr. 1890 Wien
Gest. 07. Nov. 1970 Wynnewood/ Pa.

Zwischen 1936 und 1946 inszenierte er in vielen Städten in Nordamerika und Kanada, Chicago, Cleveland, Cincinnati, St. Louis, Montreal und an der New York City Center Opera. Von 1947 bis zu seinem Ruhestand 1968 war er Direktor der Civic Light Opera of Greater Pittsburgh, an der auch die Operette und das Musical in ihren ganzen Bandbreiten gepflegt wurden. Gastaufträge führten ihn nach San Francisco, wo er die Amerikaner mit Renata Tebaldi bekannt machte, New Orleans und an die Königliche Oper in Stockholm. 1956 organisierte er am Lyric Theatre Chicago das sensationelle US-Debüt von Maria Callas in „Norma". William Wymetal galt als Spezialist für Richard Strauss-Opern und die klassische Wiener Operette.

1936 verpflichtete ihn Metro-Goldwyn-Mayer. In einem Jahrzehnt Hollywood war er mehrmals als Choreograph, Autor, Ausstatter, technischer Berater und Regisseur von Opernsequenzen (R*) und musikalischen Filmkomödien, mit Stars wie Jeanette McDonald, Nelson Eddy, Grace Moore und Kathrin Grayson tätig. In der RKO-Verfilmung von Guy de Maupassants „Mademoiselle Fifi" trat er auch als Darsteller in Erscheinung.

F: Rose Marie (ch), Moonlight Murder (R), 1936; Maytime (R* mit Robert Z. Leonard), I'll Take Romance (set d.), 1937; Phantom of the Opera, (R*), 1943; Mademoiselle Fifi (Da), 1944; Two Sisters from Boston (Autor, TA), 1946.*

R) Regie von Opernsequenzen*

(zur vorhergehenden Seite:)
Jean Seberg als Joan und Anton Walbrook (Adolf Wohlbrück) als Bischof Cauchon in Otto Premingers „Saint Joan"

Erich (Eric) Zeisl **Komponist**

Geb. 18. Mai 1905 Wien
Gest. 18. Feb. 1959 Los Angeles

F: Bei MGM:
Nothing Ventured (*), Reunion in France, Journey for Margaret, 1942; Above Suspicion, Bataan, Slightly Dangerous, Lassie Come Home, Cross of Lorraine, Hitler's Madman, Song of Russia, 1943; They Were Expendable, Without Love, 1945; The Postman Always Rings Twice, 1946.
Bei Universal Pictures:
Abbott and Costello Meet the Wolfman, 1943; The Invisible Man's Revenge, 1944; The Cat Creeps, 1946; The Looters, The Purple Music, 1955; The Rawhide Years, 1956; Money-Woman and Guns, 1958.

Die Titel wurden freundlicherweise von Frau Barbara Zeisl Schoenberg zur Verfügung gestellt (Brief vom 14. 03. 1993). Der mit (*) gezeichnete Film konnte nicht aufgefunden werden.

Erich Zeisl (in USA Eric) studierte an der Wiener Musikakademie sowie privat bei Richard Stöhr und Hugo Kauder. Sein individuelles kompositorisches Werk bietet eine faszininierende Mischung Wiener, slawischer und jüdischer Stilelemente. Er schrieb u.a. die Opern „Die Fahrt ins Wunderland“ (Kinderoper, 1934) und „Leonce und Lena“ (nach Georg Büchner, 1937), Ballett-, Instrumental- und Orchestermusik, dazu Sonaten, Gesänge und Sololieder. 1934 erhielt er für sein „Requiem concertante“ den Österreichischen Staatspreis. 1938 flüchtete er als eines der vielen Opfer des nationalsozialistischen Sturms mit seiner Gattin Gertrude über Paris nach Amerika, bis 1941 lebte er in Marmaroneck, New York.

Mit der Vorliebe zum Drama und zu Klangfarben betrachtete er die Filmkomposition als kreative Herausforderung. 1941 lud ihn Metro-Goldwyn-Mayer ein, nach Hollywood zu kommen. Es war die Zeit der großen Intrigen in der Filmmetropole, die durch das Aufkommen des Fernsehens große Einbußen hinnehmen mußte. Die Kollegen betrachteten jeden Newcomer mit Mißtrauen und blieben verschlossen, Zeisl sah sich mit enttäuschenden Arbeitsbedingungen und reinen Hilfsarbeiten konfrontiert. Da er die technischen Bereiche der Filmvertonung nicht kannte, wurde ihm keine Hauptproduktion anvertraut. Er war an 20 Filmen beteiligt, erhielt aber niemals einen „credit“ in einem Vorspann. Zeisl vertonte einige Kriegspropagandastreifen („Plan for Destruction“, „Wood Goes to War“) und 47 der damals sehr populären „Fitzpatrick Traveltalks“, 30 Stimmungsstücke für Klavier verschwanden in der MGM-Bibliothek. Nach ernüchternden Monaten löste MGM den Vertrag.

Der Wiener begann als freischaffender Filmkomponist, arrangierte und orchestrierte für andere Komponisten, hauptsächlich bei Universal International. Im November 1957 engagierte ihn die Gesellschaft, die Musik für die Remarque-Verfilmung „Time to Love and a Time to Die“ zu schreiben, anfangs 1958 bezahlte man Zeisl dafür, davon Abstand zu nehmen. Den Auftrag bekam der mehrfache Oscar-Preisträger Miklos Rosza, da man aus Verleihgründen offenbar einen bekannten Namen für den Vorspann benötigte.

Enttäuscht von der „Filmindustrie“ wandte sich Zeisl der freien Komposition zu. Das Gastland Amerika anerkannte und würdigte sein Schaffen. Drei Sommer (1948-1950) verbrachte er als Composer-in-Residence am kalifornischen Brandeis Camp Institute, wo einige seiner wichtigsten Exilwerke entstanden, von 1949 bis 1950 lehrte er als Professor am City College in Los Angeles. Nach einer Vorlesung erlitt er am 18. Februar 1959 einen Herzinfarkt, dem er noch in der gleichen Nacht erlag.

Fred Zinnemann

Geb. 29. April 1907 Wien

Fred Zinnemann brach 1927 ein Jurastudium in Wien ab, um nach Paris an das neu eröffnete Institut Technique de la Cinématograhie zu gehen. Seine Ausbildung dauerte 18 Monate, während dieser Zeit arbeitete er an dem Avantgarde-Film „La marche des machines" des Regisseurs Eugen Dreslaw mit. 1929 war er in Berlin neben Robert Siodmak, Billy Wilder und Edgar G. Ulmer als Kameraassistent Eugen Schüfftans an dem halbdokumentarischen Streifen „Menschen am Sonntag" beteiligt. Kurz darauf begab er sich in das Abenteuer Hollywood, der Weg nach oben war langwierig. Nach der Aufnahmeverweigerung zur Gewerkschaft der Kameraleute wurde er Regieassistent Berthold Viertels bei Filmen wie „Man Trouble" und "The Man from Yesterday". Robert Flaherty und der Choreograph/ Regisseur Busby Berkeley brachten ihm weitere Grundbegriffe des Filmhandwerks bei.

1934 erstellte er im Auftrag der mexikanischen Regierung mit dem Amerikaner Paul Strand den Dokumentarfilm „Redes" (USA: The Wave) über den Aufstand der Fischer von Alvarado. In den USA drehte er zwischen 1937 und 1941 eine große Anzahl von Kurzfilmen dokumentarischen, propagandistischen oder erzieherischen Inhalts für MGM. Darunter solche für die Serie „Pate Smith Speciality", „John Nesbitts Passing Parade" und „Crime Doesn't Pay", einem Zyklus zur Unterstützung des Kampfes gegen das Gangstertum. „That Mothers Might Live" erhielt einen „Oscar", die Statuette ging an das MGM-Studio.

Erst zwölf Jahre nach seiner Ankunft in Hollywood bekam er einen Regieauftrag für einen Langspielfilm, MGM s B-Feature "Kid Glove Killer", mit dem sein rascher Aufstieg als bedeutender Regisseur begann. Zwei Jahre später brachte er den Roman Anna Seghers „The Seventh Cross" mit beeindruckender Ausdruckskraft auf die Leinwand, wobei ihm eine der besten antinazistischen Filmproduktionen der damaligen Zeit gelang. Die 1948 in der deutschen US-Besatzungszone gedrehte schweizerisch-amerikanische Koproduktion „The Search", die sich anhand des Schicksals eines Flüchtlingskindes erstmals mit den Folgen des Kriegsgeschehens auseinandersetzte, machte erneut nachhaltig auf ihn aufmerksam. Dies sicherte ihm in Bezug auf Themenwahl und Behandlung des Stoffes eine zunehmende Unabhängigkeit von der Produktionsdiktatur Hollywoods. Für „High Noon" (12 Uhr mittags) war er der Wunschregisseur des Produzenten Stanley Kramer, in dem meistausgezeichnetsten und populärsten Western der 50er Jahre bereicherte der Wiener das Genre um neue dramaturgische Raffinessen. Der inzwischen zu den Klassikern zählende Streifen machte ihn in aller Welt bekannt. Mit der atmosphärisch

*F: All Quiet on the Western Front (Da), Man Trouble (RA), 1930; The Spy (RA), 1931; The Wiser Sex (RA), The Man from Yesterday (RA), 1932; Kid Glove Killer, Eyes in the Night, 1942; The Seventh Cross, 1944; Little Mr. Jim, My Brother Talks to Horses, 1946; The Search (CH/US, *), 1948; Act of Violence, 1949; The Men, 1950; Teresa, 1951; High Noon (*), The Member of the Wedding, 1952; From Here to Eternity (**), 1953; Oklahoma, 1955; A Hatful of Rain, 1957; The Nun s Story (*), 1959; The Sundowners (US/GB, P, *), 1960; Behold a Pale Horse (US/F, P), 1964; Julia (*), 1977; Five Days One Summer (US(GB, P), 1982.*

(*) Academy Award Nominierung, (**) Academy Award (P) Auch Produktionsleitung

Kurzfilme für MGM: A Friend Indeed, The Story of Dr. Carver, That Mothers Might Live, Tracking the Sleeping Death, They Live Again, 1938; Weather Wizards, While America Sleeps, Help Wanted!, One Against the World, The Ash Can Fleet, Forgotten Victory, 1939; The Old South, Stuffie, A

Irene Dunne überreicht 1954 an Fred Zinnemann den „Oscar" für seine Regieleistung beim Columbia-Film „From Here to Eternity"

Fred Zinnemann (rechts) als Statist in Lewis Milestones Weltkrieg-I-Drama „All Quiet on the Western Front" (Im Westen nichts Neues)

dichten Verfilmung des Bestsellers „From Here to Eternity" (Verdammt in alle Ewigkeit) von James Jones, der 13 „Oscar"-Nominierungen erzielte und ihm den „Golden Globe" der Auslandspresse sowie den „Academy-Preis" brachte, schrieb er ein weiteres mal Filmgeschichte.

Im Kern seiner durch einen hohen moralischen Anspruch beherrschten Arbeiten beschäftigte sich Zinnemann mit der Identität, Individualität und der Einmaligkeit der menschlichen Persönlichkeit. Wann immer es möglich war, drehte er an Originalschauplätzen, „Behold a Pole Horse" in den Pyrenäen und Südfrankreich, „The Nun s Story" im belgischen Kongo oder „The Sundowners" in Australien. Er zählte zu den letzten großen Regiemeistern aus Hollywoods Glanzzeit, sein vielfach gewürdigtes Schaffen umfaßt insgesamt 21 Spielfilme (19 USA plus 2 GB) in allen Genres. Seit drei Jahrzehnten lebt er hauptsächlich in London, wo 1966 in den SheppertonStudios seine bedeutendste britische Filmschöpfung „A Man for All Seasons" entstand (je ein „Golden Globe" und „Oscar" für den besten Film und Regie). Seine Gattin Renee arbeitete im Kostümdepartment von Paramount, sein Sohn Tim ist in der Branche als Produzent tätig.

Way in the Wilderness, The Great Meddler, 1940; Forbidden Passage, Your Last Act, 1941; The Lady or the Tiger?, 1942.
Benjy, 1951. Für den von der Orthopaedic Foundation of Los Angeles in Zusammenarbeit mit Paramount produzierten 30 Minuten-Streifen erhielt Fred Zinnemann in der Kategorie Kurzdokumentarfilm einen „Oscar".

Gary Cooper, Fred Zinnemann und Grace Kelly bei der Zusammenarbeit zum Film „High Noon" (Zwölf Uhr mittags)

Peter Zinner

Editor – Cutter

Geb. 24. Juli 1919 Wien

F: Titel ohne Angabe in Klammer = Filmschnitt

*Quo Vadis (MA), 1951; Ivanhoe (MA), Singing in the Rain (MA), 1952; Bandwagon (MA), 1953; Invitation to the Dance (MA), 1956; Silk Stockings (MA), 1958; Varan the Unbelievable (US/Jap, md), Wild Harvest, 1962; The Professionals, 1966; In Cold Blood, Gunn, 1967; Changes, 1969; Darling Lili, 1970; The Godfather (Sch m. William Reynolds, **), 1972; The Godfather, Part II (Sch m. Barry Malkin u. Richard Marks), Crazy Joe, 1974; Mahogany, 1975; A Star is Born, 1976; The Deer Hunter (*), 1978; The Fish That Saved Pittsburgh, 1979; Foolin Around, 1980; An Officer and a Gentleman (**), 1982; The Salamander (US/I/GB, R), 1983; War and Love, 1985; Saving Grace (Sch m. Michael Kelly), 1986; The Hunt for Red October (Da), Eternity (Sch m. Christopher Greenbury), Somebody Has to Shoot the Picture, 1990.*

(*) Academy Award
(**) Academy Award-Nominierung
TVM: Broken Vows (exex. prod.), 1987.

TV: The Winds of War (7 Folgen), 1983; War and Remembrance (10 Folgen), 1988.

Peter Zinner, Sohn eines prominenten Chirurgen, kam schon als Kind mit der Showbranche und besonders mit der Musik in Berührung. Paul Czinner, der Gatte Elisabeth Bergners, war ein Cousin seines Vaters. Von der Schauspielerin kam der Anstoß, sich näher mit dem Film zu befassen. Er besuchte das Reinhardt-Seminar bevor die Familie im März 1938 vor den Schergen Hitlers floh. Über die Philippinen kam er als 20jähriger nach Hollywood, wo er als Cutterlehrling bei 20thCentury Fox begann. Seine Chance bei der Filmindustrie bekam er als Musik-Verleger bei MGM. Musik, der Sinn für Timing und Rhythmus waren wichtigste Aspekte seiner späteren Top-Karriere. Er war für die musikalische Ausstattung solcher Klassiker wie „Quo Vadis", „Ivanhoe", „Singing in the Rain", „Invitation to Dance" und „Silk Stockings" (Neuauflage von „Ninotchka") verantwortlich.

1960 begründete er mit einigen anderen im Rahmen der „Post Productions Inc." ein ganz neues Konzept, von der Musik und Soundeffekten bis hin zum endgültigen Filmschnitt. Ein Jahrspäter zahlte er seine Partner aus und änderte den Firmennamen in „Zinner International Films", ab Mitte der Sechziger Jahre arbeitete er wieder ausschließlich als Editor. Zu seinen wichtigsten außeramerikanischen Arbeiten zählen „Lord Jim" (GB, 1962) mit Peter O'Toole, „The Red Tent" (I/USSR,1971) mit Sean Connery, „Foxtrot" (Mex/CH, 1977) mit Max von Sydow und der kanadische Streifen „Running Brave" (1983). In den USA stehen u. a. Spitzenwerke wie Richard Brooks „The Professionals" und das Remake „A Star is Born" mit Barbra Streisand zu Buche. Zinners Arbeiten zu „The Godfather" (Der Pate) mit Marlon Brando und „An Officer and a Gentlemen" wurden mit einer Nominierung zum „Academy Award" bedacht, für das mehrfach preisgekrönte Vietnam-Drama „The Deer Hunter" mit Robert DeNiro und Merryl Streep erhielt er 1978 den „Oscar".

Bei der US-italienischen Gemeinschaftsproduktion „The Salamander" führte er einmalig Regie, in „The Hunt for Red October" übernahm er auf Wunsch des Regisseurs John McTiernan eine kleine Rolle. 1983 schnitt er alle Folgen der siebenteiligen TV-Miniserie „The Winds of War" (Der Feuersturm) nach Herman Wouks Bestseller. Der Part 7 brachte ihm eine Nominierung, Part 10 der Nachfolgeserie „War and Remembrance" die tatsächliche Auszeichnung mit dem „Emmy" ein. Seine letzte Arbeit war das 1992 in Kirgisien und China gedrehte, in römischen Ateliers geschnittene Abenteuer „Genghis Khan" des Produzenten Enzo Rispoli. Peter Zinner (Mitglied der ACE-American Cinema Editors) bevorzugt es, die Filme schon während der Dreharbeiten zu schneiden und ist daher an den internationalen Aufnahmeorten stets mit anwesend.

Nachtrag

Das Abschlußkapitel ist in Kurzform Akteuren gewidmet, a) deren Namen mit der Filmstadt in Verbindung gebracht werden, b) die als Emigranten dort gearbeitet haben, ohne filmographische Spuren zu hinterlassen, c) die Hollywood zurückgewiesen hat (in alphabetischer Reihenfolge):

Ralph Benatzky (1884–1957), seine Emigration ist die Geschichte einer Verweigerung gegenüber allen Chancen. Er kam 1938 mit einem komfortablen MGM-Vertrag über ein Jahr mit sechs Jahren Option nach Hollywood, wirkte dort aber auf dessen Auflösung hin. Ging in die Schweiz und 1940 erneut in die USA.

Bruno Engler, Wiener, Mitautor des Theaterstücks „Das Ministerium ist beleidigt", wurde 1941 Lohnschreiber in Georg Martons Drehbuch-Agentur „Playmarket". Die „writers guild" vermittelte ihn später zur Air Force nach Washington, wo er Drehbücher für Schulungsfilme verfaßte.

Dr. Ludwig Gesek schrieb 1959 im „Kleinen Lexikon der Filmgeschichte" (Filmkunst Nr. 22–30), daß der Niederösterreicher Joseph Delmont (geb. 1873) ab 1902 über 200 Tier- und Cowboyfilme für die American-Vitagraph gedreht hätte. In der „History of the Vitagraph Company" (Revised Edition 1987) von Anthony Slide ist dagegen darüber nichts vermerkt.

In der Biographie über *Karl Farkas* „Schau'n Sie sich das an" von Georg Markus (1983) findet sich der Hinweis auf einen Brief des Kabarettisten an seine Gattin (S. 180), daß er Filmhauptrollen in englischer Sprache mit Paul Muni und Joan Crawford unter der Regie von Michael Curtiz (Kertesz) gespielt hätte. Was immer die Gründe für diese Aussage gewesen sein mögen, jedes gute Filmlexikon wird bestätigen, daß dies unzutreffend ist. Die im Buch enthaltene Filmographie erwähnt selbst keinen derartigen Film.

Otto W. Fischer wurde 1956 von Universal-Vizepräsident Al Daff für die Komödie „My Man Godfrey" als Partner June Allysons verpflichtet. Vor Drehbeginn änderte er das Drehbuch in der Meinung, die Charakterrolle nur nach eigenen Vorstellungen und Gefühlen darstellen zu können. Von Regisseur Henry Koster darauf hingewiesen, daß ein solches Vorgehen inakzeptabel sei, zeigte sich der Star uneinsichtig. Er glaubte nicht daran, daß ein Studio es wagen würde, ihn zu degradieren. Nach zwei Tagen war sein Hollywood-Engagement beendet, den Part übernahm David Niven.

Großer Empfang für O. W. Fischer 1956 durch June Allyson und dem Regisseur Henry Koster

Nachtrag

Alfred Polgar

Josef Glücksmann (1900–1963), Schauspieler und Regissseur, nach dem Kriege Dramaturg am Burgtheater, lebte von 1938 bis 1949 in Hollywood. Salka Viertel vermittelte das „affidavit" für die Einreise. Glücksmann erhielt einen Zeitvertrag als Drehbuchautor, nähere Umstände sind nicht bekannt.

Hans Habe (1911–1977), in Budapest geborener Romancier, 1923–1938 in Österreich, verkaufte in Hollywood die Filmrechte seines 1941 in New York publizierten Romans „The Thousand Shall Fall". Die MGM-Verfilmung, an der Habe mitgewirkt haben dürfte, lief unter dem Titel „The Cross of Lorraine".

Alfred Polgar (1875–1955), der bekannte Theaterkritiker und Essayist, gehörte zu einer Gruppe von sechs Schriftstellern, die Louis B. Mayer im Zuge von Aktivitäten Paul Kohners und des „European Film Fund" mit einem zeitweiligen Autoren-Vertrag ausstattete, um die Einreise und das erste Überleben zu ermöglichen. Polgar arbeitete in den Schreibbüros der MGM, derartiges Material wurde nicht verwertet und landete in Archiven. Sein Vertrag wurde nach einem Jahr nicht mehr verlängert.

Der Theater-Schauspieler *Richard Revy* (geb. 1885), vor der Emigration 1933 auch in einigen Filmen zu sehen, „Die verkaufte Braut" (1932) und „Die weiße Majestät (CH/D/F, 1933), übernahm ab 1938 kleine Filmrollen, mußte aber seinen Beruf wegen Sprachschwierigkeiten aufgeben. Er starb 1965 in Los Angeles.

Hanns Schwarz (geb. 1842, in USA Howard Shelton), einst in Deutschland als einer der Filmpioniere und Regisseur von Filmen wie „Nanon", „Die wunderbare Lüge der Nina Petrowna" und des Publikumerfolgs „Bomben auf Monte Carlo" bekannt, arbeitete 1937 bei der Fox, nach einem England-Aufenthalt kurze Zeit bei der Metro und während des Krieges für das Office of Strategic Service in London. Er galt als besonderes Beispiel für den Utilitarismus Hollywoods, das verdienstvolle Talente Not leiden ließ, wenn kein praktischer Beschäftigungsanlaß gegeben war. Eine Zeitlang verdiente der Wiener seinen Lebensunterhalt als Agent einer Likörfabrik, er starb 1946 in Hollywood.

Schließlich war der aus Czernowitz gebürtige Darsteller, Regisseur und Produzent *Friedrich Zelnik* (1885–1950) im Jahre 1930 kurzfristig zu Lernzwecken als erster deutschsprachiger Dubbing-Regisseur in Hollywood tätig.

Man kennt ihn als lässig-jugendlichen Charmeur und besten Filmtänzer der Welt, *Fred Astaire* (1899–1987), der eigentlich Alfred Austerlitz hieß. Er war der Sohn eines 1895 aus Eisenstadt nach Amerika ausgewanderten Wieners und k.u.k. Unteroffiziers (berühmtester Verwandter der Chefredakteur der „Arbeiterzeitung", Friedrich Austerlitz) und kam vier Jahre nach dessen Ankunft in Omaha, Nebraska zur Welt. Das „Austerlitz-Haus" steht in der Untersberggase in Eisenstadt im Burgenland.

Das „Austerlitz"-Haus, um die Jahrhundertwende in Eisenstadt

Marcus Loew (1870–1927), Sohn österreichischer Einwanderer, versuchte sich früh in verschiedenen Jobs und Geschäftsunternehmungen. Er war einer der ersten, der die finanziellen Möglichkeiten des Films erkannte. Mit Adolph Zukor (später Famous Players) begann er 1905 den Einstieg in das „peep show business" in „penny arcades" (Spielhallen) in Cincinnati und Manhatten, 1907 besaß er bereits 40 über das ganze Land verstreute „Nickelodeons" und war 1912 im Rahmen seiner Loew's Theatrical Enterprises Besitzer von 400 Kinos. Loew leitete die Konzernbewegung der amerikanischen Lichtspieltheater ein, indem er 1920 zur Absicherung eines stetigen Filmkontingents für seine Kinokette die Metro Pictures übernahm, 1924 gründete er durch Zusammenfügung der aufgekauften Louis B. Mayer Pictures und der Goldwyn Company die Metro-Goldwyn-Mayer (MGM), mit Loews Inc. als Muttergesellschaft.

Marcus Loew, der Gründer der legendären MGM-Firma

Academy Awards

Der Filmkomponist Max Steiner in seinem Office bei Warner Brothers, umgeben von Urkunden seiner vielen Auszeichnungen, darunter drei „Academy Awards“ (Oscars)

Wolfgang Glück und zwei weitere Academy-Mitglieder, Karl Malden (Board of Trustees) und Robert Wise (1985 President)

Academy Awards

Karl Freund	1937	The Good Earth	Kamera
George Froeschel	1942	Mrs. Miniver	Drehbuch (B)
Ernest Gold	1960	Exodus	Musik/Titelthema
Harry Horner	1949	The Heiress	Ausstattung (SW)
Harry Horner	1961	The Hustler	Ausstattung (SW)
Nathan Juran	1941	How Green Was My Valley	Ausstattung (SW)
Erich W. Korngold	1936	Anthony Adverse	Musik
Erich W. Korngold	1938	The Adventures of Robin Hood	Musik (O)
Frederick Loewe	1954	Gigi	Titelsong
Frederick Loewe	1974	The Little Prince	Musik (B)
Paul Muni	1936	The Story of Louis Pasteur	Hauptdarsteller
Walter Reisch	1953	Titanic	Drehbuch (O)
Josef Schildkraut	1937	The Life of Emile Zola	Nebendarsteller
Max Steiner	1935	The Informer	Musik
Max Steiner	1942	Now Voyager	Musik (D)
Max Steiner	1944	Since You Went Away	Musik (D)
Billy Wilder	1945	Lost Weekend	Regie
Billy Wilder	1945	Lost Weekend	Drehbuch (B)
Billy Wilder	1950	Sunset Boulevard	Drehbuch (O)
Billy Wilder	1960	The Apartment	Bester Film
Billy Wilder	1960	The Apartment	Regie
Billy Wilder	1960	The Apartment	Drehbuch (O)
Fred Zinnemann	1951	Benjy	Dokumentarfilm
Fred Zinnemann	1953	From Here to Eternity	Regie
Peter Zinner	1978	The Deer Hunter	Schnitt

Zusätzlich fielen an die Österreicher in Hollywood insgesamt 93 Nominierungen.

B = Bearbeitung einer fremden Vorlage
D = Drama
O = Originaldrehbuch/Originalmusik
SW = Schwarz-Weiß

Golden Globe Award

Eine Auszeichnung der Hollywood Foreign Press Association

1944	Josef Than	None Shall Escape	Drehbuch
1947	Max Steiner	Life With Father	Musik
1949	Franz Planer	The Champion	Kamera
1950	Billy Wilder	Sunset Boulevard	Regie
1950	Franz Planer	Cyrano de Bergerac	Kamera
1952	Franz Planer	Death of a Salesman	Kamera
1953	Fred Zinnemann	From Here to Eternity	Regie
1954	Billy Wilder	Sabrina	Drehbuch
1959	Ernest Gold	On the Beach	Musik
1967	Frederick Loewe	Camelot	Musik
1967	Frederick Loewe	Camelot (If Ever I Should Leave You)	Song
1974	Frederick Loewe	Little Prince	Musik
1976	A. Schwarzenegger	Stay Hungry	Debütant
1985	Klaus M. Brandauer	Out of Africa	Nebenrolle

Außerdem erhielten folgende Filme den Award: 1950 „Sunset Boulevard“ und 1959 „Some Like It Hot“ von Billy Wilder sowie 1953 „The Cardinal“ von Otto Preminger.

Der „Golden Globe Award“ wird noch vor dem Academy-Preis verliehen und ist meist ein Gradmesser für die „Oscar“-Vergabe.

Mit sechs „Oscars“, einem „Golden Globe Award“ und dem „Life Achievement Award“: Billy Wilder (auf dem Bild mit seinem Freund Fred Schiller, 1992) der meistdekorierte „Österreicher“ in Hollywood

Literaturverzeichnis

BIOGRAPHIEN:

Ball, Georg: Curd Jürgens, Seine Filme – sein Leben, München, Heyne, 1982

Belach, Helga/Jacobson, Wolfgang: Richard Oswald, Regisseur und Produzent, München, edition text + kritik, 1990

Benichow, Pierre J. B.: Romy Schneider, Ihre Filme – ihr Leben, München Heyne, 1981

Bessy, Maurice: Erich von Stroheim, Eine Bildmonographie, München, Schirmer-Mosel, 1985

Beyer, Friedemann: Karlheinz Böhm, Seine Filme – sein Leben, München, Heyne, 1992

Beyer, Friedemann: Peter Lorre, Seine Filme – sein Leben, München, Heyne, 1988

Bock, Hans Michael/Lenssen, Claudia: Joe May, Regisseur und Produzent, München, edition text + kritik, 1991

Böhm, Karlheinz, Mein Weg, Erinnerungen, Bern München Wien, Scherz, 1991

Eidam, Klaus: Robert Stolz, Biographie eines Phänomens, Berlin, Lied der Zeit, 1989

Fuhrich, Edda/Prossnitz, Gisela (Hrsg.): Max Reinhardt, Ein Theater, das den Menschen wieder Freude gibt, München, Langen Müller, 1987

Fuhrich-Leisler, Edda/Prossnitz, Gisela: Max Reinhardt in Amerika, Salzburg, Otto Müller, 1976

Freyermuth, Gundolf S., Reise in die Verlorengegangenheit, Hamburg, Rasch und Röhrig, o.J.

Goldau, Antje/Prinzler, Hans Helmut, Neil Sinyard, Zinnemann, Berlin, Edition Filme, 1986

Granach, Alexander Da geht ein Mensch, Roman eines Lebens, München, Piper, 1990

Heinzlmeier, Adolf Fritz Lang Rastatt, Moewig, 1990

Hennenberg, Fritz Hanns Eisler, mit Selbstzeugnissen und Bilddokumenten Reinbek bei Hamburg, Rowohlt, 1987

Jaray, Hans Was ich kaum erträumte, Ein Lebensbericht, Wien-München, Amalthea, 1990

Jürgens, Curd ... und kein bißchen weise, München Zürich, Knaur, 1976

Karasek, Hellmuth Billy Wilder, eine Nahaufnahme, Hamburg, Hoffmann und Campe, 1992

Kohner, Frederick Der Zauberer vom Sunset Boulevard, München Zürich, Droemer Knaur, 1974 Kortner, Fritz Aller Tage Abend, Autobiographie, München, Knaur, 1959

Láng, Attila E. Oskar Werner, Eine Spurensicherung, Wien, Jugend und Volk, 1985

Lanz, Peter Klaus Maria Brandauer, Ein Porträt, Bergisch Gladach, Bastei-Lübbe, 1986

Liebe, Ulrich verehrt verfolgt vergessen, Schauspieler als Naziopfer Weinheim Berlin, Beltz Quadriga, 1992

Maibohm, Ludwig Fritz Lang und seine Filme, München, Heyne, 1985

Markus, Georg Karl Farkas, „Schaun Sie sich das an", Wien-München, Amalthea, 1983

Mulot, Sibylle (Hrsg.) Von Wien nach Hollywood, Erinnerungen von Gina Kaus Hamburg, Suhrkamp, 1990

Reinhardt, Gottfried Der Apfel fiel vom Stamm, München, Langen Müller, 1992

Riva, Maria Meine Mutter Marlene, München, C. Bertelsmann, 1992

Schell, Maria Die Kostbarkeiten des Augenblicks, München Wien, Langen Müller, 1985

Schnauber, Cornelius Fritz Lang in Hollywood, Wien, Europaverlag, 1986

Seidl, Claudius Billy Wilder, Seine Filme – sein Leben, München, Heyne, 1988

Silva, Burt N. Arnold Schwarzenegger, Eine Erfolgsstory, München, Heyne, 1991

Sinyard, Neil/Turner, Adrian Billy Wilders Filme, Berlin, Volker Spiess, 1990

Slezak, Walter Wann geht der nächste Schwan? München, R. Piper & Co., 1964

Spaich, Herbert Maria Schell, Ihre Filme – ihr Leben, München, Heyne, 1986

Spoto, Donald Die Seeräuber-Jenny, Das bewegte Leben der Lotte Lenya München, Droemer Knaur, 1990

Spoto, Donald Marlene Dietrich, Biographie, München, Wilhelm Heyne, 1992

Sternberg, Josef von Das Blau des Engels, Autobiographie, München Paris London, Schirmer Mosel, 1991

Stiftung Deutsche Kinemathek Sechs Schauspieler aus Deutschland, Franz (Francis) Lederer Berlin, 1983

Viertel, Salka Das unbelehrbare Herz, Ein Leben mit Stars und Dichtern Hamburg, Rowohlt, 1987

Zobl, Angela (Hrsg.) Von Wien bis Hollywood, Ernst Deutsch-Dryden und Max H. Lang Salzburg, Verlag für Kunst und Kultur, 1990

SONSTIGE WERKE:

Camonte, Tony 100 Jahre Hollywood, Von der Wüstenfarm zur Traumfabrik München, Heyne, 1987

Dahlke, Günther/Karl, Günter Deutsche Spielfilme von den Anfängen bis 1933 Berlin, Henschel, 1988

Literaturverzeichnis

Glogger, Helmut-Maria, 100 Jahre Hollywood, Die Geschichte der Traumfabrik Bergisch Gladbach, Bastei-Lübbe, 1987

Hilchenbach, Maria Kino im Exil, Die Emigration deutscher Filmkünstler 1933–1945 München, Saur, 1982

Horak, Jan-Christopher Anti-Nazi-Filme der deutschsprachigen Emigration von Hollywood 1939–1945, Münster, MAKs, 1985

Horak, Jan Christopher, Fluchtpunkt Hollywood, Eine Dokumentation zur Filmemigration 1933

Münster, MAKs, 1986

Muscio, Giuliana Hexenjagd in Hollywood, Die Zeit der schwarzen Listen Frankfurt, Verlag neue Kritik, 1982

Reinhardt, Gottfried Hollywood, Hollywood Göttingen, Lamuv, 1992

Spalek, John M./Strelka, Joseph Deutsche Exilliteratur seit 1933, 1. Kalifornien; Bern–München, Franke, 1976

Thiel, Wolfgang Filmmusik in Geschichte und Gegenwart, Berlin, Henschel, 1981

Wilderer, Dr. Monica (Red.) Beiträge '90, Österreichische Musiker im Exil Kassel, Bärenreiter, o. J.

AUSSTELLUNGSKATALOGE:

Sag beim Abschied ... 158. Ausstellung des Historischen Museums der Stadt Wien, 1992

ALLGEMEINE NACHSCHLAGEWERKE:

Arnau, Frank Universal Filmlexikon 1932 Berlin, Europa, 1932

Arnau, Frank Universal Filmlexikon 1933 Berlin, Europa, 1933

Asmus, Hans-Werner Das große Cinema Starlexikon, 1000 Stars von A–Z Hamburg, Kino Verlag, 1990

Bauer, Dr. Alfred Deutscher Spielfilmalmanach 1929–1950, Berlin, Filmblätter Verlag, 1950

Bock, Hans-Michael, CINEGRAPH, Lexikon des deutschsprachigen Films München Hamburg, edition text + kritik

Deutsches Bühnenjahrbuch, v. Jg. Hamburg, Genossenschaft Deutscher Bühnen-Angehörigen

Filmlexicon Degli Autorie delle Opere Roma, Edizione di Bianca e Nero, 1959

Fritz, Walter Die österreichischen Spielfilme der Stummfilmzeit (1907–1930) Wien, Österr. Filmarchiv, 1967

Fritz, Walter Die österreichischen Spielfilme der Tonfilmzeit (1929–1938) Wien, Österr. Filmarchiv, 1968

Gesek, Dr. Ludwig (Hrsg.) Kleines Lexikon des österreichischen Films Wien, Österr. Gesellschaft für Filmwissenschaft, 1959

Glenzdorfs Internationales Filmlexikon, Band 1–3, Bad Münster, Prominent Verlag, 1960

Koegler, Horst/Günther, Helmut Reclams Tanzlexikon, Stuttgart, Philipp Reclam, 1984

Langen Müller's Schauspieler Lexikon der Gegenwart, Deutschland Österreich Schweiz München, 1986

Leimbach, Berthold (Hrsg.) Tondokumente der Kleinkunst und ihre Interpreten 1898–1945 Göttingen, 1991

Reichow, Joachim/Hanisch, Michael Filmschauspieler A–Z, Berlin, Henschelverlag, 1989

Riemann Musik Lexikon, Personenteil A–K, L–Z, Mainz, B. Schott's Söhne, 1961

Rodek, Hanns-Georg/Honig, Piet Hein „100001", Die Showbusiness Enzyklopädie des 20. Jahrhunderts Villingen-Schwenningen, Showbiz Data Verlag, 1992

Schneider, Otto Tanzlexikon Mainz, Schott, 1985

Stresau, Norbert Der „Oscar", Alle Filme-Schauspieler-Preisträger München, Heyne, 1985

Tichy, Wolfram (Hrsg.) Buchers Enzyklopädie des Films, Band 1–2, München Luzern, Bucher, 1983

Zeutschel, Günter Biographien Karlsruhe, Rheinverlag, 1969

Verwendung fand auch die Artikelreihe über österreichische Filmemigranten in Hollywood von Prof. Cornelius Schnauber (USC, Max Kade Institute, Los Angeles) in *Neue Zürcher Zeitung,* Ausgaben 1982 bis 1985.

ENGLISCHSPRACHIGE LITERATUR:

Askin, Leon/Davidson, Melvin C., Qietude and Quest Riverside, Ariadne Press, 1984

Baxter, John, The Hollywood Exiles, New York, Taplinger Publishing, 1976.

Blum, Daniel Screenworld New York, Biblo and Tannen, v. Jg.

Chaneles, Sol/Wolsky, Albert The Movie Makers, London, Octopus Books, 1974

Clark, Randall (Ed.) American Screenwriters, Second Series, Detroit, Brucedi Clark Books, 1986

Dixon, Wheeler W., The „B" Directors, A Biographical Directory, New York London, Scarecrow Press, 1985

Eisner, Joel/Krinsky, David Television Comedy Series, London, McFarland, 1984

FILM DOPE, London verschiedene Ausgaben

Frischauer, Willy Behind the Scenes of Otto Preminger, London, Michael Joseph, 1983

Giasnakos, Larry James Television Drama Serie Programming

Volume 1–6 Metuchen N. J., 1992

Halliwell's Filmgoer's and Video Viewers Companion, 9th Ed., London, Graafton Books, 1989

Jones, Ken D./McClure, Arthur, F., Hollywood at War, Southbrunswick–New York, Thomas Yoseloff, 1972

Kaplan, Mike (Ed.) Whos's Who in Show Business, New York, R.R. Bowker, 1989

Literaturverzeichnis

Katz, Ephraim The International Filmencyclopedia, London, Papermac, 1987

Lamparski, Richard Whatever Became of ... ?, New York, Crown Publishers, 1982

Maltin, Leonard Of Mice and Magic, A History of American , Animated Cartoons New York, Magraw Hill Book, 1980

Maltin, Leonard Maltin s TV Movies and Video Guide, London, Pinguin Books, 1987

Nash, Jay Roberts/Ross, Stanley Ralph The Motion Picture, Guide (Alle Ausgaben) Chicago, Cinebooks, v.Jg.

Parish, James Robert Hollywood Character Actors, New Rochelle, Arlington House, 1978

Quinlan, David Illustrated Guide to Film Directors, London, B.T. Batsford, 1983

Quinlan, David Illustrated Directory of Character Actors, London, B.T. Batsford, 1989

Quinlan, David Illustrated Directory of Filmstars, London, B.T. Batsford, 1990

Ragan, David Who's Who in Hollywood, Vol.1 A–L, Vol. 2 M–Z, New York, Facts on File, 1992

Reilly, Charles Phillips (Ed.) Films in Review v. Jg, New York

Singer, Michael Film Directors, A Complete Guide, Beverly Hills, Lone Eagle, 1984

Steinberg, Corbett Reel Facts, The Movie Books of Records, New York, Vintage Books, 1978

Strauss, Herbert A. International Biographical Dictionary of Central European Emigrés 1933–1945, Volume II, München, Saur, 1983

Terrace, Vincent Encyclopedia of Television Series, Plots and Specials, 1937–1973, New York, Baseline Production, 1986

Terrace, Vincent Encyclopedia of Televison Series, Index: Who's Who 1937–1986, New York, Baseline Production, 1986

Terrace, Vincent Fifty Years of Television, A Guide to Series and Plots, 1937–1988, New York Toronto, Cornwall Books, 1991

Thomas, David A Biographical Dictionary of the Cinema, London, Secker & Warburg, 1975

Truitt, Evelyn Mack Who's Who on Screen, Third Edition, New York London, R.R. Bowker, 1983

Vinson, James (Ed.) Actors and Actresses, The International Directory of Films and Filmmakers, Volume III , Chicago London, St. James Press, 1986

Vinson, James (Ed.) Writers and Producers Artists, Volme IV, Chicago London, St. James Press, 1987

Variety Obituaries (1905 bis dato), v. Jg., New York London, Garland Publishing, Inc.

Danksagung

Biographen sind auf die praktische Hilfe vieler anderer angewiesen. Während der Arbeit an meinem Buch wurde mir in Europa und den USA in umfangreicher und großzügiger Weise Hilfe zuteil.
An erster Stelle steht hier die Bibliothek der HFF, Hochschule für Film- und Fernsehen München, in der ich fast zwei Jahre ungestört arbeiten konnte. Für die stets liebenswürdige Unterstützung danke ich den Damen und Herren:

Dipl.-Bibl. Sabine Jarothe / Hildegard Stuhler / Josef Merta

Besonders danke ich Mag. Fritz Tauber, der auch nach dem Ausscheiden aus der HFF in freundlicher Weise mit wichtigen Informationen und Bildmaterial um das Projekt bemüht war.

Mein Dank gilt den Institutionen:

Stadtbibliothek (Gasteig), München
Dt. Film- u. Fernsehakademie, Bibliothek, Berlin
Ullstein-Bilderdienst, Berlin
Deutsche Bibliothek, Bücherei, Leipzig
British Filminstitute, London
The New York Public Library, New York
Dokum. Archiv des österr. Widerstandes, Wien
Österreichische Nationalbibliothek, Wien
Magistrats-Abteilung 61, Wien
Theatermuseum, Wien
Archiv der Stadt Salzburg, Salzburg
Stadtarchiv, Graz
USC, Cinema Library, Los Angeles, Herrn Ned Comstock
USC, Max Kade Institut, Los Angeles, Herrn Dir. Cornelius Schnauber
UCLA, Arts Special Collection, Los Angeles,
Frau Brigitte J. Kueppers
Academy of Motion Picture Arts and Sciences, Los Angeles, Frau Kristine Krüger
Österreichisches Generalkonsulat, Los Angeles,
Frau Konsul Mag. Elisabeth Kramer
California State University, Long Beach,
Frau Prof. Johanna W. Roden
Civig Light Opera, Pittsburgh, Frau Lisa Allison
Wisconsin Center for Film and Theater Research, Madison, Herrn Ben Brewster
Stiftung Dt. Kinemathek, Berlin, Herrn Roland Theis
Dt. Institut für Filmkunde, Frankfurt aM, Herrn Rüdiger Koschinsky

Danksagung

Dt. Bibliothek, Exilarchiv, Frankfurt aM, Frau Ursula Butt
Österreichisches Filmarchiv, Wien, Herrn Dr. Walter Fritz
Österreichisches Filmmuseum, Wien, Herrn Peter Konlechner und Frau Edith Schlemmer
Bundeskanzleramt, Wien, Herrn Dr. Paul A. Mailath-Pokorny
MA 8, Stadt- u. Landesarchiv, Wien, Herrn AR Herbert Koch
Literaturhaus, Wien, Frau Dr. Evelyne Polt-Heinzl
Staatsoper/Volksoper, Wien, Herrn Prof. Hubert Deutsch
BMG UFA Musikverlag, München, Herrn Georg Schäfer
Thomas Sessler Verlag, Wien, Frau Tonia Burda
Neue Zürcher Zeitung, Zürich, Herrn Christoph Egger

den Medien:

Gong-Verlag, München
ZDF, Mainz
SAT 1, Wiesbaden
ORF Kundendienst, Wien
Die Presse, Wien
AUFBAU, New York

Für persönliche Gespräche und Überlassung von Abbildungsunterlagen danke ich den Damen und Herren:

Yvonne Jurmann, Los Angeles
Senta Berger, München
Kitty Mattern, München
Maria Schell, München
Jane Tilden (Kammerschauspielerin), Kitzbühel
Dr. Alice Gräfin Ledebur, Schwertberg, O.Ö.
Elisabeth Neumann-Viertel, Wien
Margot Winge, Wien

Egon Eis, München
Peter Jona Korn (Richard-Strauß-Konservatorium), München
Konstantin Thoeren (Patrola Film GmbH/Inc.), Baldham
John Graf Ledebur, Schwertberg, O.Ö.
Wolfgang Glück, Wien
Robert Dornhelm, Malibu
Bernt Capra, Malibu

Und ganz besonders Fred Schiller, Los Angeles

Für telefonische und schriftliche Auskünfte sowie Überlassung von Bildmaterial danke ich den Damen und Herren:

Sybil Danning, Beverly Hills
Marina Than, Beverly Hills
Barbara Zeisl Schoenberg, Los Angeles
Barbara Brecht-Schall (Bert Brecht Erben), Berlin
Marianne Brün-Kortner, Berlin
Erica Beer-Gränicher, Baldham
Prof. Susi Nicoletti, Wien
Erika Remberg-Hayers, Encino

Leon Askin, Beverly Hills
Billy Wilder, Beverly Hills
Peter Zinner, Rom/Pacific Palisades
Prof. Fritz (Fred) Spielman, New York
Prof. Dr. Robert D. Harris, Sherman Oaks
Klaus P. Lintschinger, Venice
Karl Kases, Venice
Ernest Gold, Los Angeles
Michael Montfort, Los Angeles
Henri Sokal Jr., Straßlach
Thomas Sessler, München
Turhan Gilbert Selahettin (Turhan Bey), Wien
Dieter Pochlatko (epo film), Wien
Albert Fortell, Wien
Karl Kofler, Wien

Für schriftliche biographische Angaben, Auskünfte und Hinweise danke ich den Damen und Herren:

Judith Sutcliffe, Santa Barbara
Irene Heymann (Paul Kohner Agency), Los Angeles
Einzi Stolz, Wien

Dr. Jan-Christopher Horak, New York
Kurt Landsteiner, Pequannock, New Jersey
Gottfried Reinhardt, Los Angeles
Veit Relin, Sommerhausen
Stefan Weidle, Bonn

Und ganz besonders Georg Kreisler, Basel.

Bildnachweis

DEUTSCHLAND

Bayerischer Rundfunk S. 288 (unten)
Bert Brecht Erben Berlin S. 333
BMG Ariola München S. 300
BMG-UFA Verlage München S. 123 (oben), 124, 125, 132
Dt. Bibliothek Frankfurt/Main (mit Genehmigung AUFBAU N. Y.) S. 126
Dt. Bücherei Leipzig (mit Genehmigung AUFBAU N. Y.) S. 225
Dt. Kinemathek Berlin S. 15 (oben), 19, 21, 26 (2), 27, 29, 33, 35, 36 (2), 37, 40, 41 (2), 48, 56 (oben), 58 (oben), 60, 62, 74, 79 (oben), 91, 97, 98, 100, 104, 107, 108, 109 (unten), 112 (unten), 113, 116, 117 (unten), 118 (2), 120, 121, 131, 142 (unten), 143, 154, 156 (oben), 157 (oben), 159, 160, 162 (2), 169, 172, 177, 179 (2), 182, 187 (oben), 188, 193 (oben), 202, 203 (oben), 204, 205, 206, 212, 213, 216 (2), 217, 224, 228, 229 (unten), 230, 238, 243, 245, 263, 264, 268 (unten), 272, 273 (links), 276 (2), 280 (2), 282, 286, 288 (oben), 291, 295 (oben), 296, 298, 303, 304 (2), 307, 311 (rechts oben), 317 (unten), 331, 335, 337, 340, 343 (2), 349 (unten), 352 (2)
Gong Verlag München S. 20 (oben), 24
Quadriga Verlag Weinheim S. 200
Schirmer/Mosel-Verlag München S. 239, 277 (unten), 278 (oben, Ausschnitt)
Ullstein Bilderdienst Berlin S. 22, 30, 68, 75 (oben), 83, 85, 99, 101, 133, 135, 151, 152, 193 (unten), 197, 235, 242, 253, 259 (oben), 308, 322, 323, 332, 336

ÖSTERREICH

Bundeskanzleramt Wien S. 274 (unten)
Edition S Wien S. 192
Historisches Museum der Stadt Wien S. 356
Österreichisches Filmarchiv Wien S. 241
Österreichisches Filmmuseum Wien S. 51 (oben), 84, 161 (links), 194, 214, 229 (oben), 248, 277 (oben), 310, 314, 342
Österreichische Nationalbibliothek Wien S. 89, 236
ORF-Fotodienst S. 38, 39 (2), 43, 93, 176 (oben), 260

SCHWEIZ

Neue Zürcher Zeitung Zürich (mit Genehmigung C. Schnauber L. A.) S. 137, 164

USA

Academy of Motion Picture Arts and Sciences L. A. S. 31, 44, 77 (oben), 79 (unten), 103, 110, 220, 234, 252, 271, 320, 357 (unten)
California State University Long Beach S. 67
Civic Light Opera Pittsburgh S. 349 (oben)
Civic Museum L. A. S. 7, 8 (oben), 9 (2)
George Eassman House New York S. 17, 42, 75 (unten), 255, 345
Hulton-Deutsch Collection S. 278 (unten)
UCLA, Arts Special Collection L. A. S. 267 (2), 268 (oben)
Wisconsin Center for Film and Theatre Research Madison S. 17, 42, 45, 51 (unten), 75 (unten), 170 (2), 231, 290

GROSSBRITANNIEN

British Filminstitute London S. 114

PRIVATPERSONEN

Brün-Kortner, Marianne Berlin S. 148, 150
Eisler, Georg Wien S. 70
Fortell, Albert Wien S. 82
Glück, Wolfgang Wien S. 94, 208, 328, 330, 346, 366
Gold, Ernst L. A. S. 95
Hurris Prof. Dr., Robert Sherman Oaks S. 57
Kases, Karl Venice S. 129
Kofler, Karl Wien S. 63, 136
Ledebur Dr., Alice Schwertberg/OÖ S. 165, 167 (oben)
Lintschinger, Klaus P. Venice S. 173
Mattern, Kitty München S. 191 (2)
Montfort, Michael Hollywood S. 12, 138, 141, 142 (oben), 211, 237, 367
Neumann-Viertel, Elisabeth S. 209
Nicoletti Prof., Susi Wien S. 104
Pochlatko, Dieter Wien S. 222
Schell, Maria München S. 261 (2)
Schiller, Fred L. A. S. 266 (rechts), 360
Sokal, Henri jr. Stramlach S. 285
Spielmann Prof., Fritz (Fred) New York S. 289
Tauber Mag., Fritz München S. 87, 163, 312
Thoeren, Konstantin Baldham S. 115, 254, 318, 319
Tilden Kammerschauspielerin, Jane Kitzbühel S. 218, 219
Winge, Margot Wien S. 347
Zeisl-Schönberg, Barbara L. A. S. 350
Zinner, Peter Rom/San Francisco S. 354

PRIVATSAMMLUNG DES AUTORS

S. 5, 6, 8 (unten), 10, 11, 14, 15 (unten), 18, 20, 23, 25, 28, 32, 34, 47, 48, 50, 52, 53, 54, 56 (unten), 58 (Unten), 59, 61, 64 (2), 65 (2), 66, 72, 73, 76, 77 (unten), 78, 80, 81, 85, 88, 92, 96, 102, 106, 109

Bildnachweis/Der Autor

(oben), 112 (oben), 117 (oben), 119, 123 (unten), 128, 130, 145, 146, 147, 149, 153, 156 (unten beide), 157 (unten), 158, 161 (rechts), 167 (unten), 168, 175, 176 (unten), 180, 181 (2), 185, 186, 187 (unten), 190, 196, 199, 203 (unten), 207, 215, 223, 226, 227, 233, 241, 246, 247, 250, 256, 258, 259 (unten), 262, 265, 266 (links), 269, 273 (rechts), 274 (oben), 284 (2), 293, 294, 295 (unten), 299 (2), 311 (links oben, unten), 317 (oben), 324, 325, 326, 327, 329, 338, 339, 341, 348, 351, 353, 355, 357 (oben), 367

DER AUTOR

Rudolf Ulrich, ein in München lebender Wiener, Jahrgang 1930, beschäftigt sich seit Jahren in ausgedehnten Recherchen mit der faszinierenden Geschichte der österreichischen Filmschaffenden und hat sich zur Aufgabe gemacht, den – wie sich im Zuge seiner Forschungen in Archiven und vor Ort in Los Angeles herausstellen sollte – überraschend großen und bedeutenden „rot-weiß-roten“ Anteil am Filmgeschehen in Amerika zu erfassen und darzustellen.

Paul Henreid vor seinem Stern auf dem „Walk of Fame“ am Hollywood Boulevard

Inhalt